ERIKA SEIDL

Das Rezept

Über 250 verschiedene Rezepte

Gewidmet in Liebe meiner Familie, die immer zu mir steht

Danke Franz, Manfred, Natascha, Manuela und Jan
fürs Essen und die ehrliche Kritik.
Franz, Manfred, Natascha und Manuela für die unermüdliche Unterstützung im Umgang mit dem PC.

Impressum

1. Auflage 2005

Eigenverlag Erika Seidl, 8200 Ludersdorf

Versuchsküche, Zusammenstellung und Idee Erika Seidl
Korrektur: Natascha Seidl
Lektorat: Mag. Maria Ankowitsch
Bildnachweis:
Titelbild: Zusammenstellung Erika Seidl, Foto Karl Schrotter
Engelbert Pammer (S. 75, 104, 116 Steinpilz u. Krause Glucke, 117 Parasol, 144, 184, 191, 245, 250, 251, 252, 254, 255, 256, 257, 261, 271, 283, 287, 318, 325, 328, 329, 331)
Karl Schrotter (S. 10 Porträt, 119, 135, 165, 166, 172, 179, 259, 353)
Franz Seidl (S. 35, 37, 88, 90, 91, 108)
Alle übrigen Bilder Erika Seidl
Druck: Universitätsdruckerei Klampfer GmbH, Weiz

ISBN: 3-9500888-2-2

Ein Danke für die Rezepte

Meiner Mutter Regina Nigelhell in Flöcking
(alphabetisch:)
Adelheid Egger aus Wilfersdorf
Thomas Faul vom Ludersdorferhof bei Gleisdorf
Hans Peter Fink, Chefkoch im Hotel Sacher in Wien
Maria Fürndörfler in Wolfgruben
Franziska Garger aus Wilferdorf
Erwin Gölles, Dorfwirt in Flöcking
Greßl Mohnproduzenten im Waldviertel
Gerlinde Neuherz aus St. Ruprecht, meiner Freundin
Juliane Passath aus Ludersdorf
Rosalia Posch aus Groß St. Florian
Christa Rath aus Gleisdorf
Gerhard Schaden, Chefkoch im Restaurant und Hotel Dokl in Hofstätten
Brigitte Seidl, meiner Schwägerin in Unterinprechting, Oberösterreich

Und allen hier namentlich nicht Genannten, die mir mit Rat und Tat zur Seite standen.

Ein herzliches Danke

Für den wissenschaftlichen Fachbeitrag „Fette und Öle in der modernen Ernährung"
Mag. Dr. Franz Siegfried Wagner, 8403 Lebring

Für die Unterstützung bei der Ausarbeitung der Fachkunde (alphabetisch)
Baumschule Artner, Waldviertel, 3972 Bad Großpertholz
Ölmühle Fandler, 8225 Pöllau
Waldviertler Mohnhof, Familie Greßl, 3631 Ottenschlag
Ölmühle Hartlieb, 8451 Heimschuh
Christa & Franz Hobiger, Saatguterzeuger seltener Erdäpfelsorten, 3922 Groß Schönau
Ing. Helmut Pelzmann, Versuchsanstalt für Sonderkulturen, 8551 Wies
Kräuter und Gartenbau Wagner, 8353 Kapfenstein
Dipl.-Ing. Johanna Winkler, Züchterin in der Saatzucht Gleisdorf (8200)
Dipl.-Ing. Elisabeth Zechner, Saatzucht Edelhof, Waldviertel

Für die Leihgaben von diversen Kochutensilien, altem Geschirr und Kochbüchern

Tisch & Kultur	Firma Stranzl in Gleisdorf/Steiermark
unserer Fast-Verwandtschaft	Familie Fürndörfler in Wolfgruben bei Gleisdorf
meiner Schwägerin	Waltraud Pfeiffer in Steinberg bei Graz
unserem lieben Familienfreund	Engelbert Meisel aus Raaba bei Graz
meinen lieben Freundinnen	Ingrid Maier aus Eidexberg u. Christa Rath aus Gleisdorf

Inhaltsverzeichnis

Erika Seidl, 1959 in Graz geboren, veröffentlichte 1998 ihr erstes Kochbuch „Kochen mit Steirischen Kürbiskernen und Kürbiskernöl". 2000 folgte „Lust auf Kürbis". Die große Begeisterung für Küche und Garten begleitete sie schon seit Kindertagen. Das Fotografieren wurde seit der Arbeit am dritten, vorliegenden Buch zu einer neuen und spannenden Herausforderung.

Weiters erschienen

Kochen mit Steirischen Kürbiskernen und Kürbiskernöl
ISBN: 3-9500888-0-6
Fachinformation über den Steirischen Ölkürbis und dessen Produkte
64 bunt illustrierte Kochrezepte
Erhältlich im Buchhandel und bei der Autorin

Lust auf Kürbis
ISBN: 3-9500888-1-4
Unzählige Sortenbeschreibungen und Kultivierungstipps
84 phantasievolle Rezepte
205 Farbabbildungen
Erhältlich im Buchhandel und bei der Autorin

„Das Rezept" – ein Rezept für sich

Essen – das bedeutet Genießen und gute Laune und macht am meisten Freude, wenn man es selbst zubereitet.
Dieses Buch baut, dem Trend entsprechend, darauf auf, Altes neu verpackt wieder zu entdecken. Bestehende Rezepte wurden teilweise abgewandelt und dem heutigen Zeitgeist entsprechend zubereitet. Dazu habe ich neue Ideen kreiert und mehrmals ausprobiert.
Inspiriert haben mich meine eigene Heimat, die Oststeiermark, aber auch die österreichische Küche im Gesamten und Essgewohnheiten, die ich auf zahlreichen Reisen kennen gelernt habe. Die traditionelle Küche mit einem Hauch Fremde zu verbinden war eine der großen Herausforderungen für „Das Rezept".
Essen und Genießen sprechen weltweit die gleiche Sprache. Auf diesem Credo basiert dieses Buch. Aber auch der Garten und seine große Vielfalt haben mich stark beeinflusst. Die meisten Fotos der kurzen Warenkunde habe ich im hauseigenen Garten mit Freude und Sorgfalt gemacht und für Sie anschaulich aufbereitet. Nicht nur die Rezepte sollen Anstoß zum kreativen Umgang mit dem Kochen geben, sondern ebenso die Warenkunde, die als gute Grundlage sowohl für Kocheinsteiger wie auch für Erfahrene dienen kann.
Lassen Sie sich verzaubern und holen Sie sich Anregungen für eigene Kreationen. Nachkochen ist natürlich erlaubt!
Die Struktur des Buches, die Bilder, der Anhang mit seinen Adressen für Spezialsaatgut (Bäume, Beeren, Kräuter usw.) und die Informationen im vorderen Teil zu Teigen, Kräutern, Ölen, Obst und Beeren, Gemüse, Getreide und Pilzen machen „Das Rezept" sicherlich zu einem modernen Klassiker in Ihrem Bücherregal.
„Das Rezept" – ein Buch, das vielfach Verwendung finden wird und dadurch seinem Namen gerecht wird.
Viel Vergnügen beim Schmökern und Schlemmen!

Kleine Teigkunde

Da ein umfangreicher Teil in diesem Buch dem herzhaft Süßen gewidmet ist, scheint es mir wichtig, etwas näher und ausführlicher auf die Teigkunde einzugehen.

Natürlich begegnen uns Teige nicht nur im Mehlspeisenteil, sondern ebenso bei Nudelgerichten und Strudeln.

Jeder der schon einmal einen Strudel gebacken hat, machte höchstwahrscheinlich Erfahrungen mit selbst hergestellten Strudelteigblättern und kennt die damit verbundenen Tücken.

Das anschließende Kapitel soll Ihnen verschiedenste Teigvarianten mit einfachen Tricks näher bringen und den Spaß und das sichere Gelingen von Köstlichem erleichtern.

Da ein gewisser Trend – auch bei jungen Leuten – für Selbstgebackenes und -gekochtes festzustellen ist, regen vielleicht die folgenden Rezepte und Anleitungen zum Ausprobieren an.

Backteig

GRUNDZUTATEN
ganze Eier oder Eiweiß
Mehl, Vollkornmehl
Stärkemehle wie Reisstärke, Kartoffelstärke, Maisstärke
Milch, Buttermilch, Wein, Bier oder Wasser und Mineralwasser
etwas Salz
für Süßes auch Zucker
Frittierfett

VARIATION
ein Hauch Natron als Triebmittel
Rum als Geschmacksverbesserer

GRUNDREZEPT
LEICHTE VARIANTE

2	Eiweiß
50 g	Mehl
50 g	Stärkemehl
100 ml	Wasser
1 TL	Zucker
1 Prise	Salz

Das Rezept reicht z. B. für 400 g Garnelen oder 500 g Hühnerfleisch

GRUNDREZEPT FÜR OBST, GEMÜSE ODER BLÜTEN
KOMPAKTE VARIANTE

100 ml	Milch
2	Dotter
2	Eiweiß halbfest geschlagen
90 g	Mehl
1 TL	Rum
1 Prise	Salz

Das Rezept reicht für 4 Äpfel

Backteige sind eine raffinierte Art um Gemüse, Fisch, Fleisch und Obst gekonnt einzuwickeln.
Knusprig frittierte Garnelen in Tempura-Backteig oder Tintenfischringe lassen Gourmetherzen höher schlagen.
Der Teig ummantelt die Speisen und hält diese beim Frittiervorgang saftig. Nebenbei bildet sich eine knusprige Kruste.
Verschiedenes Obst lässt sich bestens mit Backteigen frittieren. Gebackene Apfelspalten oder Bananen sind schnell und leicht zubereitet und schmecken vorzüglich als Nachtisch. Aber auch Blüten wie Holunder-, Akazien- oder Hopfenblüten schmecken in Backteig frittiert raffiniert köstlich.

Herstellung von Backteig
Das Mehl oder die Stärke in die Flüssigkeit klumpenfrei einrühren und alle anderen Zutaten beigeben. Den Teig nicht zu lange rühren. Bei schweren Massen wird oft Eischnee untergehoben, das macht den Teig luftiger. Alkohol verhindert, dass zu viel Fett vom Backteig aufgenommen wird.

Tempura-Mehle sind Fertigmischungen, die in Asienläden erhältlich sind. Sie brauchen nur mit Flüssigkeit angerührt zu werden.

Die Temperatur des Frittierfettes sollte 190 °C betragen.

Die Speisen müssen gut trocken sein, bevor man sie in den Teig taucht. Dadurch bleibt er besser haften. Beim Frittieren sollten Sie achtsam sein, es kann heißes Fett verspritzen.
Geben Sie niemals zu viel auf einmal ins Fett, sonst kleben die Stücke gerne aneinander. Das Frittierte sollte hellbraun gebacken sein.
Nach dem Backen legen Sie die knusprigen Stücke zum Abtropfen auf ein Küchenpapier.

Biskuitteig

GRUNDZUTATEN
Mehl
Zucker
Eier
Vanillezucker

VERBESSERUNG
Kakao
Nüsse
Butter

GRUNDREZEPT FÜR EINFACHES BISKUIT
für 1 Ei
je 20 g Zucker
je 20 g glattes Mehl

Kuchenvariationen aus Biskuitteig sind wahre Leichtgewichte, schnell und unkompliziert zubereitet.
In 45 min. lässt sich zum Beispiel eine Biskuitroulade herstellen, für kurzfristig angemeldete Gäste oder auch für den eigenen Heißhunger auf Süßes.

Herstellung eines Biskuitteiges
Variante I
Die ganzen Eier werden in einer Rührschüssel mit dem Zucker sehr schaumig aufgeschlagen.
Hierfür eignet sich eine elektrische Küchenmaschine sehr gut. Zur schaumigen Eimasse kommt das gesiebte Mehl hinzu und wird leichthändig mit dem Schneebesen untergehoben.

Variante II
Das Eiweiß wird vom Dotter getrennt. Zum Eiweiß die halbe Zuckermenge beigeben, zum Dotter ebenfalls. Beide Massen werden sehr schaumig aufgeschlagen, der Eischnee sollte sehr kompakt sein. Beide Massen werden miteinander vermischt. Zum Schluss kommt das gesiebte Mehl hinzu.

Variante III: Heiß und kalt gerührt
Eine Rührschüssel aus Metall wählen, die als Aufsatz auf eine Kasserolle passt. In diese einige Zentimeter Wasser einfüllen und erhitzen. In die Rührschüssel die ganzen Eier mit dem Zucker vermischen und kurz schaumig aufschlagen. Nun auf die Kasserolle aufsetzen und die Eimasse mit dem Handmixer sehr schaumig rühren. Das Wasser darf nicht kochen, es sollte nur dampfen, ansonsten flockt die Masse aus. Durch den Wasserdampf erwärmt sich die Masse, wird sehr cremig und feinporig und fällt nicht zusammen. Dies dauert einige Zeit, aber das Ergebnis lohnt die Mühe. Nun stellt man die Rührschüssel ins kalte Wasserbad und mixt die Masse bis sie ausgekühlt ist. Zum Schluss wird wieder das Mehl untergehoben.

Backtemperatur für Biskuitteig: 170 °C

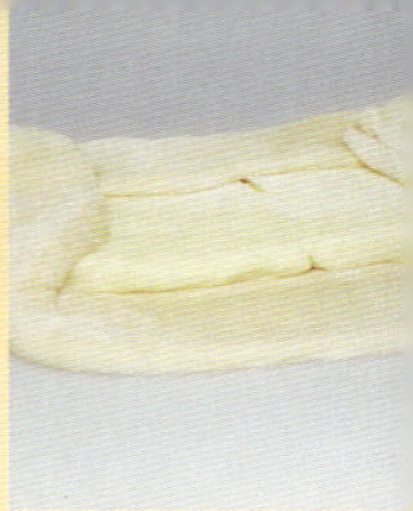

Blätterteig

GRUNDREZEPTE

VARIANTE I
FESTERER TEIG

BUTTERZIEGEL

250 g	Butter
250 g	glattes Mehl

STRUDELTEIG

250 g	Mehl
50 g	Butter
2	ganze Eier
1 Prise	Salz
1 EL	Rum
	kaltes Wasser

VARIANTE II
WEICHERER TEIG

BUTTERZIEGEL

200 g	Butter
70 g	Mehl

STRUDELTEIG

200 g	Mehl
1	Ei
1 EL	Rum
1 Prise	Salz
	Wasser nach Bedarf

Blätterteig besteht eigentlich aus zwei verschiedenen Komponenten, die miteinander verbunden werden.
Als Erstes wird ein weicher Strudelteig hergestellt, als Zweites setzt man einen Butterziegel in die Mitte, umschließt ihn mit dem Strudelteig und klopft beides gemeinsam auseinander. Den so entstandenen Teig legt man mehrmals übereinander, kühlt ihn zwischendurch immer wieder und klopft ihn wieder auseinander (Touren). Dadurch erhält man viele Teigschichten, welche sich beim Backen voneinander trennen (Blätterteig).

Für den Butterziegel
Bei der Butter sollte man eine feste Teebutter wählen.
Kalte Butter in Stücke schneiden, das Mehl hinzufügen und rasch unterkneten.
Die Masse zwischen ein Stück Butterpapier legen, dann einen Butterziegel von ca. 20 x 10 cm formen und kaltstellen.

Für den Strudelteig
Mehl in eine Schüssel sieben, verquirlte Eier, das Salz und den Rum beigeben. Nun so viel kaltes Wasser hinzufügen, dass ein mittelfester Strudelteig entsteht. Zugedeckt mindestens eine halbe Stunde rasten lassen.
Für die weitere Verarbeitung den Strudelteig auf einer gut bemehlten Arbeitsfläche doppelt so groß wie den Butterziegel ausrollen. Der Strudelteig sollte in der Mitte dicker sein.
Den Butterziegel in die Mitte platzieren und vollständig mit dem Strudelteig einschlagen.
Mit einem Nudelholz wird der Teig vorsichtig auf ca. doppelte Größe auseinander geklopft – von unten nach oben und von links nach rechts. Eingeschlossene Luft sollte entweichen. Wichtig ist auch, dass der Strudelteig nicht reißt, ansonsten tritt die Butter aus. Wenn notwendig, wird die Teigoberfläche zwischendurch mit etwas Mehl bestäubt.
Nun wird der Teig von beiden Seiten zur Mitte eingeschlagen und nochmals zusammengelegt. Es sind jetzt vier Lagen, dies nennt man auch die erste Tour. Zugedeckt wird der Blätterteig zum Rasten für mindestens eine halbe Stunde kühlgestellt.
Diese so genannte Tour wird bis zu viermal wiederholt, so dass möglichst viele Schichten – die charakteristische Struktur eines Blätterteiges – entstehen.
Diesen selbst gemachten Blätterteig kann man für vielerlei verwenden.
Zum Beispiel für süße Schaumrollen und würziges Gebäck, für deftige Strudel und verführerisches Kleingebäck.

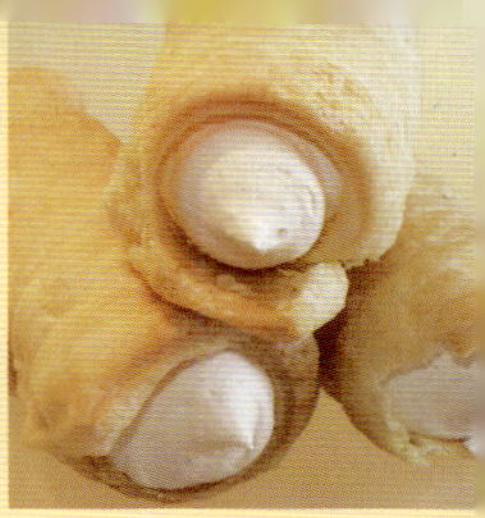

TIPP

Ich gebe zu, der Zeit- und Arbeitsaufwand ist beträchtlich, deshalb sollten Sie die doppelte oder dreifache Menge herstellen, da sich der Teig gut für einige Tage im Kühlschrank aufbewahren oder auch einfrieren lässt.
Vor dem Backen wird das Backblech mit dem Gebäck mit etwas Wasser bespritzt, der entstehende Dampf fördert das Aufgehen der einzelnen Schichten.
Die Temperatur muss am Anfang der Backzeit sehr hoch sein

Blätterteig sollte nicht zu dünn, je nach Gebäck 2–4 mm ausgerollt werden. Ideale Backtemperatur: 200 °C bei Heißluft, 220 °C bei Ober- und Unterhitze.

Brandteig

GRUNDZUTATEN
Weizenmehl glatt
Butter
Wasser
Salz

VARIATIONEN
Heidenmehl
Maismehl
Milch
Vollkornmehl

GRUNDREZEPT

1/8 l	Wasser od. Milch
50 g	Butter
100 g	glattes Mehl
2–3	Eier
1 Prise	Salz

HEIDENMEHLBRANDTEIG (FÜR 20 KLEINE KRAPFERLN)

180 ml	Wasser
100 g	Heidenmehl
60 g	Butter od. Schweineschmalz
2–3	Eier
1 Prise	Salz

MAISMEHLBRANDTEIG (FÜR 25 KLEINE KRAPFERLN)

180 ml	Wasser
120 g	Maismehl
60 g	Butter od. Margarine
2–3	Eier
1 Prise	Salz

Brandteiggebäck ist eine besonders raffinierte Art, Köstliches aus Mehl herzustellen. Wie vieles andere auch, stammt die Idee aus der französischen Küche.

Herstellen eines Brandteiges
Bei Brandteigen wird Milch oder Wasser – je nach Verwendung des Gebäcks – mit Butter und einer Prise Salz aufgekocht. Die Menge muss exakt bemessen werden, da das richtige Verhältnis Flüssigkeit, Eier und Mehl entscheidend für das Gelingen ist.
In die kochende Flüssigkeit wird die ganze Menge Mehl auf einmal eingekocht. Nun reduziert man die Kochtemperatur auf das Minimum und brennt den Teig unter kräftigem Rühren ab. Es bildet sich schnell ein Teigklumpen. Den Kochtopf belässt man auf der Herdplatte, bis der Topfboden mit einer hellen Mehlbrandschicht belegt ist. Daher kommt der Name „Brandteig".
Nun lässt man den Teigkloß leicht auskühlen und rührt anschließend Ei für Ei hinzu. Hierfür ist ein elektrischer Mixer sehr hilfreich. Am Anfang zerteilt sich der Teig in kleinste Krümel. Mit jedem weiteren Ei bindet der Teig besser.
Die Eierangabe in den Rezepten stimmt nur dann, wenn Sie die richtige Größe von Eiern verwenden. Deshalb heißt es oft in der Rezeptur zum Beispiel 3–4 Eier. Hier müssen Sie individuell über die Festigkeit des Brandteiges selbst entscheiden. Als Richtlinie sollte der Teig schwer reißend vom Kochlöffel fallen.
Bei Brandteigen gibt es nun drei Möglichkeiten für die weitere Verarbeitung: Backen im Backrohr bei hoher Temperatur (220 °C), Frittieren im heißen Fett oder Dampfgaren (für Puddings zum Beispiel).
Genau genommen wird der Teig doppelt gegart.
Die Backdauer ist einer der wichtigsten Punkte für das Gelingen des Gebäcks. Durch die hohe Flüssigkeitsmenge geht das Gebäck gut auf und bildet einen Hohlraum zum Füllen mit Schlagsahne, Fruchtcremen oder Puddings etwa. Um diesen Effekt zu verstärken können Sie das fertig belegte Blech mit Wasser bespritzen. Je nach Größe dauert die Backzeit 15–25 min. Die Gebäckstücke müssen fest, das heißt stabil sein. Ansonsten fallen die Krapferln oder Sonstiges nach der Entnahme aus dem Rohr unweigerlich in sich zusammen. Dann kann man diese nicht mehr richtig füllen. Entstehende Risse sollten braun und nicht hell gebacken sein.
Das Backrohr darf zwischendurch nicht geöffnet werden, auch dann fällt das Gebäck zusammen.

Backtemperatur für Brandteig: 220 °C in den ersten 10 min., danach auf 170 °C zurückschalten.

Brotteig

GRUNDZUTATEN
Roggenmehl
Weizenmehl
Dinkelmehl
Vollkornmehle
Sauerteig
Press- oder Trockenhefe
Salz, Zucker
Wasser
Milch

VERFEINERUNG
Gewürze wie Anis, Kümmel, Fenchel, Koriander
Walnüsse
Kürbiskerne
Sonnenblumenkerne
Leinsamen
Sesam hell und dunkel

GRUNDREZEPT

SCHWARZBROT (FÜR 1 KLEINEN LAIB)

500 g	Roggenmehl
50 g	Sauerteig
20 g	Frischgerm od. 1 Pkg. Trockenhefe
1 EL	Salz
1 EL	Brotgewürz (Anis, Fenchel, Kümmel, Korianderkörner)
ca. 1/2 l	lauwarmes Wasser nach Bedarf

WEISSBROT (FÜR EINEN WECKEN)

500 g	glattes Mehl
4 EL	Öl
25 g	Frischgerm oder 1 Pkg. Trockenhefe
300 ml	Wasser od. Milch
1 TL	Salz
1 TL	Zucker

Hausgemachtes Brot hat etwas Nostalgisches an sich. Abgesehen davon dass die Qualität von gutem Schwarz- und Weißbrot im Handel oftmals zu wünschen übrig lässt, wird das Brotbacken selbst zum Erlebnis. Sie werden auch feststellen, dass eigenes Brot länger frisch bleibt.
Wer den Zeitaufwand nicht scheut, kommt in den Genuss von frisch gebackenem Brot und dem damit einhergehenden, unvergleichlichen Duft im Haus oder in der Wohnung.

Zubereitung: Roggenbrot
Für Roggenbrot ist es empfehlenswert, Sauerteig zu verwenden. Zusätzlich kommt noch Frischgerm hinzu, damit der schwere Teig gut aufgeht. Den Teig von Roggenbrot zu kneten ist Schwerarbeit und zeitraubend. Eine Knetmaschine erleichtert die Arbeit erheblich. Je fester der Brotteig ist, desto schöner bleiben die Laibe in Form. Entscheidend hierfür ist aber auch der Klebergehalt des verwendeten Mehls. Roggenbrot hat eine lange Aufgehzeit. Stellen Sie sämtliche Zutaten schon am Vortag an einen warmen Platz, Sie gewinnen dadurch einiges an Zeit. Bei kleinen Mengen stellt man den Brotteig zum Aufgehen ins 50 °C vorgeheizte Backrohr.

Backtemperatur: 200–220 °C

Zubereitung: Weißbrot- und Mischbrotteig
Weißbrotteig ist wesentlich leichter zu verarbeiten als Schwarzbrotteig. Schütten Sie am Anfang immer nur die halbe Menge des Mehls und alle anderen Zutaten in eine Rührschüssel. Dann lässt sich der halbflüssige Teig gut abschlagen. Zum Abschlagen ist ein gelochter Kochlöffel ideal. Erst wenn der Teig Blasen wirft und glänzt, fügen Sie das restliche Mehl hinzu. Zusätzlich kneten Sie den Teig noch ausgiebig auf der Arbeitsfläche durch, bis er feinporig und elastisch ist. Sauerteig ist nicht bei jedem Weißbrot üblich, beim originalen Baguette allerdings unerlässlich. Hier dürfen und sollen Sie ruhig experimentieren und Ihr eigenes Lieblingsbrot kreieren.

Empfohlene Backtemperatur: 180–200 °C, bei Vollkornteigen etwas höher

NOCH EINIGE TIPPS

Frischgerm und Trockenhefe dürfen nicht mit heißen Flüssigkeiten verrührt werden. Bei 40 °C fangen die Hefepilze an abzusterben. Dadurch wäre die Triebkraft nicht mehr ausreichend gegeben.
Brotteige nie übermäßig gehen lassen! Sollte es trotzdem einmal passieren, den Teig wieder zusammenkneten und das Gebäck neu formen.
Wasserdampf lässt Brot noch besser aufgehen. Ein feuerfestes Gefäß mit Wasser mit ins Rohr stellen. Streichen Sie das fertige, ofenheiße Brot mit Wasser, Milch oder auch Butter ein und decken Sie es mit einem Geschirrtuch zu. Dann erhalten Sie eine weiche Krumme.

Germteig

GRUNDZUTATEN
Mehl
Press- oder Trockenhefe
Milch oder Wasser
Eier
Butter, Schmalz oder Margarine
Salz, Zucker

VERFEINERUNG
Zitronensaft
Rum
Vanillezucker
Rosinen

GRUNDREZEPT (FÜR EINEN STRUDEL OD. GUGELHUPF)

500 g	glattes Mehl
30 g	Frischgerm od. 1 Pkg. Trockenhefe
2	Eier
80 g	Butter
1/4 l	Milch
100 g	Zucker
1 Pkg.	Vanillezucker
etwas	Zitronenzesten (Naturzitrone)

Vor allem unsere Großmütter verstanden es hervorragend feines Gebäck aus Germteig herzustellen.
Wenn man einige Grundregeln beachtet, ist es ein Leichtes köstliche Germspeisen zu backen.
Dadurch dass der Teig in den meisten Rezepten aufgehen muss, dauert die gesamte Zubereitungszeit oft bis zu 2 Stunden. Das sollte man vorher einplanen.

Zubereitung von Germteig:
Sämtliche Zutaten sollten einige Stunden bei Raumtemperatur gelagert werden. Die Hefepilze, die für das Aufgehen des Teiges, sprich die Luftigkeit des Gebäcks, verantwortlich sind, aktiviert man ab 22 °C. Jedoch sollte die Temperatur von 50 °C nicht überschritten werden.
Bei der Verwendung von Presshefe setzt man als ersten Schritt einen Vorteig („Dampfl") an.
Hierfür nimmt man einige Esslöffel lauwarme Milch und löst darin die Frischhefe auf, fügt 1 TL Zucker und 1 EL Mehl hinzu. Zum Aufgehen stellt man den Vorteig an einen warmen Platz.
Bei der Verwendung von Trockenhefe erspart man sich diesen Schritt.

Die Milch oder das Wasser erwärmen (handwarm), das Fett schmelzen und die Eier versprudeln. Sämtliche Zutaten, auch den Vorteig, miteinander vermischen und mit einem Kochlöffel kräftig abschlagen. Leichter fällt dies, wenn man zuerst nur die Hälfte des Mehles beigibt und den Rest erst nach und nach untermengt. Der Germteig kann natürlich auch mit der Küchenmaschine geknetet werden.
Der Germteig ist ausreichend geknetet, wenn er nicht mehr an den Händen kleben bleibt und seidig glänzend ist.
Die Festigkeit ist je nach Verwendung unterschiedlich. Für Gebäck, das nicht in einer Form gebacken wird, sollte der Germteig fester sein. Zu berechnen ist auch, dass der Teig nach dem Aufgehen eine andere Konsistenz hat, sprich weicher wird.
Zum Aufgehen wird der Germteig an einem warmen Ort platziert. Zum Beispiel auf dem Heizkörper oder auf dem Kachelofen. Am einfachsten ist es, man stellt den Teig ins angewärmte Backrohr. Hierfür heizt man das Backrohr auf 50 °C vor, schaltet anschließend aus und stellt die Schüssel zugedeckt ins Rohr. Der Teig sollte um das Doppelte aufgehen.
Vor der weiteren Verwendung schlägt man den Teig zusammen und formt das Gebäck laut Rezept. Dieses muss wiederum aufgehen, aber nur um ein Drittel. Hierfür schaltet man das Backrohr wieder auf 50 °C, lässt es aber eingeschaltet.
Nach dem Aufgehen schaltet man das Backrohr auf 180 °C, formt den Teig und bäckt die Germspeise fertig.

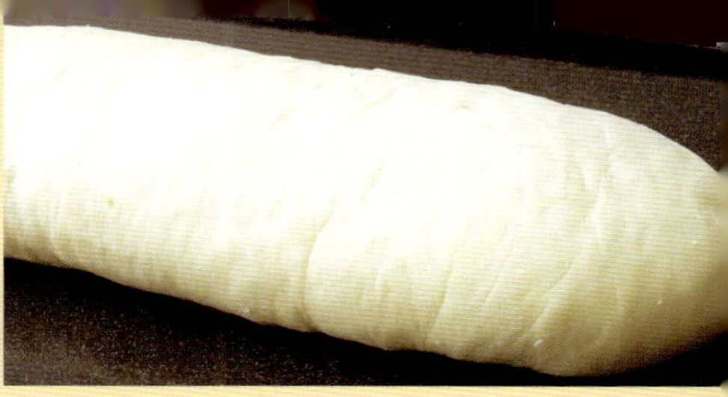

Damit Faschingskrapfen gut gelingen, sollten Sie einige Tricks beachten:

- Der Germteig darf nicht zu fest sein.
- Den Germteig stellt man bei 50 °C zum Aufgehen ins Rohr.
- Die geschliffenen oder ausgestochenen Krapfenrohlinge sollten zugedeckt ebenfalls im Backrohr aufgehen.
- Krapfenrohlinge nach kurzem Aufgehen einmal umdrehen und fertig aufgehen lassen (ca. um die Hälfte).
- Das Backfett darf auf keinen Fall zu heiß sein. Ideal ist eine Fritteuse, da die Temperatur konstant gehalten wird (140–150 °C). Im überhitzten Fett haben die Krapfen nicht genügend Zeit fertig aufzugehen, sie werden zu schnell braun und der charakteristische helle Rand entsteht nicht. Auch die Krapfen sind dann nicht durchgebacken und innen meistens teigig.
- Während der ersten Hälfte der Backzeit wird das Backgefäß zugedeckt. Nach ca. 2–3 min. werden die Krapfen umgedreht und ohne Deckel fertig gebacken.

Kartoffelteig

GRUNDZUTATEN
Kartoffeln (mehlige)
Eier
Weizen oder Dinkelmehl
Salz

TEIGVARIATIONEN
Kartoffelbutterteig
Kartoffelgermteig
Kartoffeltopfenteig

ZUGABE
Butter
Hefe
Topfen

GRUNDREZEPT (FÜR 15 MITTLERE KNÖDEL)

800 g	gekochte mehlige Kartoffeln
300 g	Mehl
30 g	Butter
2	Eier
1 Prise	Salz

Es gibt unglaublich viele Möglichkeiten Kartoffelteig in der Küche zu verwenden. Allen voran als Klassiker sind hier Marillen- und Zwetschkenknödel zu erwähnen. Aber auch Knödel mit pikanter Fülle schmecken wunderbar mit Kartoffelteig.

Herstellung des Kartoffelteiges
Die gut gereinigten Kartoffeln mit Wasser bedeckt zustellen und weich kochen. Dies dauert je nach Sorte ca. 20 min. Das Kochwasser abseihen und die Kartoffeln auskühlen lassen. Nun die gekochten Kartoffeln – sie können auch lauwarm sein – schälen und durch die Kartoffelpresse drücken oder mit Hilfe der feinen Seite eines Reibeisens reiben.
Durchgedrückte Kartoffeln laut Rezept mit dem Mehl und etwas Salz vermischen, ein Häufchen formen und in der Mitte eine Vertiefung drücken. Die Eier aufschlagen und hineingeben. Alles gemeinsam rasch zu einem geschmeidigen Teig verarbeiten. Sollte der Kartoffelteig kleben, fügt man noch Mehl hinzu.

Haltbarkeit
Kartoffelteig lässt sich nicht aufbewahren. Er muss sofort verarbeitet werden. Der Teig ändert durch das Salz seine Konsistenz. Kartoffeln lassen Wasser, dadurch wird der Teig klebrig und weich, bleibt nicht in Form und zerfließt beim Kochen.

Kartoffelteig kochen
Hier gilt das Gleiche wie bei Teigwaren: Man muss ausreichend Wasser verwenden. Dem Kochwasser wird ebenfalls Salz hinzugefügt. Der Topf wird nicht zugedeckt. Als Test ist es empfehlenswert, ein Probestück zu formen und ins kochende Wasser gleiten zu lassen. Die Temperatur nun reduzieren (das Wasser sollte auf keinen Fall wallend kochen). Bleibt das Probestück in Form, kann der restliche Teig verarbeitet werden, ansonsten müsste noch Mehl beigegeben werden. Je nach Größe der Teigstücke dauert die Garzeit 10–20 min.
Bei Knödeln besteht die Gefahr, dass sie innen noch teigig sind, wenn die Kochdauer zu kurz gewählt wird.
Während des Kochens sollten die Kartoffelteigstücke öfters umgedreht werden. Entweder durch leichtes Bewegen des Kochtopfes oder durch Anstupsen mithilfe eines Löffels.

TIPP
Für einen Kartoffelteig sollten Sie nur mehlige Kartoffelsorten verwenden. Bei festkochenden wird der Teig zäh und elastisch. Runde Kartoffeln mit rissiger Schale sind meistens mehlig, längliche mit glatter Schale vorwiegend festkochend. Sollten Ihnen vom Vortag gekochte Kartoffeln übrig geblieben sein, können Sie diese gekühlt noch am nächsten Tag zu Kartoffelteig verarbeiten.

Sortenerklärung Kartoffeln siehe ab Seite 95

Mürbteig

GRUNDREZEPT
SÜSSER MÜRBTEIG

240 g Mehl
160 g Butter
60 g Staubzucker
1 Ei

Das Ei können Sie auch weglassen, dafür geben Sie einige Esslöffel Milch, Sahne, Wasser od. Wein hinzu.

VARIATIONEN

Zugabe von Gewürzen wie Zimt, Nelkenpulver, Zitronenschalen
Mandel-, Walnuss-, Haselnuss- od. Kürbiskerne gemahlen
Kakao od. geriebene Schokolade
Backpulver

GRUNDREZEPT FÜR
SALZIGEN MÜRBTEIG

250 g Mehl
140 g Butter
1 Ei
1 Prise Salz
1 EL Wein
2 EL Milch, Sahne od. Crème fraîche

Mürbteig ist sehr einfach und leicht herzustellen und findet seine Verwendung für Kekse und Kleingebäck, Tortenböden, Pasteten, als Auslegeteig und Untergrund für Gebäck mit verschiedensten saftigen Füllen.

Zubereitung
Die kalte Butter in kleine Stücke schneiden und mit einem Drittel des Mehles zerbröseln. Die restlichen Zutaten beigeben und mit der Hand rasch zu einem feinen Teig verkneten. Ein Kugel formen und in Haushaltsfolie eingewickelt, zum Rasten für mindestens eine halbe Stunde kühl stellen.
Danach ausrollen und je nach Rezept beliebig formen.

Blind backen
Pastetenformen und Tortenböden werden hierfür mit Mürbteig ausgekleidet und vor dem Backen mit trockenen Bohnen oder Erbsen beschwert. Dadurch bleibt der Teig gleichmäßig liegen und wölbt sich nicht auf. Nach dem Backen wird das Mürbteiggebäck weiter verarbeitet (z. B. mit Pasteten gefüllt).

Vorbacken
Bei manchen Rezepten wird der Mürbteig einige Minuten vorgebacken und anschließend mit der Fülle befüllt und fertig gebacken.

Backtemperatur für Mürbteig: 190-200 °C

Nudelteig

Wer liebt sie nicht, die unzähligen Nudelvariationen?
Für Gerichte, welche mit selbst gefertigten Nudeln zubereitet werden, müssen Sie sich schon einige Stunden Zeit nehmen.
Obwohl es ein schier unerschöpfliches Angebot an Pastavariationen in den Feinkostabteilungen gibt, sollte man sich von Zeit zu Zeit den Luxus gönnen, Nudeln selbst herzustellen.
Das unvergleichliche Geschmackserlebnis entschädigt garantiert für die vorangegangene Mühe.

GRUNDZUTATEN UND BESCHAFFENHEIT DER TEIGE

MEHLE	
Weizenmehl	geschmeidiger, leicht zu verarbeitender Teig
Hartweizengrieß	fester, schwer zu verarbeitender Teig, ideal für die Nudelmaschine
Buchweizenmehl	grauer elastischer Teig, wird mit Weizenmehl gemischt
Dinkelmehl	festerer Teig, leicht bräunlich, nussiger Geschmack
Polentamehl	feinkörniger, fester, gelber Teig, wird 1:1 mit Weizenmehl gemischt

EIER	VERWENDUNG
	sollten so frisch wie möglich sein
	entweder nur die Dotter oder ganze Eier
	die Größe der Eier ist entscheidend für die Festigkeit des Teiges
	kann je nach Klasse variieren
	individuelle Anpassung an das Rezept durch Zugabe von Mehl oder Eiern kann hier notwendig sein

WEITERE ZUTATEN FÜR FARBNUANCEN	FARBE, GESCHMACK
passierter Spinat	für grüne Nudeln, neutral
Tomatenmark	für rote Nudeln, neutral
Rotwein	für rote Farbe, leicht säuerlich
Safran	für gelbe Nudeln, neutral
Kakao	für braune Nudeln, neutral
Kräuter	intensiv
Kernöl	für grünbraune Nudeln, nussig

GRUNDREZEPT

NUDELTEIG I

300 g	glattes Mehl
3	Eier

NUDELTEIG II

150 g	glattes Mehl
150 g	Hartweizengrieß
4	Eier

Herstellung des Nudelteiges

Das Mehl auf eine Arbeitsfläche schütten und eine Mulde formen. Eier aufschlagen, mit einer Gabel zerquirlen und in die Vertiefung geben. Die Eier von der Mitte her mit dem Mehl nach und nach vermischen. Hierfür leistet eine Teigkarte oder ein Tafelmesser gute Dienste.
Dieser Rohteig muss nun kräftig durchgeknetet werden, bis er feinporig, glänzend, elastisch und homogen erscheint. Auf Druck sollte er leicht nachgeben.

VOLLKORNNUDELTEIG III OHNE EI

150 g	Vollkorndinkelmehl
150 g	Hartweizengrieß
150 ml	Wasser

Hilfreich für diesen Zweck ist natürlich eine Nudelmaschine mit Handkurbel. Man lässt den Rohteig mehrmals durchlaufen und legt ihn immer wieder zusammen, bis er die gewünschte Beschaffenheit aufweist. Aus dem fertigen Teig werden Kugeln geformt, zugedeckt und zum Rasten für mindestens eine halbe Stunde beiseite gestellt. Als weiteren Schritt jede Kugel entweder mit dem Nudelholz oder der Nudelmaschine auf einer mit Mehl bestaubten Arbeitsfläche zu dünnen Teigplatten ausrollen und bei Zimmertemperatur leicht antrocknen lassen (ca. 1 Stunde). Dies verhindert das Zusammenkleben des Teiges beim Schneiden der Nudeln. Nachher die Nudelblätter mit Mehl bestäuben und locker einrollen. Auf eine schnittfeste Unterlage legen und die gewünschte Breite mit einem scharfen Messer mit dünner Klinge abschneiden.
Selbst gemachte Nudeln kochen Sie am besten am gleichen Tag.
Sollten sie für die Vorratshaltung bestimmt sein, lässt man sie auf einem Küchentuch über Nacht trocknen. Man kann sie dazu mit beiden Händen portionsweise zu Nestern formen. Nach dem Trocknen füllt man sie in Sackerln oder Dosen ab. Für die Tiefkühlung brauchen sie nicht getrocknet zu werden, man staubt sie gut mit Mehl und füllt sie gleich in Tiefkühlsäcke.

Haltbarkeit

frisch ungefüllt	2 Tage im Kühlschrank
frisch gefüllt	1 Tag im Kühlschrank
getrocknet	2 Monate
tiefgekühlt	4 Monate

Nudeln kochen
Grundvoraussetzung ist die Verwendung von ausreichend Wasser, jedenfalls nicht weniger als 3 Liter. Bei großen Mengen dementsprechend mehr. Dadurch gibt es auch kein Zusammenkleben der Teigwaren. Zu 3 Liter kochendem Wasser kommt ca. 1 EL Salz hinzu. Die Garzeit ist bei frischen Nudeln sehr kurz, einige Minuten. Am besten probiert man zwischendurch. Sie sollten auf jeden Fall Biss haben. Bei getrockneten Nudeln erhöht sich die Garzeit etwas. Öl dem Kochwasser beizufügen ist normalerweise nicht notwendig. Außerdem bleibt bei Nudelgerichten mit Sauce diese dadurch nicht gut haften.
Als Beilage kann man die Nudeln in zerlassener Butter, in Olivenöl oder auch in aromatisierten Ölen schwenken. Es kann auch nach dem Kochen, wenn notwendig, mit einer Prise feinem Salz nachgebessert werden.

TIPP
Salz sollten Sie nur bei Nudelteig verwenden, den Sie am gleichen Tag zubereiten. Dementsprechend groß ist die Menge fürs Kochwasser.
Bei Lagerung kann sich der Teig durch chemische Reaktion mit dem Salz unansehnlich grau verfärben.

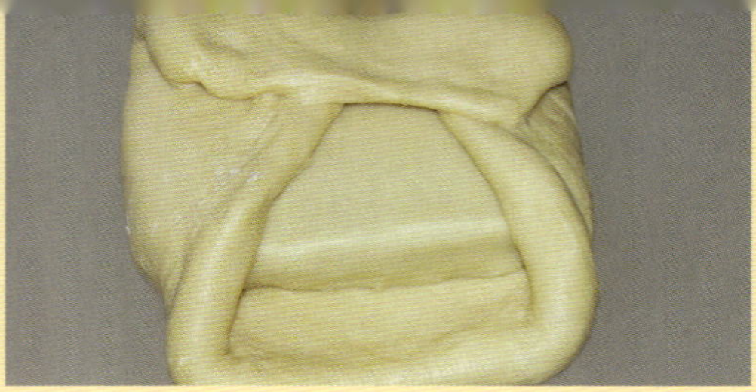
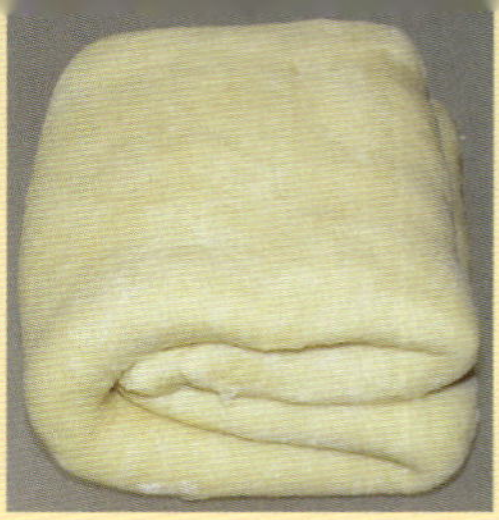

Plunderteig

ZUTATEN

GERMTEIG

200 g	glattes Mehl
1/2 Pkg.	Trockenhefe
30 g	Zucker
1	Ei
60 ml	Milch
	Salz

BUTTERZIEGEL

160 g	Butter
70 g	Mehl

Plunderteig wird aus einem kalten Germteig und einem Butterziegel hergestellt. Der Butterziegel wird in den Germteig eingepackt und mit einem Rollholz auseinander geklopft und dreifach zusammengelegt.
Wie auch beim Blätterteig wiederholt man hier die Touren drei- bis viermal. Im Gegensatz zu Blätterteig braucht Plunderteig zwischen den Touren nicht unbedingt gekühlt zu werden.
Für jeden ein Begriff ist der Plunderteig durch das berühmte französische Croissant geworden. Ein hervorragendes einzigartiges, weltweit gegessenes Frühstückskipferl.
Natürlich gibt es auch unzählige andere raffinierte Verwendungsmöglichkeiten für Plunderteig: Strudel und Kleingebäck, gefüllt mit Marmelade, Topfen und Früchten, aber auch mit Pikantem.

Für den Germteig
Aus dem Mehl, der Trockenhefe, dem Zucker, dem Ei, der lauwarmen Milch und etwas Salz einen festen Germteig abgeschlagen. Dieser braucht nicht aufzugehen.

Für den Butterziegel
Die in kleine Stücke geschnittene Butter mit dem Mehl verkneten und daraus einen ca. 3 cm hohen Butterziegel formen.
Den Germteig nun ca. dreimal so groß wie den Butterziegel ausrollen.
Anschließend setzt man den Butterziegel in die Mitte und ummantelt ihn vollständig mit dem Germteig.
Dieser Teig wird nun rechteckig auf die dreifache Größe vorsichtig ausgerollt und dreifach übereinander geschlagen.
Anders als beim Blätterteig braucht der Plunderteig zwischen den Touren keine Kühl- und Rastzeit. Die Tour wiederholt man insgesamt vier Mal. Sollte der Teig kleben, bestaubt man ihn immer wieder mit etwas Mehl.
Danach muss der Plunderteig zugedeckt mindestens 1 Stunde rasten.
Zur weiteren Verarbeitung rollt man ihn ca. 2 mm stark aus.

Backtemperatur: die ersten 10 min. bei 220 °C, dann auf 180 °C zurückschalten
Backdauer: Kleingebäck 20–25 min.
Plunderteiggebäck ist richtig gebacken, wenn es gut aufgegangen, knusprig und hellbraun ist.

TIPP

Beim Butterziegel können Sie das Mehl auch weglassen.
Zum Formen legen Sie das ganze Butterstück zwischen Butterbrotpapier und klopfen es mit einem Rollholz auf die gewünschte Größe.

Rührteig

GRUNDZUTATEN
Butter, Öl oder Margarine
Zucker
Eier
Milch
Mehl/Speisestärke
Backpulver

GRUNDREZEPT (FÜR 1 KUCHEN)

4	Eier
140 g	Zucker
140 g	Butter
200 g	Mehl
1 Pkg.	Vanillezucker

Herstellung eines Rührteiges

Rührteigkuchen sind eine beliebte, unkomplizierte Variante für Kuchen und Gebäck zur Tee- oder Kaffeejause. Die Zubereitung ist denkbar einfach. In 1,5 Stunden können Sie den duftenden Kuchen aufschneiden.
Um unliebsame Überraschungen bei der Herstellung des Rührteiges zu vermeiden, sollten sämtliche Zutaten zwei Stunden vor der Zubereitung aus dem Kühlschrank genommen werden. Dadurch erreicht man eine gleichmäßige Temperatur der Waren.
Sind die Ingredienzien zu kalt, gerinnt die Masse und flockt aus. Bei diesem Vorgang verbindet sich das Fett nicht mit den übrigen Zutaten und die besonders cremige Konsistenz, welche für einen luftigen Kuchen erforderlich ist, stellt sich nicht ein.
Üblicherweise rührt man die zimmerwarme Butter in einem elektrischen Rührgerät mit dem Zucker schaumig und gibt nach und nach die Eier hinzu. Zum Schluss wird das Mehl eingesiebt – je nach Rezept vermischt mit Speisestärke oder Backpulver. Mit einem Schneebesen zieht man anschließend das Mehl durch die Rührmasse.
Die Beschaffenheit des Rührteiges ist richtig, wenn er schwer reißend von der Teigspatel fällt und herrlich flaumig ist.

Rührteig backen

Die Formen, in denen Rührteig gebacken wird, werden sorgfältig mit Butter ausgepinselt und entweder mit Mehl oder Semmelbröseln gestaubt.
Eine sehr gute Alternative zu den herkömmlichen Leichtmetallformen sind hitzebeständige Kunststoffformen. Diese werden von Anfang an nicht mit Fett ausgepinselt. Es ist aber zu beachten, dass am Rand keine Teigreste haften bleiben sollten, da sie sich unansehnlich ins Material brennen.
Die richtige Backtemperatur für Rührteige liegt bei 170 °C. Je nach Volumen der Backform dauert die Backzeit bis zu 1,5 Stunden.
Gegen Ende der Backzeit nimmt man die Temperatur auf 150 °C zurück. Zur Kontrolle, ob der Kuchen durchgebacken ist, steckt man einen Holz- oder Metallspieß ins Gebäck. Ist das Stäbchen sauber, ist er fertig. Bleibt Teig daran haften, belässt man das Gebäck noch im Rohr.
Den fertigen Kuchen lässt man noch für ca. 10 min. in der Form und stürzt ihn dann auf ein Kuchengitter zum Auskühlen.

TIPP

Um die Butter oder Margarine schnell auf Zimmertemperatur zu bringen, kann man diese auch in der Mikrowelle erwärmen. 20 sec. genügen hierfür, sie darf auf keinen Fall schmelzen.
Sollte Ihnen der Teig trotzdem einmal gerinnen, stellen Sie die Rührschüssel in lauwarmes Wasser und mixen Sie die Masse nochmals gut auf.

Sauerteig

SAUERTEIG AUS ROGGENMEHL

400 ml	lauwarmes Wasser
42 g	Frischgerm
400 g	Roggenmehl

SAUERTEIG FÜR WEISSBROT

250 g	Weizenmehl
250 ml	lauwarmes Wasser
42 g	Frischgerm
2 EL	Zucker

DINKELMEHLSAUERTEIG

1/2 l	lauwarmes Wasser
42 g	Frischgerm oder 2 Pkg. Trockenhefe
2 TL	Zucker
300 g	Dinkelmehl

Sauerteig ist ein wichtiger Geschmacksträger für deftig-herzhafte Brote.
Für dunkles Brot verwendet man dunklen Sauerteig, für helles Gebäck Sauerteig aus Weizen oder Dinkelmehl.
Als Ersatz für frischen Sauerteig gibt es in Drogerien und Reformhäusern Sauerteigextrakt (granuliert) zu kaufen, das von der Struktur ähnlich wie Trockenhefe ist. Damit erspart man sich das Ansetzen über 2 Tage.
Man rechnet für 1 kg Mehl ca. 100 g fertigen Sauerteig.

Für den Sauerteig
Der Vorgang zum Herstellen von Sauerteig ist bei allen drei Variationen der gleiche.
Die Germ im lauwarmen Wasser auflösen, das Mehl und den Zucker beigeben.
Alles klumpenfrei verrühren und bei Zimmertemperatur mindestens 24–48 Stunden zugedeckt stehen lassen. Dadurch kommt der Säuerungsprozess in Gang. Den vollen Geschmack erhält Sauerteig aber erst nach 48 Stunden.
Nehmen Sie ein genügend großes Gefäß. Die Masse quillt durch den Gärprozess über den Rand, **das Volumen von Sauerteig nimmt enorm zu.**
Nach dem ersten Tag rühren Sie die Masse einmal um, das ist aber nicht unbedingt erforderlich.
Sollte Ihnen ein Rest übrig bleiben, füllen Sie den Sauerteig in ein Schraubglas und stellen ihn in den Kühlschrank. Er hält sich gekühlt bis zu zwei Wochen.

Unsere Omas oder auch Muttis behielten sich für den Sauerteigansatz die rohen Brotteigreste aus dem Brotwandl zurück und trockneten diese über dem Herd. Dadurch wurde der Sauerteig haltbar.
Am Tag vor dem Brotbacken setzte man die trockenen Stücke in lauwarmem Wasser an und fügte hier die Frischgerm für den Vorteig hinzu. In einer Mehlmulde gärte der Sauerteig (auch „Vorteig") über Nacht vor sich hin. Am nächsten Tag wurde das Brot fertig geknetet und gebacken.

Gezogener Strudelteig

GRUNDZUTATEN
glattes Weizenmehl
Vollkornmehl
Dinkelmehl
Salz
Wasser

VERBESSERUNG
Fette und Öle
Eier besonders für gekochten Strudelteig

GRUNDREZEPT

300 g	glattes Mehl
150 ml	lauwarmes Wasser
75 g	Maiskeimöl, Schweineschmalz oder Butter
1 TL	Zitronensaft
1 Prise	Salz

Gezogene Strudelteige haben besonders in Österreich eine lange Tradition. Gebacken wurden die gefüllten Strudel früher meistens zusammengerollt in einer großen gusseisernen „Rein", zugedeckt auf der Herdplatte oder im Rohr. Heute versteht man unter Strudel eher die längliche Form, die auf dem Backblech gebacken wird.

Als Grundrezept könnte man sagen, für je 100 g Mehl benötigt man 25 g Fett und 50 ml Wasser.
Für einen kleinen Strudel benötigt man ca. 200 g Mehl.

Zubereitung
Entscheidend für das Gelingen ist zum einen das richtige Mehl, zum anderen auch die Bearbeitung des Teiges. Strudelteig muss kräftig abgeschlagen oder geknetet werden. Mindestens so wichtig ist die Rastzeit. Dadurch erhält er die gewünschte Elastizität und man kann ihn sehr dünn ausziehen.

Für den Strudelteig
Das Mehl mit dem Wasser, dem Öl und dem Salz vermengen und zu einem geschmeidigen, glänzenden Teig abschlagen. Für mindestens eine Stunde zugedeckt rasten lassen.
Auf einem bemehlten Strudeltuch den Strudelteig zuerst mit einem Rollholz vorrollen. Nun mit dem Handrücken unter den Teig fassen dünn ausziehen und die dicken Teigränder wegschneiden. Die Teigplatte mit zerlassenem Fett bepinseln und beliebig füllen. Mit Hochziehen des Strudeltuches einrollen, gut zudrücken und aufs Blech legen.

Backtemperatur für Strudel: 180–200 °C

OLIO EXTRA VERGI
DI OLIVA

Fette und Öle für die moderne Ernährung

Fette und Öle sind neben den Gewürzen die wichtigsten Geschmackszutaten in der Küche. Viele Aromen entfalten sich erst in Verbindung mit Fetten – mit Fett schmeckt alles einfach besser.

Darum leisten Sie sich den Luxus hochwertiger Fette und Öle und achten Sie darauf, dass sie naturbelassen sind.

Mohnsamen

1. Physikalische und chemische Eigenschaften von Fetten und Ölen

Fette und Öle sind die effektivsten Energiespeicher unserer Lebensmittel. Sie sind kleine Kraftpakete, da sie die doppelte Energiedichte haben wie Eiweiße oder Kohlenhydrate. Die vollständige Verbrennung von 1 Gramm Fett liefert dem Körper 38 kJ (9,3 kcal) Energie. Aus diesem Grund wird Fett als optimale Energiereserve des Körpers vor allem unter der Haut, im Muskelgewebe sowie in speziellen Depots um die inneren Organe gespeichert. Die physiologische Wichtigkeit wertvoller Fette und Öle für einen gesunden Organismus ist unbestritten und gewinnt gerade in den letzten Jahren nach dem irrtümlichen Favorisieren von fettreduzierten Kunstprodukten neue Bedeutung.

Fettsäure (Name)	Kettenlänge (C-Atome)	Doppelbindungen (Anzahl)
gesättigt:		
Myristinsäure	14	0
Palmitinsäure	16	0
Stearinsäure	18	0
einfach ungesättigt:		
Palmitoleinsäure	16	1
Ölsäure	18	1
zweifach ungesättigt:		
Linolsäure	18	2
dreifach ungesättigt:		
Linolensäure	18	3

Fette und Öle gehören zur chemischen Gruppe der *Lipide*, die in ihrer Grundstruktur aus dem dreiwertigen Alkohol *Glycerol* bestehen, an welchem drei *Fettsäuren* gebunden sind. Die Fettsäuren in den Lipiden von Fetten und Ölen kommen hauptsächlich *gesättigt* bzw. einfach, zweifach oder dreifach *ungesättigt* vor. *„Gesättigt"* bzw. *„ungesättigt"* sind chemische Begriffe, welche die Belegung der C-Atome mit Wasserstoffatomen bezeichnen. Gesättigte Fettsäuren verfügen demnach über keine Doppelbindung, einfach ungesättigte Fettsäuren über 1 Doppelbindung, zweifach ungesättigte über 2 Doppelbindungen etc.

Allein die unterschiedlichen Fettsäuren in den Lipiden sowie deren Position (Omega-3, Omega-6, Omega-9) innerhalb der Fettsäurenmoleküle bestimmen die chemischen und physikalischen Eigenschaften aller Fette und Öle aus der Natur. Je höher der Anteil an ungesättigten und langkettigen Fettsäuren ist, desto flüssiger ist das Öl auch bei niedrigeren Temperaturen. Je mehr gesättigte und kurzkettige Fettsäuren am Aufbau der Fettmoleküle beteiligt sind, desto härter ist das Fett. Schweineschmalz z. B. ist bei 20 °C fest und wird deshalb auch als Fett bezeichnet. Der Gehalt an gesättigten Fettsäuren beträgt beim Schweineschmalz im Mittel ca. 40 % mit einem Hauptanteil an Palmitinsäure (C16:0). Im Vergleich dazu liegt bei pflanzlichen Ölen der Anteil an Palmitinsäure zwischen 5 und 12 %. Pflanzliche Öle können durch so genannte Härtung künstlich streichfähig bzw. fest gemacht werden. Durch den chemischen Prozess der Härtung können so genannte trans-Fettsäuren entstehen, die in dieser Form in der Natur nicht vorkommen und als Risikofaktoren für die Entstehung vieler Zivilisationskrankheiten diskutiert werden.

aselnusskerne

Maiskörner

2. Fette und Öle als Bestandteile einer gesunden Ernährung

Fette und Öle sind neben Eiweiß und Kohlenhydraten Hauptbestandteile unserer Nahrung. Für die Energiegewinnung des Körpers aus Fetten ist es gleichgültig, ob diese tierischer oder pflanzlicher Herkunft sind, nicht aber für eine gesunde und ausgewogene Ernährung. Die moderne Ernährungsmedizin empfiehlt die Aufnahme von weniger als 25 % gesättigten, ca. 50 % einfach ungesättigten und ca. 25 % mehrfach ungesättigten Fettsäuren. Auf die richtige Mischung kommt es an.

Fettsäuren, die der Körper selbst nicht bilden kann und deshalb mit der Nahrung zugeführt werden müssen, werden essenzielle Fettsäuren bezeichnet. Solche Fettsäuren wie z. B. die Linolsäure (Omega-6) und Alpha-Linolensäure (Omega-3) sind lebensnotwendig. Während tierische Fette unterschiedliche Mengen an Cholesterin enthalten, sind pflanzliche Öle praktisch frei von Cholesterin.

Fett macht nicht dick, nur ein Zuviel an Fett macht dick – das Gleiche gilt natürlich für alle anderen Lebensmittelbestandteile. Die jahrelange Ernährungsempfehlung, verstärkt Kohlenhydrate statt Fette zu konsumieren hat nicht den gesundheitlichen Effekt gebracht wie prophezeit, im Gegenteil: Der Anteil an Übergewichtigen vor allem in den USA hat dramatisch zugenommen. Mittlerweile weiß man, dass insbesondere der Überschuss an Kohlenhydraten und hier vor allem die leicht verfügbaren Kohlenhydrate in gesüßten Limos und Fertiggerichten die Ursache vieler Zivilisationskrankheiten ist und nicht die Verwendung natürlicher tierischer Fette wie Butter oder wertvoller naturbelassener pflanzlicher Öle.

3. Verwendung von Fetten und Ölen in der Küche

Abgesehen von ihrer ernährungsphysiologischen Bedeutung sind Fette und Öle neben den Gewürzen die wichtigsten kulinarischen Zutaten in der Küche, da viele Aromen fettlöslich, also an Fett gebunden sind. Mit Fett schmeckt alles einfach besser – daher leisten Sie sich den Luxus verschiedener hochwertiger naturbelassener Fette und Öle in der Küche. Echte Butter kann einfach durch kein Kunstprodukt ersetzt werden – nicht nur geschmacklich, sondern auch in der einzigartigen Zusammensetzung von vielen so genannten kurz- und mittelkettigen Fettsäuren, die besonders leicht verdaulich sind, da diese ohne Umwege direkt ins Blut gelangen können. Verwenden Sie verschiedene naturbelassene Öle und keine billigen pflanzlichen Kunstprodukte, die durch Härtung industriell streichfähig gemacht wurden. Naturbelassene Öle weisen im Gegensatz zu den geruchs- und geschmacksneutralen raffinierten Speiseölen ein besonderes, arteigenes Aroma und einen typischen Geschmack auf. Sie eignen sich besonders als Salatöl und können einen einfachen Salat zur ex-

geschälte Sonnenblumenkerne

quisiten Spezialität verwandeln. Sie können aber auch für Zubereitungsarten verwendet werden, bei denen die Speisen nur mäßig erhitzt werden (z. B. Dünsten).

Fette und Öle, die in der Küche zum Braten, Backen und Frittieren erhitzt werden, sollten von ihren Eigenschaften her besonders jene Voraussetzungen erfüllen: die Hitze- und Oxidationsstabilität. Hier eignen sich vor allem tierische Fette (z. B. Schweineschmalz, Butterreinfett) oder pflanzliche Öle mit wenig mehrfach ungesättigten Fettsäuren (z. B. Rapsöl). Auch durch Raffination „gereinigte" pflanzliche Öle eignen sich zum Erhitzen, da hier viele in naturbelassenen Ölen vorkommende Inhaltstoffe entfernt wurden, die schon bei 100 °C zum Verbrennen neigen. Trotzdem sollten Frittierfette und -öle in der Küche keinesfalls überhitzt werden und in der Pfanne zu rauchen beginnen.

Prozesse bei der industriellen Raffination von pflanzlichen Ölen

Extraktion	Die industrielle Extraktion von Ölsaaten erfolgt mit Lösungsmitteln (z.B. Hexan, Benzin). Durch Filtration und Destillation wird das Lösungsmittel anschließend aus dem Öl entfernt. Die Ölausbeute liegt bei fast 100 %.
Entschleimung	Bei der Entschleimung werden mit Hilfe von Säuren (Zitronen-, Phosphorsäure) sowie mit Silikaten Lecithin, Eiweißreste und pflanzliche Schleimstoffe abgetrennt.
Entsäuerung	Freie Fettsäuren im Rohöl werden durch Entsäuerung mit Natronlauge entfernt. Anstelle der Verseifung freier Fettsäuren ist auch eine „physikalische Raffination" möglich, die eine gleichzeitige Abtrennung von unerwünschten Geruchs- und Geschmacksstoffen mit den freien Fettsäuren ohne Chemikalieneinsatz ermöglicht.
Entfärbung Bleichung	Öle werden gebleicht, um unerwünschte Farbstoffe zu entfernen. Zum Bleichen wird das Öl mit einem oberflächenaktiven Stoff in Berührung gebracht, der die unerwünschten Bestandteile adsorbiert (bindet). Verwendet werden dazu vor allem Bleicherden und Aktivkohle.
Desodorierung Geruchselimination	Die Dämpfung von Ölen erfolgt mit Wasserdampf 1 bis 2 Stunden bei ca. 250 °C. Dabei wird das Öl von unerwünschten Geruchs- und Geschmacksstoffen gereinigt. Allerdings geht auch der typische Eigengeschmack der Öle verloren.
Zusatzstoffe	Durch den Prozess der Raffination kann der Gehalt an natürlichem Vitamin E, welches als Antioxidans im Öl wirkt, um bis zu 30 % abnehmen. Externer Zusatz von Vitamin E und anderer Zusatzstoffe sollen die Oxidationsneigung dieser Öle verringern.

4. Naturbelassene (kaltgepresste) und raffinierte Öle

Im österreichischen Lebensmittelcodex werden Pflanzenöle ohne technologische Aufbereitung wie folgt beschrieben:

Als „naturbelassen", „kaltgeschlagen", „kaltgepresst", „warmgepresst", „Jungfernöl" oder „gleichsinnig" dürfen nur solche Speisefette und Speiseöle bezeichnet werden, die lediglich durch mechanische oder physikalische Prozesse (ausgenommen Extraktion) gewonnen werden und nur durch Waschen, Absetzenlassen, Filtrieren oder Zentrifugieren gereinigt werden. Sie enthalten keine sonstigen Zutaten.

Im Gegensatz zu naturbelassenen Ölen, die nur durch mechanische oder physikalische Prozesse hergestellt werden, durchlaufen viele industriell produzierte Öle mehrere Prozess-Schritte, welche zusammengefasst als Raffination bezeichnet werden.

Weintrauben

Rapssamen

Raffinierte Öle sind im Allgemeinen haltbarer und heller als nicht-raffinierte Öle. Sie sind praktisch frei von unerwünschten Geruchs- und Geschmacksstoffen und enthalten aufgrund des Raffinationsprozesses weniger oder keine Schwermetalle, Pflanzenschutzmittelrückstände etc. als nicht-raffinierte Öle. Das Ausgangsmaterial und die Behandlung der Ölsaaten (Ernte, Trocknung, Lagerung, Pressung) für kaltgepresste Öle müssen deshalb einen besonderen Qualitätsstandard aufweisen. Den raffinierten Ölen werden aber neben den angeführten Komponenten auch besondere pflanzliche Inhaltsstoffe wie Phytosterine, Vitamine etc. entzogen, die den besonderen gesundheitlichen Wert dieser Naturprodukte ausmachen.

Unterschiede zwischen kaltgepressten und raffinierten Ölen

Naturbelassene, kaltgepresste Öle	Raffinierte Öle
sehr große Sortenvielfalt	wenige Sorten im Handel
je nach Ölsorte beschränkte Haltbarkeit	Haltbarkeit gut gegeben
je nach Ölsorte charakteristische Farbe	einheitlich helle Farbe
je nach Ölsorte charakteristischer Geruch und Geschmack	geruchs- und geschmacksneutral
leichte Trübungen im Öl möglich	keine Trübungen im Öl
pflanzeneigene Begleitstoffe sind im Öl erhalten (Lezithin, sekundäre Pflanzeninhaltsstoffe, Vitamine)	pflanzeneigene Begleitstoffe durch Raffination entfernt
natürlicher Phytosterin- und Carotingehalt	Phytosterine und Carotinoide durch Raffination entfernt
natürlicher Vitamin E-Gehalt	Verminderung des Vitamin E-Gehalts um 10–20 % durch die Raffination
praktisch frei von trans-Fettsäuren	bei der Raffination (Dämpfung, Desodorierung) können trans-Fettsäuren entstehen
etwaige Rückstände (Pflanzenschutzmittel, Schwermetalle etc.) in der Ölsaat scheinen auch im daraus gewonnenen Öl auf	etwaige Rückstände (Pflanzenschutz, Schwermetalle etc.) werden durch die Raffination entfernt
Erhitzbarkeit auf 150–180 °C nicht möglich (als Brat- und Frittieröle nicht geeignet)	Erhitzbarkeit auf 150–180 °C möglich (als Brat- und Frittieröle geeignet)
ausgezeichnete Verwendung als Salat- und Würzöl	Verwendung als Brat- und Frittieröl

Mag. Dr. Franz Siegfried Wagner

Technisches Büro und Chemisches Labor
Lebensmittel- und Biotechnologieconsulting/Qualitätsmanagement

Walnusskerne

Kleine Öl- und Fettkunde

Hier möchte ich Ihnen die gebräuchlichsten Öle und Fette in der Küche in Form einer Kurzbeschreibung vorstellen. Die Auflistung ist bei weitem nicht vollständig. Grundsätzlich werden kalt und schonend gepresste Öle nicht stark erhitzt, raffinierte Öle und Fette sind hierfür besser. Im Handel angebotene Pflanzenölmischungen sind zum Frittieren und Erhitzen geeignet.

Hochwertige Speise- und Spezialöle

DISTELÖL Saflordistel (Färberdistel) *(Carthamus tinctorius)*

Kaltpressung	aus geschälten Saflordistelsamen, für 1 l Öl benötigt man 4–6 kg Samen
Geschmack, Farbe	zart nussig, warmer Goldton
Verwendung	für Rohkost, Salate, zum Verfeinern von Getreide- und Nudelgerichten
Besonderheit	höchster Anteil aller Öle an 2-fach ungesättigten Fettsäuren, wird auch für die Margarineherstellung verwendet

ERDNUSSÖL Erdnuss *(Arachis hypogaea)*

Raffiniert u. kaltgepresst	aus geschälten Erdnüssen, für 1 l Öl benötigt man 3-4 kg Erdnüsse
Geschmack, Farbe	geruchs- und geschmacksneutral, hellgelb
Verwendung	raffiniertes Erdnussöl ist ideal zum Frittieren und für Wokgerichte, kaltgepresstes für Nudeln, Getreide, Erdäpfel usw.
Besonderheit	Verwendung in der Seifenherstellung; das Öl nimmt gekühlt eine cremig-flockige Konsistenz an, was kein Qualitätsverlust ist

HASELNUSSÖL Haselnuss *(Corylus avellana L.)*

Kaltgepresst	aus Haselnusskernen nach dem Entfernen der harten Steinschale, für 1 l Öl benötig man ca. 2 kg Haselnusskerne
Geschmack, Farbe	intensiv nach Haselnuss, hell- bis mittelgelb
Verwendung	für süße Salate, Rohkost, Kaiserschmarrn usw.
Besonderheit	Haselnussöl wird zur Schokoladeerzeugung und in der Kosmetik verwendet; Haselnusssträucher gehören zu den Birkengewächsen

Weizenkörner

Kürbiskerne

KÜRBISKERNÖL Steirischer Ölkürbis *(Cucurbita pepo L. subsp. pepo var. styriaca Greb.)*

Schonend gepresst	aus den weichschaligen Kürbiskernen, 2,5 kg für 1 l Öl
Geschmack, Farbe	kräftig-nussig, weich-samtig, tiefgrün
Verwendung	für kräftige Salate, Aspiks, Eierspeis, Mehlspeisen und Süßes
Besonderheit	besonders hoher Anteil an 2-fach ungesättigten Fettsäuren und Vitamin E, wertvolles Öl, Verwendung auch in der Pharmaindustrie, Steirisches Kürbiskernöl ist ggA: eine geografisch geschützte Angabe

MOHNÖL Mohn *(Papaver somniferum L.)*

Kaltgepresst	aus Mohnsamen von Blau-, Grau- und Weißmohn, benötigte Menge Mohnsamen für 1 l Öl etwa 3–4 kg
Geschmack, Farbe	fruchtig-würzig, fein-nussig, hell- bis mittelgelb
Verwendung	zu Spargel, Kartoffeln, Tomaten, Nudeln, Mehlspeisen, Salaten u. v. m.
Besonderheit	großes Anbaugebiet im Waldviertel, Haubenköche nennen Mohnöl auch das „Olivenöl des Nordens“; warm gepresstes und extrahiertes Mohnöl wird für Seife und Malerfarben verwendet

TRAUBENKERNÖL Weintrauben *(Vitis vinifera)*

Kaltgepresst	Kerne aus dem Trestern-Rückstand der Weinerzeugung
Geschmack, Farbe	feinfruchtig, zartherb, goldgelb
Verwendung	zum Braten, für Palatschinken und Süßes, für Fisch, Gemüse usw.
Besonderheit	für 1 l Öl benötigt man 200 kg Trestern (ergibt ca. 15 kg Kerne), daher ist es sehr teuer; es werden auch sortenreine Kerne verpresst

RAPSÖL Raps *(Brassica napus oleifera)*

Kaltgepresst	aus den fast kugelrunden Samen der Rapsschote, für 1 l Öl benötigt man ca. 3 kg Rapssamen
Geschmack, Farbe	herb-würzig, intensiv gelb, Rapsöl ist leicht trüb
Verwendung	Liebhaberöl, für würzig-kräftige Speisen und Salate, zu Käse
Besonderheit	raffiniertes Rapsöl wird zu Bio-Dieselkraftstoff verarbeitet

WALNUSSÖL Walnussbaum *(Juglans regia L.)*

Kaltgepresst	aus den fettreichen Kernen der Walnuss, für 1 l Öl benötigt man ca. 2 kg Walnüsse
Geschmack, Farbe	angenehm nussig, sonnengelb
Verwendung	für Obstsalate, Süßspeisen, Käse, Rohkost usw.
Besonderheit	kostbar wertvolles Öl, hoher Anteil an 2-fach ungesättigten Fettsäuren

Erdnüsse

Oliven

Saflordistelsamen

OLIVENÖL NATIV Olivenbaum *(Olea europaea)*

schonend gepresst	aus den fettreichen Früchten; vermahlen mit den Steinen (Kernen)
Geschmack, Farbe	fruchtig, mild-würzig, in Gelb- bis Grüntönen
Verwendung	zu Salaten, zum Braten, für alle Gerichte
Besonderheit	es gibt auch raffiniertes Olivenöl; weltweit gerne verwendetes wertvolles Speiseöl

SONNENBLUMENÖL Sonnenblume *(Helianthus annus)*

Raffiniert u. kaltgepresst	wird aus den geschälten Sonnenblumenkernen gewonnen, für kaltgepresstes Sonnenblumenöl benötigt man 2,5 kg geschälte Kerne
Geschmack, Farbe	neutral mild, hellgelbe Farbe
Verwendung	zum Braten, für Rohkost, Salate, als Rohstoff für die Margarineherstellung
Besonderheit	es gibt auch kaltgepresstes Sonnenblumenöl; es sollte nicht erhitzt werden; das Öl hat einen hohen Vitamin E-Gehalt

MAISKEIMÖL Mais *(Zea mays)*

Raffiniert	wird aus dem fettreichen Keim des Maiskorns gewonnen (extrahiert und raffiniert)
Geschmack, Farbe	neutral, geruchsarm, gelb
Verwendung	zum Braten, für Salate, Rohkost
Besonderheit	wird für Pflanzenölmischungen verwendet, hoher Vitamin E-Gehalt, wird zur Margarineherstellung verwendet

WEIZENKEIMÖL Weizen *(Triticum aestivum)*

Raffiniert	wird aus den fettreichen Keimen des Weizens gewonnen
Geschmack, Farbe	neutral, hellgelb
Verwendung	nicht stark erhitzen, für Fisch und schnell Gebratenes, Salate usw.
Besonderheit	sehr gutes Diätöl, hoher Vitamin E-Gehalt und Vitamine der B-Gruppe

BUTTER

Kuh-Rohmilch wird pasteurisiert (erhitzt) und in einer Art Schleuder vom Rahm getrennt. Der Rahm wird in einer Zentrifuge gestoßen, bis sich die Buttermilch und das Fett trennen. Für Sauerrahmbutter werden zusätzlich Säuerungskulturen beigegeben.

Verwendung	für Mehlspeisen, aufs Brot, zum Verfeinern von Gemüse, Nudeln u. v. m.
Besonderheit	hochwertiges tierisches Fett, niedriger Schmelzpunkt, enthält Vitamin A, D und E

BUTTERSCHMALZ

Für dieses tierische Fett wird Butter durch Erhitzen geklärt, das heißt von den Eiweißen getrennt (Eiweißstoffe flocken aus).

Verwendung	zum Erhitzen bis 200 °C geeignet, zum Backen und Braten
Besonderheit	Butterschmalz ist einige Monate haltbar, für 250 g Butterschmalz benötig man 300 g Butter

SCHWEINESCHMALZ

Wird aus dem grünen rohen Speck des Schweines ausgelassen. Grob oder fein faschierter Speck wird unter ständigem Rühren in einer Pfanne stark erhitzt (gefährliche Arbeit, Fettexplosionen), bis das Fett flüssig und die Grammeln hellbraun sind. Dann gießt man das Fett durch ein feines Sieb und trennt das Schweineschmalz von den Grammeln.

Verwendung	zum Backen, aufs Bauernbrot mit Knoblauch für deftige Speisen u. v. m.
Besonderheit	darf nicht übermäßig erhitzt werden, war früher eines der wichtigsten Haushaltsfette

KOKOSFETT

Wird aus dem getrockneten fettreichen Kernfleisch der Kokosnuss gewonnen.

Verwendung	für Glasuren, für die Margarine- und Süßwarenerzeugung
Besonderheit	das weiße feste Fett schmilzt erst bei höheren Temperaturen

MARGARINE

Margarine ist eine Wasser-in-Öl-Emulsion. Hierfür werden pflanzliche Fette (z. B. Sonnenblumenöl) mit pasteurisierter Magermilch (angesäuert mit Milchsäurekulturen) unter Luftabschluss verbunden (emulgiert). Das geschieht unter Einfluss von Kälte. Durch anschließendes Walzen und Kneten erhält die Margarine ihre streichfähige Konsistenz.

Verwendung	zum Kochen, Backen und Braten
Besonderheit	bei der Herstellung von Margarine werden Vitamine, Salz und Farbe zugesetzt; es gibt unzählige Produkte und Variationen

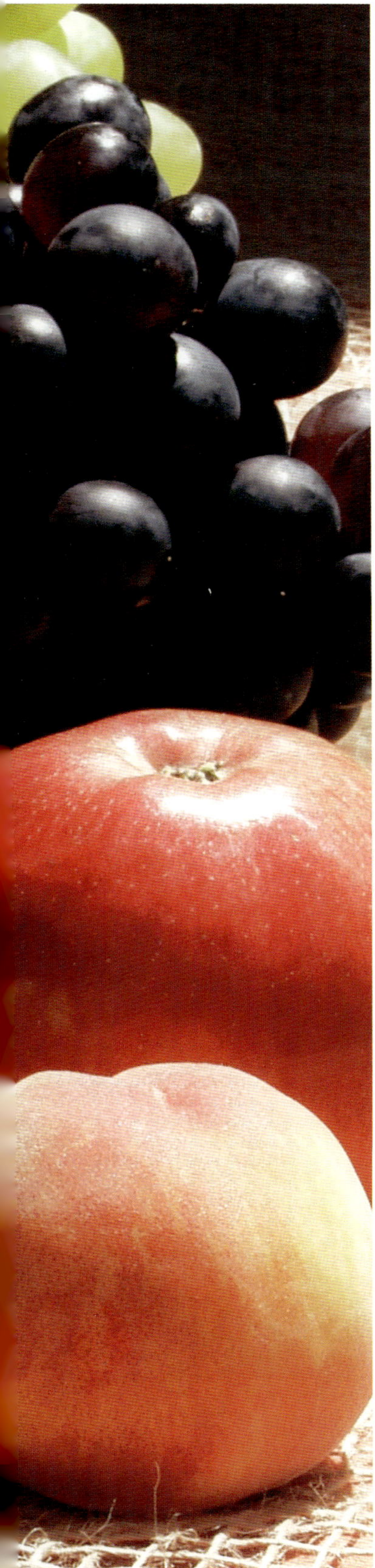

Süßer Obstgarten

Wenn man davon ausgeht, dass allein in Österreich 2000 Obstsorten existieren, wird einem bewusst, von welchem Artenreichtum wir umgeben sind.
Auf Streuobstwiesen stehen oft uralte Bäume, von denen die Sortennamen nicht mehr bekannt sind. Solch einen Schatz zu fällen sollte man sich gut überlegen, es könnte der letzte seiner Art sein.

Aus gesundheitlicher Sicht nehmen Obst und Obstprodukte einen unersetzlichen Stellenwert in unserer Ernährung ein.
Fruchtzucker, Fruchtsäuren, Vitamine, Mineralstoffe, reichlich Ballaststoffe und Spurenelemente liefern unserem Körper große Mengen an Vitalstoffen für unser Wohlbefinden.
Der tägliche Genuss von Äpfeln tut nachweislich unserem Zahnfleisch gut.
Getrocknete Früchte liefern uns bei Heißhunger auf Süßes – oder auch bei Diäten – mit ihren leicht verdaulichen Kohlehydraten schnell die gewünschte Glücksenergie.
Fruchtsäfte und Nektare sind künstlich erzeugten Getränken vorzuziehen. Mit klarem Wasser verdünnt löschen sie schnell und nachhaltig den Durst.
Köstliche Marmeladen haben gut ausgereiftes Obst als Basis und verwöhnen uns schon zum Frühstück mit ihrem Aroma. Kompotte auf Vorrat herzustellen ist keine Kunst, diese lassen sich besonders gut mit Süßspeisen kombinieren.
Und was wäre die Mehlspeis- und Dessertküche ohne den saftig-fruchtigen Obstbelag!

Felsenbirneblüten

Mirabellenblüte

ÄPFEL *(Malus sylvestris var. domestica)*

Zuordnung Kernobst, weltweit existieren mehr als 20.000 Apfelsorten

Verwendung Tafelobst, Wirtschaftsobst (zum Kochen), Pressobst (Saft, Most und Schnaps), Pektinerzeugung, Konserven

Besonderheit weltweit meistverzehrtes Obst, kalorienarm, hoher Wassergehalt, viel Vitamin C, fett-, cholesterin- und proteinfrei

BIRNEN *(Pirus communis sativa)*

Zuordnung Kernobst mit mehr als 1500 Sorten weltweit

Verwendung Tafelobst, getrocknet („Kletzen", gute Luise ist herrlich hierfür), Säfte, Kompott, Most und Schnaps, Likör

Besonderheit wenig Fruchtsäure, hoher Kaliumgehalt, entwässernde Wirkung, wirken blähend, gekochte Birnen sind besser verträglich

FELSENBIRNE *(Amelanchier ovalis)*

Zuordnung Kernobst, im Alter bis 8 m hoher locker verzweigter Baum, Standort sonnig bis Halbschatten

Verwendung frisch und gekocht für Süßspeisen und Kompotte

Besonderheit duftige weiße Frühjahrsblüte, die Früchte sind vor den Kirschen reif, Vögel lieben die reifen rotvioletten haselnussgroßen Beeren, Laub hat eine schöne feuerrot-orange-gelbe Herbstfärbung

MISPELN *(Mespilus germanica)*

Zuordnung halbhohe Bäume mit großen reinweißen Blüten und attraktivem goldenen Herbstlaub

Verwendung ledrig braune Früchte, nach den ersten Frösten roh essbar und für Süßspeisen, süßlicher Geschmack ähnlich der Mostbirne

Besonderheit Früchte sind ohne Frost ungenießbar (hart), rare Spezialität

QUITTEN *(Cydonia oblonga)*

Zuordnung Kernobst, unkomplizierter halbhoher Baum, es gibt Birnen- und Apfelquitten

Verwendung nur gekocht für Gelees, Marmeladen, Quittenkäse, Schnäpse, dienen als Unterlage für Birnenveredelungen

Besonderheit roh ungenießbar, reif verströmen sie einen herrlichen Duft (wurden früher in Kleiderschränke gelegt), lange haltbar, enthalten viel Vitamin C und Pektin

Zwetschkenblüte

WEINTRAUBEN *(Vitis vinifera)*

Zuordnung	weltweit kultiviert und wild wachsend
Verwendung	Tafeltrauben zum Frischverzehr, Presstrauben für Wein und Traubensaft, getrocknet für Rosinen und Sultaninen, passen zu Käse, Fisch, Wild, Geflügel
Besonderheit	zählen zu den ältesten Obstsorten, es gibt unzählige Sorten von weiß – rosé – blau

KIRSCHEN *(Prunus avium)*

Zuordnung	Steinobst, große ausladende Bäume, gegen Spätfrost empfindlich, braucht eine zweite Sorte (zur gleichen Zeit blühend) zum Befruchten
Verwendung	frisch, für Marmeladen, Kuchen, Kompott, kandiert, Schnaps
Besonderheit	man unterscheidet zwischen Herz- und Knorpelkirschen, frühe Sorten werden ab Ende Mai reif

MARILLE *(Prunus armeniaca)*

Zuordnung	Steinobst, Herkunft China, nur für warme geschützte Lagen, halbhoher Baum
Verwendung	frisch und getrocknet, für Kuchen, Knödel, Marmelade, Kompott, Nektar, Schnaps, Likör
Besonderheit	getrocknet neben der Banane das kaliumreichste Obst und enthält von den Früchten am meisten Provitamin A, Blüten frieren leicht ab (Spätfröste), die Wachau und das Burgenland sind die Marillengebiete in Österreich, rotwangig ausgereift haben Marillen ein unvergleichliches Aroma

PFIRSICH *(Prunus persica)*

Zuordnung	Steinobst, mehr als 300 Sorten, frostempfindlicher halbhoher Baum wird oft nur 10 Jahre alt, es gibt Sorten, die bis ins Alpenvorland gepflanzt werden können
Verwendung	herrliches Tafelobst, für Nektar, Fruchtweine, Liköre, Marmeladen, Kuchen und Kompott
Besonderheit	es gibt weiß- und gelbfleischige Sorten, „Steirischer Pfirsich" ist ein Begriff, aber leider schon selten geworden (unsicherer Ertrag), die Nektarine ist eine glattschalige Mutation des Pfirsichs

ZWETSCHKEN UND PFLAUMEN *(Prunus domestica)*

Zuordnung	Steinobst, mittelhohe Bäume, sehr umfangreiche Sorten, oft von Gebiet zu Gebiet verschiedene Varietäten
Verwendung	Tafelobst, Säfte, Schnäpse, Weine, Marmelade, Powidl, Mehlspeisen
Besonderheit	dazu zählen auch Mirabellen, Ringlotten, Weißzwetschken, es gibt frühe und späte Sorten, blaue Hauszwetschken sind wertvolle Spätsorten

Apfelblüte Mispelblüte Bertigamer

WALNUSS *(Juglans regia)*

Zuordnung	Steinobst, im Alter bis zu 18 m hohe, weit ausladende Bäume
Verwendung	die unreifen Nüsse für Likör und süß eingelegt (schwarze Nüsse), reife Walnüsse zum Backen, als gesunde Knabberei, für Müslis und für Öl
Besonderheit	Walnüsse besitzen eine tief wurzelnde Pfahlwurzel, Nussbäume tragen frühestens mit 10 Jahren, die Blüten sind spätfrostgefährdet

WEICHSELN, SAUERKIRSCHEN *(Prunus cerasus)*

Zuordnung	Steinobst, kleine Bäume, bis 4 m hoch
Verwendung	frisch und gekocht, für Nektare und Säfte, Schnaps und Likör, Marmelade und Kompott, Mehlspeisen
Besonderheit	Weichseln brauchen wie Kirschen eine zweite Sorte mit gleicher Blütezeit zur Befruchtung

Pfirsichblüte

Im Beerengarten

„Beerig gut" fällt mir im ersten Moment dazu ein.

Man kann schon ins Schwärmen kommen, wenn man an lecker süße Erdbeeren oder an lieblich duftete Himbeeren frisch von der Staude denkt. Auch in kleinsten Gärten oder auf der Terrasse findet manche Erdbeerpflanze ihr Plätzchen.

Als Erstes beginnt die Beerensaison mit den unterschiedlichsten Erdbeersorten. „Pröpstlinge" (Ananaserdbeeren) oder „die Königin", die Walderdbeere, sind vollreif unvergleichbar in Duft und Geschmack.

Bei Kulturerdbeeren hat man oft die Möglichkeit, selbst auf den Feldern die schönsten und größten Früchte zu pflücken. Nebenbei isst man sich den Bauch nach Herzenslust voll.

Später, im Laufe des Jahres, folgen Brombeeren, Himbeeren, Holunderbeeren, Ribiseln und andere.

Aus all den mehr oder weniger süßen Früchten lassen sich außergewöhnlich köstliche Desserts, aber auch Marmeladen, Sirupe und Säfte zubereiten. Frisch verzehrt spenden sie Vitamin C und wertvolle Mineralstoffe. Der große Anteil an Ballaststoffen tut unserer Verdauung nebenbei noch Gutes. Das Allerbeste – neben dem Geschmack – ist allerdings der niedrige Kaloriengehalt. Er schwankt je nach Sorte pro 100 g zwischen 30 kcal (Preiselbeere) und 87 kcal (Heidelbeere).

BROMBEEREN *(Rubus fruticosus)*

Kultur – Vermehrung mit Ruten, sonnig, wuchern gerne, abgetragene Ruten entfernen

Verwendung – frisch, für Marmelade, Gelee, Milchprodukte, Säfte, Süßspeisen

Besonderheit – Wildformen besitzen ein herrliches Aroma, lösen sich nur reif vom Stiel, Vögel lieben Brombeeren

ERDBEEREN *(Fragaria sp.)*

Kultur – Pflanzenanzucht aus Samen oder Ablegern, alle zwei bis drei Jahre neu setzen (besserer Ertrag), Standort sonnig bis Halbschatten

Verwendung – frisch, für Gelee, Marmelade, Nektar, Fruchtwein, für Desserts und zu Milchprodukten

Besonderheit – es gibt auch weiße Erdbeeren, insgesamt kennt man 1000 verschiedene Kultursorten, kleine Gartenerdbeeren tragen zweimal Früchte, einige neue Sorten sind mehrmals tragend

HEIDELBEEREN *(Vaccinium myrtillus L.)*

Kultur – wild wachsend in lichten Laubwäldern, Kulturform mit großen Beeren in der Sonne auf saurem Boden

Verwendung – frisch, für Strudel, Marmelade, Milchprodukte, getrocknet, Muffins (beliebt in Kanada)

Besonderheit – die Beeren der Wildformen enthalten viel blauen Farbstoff, diese wirken auch entzündungshemmend, außerdem enthalten sie viel Vitamin A und C; andere Namen sind noch „Blaubeere", „Schwarzbeere"

HIMBEEREN *(Rubus idaeus)*

Kultur – Vermehrung durch Ruten, sonnig, alte Ruten jährlich wegschneiden, Jungtriebe belassen, Ernte ab Juni bis in den Herbst

Verwendung – frisch, für Gelee, Marmeladen, Jogurt und Milchprodukte, Müslis

Besonderheit – Triebe neigen zum Wuchern, es gibt auch schwarze und gelbe Sorten

JOHANNISBEEREN, RIBISELN *(Ribes rubrum und Ribes nigrum)*

Kultur – Vermehrung mit Ruten, windgeschützt sonnig bis Halbschatten, Ernte von Juni bis Ende Juli

Verwendung – für Kuchen, Dicksäfte, Nektar, Marmeladen, Wein

Besonderheit – es gibt rote (rubrum), weiße (sanguineum), schwarze (nigrum) und auch rosarote Sorten, schwarze Ribiseln haben den höchsten Vitamin C-Gehalt unter den Beeren und enthalten viel Kalium, Saft wirkt fiebersenkend, rote Johannisbeeren enthalten viel Pektin

ulturheidelbeerblüte

Erdbeerblüte

Preiselbeere

PREISELBEEREN *(Vaccinium vitis-idaea)*

Kultur	niedriger Strauch, wächst in lichten Kiefernwäldern und Hochmooren, Ernte Ende August bis September
Verwendung	gekocht für Marmeladen, Kompott und Fruchtmark, passt besonders gut zu Wildgerichten
Besonderheit	die Beeren enthalten viel Vitamin C und Provitamin A, Preiselbeeren wirken stuhlregulierend und fiebersenkend

SCHWARZER HOLUNDER *(Sambucus nigra L.)*

Kultur	wild wachsender Strauch oder Baum, winterhart, es gibt auch einige Kultursorten
Verwendung	Blüten für Tee, gebackene Hollerstauben, Säfte u. Sekt, Beeren für Säfte und getrocknet für Wein u. Schnaps, reife Beeren für natürlichen Farbstoff
Besonderheit	Saft wirkt fiebersenkend, Tee ist gut bei Erkältungskrankheiten, rohe Beeren sind ungenießbar, Beeren enthalten viel Vitamin C; andere Namen: „Holler", „Dolder", „Musflieder"

Kräuter für alle Sinne

Allein der Ausspruch: „Für alles ist ein Kraut gewachsen" lässt uns schon vermuten, dass Kräuter nicht nur zum Würzen und Verfeinern unserer Speisen gut sind, sondern dass parallel zur Gaumenfreude auch oft eine lindernde und heilende Wirkung hinzukommt.

Der Sorten- und Artenreichtum ist schier unerschöpflich, wobei jeder seine eigenen Vorlieben erkunden und erschmecken sollte.

In jedem noch so kleinen Hausgarten findet sich bestimmt eine Ecke um Kräuter zu ziehen. Natürlich sind auch das Fensterbrett, die Terrasse, der Balkon und auch der Wintergarten hierfür bestens geeignet.

Viele Kräuter haben herrlich leuchtende und oft duftende Blüten. Daran erfreuen sich besonders Schmetterlinge, Bienen und andere Insekten; es herrscht oft ein richtiges Gedränge rund um die Kräuter. Viele Blüten lassen sich außerdem gut als Dekor von Speisen verwenden, aber auch als Tischschmuck in Vasen machen sie sich hervorragend.

Auf den nächsten Seiten folgen Kurzbeschreibungen von Küchen- und Teekräutern.

Natürlich ist dies nur ein unvollständiger, kleiner Auszug.

Ganz wissbegierigen und fortgeschrittenen Kräutersammlern empfehle ich „Gartenbau Wagner" in Kapfenstein. Hier werden biologische Kräuter in reicher Auswahl angeboten und die nötige Fachinformation wird gerne mitgeliefert.

Ingwer

getrocknete mexikanische Chilis

Gewürze aus fernen Ländern

Der rege Gewürzhandel mit fernen exotischen Ländern eröffnete uns schier unerschöpfliche Möglichkeiten, fremdländische Düfte und Geschmacksnuancen in unsere Speisen und Gerichte zu bringen. Es haben sich auch unzählige Mischungen etabliert, wie Curry zum Beispiel. Davon werden unterschiedlichste Mischungen angeboten. Eine davon (mild Madras) besteht aus Kreuzkümmel, Chili, Kurkuma, Koriander, Bockshornklee, Knoblauch, Senfsaat, Fenchel, Pfeffer und Salz. Mit der Liebe der Kunden zur fernöstlichen Küche nahmen viele Händler und Feinkostläden exotische Gewürze fix in ihr Sortiment auf.

CHILI *(Capsicum frutescens)* Gewürzschote

Kultur	einjährig, beste Erde, feucht, Höhe 40–70 cm
Standort	volle Sonne, heiß
Saison	frische Schote ab August, getrocknet ganzjährig
Verwendung	zu allen scharfen Gerichten
Besonderheit	milde bis ganz scharfe Schoten – rot, gelb, grün, bis violett viel Vitamin C, A

GELBWURZEL, KURKUMA *(Curcuma longa)* Gewürzwurzel

Kultur	empfindliche, tropische, mehrjährige Pflanze, 15–18 °C
Standort	sonnig, trocken, hohe Luftfeuchtigkeit
Saison	getrocknete, gemahlene Rhizome das ganze Jahr
Verwendung	Farbgebung im Currypulver, natürlicher Lebensmittelfarbstoff
Besonderheit	wirkt entzündungshemmend und antibakteriell

GEWÜRZLORBEER *(Laurus nobilis)* Blättergewürz

Kultur	Kübelpflanze, nicht winterhart, Höhe ca. 2 m
Standort	nach den Eisheiligen im Freien, kühl und hell überwintern
Saison	ganzjährig
Verwendung	Blätter getrocknet oder frisch, Eintöpfe, Fleischgerichte, Wild, Kartoffeln
Besonderheit	ledrig glänzende Blätter, bei guter Pflege duftende, weiße Blüten ab Mai

orbeer

Blattkardamom

GEWÜRZNELKEN *(Syzygium aromaticum)* Blütengewürz

Kultur	Baum, empfindliche tropische Kulturpflanze, 15–18 °C
Standort	sonnig, trocken, nährstoffreich
Saison	getrocknete Blütenknospen das ganze Jahr
Verwendung	ganze und gemahlene Blütenknospen für Kuchen, Getränke, Obst, Duftsäckchen
Besonderheit	Blütenknospen sind vor dem Trocknen rosa und verfärben sich getrocknet braun

INGWER *(Zingiber officinale)* Gewürzwurzel

Kultur	ausdauernd, nicht winterhart, Tropenpflanze
Standort	sonnig bis Halbschatten, humose trockene Erde
Saison	ganzjährig, Rhizome (Wurzeln) frisch und gemahlen
Verwendung	beliebt in der Asia-Küche, für Süßes und Scharfes
Besonderheit	frische Rhizome werden kandiert, eingelegt und schmecken süß und pfeffrig-aromatisch

KARDAMOM *(Elettaria cardamomum)* Samengewürz

Kultur	tropische empfindliche Kulturpflanze, mindestens 18 °C optimal als Zimmerpflanze
Standort	Halbschatten, feuchte gute Böden
Saison	getrocknete Samenkapseln das ganze Jahr, ebenfalls die Blätter
Verwendung	Desserts, Glühwein, Backwaren, Obstkompotte
Besonderheit	sparsam verwenden, scharf-aromatisch, es gibt grüne und schwarze Kardamomkapseln

KREUZKÜMMEL *(Cuminum cyminum)* Samengewürz

Kultur	halbwinterharte Staude, gemäßigtes Klima
Standort	sonnig, trocken
Saison	Samen getrocknet, ganzjährig
Verwendung	für Currymischungen, Lammgerichte, vorwiegend im asiatischen Raum
Besonderheit	scharfer, bitterer Geschmack, in kleinen Mengen interessante Geschmacksnote

MUSKATNUSS *(Myristica fragrans)* Gewürznuss

Kultur	tropischer Baum, empfindliche Kulturpflanze, 15–18 °C
Standort	sandiger, trockener Boden
Saison	Muskatnuss das ganze Jahr
Verwendung	Kartoffelgerichte, Suppen, Saucen u. v. m.
Besonderheit	hellrote Nusshülle (Muskatblüte, Macis) wird ebenfalls zum Würzen verwendet

PFEFFER *(Piper nigrum)* Gewürzkörner

Kultur	empfindlicher tropischer Strauch, 15–18 °C
Standort	humose, trockene Böden, schattig, hohe Luftfeuchtigkeit
Saison	Körner frisch, getrocknet und gemahlen das ganze Jahr
Verwendung	zu fast allen würzigen Gerichten
Besonderheit	grüne, weiße und schwarze Körner erhält man je nach Reifezustand

SCHWARZKÜMMEL *(Nigella sativa)* Samengewürz

Kultur	einjährig
Standort	sonnig, trocken
Saison	Samen ganzjährig
Verwendung	für Nudeln, Brote, Currys, beliebt in der orientalischen Küche
Besonderheit	früher Pfefferersatz, schwarze kleine dreieckige Samen

STERNANIS *(Illicium verum)* Samengewürz

Kultur	immergrüner Strauch, Südostasien, Höhe ca. 18 m
Standort	feuchte gute Böden, Halbschatten
Saison	sternförmige Samenkapseln mit Samen das ganze Jahr über
Verwendung	für verschiedene Getränke und Tees, Currys und Gewürzmischungen
Besonderheit	magnolienähnliche gelbweiße Blüten

VANILLE *(Vanilla planifolia)* Schotengewürz

Kultur	empfindliche Kulturpflanze, gehört zu den Orchideengewächsen
Standtort	Schatten hohe Luftfeuchtigkeit, Tropen
Saison	ganzjährig, als fermentierte Schoten oder gemahlen mit Zucker vermischt
Verwendung	zu Süßem aller Art, für Getränke, Kakao und Schokolade usw.
Besonderheit	die echte Vanille führt die Bezeichnung Bourbon-Vanille und ist teuer, Vanillezucker wird künstlich aus anderen Aromastoffen gewonnen, bei kultivierter Vanille müssen die Blüten händisch bestäubt werden, grün geerntete Schoten durchlaufen einen Fermentierungsprozess (schwarzbraun)

ZIMTRINDENBAUM *(Canella winterana)* Rindengewürz

Kultur	Baum, winterharte Kulturpflanze, Karibik, Spanien
Standort	sonnig, durchlässiger sandiger Boden
Saison	Rinde getrocknet und gemahlen das ganze Jahr
Verwendung	für Süßspeisen, Obst, Getränke, Öle
Besonderheit	verdauungsfördernd, in der Karibik zum Aromatisieren von Zigarren

Currykrautblüte

Dillblüte

Schnittknoblauchblüte

Küchen- und Würzkräuter

Dazu zählt eine große Palette und es gibt sie in Hülle und Fülle. Die meisten besitzen einen unvergleichlichen Eigengeschmack und man sollte sich langsam herantasten und durchkosten. Jeder hat sein eigenes Lieblingskraut, besitzt seine eigenen Vorlieben – darauf sollten Sie bei der Zubereitung der Speisen achten. Ein Großteil der Würz- oder Küchenkräuter darf nicht mitgekocht werden.

Es gibt viele einjährige Küchenkräuter, die immer wieder neu ausgesät werden, aber auch ausdauernde Stauden, die über Jahre am gleichen Standort wachsen. Mein Liebstöckel (Maggikraut) ist mittlerweile 30 Jahre alt.

Die folgende Aufzählung ist nur ein kleiner Ausschnitt aus der riesigen Sortenvielfalt der Würzkräuter.

ANIS *(Pimpinella anisum)* Würzpflanze, Samengewürz Tee

Kultur	halb-ausdauernd
Standort	sonnig oder Halbschatten
Saison	die Samen nach der Reife ernten
Verwendung	Süßspeisen, Suppen, Liköre und für Ansatzschnäpse
Besonderheit	Anisöl als Einreibung bringt Linderung bei Husten

BASILIKUM *(Ocimum basilicum)* Würzkraut

Kultur	am Fensterbrett ganzjährig, im Freien ab 15 °C aussäen, Lichtkeimer, Samen nur andrücken und feucht halten, Höhe ca. 30 cm
Standort	sehr warm, sonnig, nahrhafte, durchlässige Erde
Saison	ist mittlerweile das ganze Jahr als Frischkraut erhältlich
Verwendung	Salate, Käse, Pesto, Pizza, Tomaten, Nudelgerichte
Besonderheit	es gibt unzählige Sorten mit verschiedenen Aromen, immer die Spitzen ernten – das fördert den seitlichen Austrieb, verliert durch Trocknen viel an Geschmack (einfrieren ist optimal)

BERGBOHNENKRAUT *(Satureja montana)* Würzkraut

Kultur	mehrjährige Staude, Höhe ca. 20 cm
Standort	trockene, warme Lage, wenig Dünger
Saison	das ganze Jahr, Blätter und Stängel lassen sich gut trocknen
Verwendung	Bohnengerichte, Eintöpfe, Fleischgerichte
Besonderheit	Bienen lieben die zarten weißen Blüten, gut für Beeteinfassungen, im Herbst zurückschneiden, gut für Magen und Darm

Korianderblüte

Borretschblüte

BORRETSCH *(Borago officinalis)* Würzkraut

Kultur	einjährig, es gibt auch eine ausdauernde Form, Höhe ca. 60 cm
Standort	durchlässiger Boden, viel Reifekompost
Saison	Spätfrühling bis Herbst
Verwendung	Blätter roh fein geschnitten zu Salaten, Gurkengerichten und Saucen, nicht mitkochen
Besonderheit	samt sich immer wieder aus, blaue Blüten als Dekor für Speisen, gute Bienenweide

CHINESISCHER SCHNITTKNOBLAUCH *(Allium tuberosum)* Würzkraut

Kultur	ausdauernd, Höhe ca. 25 cm
Standort	sonnig, gute Gartenerde
Saison	Frühling bis Herbst
Verwendung	Aufstriche, Suppen, Saucen
Besonderheit	treibt vor dem Schnittlauch aus, guter Bärlauch-Ersatz ohne Knoblauchfahne, sät sich gerne selbst aus, bildet schöne Horste, schöne Blütenstände in Weiß und Helllila

CURRYKRAUT *(Helichrysum italicum)* Würzkraut

Kultur	ausdauernd in geschützter Lage, Höhe ca. 30 cm
Standort	sonnig
Saison	Frühling bis Herbst
Verwendung	frisches Kraut in kleinen Mengen als Grillbeigabe ins Feuer
Besonderheit	curryähnlich intensiver Geruch, schöne gelbe Blütendolden

DILL *(Anethum graveolens)* Würzkraut

Kultur	einjährig, sät sich selbst aus, Höhe bis 1 m
Standort	sonnig, gute lockere Gartenerde
Saison	mit Folgesaaten das ganze Jahr
Verwendung	Kraut und Samen, typisches Gurkenkraut, für Suppen, zum Einlegen von Gemüse
Besonderheit	behält getrocknet sein Aroma, Futterpflanze für den Schwalbenschwanz

ESTRAGON *(Artemisia dracunculus)* Würzkraut

Kultur	ausdauernde Staude, Höhe bis 40 cm
Standort	sonnig bis halbschattig, humoser Boden
Saison	Mai bis September, Blätter mit Zweigen übers ganze Jahr tiefgefroren
Verwendung	sparsam für Gewürzessige, Eiergerichte, Saucen
Besonderheit	französischer Estragon hat im Gegensatz zu russischem einen feineren Geschmack

Polsterthymian

GUNDELREBE *(Glechoma hederacea)* Würzkraut Tee

Kultur	ausdauerndes Wildkraut, Lippenblütler, Höhe ca. 10 cm
Standort	Halbschatten
Saison	Frühling bis Herbst
Verwendung	sparsam in Kräutereierspeis, Kräutersuppe, auch in der Naturheilkunde
Besonderheit	wuchernder Bodendecker mit zarten, blauen Lippenblüten, pfeffriger Geschmack

KERBEL *(Anthriscus cerefolium)* Würzkraut

Kultur	einjährig, samt selbst aus, Höhe 45–70 cm
Standort	sonnig bis halbschattig, durchlässiger Boden
Saison	April bis Herbst bei Folgesaaten
Verwendung	vor der Blüte frisches Kraut für Saucen, Suppen, nicht mitkochen
Besonderheit	Kerbel eignet sich nicht zum Trocknen, wirkt blutreinigend

KORIANDER *(Coriandrum sativum)* Würzkraut, Samengewürz

Kultur	einjährig, am Fensterbrett möglich, braucht viel Wasser, Höhe ca. 50 cm
Standort	sonnig, gute Pflanzerde
Saison	im Fachhandel ganzjährig
Verwendung	Blätter für Asia- und Latino-Küche, Samenkörner für Fisch, Brot, Saucen
Besonderheit	Blätter haben intensiv pfeffrig-würzigen Geschmack, Liebhaberpflanze

KREN, MEERRETTICH *(Armoracia rusticana)* Wurzelgewürz

Kultur	ausdauernd, Höhe ca. 70 cm
Standort	sonnig bis Halbschatten, trocken
Saison	als Wurzel das ganze Jahr
Verwendung	zu Fleisch und Würsten, für Suppen und Saucen
Besonderheit	scharf, wirkt antibakteriell, schweißtreibend

KÜMMEL *(Carum carvi)* Samengewürz

Kultur	winterhart
Standort	trocken, volle Sonne
Saison	Samen getrocknet ganzjährig
Verwendung	Suppen, Käse, Schweinefleisch, Kartoffeln usw.
Besonderheit	wirkt verdauungsfördernd, auch die Blätter können verwendet werden

Gundelrebe

Lavendelblüte

LAVENDEL *(Lavandula angustifolia)* Würzkraut

Kultur	bedingt ausdauernd je nach Varietät, Höhe ca. 50 cm
Standort	Vollsonne, humose Erde
Saison	Sommer bis Herbst, Blüte Juni bis Juli
Verwendung	Blüten für Duftsäckchen und Duftsirup
Besonderheit	unzählige Züchtungen in Lila, Weiß, Rosa und Blau, apart und harmonisch zu Rosengewächsen, gute Bienenweide

MAGGIKRAUT, LIEBSTÖCKEL *(Levisticum officinalis)* Würzkraut

Kultur	ausdauernd, humoser tiefgründiger Boden, Höhe ca. 1 m
Standort	sonnig bis Halbschatten
Saison	Frühling bis Herbst, eingefroren übers ganze Jahr
Verwendung	wichtiges Suppengewürz, für Saucen und Gewürzöle
Besonderheit	intensiver Geschmack, kann über Jahrzehnte am gleichen Standort verbleiben

MAJORAN *(Origanum majorana)* Würzkraut

Kultur	einjährige Staude
Standort	sonnig, warm, kompostreiche Erde
Saison	frische Blätter von Sommer bis Herbst, getrocknet ganzjährig
Verwendung	für deftige, schwer verdauliche Speisen, Gulasch, Eintöpfe, Kartoffeln
Besonderheit	es gibt viele Sorten, gute Bienenpflanze, zierliche Blüten

PETERSILIE *(Petroselinum crispum)* Würzkraut

Kultur	zweijährig, Blüte erst im zweiten Jahr, Höhe ca. 40 cm
Standort	lockerer feuchter Boden
Saison	ganzjährig
Verwendung	frische und getrocknete Blätter, für Suppen, Saucen, Kartoffeln usw.
Besonderheit	Sorten mit gekrausten und glatten Blättern, diese enthalten viel Vitamin C

ROSMARIN *(Rosmarinus officinalis)* Würzkraut Tee

Kultur	gemäßigtes Klima als Kübelpflanze, im Winter einräumen, ca. 50 cm
Standort	heiß, volle Sonne
Saison	das ganze Jahr, getrocknet als auch frisch
Verwendung	Nadeln und Zweige sparsam für Lammgerichte, Salate, Käse, Eintöpfe
Besonderheit	Aufguss als Tee nicht über längere Zeit trinken

Oreganoblüte

SCHNITTLAUCH *(Allium schoenoprasum)* Würzkraut

Kultur	ausdauernd, Höhe ca. 30 cm
Standort	kompostreiche Erde, sonnig bis halbschattig
Saison	Frühling bis Spätherbst
Verwendung	Suppen, Saucen, Kartoffeln u. v. m.
Besonderheit	kann auch am kalten Fensterbrett kultiviert werden, lässt sich gut einfrieren

SENFSAAT, INDISCHER SENF *(Brassica juncea)* Samengewürz

Kultur	winterharte Kulturpflanze, Kohlgewächs
Standort	nährstoffreiche durchlässige Böden, sonnig
Saison	Blätter im Spätsommer, Samen ganzjährig
Verwendung	wichtigste Zutat für Senfherstellung, für Chutneys und eingelegtes Gemüse
Besonderheit	es gibt auch schwarze Senfkörner, durch Rösten werden die Körner weniger scharf

THYMIAN *(Thymus vulgaris)* Würzkraut

Kultur	ausdauernde Staude, Höhe ca. 20 cm
Standort	karger Boden, sonnig
Saison	Frischkraut von Frühling bis Herbst, getrocknet das ganze Jahr
Verwendung	Bohnen, Erbsen, deftige Gerichte, Käse, Tomaten, Fleischgerichte
Besonderheit	alte Pflanzen verlieren an Geschmack, öfter neu aussäen, Zitronenthymian ist sehr aromatisch, wilden Thymian nennt man auch Quendel

WACHOLDER *(Juniperus communis)* Würzkraut, Beerengewürz

Kultur	immergrüner Strauch, Höhe ca. 3 m
Standort	sandig, sonniger Platz
Saison	Beeren werden im Herbst geerntet und getrocknet
Verwendung	für Wildgerichte, deftige Speisen, Saucen, Beizen, Wacholderschnaps (Gin)
Besonderheit	früher heimisch, heute selten anzutreffen, Kraut als Beigabe für Räucherfeuer

WALDMEISTER *(Galium odoratum)* Würzkraut

Kultur	ausdauernd, Rötelgewächs, Höhe ca. 15 cm
Standort	schattig, schwere Böden unter Sträuchern und Bäumen
Saison	Mai
Verwendung	vor der Blüte für die Waldmeisterbowle, für Sirup zum Verfeinern von Süßspeisen
Besonderheit	lieblich zarter Blütenteppich im Mai; in passender Lage guter Bodendecker

WERMUT *(Artemisia absinthium)* Würzkraut

Kultur	ausdauernd, Korbblütler, Höhe ca. 50 cm
Standort	trocken, sonnig
Saison	Juli bis September
Verwendung	Blätter und Kraut für Liköre (Absinth)
Besonderheit	schmeckt bitter, als Würze äußerst sparsam, zu schwer verdaulichen Gerichten

WILDER MAJORAN, DOST, OREGANO *(Origanum vulgare)* Würzkraut

Kultur	winterharte Staude, Höhe ca. 25 cm
Standort	trocken, sandig, volle Sonne
Saison	Frühling bis Herbst
Verwendung	Blätter frisch und getrocknet, Nudeln, Kartoffeln, Pizza, Käse
Besonderheit	die Blütenstände werden gerne von Bienen besucht, es gibt eine Varietät mit goldgelben Blättern, verwildert gerne für Pizza: Origanum heracleoticum

Johanniskrautblüte

Kamille

Lindenblüte

Teekräuter

Das Sammeln von Teekräutern setzt Fachwissen voraus. Oft gibt es scheinbar gleiche Exemplare, die unter Umständen giftig sind. In Apotheken und Drogerien werden fast alle Teekräuter in besten Qualitäten angeboten. Für das Sammeln der Kräuter ist ein sonniger Tag (am besten vormittags) sehr wichtig. Nur dann strömen die ätherischen Öle und Wirkstoffe in großen Mengen, die für den kräftigen Geschmack verantwortlich sind. Wenn möglich sollten Teekräuter nicht gewaschen werden. Die Pflanzenteile oder Blätter sollte man auch so wenig wie möglich quetschen und drücken.

Das Trocknen ist an einem luftigen schattigen Plätzchen ideal. Es gibt auch praktische, effiziente Solartrockner. Gänzlich getrocknete Kräuter bewahrt man in Schraubverschlussgläsern dunkel auf.

ECHTE KAMILLE *(Chamomilla recutita)* Tee

Kultur	einjährig, selbst aussäend, Höhe ca. 40 cm
Standort	magerer Boden, Feldränder, Wiesenränder
Saison	Blüte Juni bis September
Verwendung	gelbe Blütenköpfe getrocknet als Tee
Besonderheit	wertvoller Tee für Magen und Darm, als Augenbad bei Entzündungen

ECHTER SALBEI *(Salvia officinalis)* Tee Würzkraut

Kultur	mehrjährig, Schutz mit Reisig bei strengen Wintern, Höhe ca. 40 cm
Standort	volle Sonne, trocken, kalkliebend
Saison	Spätfrühling bis Herbst, Blätter frisch und getrocknet
Verwendung	sparsam als Würze zu Fleischgerichten, Tee
Besonderheit	es gibt viele nicht winterharte Sorten als Kübelpflanzen mit herrlich duftenden Blättern und reizenden Blüten, z. B. Ananassalbei

EIBISCH *(Althaea officinalis)* Tee

Kultur	ausdauernde Staude, zartrosa Blüten, Höhe ca. 150 cm
Standort	sonnig, tiefgründig, humos
Saison	Blätter im Sommer
Verwendung	Blätter für Tee, Wurzeln für Eibischteig
Besonderheit	wertvolles Teekraut bei Entzündungen im Mund und bei Husten

Zitronenkatzenminze

FENCHEL *(Foeniculum vulgare)* Tee Samengewürz

Kultur	halb winterhart, Höhe ca. 1 m
Standort	sonnig, beste Erde
Saison	Samen nach Ausreife im Herbst
Verwendung	Samen zu Brot und als krampflösender Tee
Besonderheit	bildet keine Knolle, frisches Grün zu Rohkostsalaten

GOLDMELISSE *(Monarda didyma)* Tee

Kultur	ausdauernde Staude, Höhe ca. 60 cm
Standort	volle Sonne, gute Erde
Saison	Blüten Juli bis August
Verwendung	scharlachrote Blüten als Tee und für Sirup
Besonderheit	in Vergessenheit geratene, wertvolle alte Bauerngartenstaude

HIMMELSCHLÜSSEL *(Primula veris)* Tee

Kultur	ausdauernd, Schlüsselblumengewächs, Höhe ca. 15 cm
Standort	feucht und sonnig
Saison	Anfang Frühling
Verwendung	gelbe Blüten für Tee
Besonderheit	erfreut uns als einer der ersten Frühlingsboten mit blassgelben Blüten

HUFLATTICH *(Tussilago farfara L.)* Tee

Kultur	ausdauernder Körbblütler, Höhe ca. 30 cm
Standort	Lehm und Tonböden
Saison	im zeitigen Frühjahr
Verwendung	Blüten im Frühling, Blätter im Mai/Juni
Besonderheit	schleimlösendes Hustenkraut, zuerst erscheint die Blüte, dann erst die riesigen Blätter

JOHANNISKRAUT *(Hypericum perforatum L.)* Tee

Kultur	ausdauernd, Johanniskrautgewächs, Höhe ca. 70 cm
Standort	sonnig, an Waldrändern und auf Trockenwiesen
Saison	Juni, Juli
Verwendung	ganzer Blütenstand für Tee und als Ansatz für Heilöle
Besonderheit	enthält Gerbstoffe und roten Farbstoff, verursacht bei manchen Sonnenallergien

Apfelminze

Huflattichblüte

LINDENBLÜTEN *(Tilia platyphyllos Scop.)* Tee

Kultur	Baum, Sommerlinde, Höhe bis 30 m
Standort	gerne an Waldrändern
Saison	Blüten im Juni, Juli
Verwendung	getrocknete Blüten bei Erkältungskrankheiten
Besonderheit	Lindenblütentee wirkt stark schweißtreibend, als Bad beruhigend

MAURETANISCHE MALVE *(Malva sylvestris ssp mauritana)* Tee

Kultur	zweijährig bis ausdauernd, Höhe ca. 1,2 m
Standort	sonnig, gute Gartenerde, eher trocken
Saison	Juli, August
Verwendung	Blüten für Tee
Besonderheit	färbt Tee intensiv, Blüten herrlich purpurrot, schöne Zierstaude

PFEFFERMINZE *(Mentha piperita)* Tee Würzkraut

Kultur	ausdauernd, bildet viele Wurzelausläufer, Höhe ca. 30 cm
Standort	sonnig bis Halbschatten, kompostreicher Boden
Saison	frisch von Spätfrühling bis Spätherbst, getrocknet ganzjährig
Verwendung	Sirup, Tee, Süßspeisen
Besonderheit	Kärntner Minze (syn. „Austrica") wird für „Kärntner Kasnudeln" verwendet, unzählige Sorten mit verschiedensten Aromen, Pfefferminzen wuchern gerne, Setzen samt einem Topf im Kräuterbeet ist empfehlenswert

RINGELBLUME *(Calendula officinalis)* Tee

Kultur	einjährig, Selbstaussaat, Höhe ca. 40 cm
Standort	sonnig, gute Gartenerde
Saison	Juni bis September
Verwendung	Blüten für Tee, Heilöle und -salben
Besonderheit	Blüten haben wunderbare Farbnuancen von Gelb bis Orange

SCHWARZE MALVE *(Alcea rosea var. nigra)* Tee

Kultur	bei tiefgründigem Boden langlebig, Höhe bis 2 m
Standort	halbsonnig bis sonnig, guter Boden
Saison	Juni bis September
Verwendung	tiefschwarze Blüten zum Färben von Tee und für Teemischungen
Besonderheit	imposante dekorative Staude, lange Blütezeit

ZITRONENKATZENMINZE *(Nepeta cataria citriodora)* Tee

Kultur	ausdauernd, Höhe ca. 25 cm
Standort	sonnig, beste Erde
Saison	Mai bis September
Verwendung	Blätter für Tee, frisch und getrocknet
Besonderheit	unvergleichliches Aroma, Teeaufguss färbt hellgrün, durch Beigabe von Zitrone wird er klar wie Wasser

WOHLRIECHENDES VEILCHEN *(Viola odorata L.)* Tee

Kultur	wild wachsend, Blütezeit März bis April
Standort	sonnig bis Halbschatten
Saison	Frühling
Verwendung	frische und getrocknete Blüten für Tee, Blüten als Dekoration und für Sirup
Besonderheit	nur kleine Mengen verwenden, herrlicher Duft

ZITRONENGRAS *(Cymbopogon citratus)* Tee Würzkraut

Kultur	nicht winterhart, Kübelpflanze, Höhe ca. 140 cm
Standort	sonnig, feucht
Saison	Stängel und Blätter ganzjährig
Verwendung	frisch oder getrocknet als Tee, für süß-saure Speisen, Fisch und Wokgerichte
Besonderheit	herrlicher Zitronenduft, Stängel werden gerne als Spieße für Fisch verwendet

ZITRONENMELISSE *(Melissa officinalis)* Tee Würzkraut

Kultur	ausdauernd, vermehrt sich gut, ca. 30 cm
Standort	sonnig, humose Gartenerde
Saison	frisch von Spätfrühling bis Spätherbst, getrocknet das ganze Jahr
Verwendung	Süßspeisen, Dicksaft, Tee
Besonderheit	entwickelt schöne Büsche, unempfindlich, gutes Zitronenaroma

ZITRONENVERBENA *(Lippia citriodora)* Tee

Kultur	als Kübelpflanze, nicht winterhart, ca. 1 m
Standort	Vollsonne, feucht, im Winter hell und kühl
Saison	Blätter Sommer bis Herbst
Verwendung	Blätter frisch oder getrocknet
Besonderheit	das beste aller Zitronenaromen, auch nach dem Trocknen

ˈerkelkraut

Gänseblümchen

Wildsalate

Wild wachsende Salate werden vorwiegend im Frühling bis Frühsommer gesammelt. Sie enthalten reichlich Mineralstoffe und Vitamine und sind besonders dazu geeignet, unsere Abwehrkräfte nach den langen Wintermonaten wieder zu stärken. Oft enthalten sie appetitanregende Bitterstoffe, wie der besonders gesunde Löwenzahn (volkstümlich Röhrlsalat). Voraussetzung beim Sammeln ist aber eine gute Fachkenntnis und richtiges Erkennen. Peinlichst genaues Verlesen und Reinigen (abgestorbene braune Blättchen, Gräser und Ähnliches entfernen) ist zeitaufwändig, aber unumgänglich. Verwenden Sie niemals ein Wildkraut im Zweifelsfall. Unsere Vorfahren waren oft Experten und verfügten über großes Fachwissen auf diesem Bereich, das heute leider größtenteils in Vergessenheit geraten ist. Hier habe ich einige Wildsalate zusammengestellt, die ich jedes Jahr begeistert sammle.

BÄRLAUCH *(Allium ursinum L.)* Wildsalat

Kultur	ausdauerndes Zwiebelgewächs, Höhe ca. 25 cm
Standort	Halbschatten, kühle, feuchte Erde
Saison	März bis April
Verwendung	Aufstriche, Suppen, Füllungen
Besonderheit	Das Sammeln des wild wachsenden Bärlauchs ist nur für Kenner zu empfehlen, wegen der Verwechslungsgefahr mit Giftpflanzen; kultivierter Bärlauch wird mittlerweile überall im Fachhandel angeboten

BRENNNESSEL *(Urtica dioica L.)* Wildgemüse Tee

Kultur	ausdauerndes Nesselgewächs, Höhe ca. 60 cm
Standort	stickstoffreiche Erde
Saison	Frühjahr vor der Blüte
Verwendung	junge Blätter für Spinat und als Tee
Besonderheit	wassertreibend, enthält viele Mineralstoffe und Eisen, wirkt stärkend, Brennnesseljauche ist als Dünger im biologischen Anbau beliebt

FERKELKRAUT *(Hypochoeris radicata)* Wildsalat

Kultur	ausdauernder Korbblütler, Höhe ca. 20–40 cm
Standort	sandige, magere Wiesen und Rasenflächen
Saison	junge Blattrosetten im Frühjahr vor der Blüte
Verwendung	als Wildsalat warm mit Speck oder mit Kartoffeln
Besonderheit	früher beliebter, heute vergessener Wildsalat, wunderbar nussig-würziger Geschmack, sehr gesund, volkstümlich bekannt unter „g´schmierter Michl", Specksalat

Wilde Bachkresse

Pimpinelle

GÄNSEBLÜMCHEN *(Bellis perennis L.)* Wildsalat Tee

Kultur	ausdauerndes Unkraut, Korbblütler, Höhe ca. 10 cm
Standort	sonnig bis Halbschatten auf Wiesen
Saison	April bis Juli
Verwendung	in kleinen Mengen Blätter und Blüten als Wildsalat, Beigabe und für Tee
Besonderheit	Blüten gut zum Dekorieren geeignet

HIRSCHHORNWEGERICH *(Plantago coronopus)* kultivierter Wildsalat

Kultur	winterhart, 30–40 cm hoch, wild wachsend an Küsten
Standort	sonnig bis halbschattig, gute Gartenerde
Saison	Frühling bis Sommer
Verwendung	die fleischigen gezackten Blätter als Salatbeigabe, jung ernten
Besonderheit	sät sich gerne selbst aus, nicht zu tief schneiden, die Rosetten wachsen noch beliebt in der Toskana

KRESSE *(Lepidium sativum)* Wildsalat Würzkraut

Kultur	einjährig, Höhe ca. 20 cm
Standort	feucht und halbschattig auch im Topf
Saison	ganzjährig im Fachhandel
Verwendung	für Aufstriche, Salate, Suppen, Kartoffelgerichte
Besonderheit	stärkend durch Vitamine und Mineralien, ausdauernde Wildform (Brunnenkresse)

LÖWENZAHN *(Taraxacum officinale)* Wildsalat Tee

Kultur	ausdauerndes Unkraut, Korbblütler, Höhe ca. 30 cm
Standort	überall stark verbreitet
Saison	im zeitigen Frühjahr
Verwendung	Blätter als Salat, gebleicht sehr schmackhaft
Besonderheit	durch wertvolle Mineralstoffe stärkend, Wurzeln auch zum Treiben wie Chicorée geeignet

PIMPINELLE *(Sanguisorba minor)* Wildsalat Würzkraut

Kultur	mehrjährig wild wachsend, Höhe ca. 20 cm
Standort	Wiesen und Berghänge, trocken
Saison	vor der Blüte die Blätter
Verwendung	Blätter als Salatbeigabe, aufs Butterbrot, für Suppen und Saucen
Besonderheit	schmeckt erfrischend nussig, borretschähnlich

Kleine Salatkunde

In unserer bewegungsarmen und schnelllebigen Zeit ist Salat in seiner Sortenvielfalt ein ausgezeichnetes, unkompliziertes Nahrungsmittel. Als Schnellimbiss in Kombination mit Gemüse, Fisch- oder Fleischstücken ist Salat sogar ein vollwertiges Essen.

Salat passt gut zu unseren Vorstellungen von moderner Ernährung, denn der geringe Kalorienanteil macht ihn zu einem wahren Leichtgewicht. Dazu enthält frischer Salat einen hohen Anteil an Vitaminen, Mineral- und Ballaststoffen, kein Fett und kein Cholesterin. Je mehr Eigengeschmack die jeweiligen Salatsorten aufweisen, desto mehr Inhaltstoffe sind darin enthalten.

Salat

gehört zur Familie der Korbblütler (Lactuca sativa L.)

Anbau

Die Aussaat von Salat kann im zeitigen Frühjahr beginnen. Achten Sie darauf, dass es Sorten für den Frühjahrs-, Spätsommer- und Herbstanbau gibt. Mit vorgezogenen Salatpflanzen kann man um 1 bis 2 Wochen früher frischen Salat ernten.
Mit dreiwöchigen Folgesaaten wächst ständig frischer Blattsalat nach und Sie können laufend knackigen Salat schneiden. Salatpflänzchen sind Sonnenkinder und sollten nicht zu tief gesetzt werden. Besonders in heißen Sommermonaten muss ausreichend gegossen werden. Als Folge von Trockenheit und Hitze kann Salat bitter werden und die Pflanzen schießen (vorzeitige Blühphase) oft auf.

Düngung

Salatpflanzen lieben humose Böden. Mit einer leichten Startdüngung bedarf es keiner weiteren Versorgung.

Schädlinge

Nacktschnecken sind die größten Feinde der zarten, frisch gesetzten Salatpflanzen. Bierfallen sind besonders wirksam. Durch das Kontrollieren und Sammeln der Plagegeister am Abend und in der Früh, wenn es feucht ist, können Sie größere Schäden vermeiden.

Ernte

Schnittsalate gedeihen schnell und üppig. Wenn Sie nicht zu tief geschnitten werden, wachsen sie bald nach und Sie können weiter ernten. Butter-, Kraut- und Eishäuptl sollen feste Köpfe bilden. Ebenso die meisten Radicchiosalate. Endiviensalate bilden mehr oder weniger große lockere Rosetten. Um ein gelbes Herz zu erhalten, bindet man die Rosetten mit einer Schnur zusammen.

Lagerung

Bei Salaten ist Frische alles. Für diejenigen, die keinen Garten besitzen, hält sich Salat im Gemüsefach in ein feuchtes Geschirrtuch oder Küchenpapier gewickelt je nach Sorte 2 bis 4 Tage.

Lattich – Wildsalat

BUTTERHÄUPTL, KOPFSALAT

Aussaat	ab März bis Juli
Saison	das ganze Jahr
Geschmack	leicht süßlich-nussiger Geschmack
Besonderheit	grüne oder rote butterzarte Blätter, sehr beliebter Salat

GRAZER KRAUTHÄUPTL, BATAVIA-SALAT

Aussaat	April bis Juli
Saison	März bis Dezember
Geschmack	hervorragend würziger Geschmack, blond-grüne, knackig-resche Blätter mit rotem Rand
Besonderheit	lokal beliebte Sorte, aus der Laibacher Gegend (Slowenien)

EISSALAT, KRACHSALAT, EISBERG

Aussaat	März bis April
Saison	April bis Oktober
Geschmack	fad, grasig, feste große Köpfe, steif-resche, am Blattansatz leicht fasrige Blätter
Besonderheit	Importe das ganze Jahr, gut haltbar, schwer verdaulich

SCHNITTSALAT, BABY LEAF, KRIL-SALAT

Aussaat	April bis August
Saison	ganzjährig, schnellwüchsige, leicht zu kultivierende Blattsalate, ergiebig
Geschmack	nussig, grüne und rote Blattsalate, bekannteste Variation ist der Eichblattsalat
Besonderheit	viel bunte Mischungen für den Anbau, es kann fortwährend geerntet werden (nicht zu tief schneiden), wächst von innen nach

SPINAT

Kultur	einjährig, Mai bis September
Saison	das ganze Jahr frisch und tiefgekühlt
Standort	sonnig bis Halbschatten, mittelschwere Böden
Verwendung	roh als Salat, Blattgemüse, Püree, zum Füllen, für Strudel
Besonderheit	reich an Kalium, Kalzium, Vitamin A; gekochten Spinat sollte man nicht aufwärmen (Nitrat kann sich in Nitrit umwandeln)

Forellenschluss

LOLLO ROSSO, (ROT), LOLLO BIONDO (BLOND) – BLATTSALAT

Aussaat	März bis September
Saison	Mai bis Oktober
Geschmack	kräftiger Geschmack, gekrauste lockere Bünde (Blattrosetten)
Besonderheit	herrlich mit Dressings und in Kombination mit Blattsalaten

FELDSALAT, VOGERL- ODER RAPUNZELSALAT, NÜSSLISALAT

Aussaat	August bis September, winterhart
Saison	Juli bis März
Geschmack	wunderbar nussiger Geschmack, kleine dunkelgrüne Rosetten
Besonderheit	viel Vitamin A und Kalium, herrlich mit warmen Kartoffeln und Steirischem Kürbiskernöl

ENDIVIEN

Aussaat	Juni bis Juli
Saison	Juni bis März
Geschmack	leicht bitterer, würziger Geschmack, feste Blätter mit gelbem Herz
Besonderheit	enthält reichlich Eisen, Bleichen durch Zusammenbinden der Rosetten, Frisée-Endivien hat feingekäuselte Blätter, Endivien ist gut zum Einlagern geeignet, ausgezeichnet warm mit Grammeln und Speck

FORELLENSCHLUSS

Aussaat	März bis August
Saison	Mai bis Oktober
Geschmack	angenehm-würziger, zart nussiger Geschmack
Besonderheit	beliebt in der Steiermark, spitz zulaufende, lockere Blätter, rot gesprenkelt, gehört zu den Romana- oder Bindesalaten (Sonderform); attraktiv und geschmacklich ein Hit sind Mini-Romane (so genannte Blattherzen, Little Gem)

ZUCKERHUT, FLEISCHKRAUT, KOPF-ZICHORIEN

Aussaat	Juni bis Juli
Saison	September bis Februar
Geschmack	leicht süßlich-bitter, herrlicher Spätsalat, spitz zulaufende feste Blätter, innen gelb
Besonderheit	sehr gut zum Einlagern geeignet

RUCOLA, RAUKE

Aussaat	ab März
Saison	ganzjährig
Geschmack	würzig-rettichartiger Geschmack, lose, mehr oder weniger gelappte Blätter
Besonderheit	verträgt sich gut mit Olivenöl und Balsamico, italienische Spezialität

RADICCHIO

Aussaat	März bis August
Saison	Juli bis April
Standort	sonnig bis halbschattig kühl, gute Gartenerde
Geschmack	leicht bittere Note, feste Köpfe, rot-weiß
Besonderheit	typischer Herbstsalat, neue Sorten auch fürs Frühjahr, ansprechend durch schöne Farbe, schmeckt herrlich in Olivenöl gebraten und mit Speck und Knoblauch

CHICORÉE, BRÜSSELER SPITZEN, TREIBSALAT

Aussaat	April bis Mai für die Rübenernte
Saison	September bis April
Geschmack	nussig, leicht bittere Note, hält gut im Gemüsefach
Besonderheit	sehr kalorienarm, Diätgemüse, schmeckt roh und gedünstet ausgezeichnet, Einlagern der Pfahlwurzeln im Dunkeln in Sand, nach einigen Wochen treiben die Pfeifen aus

PORTULAK

Kultur	Aussaat ab Mai bis September, einjährig, heimische Blattsukkulente,
Saison	die fleischigen Blätter der Rossette ab Juni
Standort	sonnig bis halbschattig, sandiger leichter Boden, anspruchslos
Verwendung	als Salatbeigabe und Gemüse, schmeckt herrlich nussig
Besonderheit	samt gerne selbst aus, es gibt Winter- und Sommersorten, grüne und gelbe Varietäten, zarte weiße Blüte sitzt mitten im Blatt

BLATT- UND SCHNITTMANGOLD

Kultur	Aussaat April, nicht winterhart
Saison	Mai bis November, März bis April
Standort	sonnig bis Halbschatten, mittelschwere Böden, wenig düngen
Verwendung	als Gemüse, für Strudel und Füllen
Besonderheit	viel Kalium, Kalzium und Vitamin A, es gibt besonders bunte Variationen, möglichst frisch verarbeiten

Genüssliches Gemüse

Gemüse ist aus unserem täglichen Speiseplan nicht mehr wegzudenken.
Der hohe Wasser- und Balaststoffgehalt, die unzählig wichtigen Vitamine und Inhaltstoffe liefern uns die täglich benötigten Aufbaustoffe um gesund und fit zu bleiben.
Jedes Gemüse beinhaltet etwas anderes, deshalb kommt es auf die Abwechslung, auf die Vielfalt an. Essen Sie mindestens einmal am Tag ein Gericht, das Gemüse beinhaltet. In Form von Rohkostsalaten, gepresst als Saft oder gekocht – aus Gemüse lassen sich herrlich schmackhafte Schmankerln zubereiten.
Großes Augenmerk sollten Sie auch auf saisonelle Angebote legen. Die Natur lässt zur richtigen Zeit das Richtige wachsen. Kohlgewächse liefern uns im Winter Vitamin C-reiches Gemüse, das vorbeugend gegen Erkältungskrankheiten wirken kann.
Kosten Sie sich das ganze Jahr durch den Gemüsegarten und Sie tun sich etwas Gutes.

Erbsen

Fruchtgemüse

Wie der Name sagt, wird bei Fruchtgemüse die Frucht geerntet und verzehrt. Das reichhaltige Angebot auf den Märkten sollte uns zu richtigen Gemüsespezialisten erziehen und uns animieren, mindestens ein- bis zweimal am Tag Gemüse zu essen. Von Erbsen, Gurken, Gemüsepaprika bis zu den Paradeisern erstreckt sich die kunterbunte Palette. Im eigenen Gemüsegarten oder auf der Terrasse kann man Tomaten – österr. Paradeiser – relativ leicht ziehen. Eine Wärmehaube für die kalten Frühlingstage ist ein guter Start, um im Sommer knackige Tomaten selbst zu ernten. Auch Pfefferoni und Paprika gelingen mit reichlich Wassergaben und mehrmaliger biologischer Flüssigdüngung problemlos in einer warmen geschützten Ecke. Ein hoher Anteil an Ballaststoffen und Fruchtsäuren im Fruchtgemüse, aber auch Mineralstoffe und Vitamine unterstützen unsere Abwehrkräfte und sind für unser Wohlbefinden förderlich.

GURKE, EINLEGEGURKE, FELDGURKE, SCHLANGENGURKE
(Cucumis sativus L.)

Kultur	einjährig, Pflanzung Mitte Mai
Saison	Mai bis November, Glashausgurken das ganze Jahr
Standort	sonnig, gute, feuchte Erde, Hochziehen auf Spaliere ideal
Verwendung	roh als Salat und Saft, gefüllt, für Saucen, eingelegt süß oder salzig zur Jause
Besonderheit	heute sind alle Sorten bitterfrei, entwässernde Wirkung ohne Salz, Diätgemüse

GEMÜSEMAIS, ZUCKERMAIS, MINIMAIS *(Zea mays L.)*

Kultur	einjährig, Kornausbringung Mitte April bis Mitte Mai
Saison	Juni bis Oktober
Standort	sonnig, lockere Böden, gute Startdüngung
Verwendung	Körner für Frischgemüse und für Konserven, Minimais zum Einlegen, ganze Striezel zum Braten, Hartmais (Plata) für Maismehl und Polenta (Sterz)
Besonderheit	Mais gibt es in schönsten Farben, schwarz, blau, rot, bunt, gelb, grün

MELANZANI, EIERFRUCHT, AUBERGINE, SPANISCHE EIER
(Solanum melongena L.)

Kultur	einjährig, sehr wärmebedürftig (Folientunnel oder Glashaus)
Saison	Mai bis November
Standort	Vollsonne, gute Düngerversorgung, reichlich Wassergaben
Verwendung	gebraten u. eingelegt in Öl, für Aufläufe, gebacken, Wokgerichte
Besonderheit	unzählig viele Sorten, von mild bis bitter, geschnitten und in Salzwasser eingelegt, entzieht Bitterstoffe, kleinste Form weiße Erbsenauberginen, so groß wie ein Wachtelei (beliebt in der Thaiküche)

Thai-Aubergine

Spargelerbsenblüte

ERBSEN, ZUCKERERBSEN – ZUCKERSCHOTEN *(Pisum sativum L.)*

Kultur	einjährig, März bis April, Stickstofflieferant
Saison	Mai bis September
Standort	sonnig, anspruchslos, lockere Erde, Stütze von Vorteil
Verwendung	gekocht, Gemüse, Püree, Suppen, Eintöpfe, Strudel
Besonderheit	viel Eisen und wertvolles Eiweiß, Phophor, Kalium u. Balaststoffe, Zuckererbsen sind eigene Sorten und werden jung geerntet

PAPRIKA, PFEFFERONI, PEPERONI, CHILI, SPANISCHER PFEFFER *(Capsicum annuum L.)*

Kultur	einjährig, Pflanzen nach Frostgefahr aussetzen, besonders wärmeliebend
Saison	Mai bis November
Standort	Vollsonne, geschützter Platz, gut düngen, großzügig wässern
Verwendung	roh, als Salat, gefüllt, gebacken, in Öl eingelegt, für Saucen, vollreif und getrocknet für Paprikapulver, Chilis zum Würzen
Besonderheit	es gibt unzählige Gemüsepaprikasorten, gelb, grün, rot, violett, orange, milde bis höllisch scharfe Chilis (Vogelaugenchili)

PARADEISER, TOMATEN, LIEBESAPFEL, PARADIESAPFEL *(Lycopersicon esculentum Mill.)*

Kultur	einjährig, Aussetzen der Jungpflanzen nach Frostgefahr
Saison	Mai bis November
Standort	Vollsonne, lockere humose Erde, Stütze erforderlich, Blätter vor Nässe schützen
Verwendung	roh, Salat, aufs Butterbrot, gefüllt, Saucen, italienische Gerichte, Ketchup, Konserven
Besonderheit	es gibt tausende Sorten, rot, schwarz, rosa, gelb, Cocktail- und Traubentomaten, Fleischtomaten und mehr

FLÜGEL- ODER SPARGELERBSE *(Tetragonolobus purpureus L.)*

Kultur	einjährig, Schmetterlingsblütler, Aussaat April
Saison	ab Juni, fortwährende Ernte
Standort	sonnig, mittelschwere Böden, anspruchslos
Verwendung	viereckig, gekräuselte Schoten sehr jung als Gemüse
Besonderheit	sehr schöner Bodendecker mir purpurroter Blüte, seltenes Gemüse, erhältlich bei Arche Noah, empfehlenswert

Babyfenchel

Pastinakenblatt

Knollen- und Wurzelgemüse

Knollen- und Wurzelgemüse ist unverzichtbar in der kreativen gesunden Küche, denkt man z. B. an den Bund Suppengemüse, welcher für die Zubereitung jeglicher Suppen und Braten unerlässlich ist. Wurzelgemüse verleiht den Speisen eine würzig-kräftige Note und gibt der Suppe oder dem Bratensaft eine herrliche Farbe.
Ein großes Plus für dieses Gemüse ist auch die problemlose Lagerung über die Wintermonate. Der reiche Gehalt an Vitamin A, C, E und Betakarotin stärkt unsere Abwehrkräfte über die kalte Jahreszeit. Mit jedem Wurzelgemüse lässt sich übrigens auch leicht verträgliches Püree (auch für Babys) zubereiten. Ätherische Öle in „scharfem" Knollengemüse beeinflussen unsere Verdauung sehr positiv.

KNOLLENFENCHEL *(Foeniculum vulgare Mill. var. azoricum)*

Kultur	zweijährig für Saatgutgewinnung, Aussaat April bis Juli je nach Sorte
Standort	sonnig, lockere humose Erde
Saison	Knolle Mai bis September, Importware ganzjährig
Verwendung	Knolle für Rohkost, Gratins, Suppen, sehr beliebt in Italien
Besonderheit	anisartiges Aroma (ätherisches Öl), reichlich Vitamin C und Mineralstoffe, besonders Kalium und Eisen, hervorragendes Diätgemüse

KAROTTE *(Daucus carota L. ssp. sativus)*

Kultur	einjährig, Aussaat März bis Juni
Standort	sonnig, durchlässige tiefgründige Böden, bei schweren Böden wachsen kurze verzweigte Wurzeln
Saison	durch gute Lagerfähigkeit das ganze Jahr
Verwendung	roh, gekocht, gepresst als Saft, als Brei leicht bekömmliche Babynahrung, leicht stuhlregulierende Wirkung bei Durchfall
Besonderheit	enthält große Mengen an Vitamin A (Betacarotin)und Mineralstoffe, es gibt auch rote und violette Variationen

GELBE MÖHRE

Kultur	einjährig, Aussaat März bis Juni
Saison	das ganze Jahr
Verwendung	gleich wie Karotten, roh, als Gemüsebrei, gutes Suppengemüse
Besonderheit	kann in milden Wintern in der Erde bleiben, ansprechende Farbe und zartes herrliches Möhrenaroma

rote Rüben

KREN, MEERRETTICH *(Armoracia rusticana Gaertn., Mey. et Scherb.)*

Kultur	einjährig, steirische Spezialität
Saison	das ganze Jahr
Verwendung	gerissen zu Würsten, Geselchtem und Braten, Suppen und Saucen
Besonderheit	gesunde, scharfe, fleischige Wurzel, enthält Senföle, reichlich Kalium und Vitamin C, auch Mäuse lieben Kren

PASTINAKE *(Pastinaca sativa L.)*

Kultur	einjährig, Aussaat März bis Juni
Standort	sonnig, feuchte, humose Böden
Saison	das ganze Jahr
Verwendung	für Püree, als Suppengemüse, zu Mischgemüse, Aufläufe
Besonderheit	viel Kalium, wohltuend für den Magen, Blätter und Wurzeln als Teeaufguss zu verwenden, Geschmack liegt zwischen Petersilie und Möhre, wertvolles, leider wenig bekanntes Gemüse

PETERSILIE *(Petroselinum crispum)*

Kultur	einjährig, Aussaat März bis April
Standort	sonnig, eher lockere, feuchte Böden
Saison	das ganze Jahr, gut lagerfähig
Verwendung	Blätter vielseitige Verwendung, Wurzel für Suppen und Mischgemüse, Saucen
Besonderheit	Blätter enthalten reichlich Vitamin A und C und Kalium, Wurzeln reichlich Kalzium, es gibt auch Blattpetersilie mit krausen oder glatten Blättern (kleine Wurzel)

RADIESCHEN *(Raphanus sativus L.)*

Kultur	einjährig, Aussaat März bis Juli
Standort	sonnig, gute Gartenerde
Saison	das ganze Jahr
Verwendung	frisch für Salate u. Saucen oder aufs Butterbrot, zu Mischgemüse
Besonderheit	es gibt sehr bunte Sorten von Gelb bis Lila, sehr kalorienarm, Diätgemüse

RETTICH *(Raphanus sativus L. var. niger Mill.)*

Kultur	einjährig, Aussaat März bis Oktober (Winterrettich)
Standort	sonnig, tief gelockerte Böden, feucht humos
Saison	das ganze Jahr
Verwendung	frisch zu Bier, als Salat auf Brot und zur Jause, für Ragouts
Besonderheit	bekanntester Vertreter ist der weiße Bierrettich spiralig geschnitten, es gibt auch Raritäten wie violette und rote Sorten

weißer Rettich

SCHWARZER RETTICH

Verwendung	zur deftigen Jause, blättrig gehobelt mit Steirischem Kernöl
Saison	Herbst und Frühjahr, gut lagerfähig
Besonderheit	runder schwarzer Rettich, scharf schmeckend, steirische Spezialität

ROTE RÜBEN *(Beta vulgaris L. var. conditiva)*

Kultur	einjährig, Direktsaat März bis Juni
Standort	anspruchslos, nicht frisch düngen
Saison	Juni bis März
Verwendung	roh für Saft und Salate, gekocht für Salate und Saucen und Konserven
Besonderheit	Rote Rüben sollten nicht zu groß werden (rübiger Geschmack), längliche Sorten schmecken milder als runde

KNOLLENSELLERIE, ZELLER *(Apium graveolens L.)*

Kultur	einjährig, Aussaat Februar bis März, Jungpflanzen sind idealer und bringen besseren Erfolg
Standort	sonnig, Starkzehrer, gut düngen, bester Boden, viel Wasser
Saison	das ganze Jahr
Verwendung	Knolle als Rohkost, für Gemüse, Wurzelsaucen, Suppen, Blätter als Würzmittel
Besonderheit	enthält viel Phosphor und Kalium, ätherische Öle wirken appetitanregend

GELBE STOCKRÜBE, KOHLRÜBE, BODENKOHLRABI *(Brassica napus L.)*

Kultur	Herbstkultur, Nachfrucht Aussaat Juli bis August
Standort	sonnig, keine besonderen Bodenansprüche, Staunässe vermeiden
Saison	Oktober bis April, gut lagerfähig
Verwendung	für Eintöpfe, gebacken, für Suppen und als Sauergemüse
Besonderheit	gelbfleischiges, fast in Vergessenheit geratenes Gemüse, sehr kalorienarm, herrlich würziger Geschmack

WASSERRÜBE, STOPPELRÜBE, HALMRÜBE *(Brassica rapa L.)*

Verwendung	in der Region Fürstenfeld in Trestern eingesäuert, für Eintöpfe, als deftig eingebranntes Gemüse
Besonderheit	plattrunde weiß- oder gelbfleischige Rübe, halb violett – halb weiß (violette Schulter)

Blaukrautpflanze

Kohlgemüse

Kohlgemüse hatte früher den Ruf eines Arme-Leute-Essens. Davon kann heute keine Rede mehr sein, im Gegenteil, durch den geringen Kaloriengehalt und den hohen Anteil an Vitaminen und Mineralstoffen passt Kohl in seinen vielen Variationen vorzüglich in unseren Gemüsekalender. Dadurch dass die meisten Arten sehr gut lagerfähig sind, können wir das ganze Jahr gute Qualitäten kaufen. Kümmel als Gewürz macht die Gerichte durch seine ätherischen Öle leichter verträglich. Der Anbau ist denkbar einfach. Beste Erfolge erzielt man mit vorgezogenen Pflänzchen. Ein- bis zweimal biologisch düngen ist völlig ausreichend. Bei Trockenperioden muss regelmäßig bewässert werden, das bringt mehr Blattmasse bzw. Rosengröße. Leider treten oft lästige Schädlinge wie Erdflöhe (bestauben mit Steinmehl) oder die Kohlfliege (Raupen) auf. Guten Schutz bietet gegen alle fliegenden Schädlinge ein Vlies oder eine Gartenfolie.

WIRSING-KOHL *(Brassica oleracea L. var. sabauda)*
GRÜNKOHL – BLATTKOHL *(Brassica oleracea L. var. sabellica)*

Kultur	zweijährig, Direktsaat im Juli bis August
Standort	sonnig, Nachfrucht, humose Böden
Saison	Kohl ganzjährig, Blattkohl Oktober bis April
Verwendung	als Blattgemüse mit Butterbröseln, für Strudel und Eintöpfe, Wokgerichte
Besonderheit	viel Kalium, Vitamin A und C, reich an Ballaststoffen, gekrauste Blätter von Grün bis Violett, bei Blattkohl die äußeren Blätter schneiden, wächst ständig nach, bleibt über den Winter im Beet stehen

BROKKOLI *(Brassica oleracea var. italica Plenck)*

Kultur	einjährig, Pflanzenanzucht Februar bis Juli
Standort	sonnig, gute Gartenerde, kräftig düngen und wässern
Saison	Mai bis Dezember
Verwendung	Röschen für Gemüse, Aufläufe, Suppen, geschält auch die Strünke
Besonderheit	reich an Kalium, Kalzium, Vitamin A und C, es gibt auch Blattbrokkoli (Thai) und Sorten mit violetten Röschen

CHINAKOHL *(Brassica pekinensis Rupr.)*

Kultur	zweijährig, Aussaat Juli bis Anfang August
Standort	sonnig, gut versorgte Böden
Saison	Juli bis April
Verwendung	für Salat, Eintöpfe, Wokgerichte
Besonderheit	hat sehr wenig Kalorien, Diätgemüse, ist sehr gut lagerfähig

Spitzkraut

blauer Kohlrabi

KARFIOL *(Brassica oleracea var. botrytis L.)*

Kultur	einjährig, Pflanzenanzucht Februar bis Mitte Juli
Standort	sonnig, gute Gartenerde, ausreichend wässern
Saison	Mai bis Dezember
Verwendung	die Rosen als Gemüse, für Suppen, Strudel, Gratins
Besonderheit	reich an Kalium und Vitamin C, es gibt auch violette Sorten, vor der Ernte die Blätter umknicken und als Schutz über die Rosen legen (Farbschutz), etwas Milch ins Kochwasser erhält die weiße Farbe

KOHLRABI *(Brassica oleracea var. gongylodes L.)*

Kultur	zweijährig, Pflanzenanzucht Februar bis Juli
Standort	sonnig, genügsam, gut wässern, gute Zwischen- und Nachfrucht
Saison	Mai bis Dezember
Verwendung	zum Füllen, für Suppen, Saucen, Eintöpfe, roh als Salat, gepresst als Saft
Besonderheit	Vitamin C, Kalium und Phorphorspender; jung ernten, ansonsten wird er holzig, es gibt auch violettblaue Sorten, die Knolle ist der kugelige Stängelgrund (Sprossknolle)

ROSEN- ODER SPROSSENKOHL *(Brassica oleracea var. gemmifera DC)*

Kultur	zweijährig, Februar bis September, winterhart
Standort	sonnig, großer Platzbedarf, gut düngen,
Saison	August bis April
Verwendung	als Gemüse zu herzhaftem Fleisch und Wildgerichten
Besonderheit	Kalium, Vitamin C und Phosphorspender, das Putzen der Röschen ist zeitaufwändig

WEISS- UND BLAUKRAUT *(Brassica oleracea var. capitata)*

Kultur	zweijährig, Februar bis Anfang Mai
Standort	sonnig, humose, gut feuchte Gartenerde
Saison	ganzjährig, gut lagerfähig
Verwendung	Weißkraut als Sauerkraut, Gemüse, Suppen, Eintöpfe, roh als Salat
Besonderheit	ballaststoffreich, Spitzkraut wird riesig und hat eine lange Vegetationszeit, ist auch schön als Ziergemüse

PAK CHOI, CHINESISCHER SENFKOHL, BLATTSTIELKOHL *(Brassica chinensis L.)*

Kultur	zweijährig, August
Standort	sonnig, kühl, feuchte humose Erde
Saison	Wintermonate
Verwendung	leicht säuerlich, scharfer Geschmack, ausgezeichnet für Wokgerichte
Besonderheit	Blattrosette mit fleischigen Blattrippen, beliebte asiatische Kohlvariation

Einjährig – die Samenreife ist im ersten Jahr abgeschlossen Zweijährig – die Samenreife erfolgt im zweiten Jahr Mehrjährig – Pflanzen, die über mehrere Jahre neu austreiben

Spargelblüte

bunter Mangold

Rhabarber

Stängel-, Stiel- oder Stangengemüse

Als edelstes Gemüse gilt wohl der Spargel, ob gebleicht oder in der herzhafteren grünen Variante, er sollte ab April öfters unsere Gemüseplatte bereichern. Oder der beliebte Rhabarber, mit dem man ein herrlich-erfrischendes Frühjahrskompott zubereiten kann.

RIPPEN- ODER STIELMANGOLD *(Beta vulgaris var. vulgaris; var. flavescens)*

Kultur	Aussaat April, nicht winterhart
Saison	Mai bis November, März bis April
Standort	sonnig bis Halbschatten, mittelschwere Böden, wenig düngen
Verwendung	als Gemüse, für Strudel, für Füllen
Besonderheit	viel Kalium, Kalzium und Vitamin A, es gibt besonders bunte Variationen, möglichst frisch verarbeiten

SPARGEL, BLEICH- UND GRÜNSPARGEL *(Asparagus officinalis L.)*

Kultur	ausdauernd, Setzen der fleischigen Wurzeln im Frühling, kann bis 15 Jahre am gleichen Standort verbleiben
Saison	April bis Mai bis Juni
Standort	sonnig warm, sandig-humoser Boden
Verwendung	gekocht als edles Gemüse, für Suppen, Aufläufe und Süßspeisen
Besonderheit	viel Vitamin A, Bleichspargel wird angehäufelt (Dämme), Grünspargel kann durchwachsen, wirkt entwässernd, Diätgemüse

STANGENSELLERIE, BLEICHSELLERIE *(Apium graveolens L. var. dulce)*

Kultur	Jungpflanzen nach Frostgefahr aussetzen, nicht winterhart
Saison	August bis November, Importe ganzjährig
Standort	sonnig warm, gut düngen und wässern
Verwendung	für Rohkost, Salate, Wokgerichte, Strudel
Besonderheit	sehr beliebt in Italien, herrlich frisches Aroma durch ätherische Öle

RHABARBER ROTSTIELIG *(Rheum rhabarbarum L.)*

Kultur	ausdauernd, Knöterichgewächs, Setzen der Wurzelklumpen im Frühling, kann viele Jahre am gleichen Platz verbleiben
Saison	März bis Juli
Standort	sonnig bis halbschattig, anspruchslos, großer Platzbedarf
Verwendung	geschälte Stangen für Marmelade, Kompott, Süßspeisen, kalte Suppen
Besonderheit	rotstielige Sorten sind wesentlich schmackhafter als grüne, Abdecken mit Vlies im Frühling bringt 1-2 Wochen frühere Ernte

Zwiebelgemüse

Den Chinesen sind Zwiebel und Knoblauch schon seit mehr als 5000 Jahre bekannt. Den ägyptischen Pyramidenbauern kredenzte man Zwiebelgemüse um sie bei Kräften und fit zu halten.
Die antibakterielle Wirkung der Inhaltstoffe und reichlich ätherische Öle machen Zwiebelgemüse nicht nur zum Gewürz-, sondern auch zum Heilgemüse.
Es gibt auch verschiedenste Produkte und Auszüge aus Zwiebel- und Knoblauchgewächsen in Apotheken und Drogerien zu kaufen.
Frisch und roh bleiben die Inhaltstoffe natürlich vollständig erhalten, allerdings mit dem einhergehenden unangenehmen Geschmack im Mund. Dennoch bleibt Zwiebelgemüse ein nicht wegzudenkendes Gemüse und wertvolles Würzmittel.

KNOBLAUCH, KNOFEL *(Allium sativum L.)*

Kultur	ein- bis zweijährig, Auslegen der Zehen im Herbst (Oktober) oder März bis April
Saison	ganzjährig, gut lagerfähig
Standort	sonnig, trockene, sandig-humose Böden, wenig düngen
Verwendung	vielseitig als Würzmittel und Gemüse, Auszüge für Tabletten und Pillen
Besonderheit	chinesischer Knoblauch besteht aus einer Zwiebel, milder Geschmack, chinesischer Schnittknoblauch (A. odorium) bildet keine Zwiebel, nur Blattnutzung

FRÜHLINGSZWIEBEL *(Allium fistulosum)*

Kultur	ein- bis zweijährig, Herbstaussaat
Saison	Frühsommer bis Sommer
Standort	sonnig warm, keine feuchten Böden, anspruchslos
Verwendung	frisch für Salate, Aufstriche und aufs Butterbrot, geschmort für Gemüse
Besonderheit	mild-würziger Geschmack, früheste Frischzwiebel am Markt, wird in Bündeln verkauft

SCHALOTTEN *(Allium ascalonicum L.)*

Kultur	ein- bis zweijährig, Auslegen der Brutzwiebeln ab März bis April
Saison	das ganze Jahr
Standort	sonnig warm, sandige Böden, wenig düngen
Verwendung	vielseitige Verwendung in der Küche, Saucen, Eintöpfe, roh zu Salaten
Besonderheit	wächst im Bündel mit mehreren Zwiebeln, es gibt viele Sorten, würzig bis mild

Frühlingszwiebel

Chinesischer Knoblauch

Schalotte

ZWIEBEL – GEMÜSEZWIEBELN, HAUSHALTSZWIEBELN, ROTE ZWIEBELN *(Allium cepa L.)*

Kultur	ein- bis zweijährig, Auslegen der Steckzwiebeln oder Direktsaat Februar bis April
Saison	das ganze Jahr, gut lagerfähig
Standort	sonnig warm, trockene sandige Böden, mäßig düngen
Verwendung	gelbe Haushaltszwiebeln für Gulasch und herzhafte Gerichte, rote Zwiebeln eher roh für Salate und Sülze
Besonderheit	Gemüsezwiebeln schmecken besonders mild (roh), bei Saatzwiebeln gibt es unzählige Züchtungen: rosa-weiß bis gelb, oval bis plattrund

LAUCH, PORREE *(Allium porrum L.)*

Kultur	ein- bis zweijährig, Jungpflanzen ab Mitte April auspflanzen
Saison	ganzjährig
Standort	sonnig warm, tief gelockerte Böden, ausreichend düngen und wässern
Verwendung	frisch für Salate, auf Brot, für Aufstriche, als Gemüse gekocht, Wokgerichte
Besonderheit	viel Vitamin A, Kalzium, Ballaststoffe, es gibt Sommer- und Wintersorten, durch Anhäufeln und tiefes Setzen bekommt man lange gebleichte Stangen

WINTERHECKE-ZWIEBEL *(Allium fistulosum)*

Kultur	mehrjährig, Jungpflanzen horstweise setzen
Saison	frühes Frühjahr bis Herbst
Standort	gut versorgter Gartenboden, auch halbschattig und höhere (kühlere) Lagen
Verwendung	die Blätter (Schlotten) können mehrmals im Jahr geschnitten werden, keine Zwiebelbildung, der Schnittlauch fürs Grobe
Besonderheit	sehr süß, attraktive Blüte, problemlose Kultur

Kürbis und Zucchini

Zucchini und Kürbisse gehören zu den Kürbisgewächsen und stammen ursprünglich aus Südamerika. Botanisch betrachtet ist der Kürbis die größte Beere der Welt.
Zucchinis und Kürbisse sind ein köstliches, facettenreiches Gemüse und müssen als wertvolle Bereicherung unserer Gemüsepalette angesehen werden.
Ausnehmend viele Kürbisse können wir zuerst für Dekorationszwecke verwenden, um sie anschließend – hat man sie „satt" – zu schmackhaften Gerichten zu verkochen.

Positive Aspekte der Kürbisse und Zucchinis
- ein sehr geringer Kaloriengehalt
- reich an Mineralstoffen und Vitamin A
- gute Lagerfähigkeit ohne Frischeverlust
- Abwechslung durch unterschiedlichste Sorten
- schnelle Zubereitungs- und Garzeiten
- gut geeignet zum Einfrieren und Einkochen

Kürbis und Zucchini harmonieren ausgezeichnet mit allen Fleisch-, Wild-, Fisch- und Geflügelarten. Zusätzlich lassen sich viele Kürbisse auch gut zu Desserts verarbeiten.
Kräftig gewürzt mit feinen, frischen Kräutern wie Dill, Kümmel, Koriander, Ingwer, Chili, aber auch Zimt, verleiht man den Gerichten immer wieder neue Geschmacksnuancen.
Ihrer Phantasie sind beim Experimentieren keine Grenzen gesetzt.

weißer Patisson

Muskatkürbisse

Kürbissorten

Anhand der wichtigsten Grundgruppen möchte ich Ihnen nur einen groben Überblick über den Sortenreichtum der Kürbisse geben, der insgesamt mehrere hundert Varietäten umfasst. Viele Sammler haben sich dankenswerterweise zum Ziel gesetzt, fast verschwundene Sorten weiter zu vermehren und zu erhalten.

Drei Hauptgattungen sind in der Küche wichtig:

Cucurbita pepo: Sie haben die kürzeste Vegetationszeit. Hierzu gehören unser steirischer Ölkürbis, alle Blumenkürbisse (Patissons), Eichelkürbisse (Acorns), Zucchinis, die orangen Halloweens und unzählige schmackhafte, kleinfrüchtige Speisekürbisse.
Cucurbita moschata: Sie sind unter allen Kürbissen die wärmebedürftigsten und brauchen günstige Lagen zur völligen Ausreife. Ihr Fruchtfleisch ist sehr karotinhältig (intensiv orange bis gelb), oft süßlich und sie zählen zu den sehr wertvollen Speisekürbissen. Lange und kurze Butternuts, Muskat de Provence und runde, warzige Varietäten – meistens aus dem asiatischen Raum – zählen zu dieser Gruppe.
Cucurbita maxima: Sie werden auch Riesenkürbisse genannt. Nicht ohne Grund, hält doch die Sorte Atlantic Giant den Weltrekord mit über 600 kg. Zahlreiche Sorten haben einen intensiven Kürbisgeschmack, farblich sind weiße, gelbe, orange, blaue und graue vertreten. Viele lassen sich über Monate lagern (ideal 14–18 °C, bei 60–70 % Luftfeuchte und luftig).

EICHELKÜRBISSE *(Cucurbita pepo)*

Herkunft	USA, eichelförmige Kürbisse 0,5–1 kg, sind sehr früh reif, gelb, grün und creme
Verwendung	unreif und reif zum Füllen, für Gatins, Aufläufe, Gemüse, gebacken
Besonderheit	Schale wird mitgegessen, intensiv nussiger Geschmack, festes fein strukturiertes Fleisch, wertvoller Speisekürbis

PATISSONS *(Cucurbita pepo)*

Herkunft	USA, tellerförmige Kürbisse, 1–3 kg mehr oder weniger gewellter Rand, gelb, orange, hell- u. dunkelgrün, weiß und gefleckt
Verwendung	unreif und reif zum Backen, mini klein zum Einlegen, für Aufläufe, Gemüse
Besonderheit	werden auch „Blumenkürbisse" genannt, unreif geerntet isst man die Schale mit, sehr schöne Dekorationsstücke

Riesenkürbisse

DUMPLINGS *(Cucurbita pepo)*

Herkunft	USA, faustgroße bunte Kürbisse, 0,5–1,5 kg mittelspät reif, creme gefleckt-gestreift und orange-gelb gestreift
Verwendung	zum Füllen, für Gratins und Aufläufe, gebacken u. v. m.
Besonderheit	wunderbar nussig, leicht süßliches Fleisch, bestens auch zum Dekorieren, immer wieder neue buntere Züchtungen (Chamäleon, Festival)

KLEINE UND GROSSE MUSKATS *(Cucurbita moschata)*

Herkunft	Lateinamerika, asiatischer Raum, klein- und großfrüchtige Kürbisse mit bräunlicher Haut, warzig oder glatt
Verwendung	für alle Gerichte, besonders für Wokgerichte und in Kombination mit exotischen Gewürzen (Ingwer, Zitronengras, Curry usw.), für Süßes
Besonderheit	wärmeliebend, späte Ausreife, ausgereift über Monate lagerfähig, meist intensiv orange-gelbes Fruchtfleisch, besonders wertvoller Speisekürbis
einige Sorten	Futsu Black Rinded, Muskat de Provence, Martinica F1, Long Island Cheese, Fagtoong Big Gold

SÜSSE KARTOFFEL *(Cucurbita pepo)*

Herkunft	USA, länglich creme-gestreifter Kürbis, ca. 0,7 kg längliches Gegenstück zu Sweet Dumpling
Verwendung	zum Füllen, für Aufläufe, Gratins, zum Braten und Backen
Besonderheit	wird bei längerer Lagerung trocken und strohig im Fleisch

WEE-B-LITTLE *(Cucurbita pepo)*

Herkunft	Züchtung USA, kinderfaustgroßer Kürbis, 0,3 kg kräftig orange, glatte Schale, Busch, 4–6 Früchte
Verwendung	in der Mikrowelle halbiert mit Butter und Salz (einige Minuten Garzeit), zum Füllen und Braten
Besonderheit	die Schale wird mitverzehrt, köstlichster Kleinkürbis (Maronigeschmack), eine Portionsgröße („Singlekürbis"), wenig Ertrag

HALLOWEENS *(Cucurbita pepo)*

Herkunft	USA, knallig orange, rund bis hochrunde Kürbisse 0,5–20 kg, leicht gerillte, glatte Schale, Fleisch hellorange
Verwendung	Gemüse, Püree, Suppe, Kuchen, zum Schnitzen
Besonderheit	unverzichtbar fürs Halloween-Fest, aber auch gut für die Küche geeignet, nussiger Geschmack, nur kurz lagerfähig
einige Sorten	Baby Bear, Spooktacular, Tom Fox, Aspen F1, Big Autumn, Phantom F1

BERRETTINA PIACENTINA *(Cucurbita maxima)*

Herkunft	Italien, grau-grün-blauer Kürbis, 8–10 kg plattrund, sehr dicker Stiel
Verwendung	das Püree für Teige und zum Füllen von Pasta, gebraten, für Süßspeisen u. v. m.
Besonderheit	Liebhabersorte, trockenes Fleisch nach Maroni schmeckend, in Stücke geschnitten ungeschält im Rohr garen; ähnliche Sorte „Marina di Chioggia"

TÜRKISCHER HONIGKÜRBIS *(Cucurbita maxima)*

Herkunft	Türkei, grünlichweiß-gefleckter Kürbis, 8–10 kg intensiv gelbes Fleisch, süß, langtriebig
Verwendung	für Süßspeisen und Gemüse, Suppe
Besonderheit	über Monate lagerfähig, wird in seiner Heimat in Zuckerwasser gekocht und mit zerstoßenen Nüssen bestreut

KABOCHATYPEN *(Cucurbita maxima)*

Herkunft	asiatischer Raum, meist dunkelgrüne mehr oder weniger gefleckte und gestreifte Kürbisse, 1-2 kg, intensiv mehlig gelbes Fleisch
Verwendung	herrlich für Püree und Suppen, zu Gemüsegerichten und Süßspeisen, harmoniert besonders mit Kokosmilch
Besonderheit	leider wenig beachtete Sorten, Schälen fast nicht möglich, besser in der Schale garen, wird in der Thaiküche mit Schale verzehrt, sehr gut haltbar
einige Sorten	Sweet Mama, Mikoshi, Buttercup, Burgess, Delicata, Black Forest

LANGE UND KURZE BUTTERNUTS *(Cucurbita moschata)*

Herkunft	USA, Frankreich, hellbraune längliche Kürbisse, 30–150 cm, 0,5–100 kg mehr oder weniger glockenförmig, im verdickten Ende sitzen die Kerne
Verwendung	Babybrei, Püree, für alle Gerichte, frittiert
Besonderheit	festes, kompaktes Fleisch, gelb – orange, lange haltbar, gut schälbar bestens für die Gastronomie geeignet, wertvolle Speisekürbisse
einige Sorten	Waltham, Argenta, Piena di Napoli, langer Nizza, Tromponcino, belgische Trompete, Burpee Butterbush

STEIRISCHER ÖLKÜRBIS *(Cucurbita pepo L. Pepo var. styriaca Greb.)*

Herkunft	Steiermark, 4–6 kg, rund – hochrund, gelb-grün marmoriert gefleckt
Verwendung	unreif als Gemüse, reif die Kerne für Knabberkerne, Backware, Steirisches Kürbiskernöl, umfangreiche Verwendung in der Pharmaindustrie
Besonderheit	die weichschaligen Kerne sind in der Form nur bei dieser Varietät bekannt, das gewonnene Öl ist grünbraun und nussig im Geschmack, ohne Cholesterin, hat einen hohen Anteil an ungesättigten Fettsäuren, wertvolles Öl

HOKKAIDO *(Cucurbita maxima)*

Herkunft	Asien, mehr oder wenig zwiebelförmig leuchtend orange-rot 0,5-3 kg
Verwendung	ungeschält für Suppen, zum Braten für Püree u. v. m.
Besonderheit	feinst strukturiertes tiefgelbes Fleisch, einer der bekanntesten und beliebtesten Kürbisse, es gibt unzählige Sorten davon
einige Sorten	Oranger Knirps, Uchiki Kuri, Akaguri, Portimarron

Nähere Fachinformation und Rezepte zum Steirischen Ölkürbis finden Sie im Buch „Kochen mit steirischen Kürbiskernen und Öl". ISBN: 3-95000888-0-6
Nähere Fachinformation und Rezepte zu Kürbissen im Allgemeinen und viele Sortenerklärungen finden Sie im Buch „Lust auf Kürbis". ISBN: 3-9500888-1-4

Zucchinisorten

Bei diesem Gemüse kultivierte ich einige Raritäten und Liebhabersorten. Besonders in Italien legt man Wert auf delikates Fruchtfleisch und große Blüten, die zum Füllen bestens geeignet sind. Die kleinen Früchte werden gemeinsam mitgebraten oder gegart.

BOLOGNESE *(Cucurbita pepo)*

Herkunft	italienische hellgrüne Zucchini sehr frühe Sorte, Busch, 20-25 cm, länglich bis oval
Verwendung	große Blüten zum Füllen, Früchte für alle Gerichte
Besonderheit	Pflanzen sind sehr ertragreich und gesund, am Tag der Blüte sind die Blüten und Früchte gleich groß, beliebte Sorte in Italien

BOUTOZZINA *(Cucurbita pepo)*

Herkunft	tunesische cremeweiße Zucchini mittelfrühe Sorte, Busch, 30–40 cm lang, ertragreich
Verwendung	für eingelegtes Gemüse, Suppe, Backen, Braten, Aufläufe große Früchte herrlich für Kürbisgemüse
Besonderheit	Rippen am Stielende, herrlich nussiger Geschmack

CASERTA *(Cucurbita pepo)*

Herkunft	italienische hellgrün bis dunkel gestreifter Zucchini, alte Sorte, frühe Sorte, Buschtype, Frucht 8 cm, Blüte 12 cm
Verwendung	die großen Blüten und kleinen Früchte sind ideal zum Füllen
Besonderheit	Früchte haben eine schöne Zeichnung, vorzüglicher Geschmack

LUNGO BIANCO *(Cucurbita pepo)*

Herkunft	Italien, weißer Zucchini mittelfrühe Sorte, Busch, 30–40 cm, mehr oder weniger gerippt
Verwendung	für alle Gerichte, herrlich zartes Fleisch
Besonderheit	es kann sehr lange geerntet werden (laufend kleine Früchte schneiden); Weingartenzucchini, Blüten werden regional mit Frischkäse gefüllt

LUNGO FIORENTINA *(Cucurbita pepo)*

Herkunft	Italien, Liebhabersorte, hell- bis dunkelgrüne Zucchini späte Sorte, bis 50 cm, Busch, ertragreich, riesige Blüten 12 cm
Verwendung	Gemüse, mariniert, gebraten, gebacken u. v. m.
Besonderheit	leicht gebogene stark gerippte Früchte, wachsen sehr dicht aneinander, ausgezeichneter Geschmack

NIMBA *(Cucurbita pepo)*

Herkunft	Polen, hell- und dunkelgrün marmorierter Zucchini mittelspät, länglich dünn, 25 cm, Busch
Verwendung	ideal zum Marinieren und für alle Gerichte
Besonderheit	sehr kältetolerant, ertragreich, köstliches Fleisch

VERDE DI MILANO *(Cucurbita pepo)*

Herkunft	Italien, oval, dicke, dunkelgrüne glattschalige Zucchini späte Sorte, viele Früchte, 25 cm
Verwendung	für alle Gerichte
Besonderheit	lange Triebe, wächst bis in den Herbst hinein weiter, guter Geschmack

RONDE DE NICE *(Cucurbita pepo)*

Herkunft	Frankreich, runder Zucchini, mittelgrün wächst in einer Woche zu einem golfballgroßen Kürbis heran
Verwendung	sehr gut geeignet zum Füllen, größer apart als Suppengefäß
Besonderheit	einer der frühesten Sorten, ertragreich, Busch, wertvoller Frühzucchini

GELBE ZUCCCHINI *(Cucurbita pepo)*

Herkunft	USA, gerade oder gebogene Früchte hell- bis dunkelgelb
Verwendung	wie andere Zucchini
Besonderheit	gemeinsam mit grünen und weißen ergibt dies Abwechslung am Teller
einige Sorten	Fortune, Golden Rush, Sommerkürbis Zyphir F1, grüne Spitze, gelber Körper, leicht gebogen, der Beste

Erdäpfel – Kartoffeln

Botanisch betrachtet ist die Kartoffel ein einjähriges Nachtschattengewächs, deren oberhalb der Erde wachsende Teile giftig sind. Nur die unterirdischen Knollen sind essbar.
Der Anbau findet im zeitigen Frühjahr statt. Die Ernte beginnt bei den Frühkartoffeln Ende Mai und erstreckt sich bei den späten Sorten bis hin zum Oktober. Je mehr Triebe die Pflanze aufweist, desto mehr Knollen können geerntet werden (bei guter Kultur 15 bis 25 Stück je Pflanze).

Durch eine modern ausgereifte Lagertechnik werden bei uns ganzjährig Kartoffeln in guter Qualität angeboten – ein wahrer Segen für die ernährungsbewusste, gesunde Küche.
Kaum ein anderes Knollengewächs bietet uns so eine Vielfalt an Verwendungsmöglichkeiten. Leider lässt die Sortenauswahl in den Großmärkten zu wünschen übrig. 350 Sorten sind im europäischen Raum erfasst, davon spielen nur etwa 20 Sorten in der Großproduktion eine Rolle. Gelbe Varietäten sind in der Überzahl, vermehrt sieht man in den letzen Jahren auch rotschalige. Hoffnungen können wir in die vielen kleinstrukturierten Betriebe setzen, welche auch Raritäten direkt zum Verkauf auf den Märkten anbieten: die „Blaue Mauritius" zum Beispiel, mit tiefblauem Fleisch, bei der die ausgefallene Farbe auch beim Kochen erhalten bleibt. Ebenso erwähnenswert ist das so genannte „Scheckerl", dessen rosa Zeichnung um die Augen (Austriebstellen) wie ein Kussmund aussieht.
Kartoffeln enthalten je nach Sorte ca. 20 % Stärke und 2 % Eiweiß, reichlich Vitamin C und B-Vitamine, Phosphor, Eisen und Kalium.

Blaue 13-Blüte

Die Bezeichnungen im Handel

Heurige: Frühkartoffeln; sie kommen schon im Mai auf den Markt, oft ungewaschen, wodurch sie länger haltbar bleiben.
Verwendung: Salzkartoffeln, Bratkartoffeln, Folienkartoffeln und Salat
festkochend: Sorten mit festem Fleisch, welche beim Kochen in Form bleiben; hoher Wassergehalt, stärkearm.
Verwendung: zum Braten, für Gratins und Salat
vorwiegend festkochend: Sorten mit mittlerer Festigkeit.
Verwendung: Folienkartoffeln, Bratkartoffeln, zum Frittieren, für Salzkartoffeln
locker oder mehlig kochend: Diese Sorten weisen einen hohen Stärkegehalt auf, sind meistens späte Sorten und deshalb gut lagerfähig.
Verwendung: ideal für Kartoffelteige, Püree, Knödel

Lagerung

Die Vorratshaltung spielt heute keine wesentliche Rolle mehr, denn die modernen Haushalte besitzen nicht die geeigneten Räume hierfür. Gut geeignet wäre ein luftiger, dunkler, frostfreier Raum. Die Temperatur sollte im Idealfall 4–8 °C betragen, die Luftfeuchtigkeit 80–90 %. Kartoffeln werden nicht im Kühlschrank aufbewahrt, da sie in kürzester Zeit zu faulen beginnen.
Bei Sonnenbestrahlung zeigen sich grüne Verfärbungen, die Knollen kommen in Keimstimmung und werden ungenießbar. Grüne Stellen und Keimlinge sind giftig.

Vorbereitung zum Kochen

Kartoffeln mit einer Gemüsebürste gut unter fließendem Wasser reinigen. Grüne und dunkle Stellen sowie Augen großzügig entfernen.
Geschälte Kartoffeln bis zur weiteren Verarbeitung in kaltes Wasser einlegen, da sich stärkereiche Sorten durch den Sauerstoff unansehnlich braun verfärben können. Im Wasser wird dies unterbunden.
Kartoffeln mit Schale gekocht behalten mehr an Inhaltstoffen in sich.

Einkauftipps

Kaufen Sie nur unbeschädigte Knollen ohne grüne oder dunkle Verfärbungen und ohne Austrieb. Die Schale sollte fest und nicht runzelig sein. Nehmen Sie nur eine Menge, die sie in einer Woche verbrauchen können. Nach dem Kauf geben Sie die Erdäpfel aus der Verpackungsfolie und lagern sie lichtgeschützt in einem Korb oder auch Papiersack.

.inzer Rose-Blüte

BLAUE 13

Steckbrief – späte Sorte, Rarität, Sammlersorte, halbspeckig, violette Schale, wunderbar violettblaues Fleisch, das beim Kochen die Farbe behält, sehr ertragreich und gut lagerfähig

Verwendung – als Chips, zum Dekorieren von Speisen, als Beigabe zu gelben Kartoffeln u. v. m.

Besonderheit – blaue Blüte, vergessene tiefer gelegene Knollen treiben im Frühling bereitwillig wieder aus

DITTA

Steckbrief – mittelfrühe Sorte, sehr beliebte, festkochende (speckige) Handelssorte, langoval, Schale und Fleisch gelb, sehr gut lagerfähig

Verwendung – für Salate und Bratkartoffeln, für Suppen und Kartoffelgulasch, Eintöpfe

FENTON

Steckbrief – mittelspäte Sorte, mehlig, rund, fliederfarbene Schale helles Fleisch, gut lagerfähig, mittlerer Ertrag

Verwendung – universelle Verwendung, für Püree, Laibchen, Bratkartoffeln u. v. m.

Besonderheit – Rarität, Sammlersorte aus USA

GOLDSEGEN (HOBIGERS)

Steckbrief – späte Sorte, mehlig, anspruchslos, große gleichmäßige Knollen, gelbe raue Schale und gelbes Fleisch, gut lagerfähig

Verwendung – für Salate, Bratkartoffeln, Püree u. v. m.

Besonderheit – robuste alte Selektion, liebt mageren Boden

HEURIGE

Steckbrief – Sammelbezeichnung der frühesten Sorten, meist von wässriger Beschaffenheit, kommen gewaschen und ungewaschen auf den Markt, sehr dünne Schale

Verwendung – für Salz- und Petersilienkartoffeln, Suppen, Eintöpfe, Püree

Besonderheit – nicht lagerfähig, halten nur einige Tage

Goldsegen-Blüte

KIPFLER

Steckbrief mittelfrühe festkochende Liebhabersorte, gelbe Schale und gelbes Fleisch

Verwendung vorwiegend für Salat

Besonderheit nierenförmig, guter Ertrag, mittelgroße Knollen

LINZER ROSE

Steckbrief späte ehemalige österr. Handelssorte, vorwiegend festkochend, rosa Schale, gelbes Fleisch, oval, gut lagerfähig, mittlerer Ertrag

Verwendung herrlich für Salate, Bratkartoffeln und Laibchen

Besonderheit zartrosa Blüte, gleichmäßig glatte Schale, Liebhabersorte

SCHECKERL

Steckbrief mittelspäte, mehlige Liebhabersorte, mittlerer Ertrag, gut lagerfähig

Verwendung für Püree und alle Kartoffelgerichte, guter Geschmack

Besonderheit entzückende Kartoffelrarität mit gelber Schale und rotem Kussmund um die Augen (Austriebstelle)

SCHWARZ-BLAUE VOM FRANKENWALD

Steckbreif späte mehlige Sorte, raue blauviolette Schale, helles Fleisch, eher kleine Knollen

Verwendung Püree, Teige und für alle Gerichte

Besonderheit ausgezeichneter, nussiger Geschmack, hält sich sehr gut im Lager

UNGARISCHE LANGE

Steckbrief mittelfrühe Sorte, speckig, rosa Schale mit hellem Fleisch (rosa Schimmer)

Verwendung zum Braten, für Laibchen, Pommes frites, Eintöpfe, Gulasch

Besonderheit besonders guter Geschmack, große glatte, gleichmäßige Knollen, ertragreich

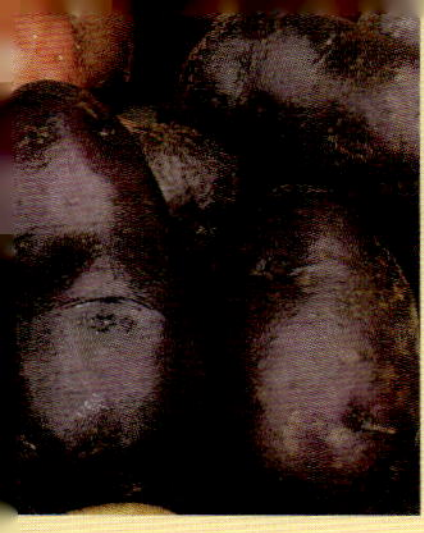

UKAMA

Steckbrief	frühe, beliebte Handelssorte, vorwiegend festkochend, Schale und Fleisch hellgelb
Verwendung	Pommes frites und Chips, ist auch gut lagerfähig
Besonderheit	niederländische Züchtung

Kartoffelähnliche Knollen

SÜSSKARTOFFEL, BATATEN

Steckbrief	tropisches Windengewächs, Vermehrung durch Knollen oder Treibstecklinge
Verwendung	als Gemüse, für Püree und frittiert, herrlich zu Fisch
Besonderheit	Bataten enthalten viel Vitamin A und C, sie schmecken mehlig süß, gelbe und rote Sorten

TOPINAMBUR

Steckbrief	winterhartes Sonnenblumengewächs, über Knollen leicht zu vermehren, wuchert gerne und kann schnell zum Unkraut werden, geerntet werden die Knollen im Herbst
Verwendung	gekocht als Gemüse und Püree
Besonderheit	sehr gesundes entwässerndes Gemüse, die Knollen können über den Winter in der Erde verbleiben, es gibt glatte und knollige Varietäten

Getreide – Cerealien

Unter dem Begriff Cerealien versteht man alle Getreidesorten und deren Produkte daraus. Ceres war ursprünglich die Göttin des pflanzlichen Wachstums. Ihr zu Ehren fand am 12. April ein Fest statt. Cerealie steht für Getreide, Feldfrucht.

Bis zu den heutigen ertragreichen Getreideernten war ein langer mühevoller Weg notwendig. Ursprüngliche Wildgräser wurden von unseren Urahnen selektiert, mühevoll kultiviert und ermöglichten das Sesshaftwerden der Sippen. War doch das Verbleiben an einem günstigen Standort erst durch die gute Lagerfähigkeit des Getreides und die daraus resultierende Vorratshaltung möglich.
Cerealien geben Energie und enthalten lebenswichtige Vitalstoffe, die uns fit halten.
An der Wichtigkeit der Cerealien in unserer täglichen Ernährung hat sich seit Jahrtausenden nichts geändert. Im Unterschied zu damals stellt man heute unzählige Fertigprodukte daraus her: Cornflakes, Popcorn, Müslis, gepuffte Getreideprodukte u. v. m.
Dabei ist es ein Leichtes mit Vollwertgetreide schnell Köstliches zu kochen.
Besonders die umfangreiche Brotkultur wird von Getreide geprägt. Benötigt man doch zur Brotherstellung fast sämtliche Getreidesorten.
Die ausgezeichnete Qualität der Vollwertmehle und der Cerealien bietet uns ungeahnte Möglichkeiten in der alternativ gesunden Küche.

Buchweizenblüte

Grannenweizen

Kolbenweizen

Kleine Produktkunde

Mehle: Das Getreide wird zwischen Walzen zerkleinert und vermahlen. Ganzes Korn ergibt Vollkornmehl, Entfernen des Keimes und Ausmahlen der Randschichten ergibt weißes Mehl.

Mehltypen: Type 700 heißt 700 mg Mineralstoffe auf 100 g Mehl. Type 480 heißt 480 mg Mineralstoffe auf 100 g Mehl usw.

Grieß: Das Korn wird zerschlagen und zerkleinert.

Flocken: Getreidekörner werden gedämpft (weich gemacht) und gequetscht.

Kleie: Abfallende Randschichten bei der (hellen) Mehlerzeugung. Sehr ballaststoffreich, verdauungsfördernd.

Polenta: Steirische und italienische Spezialität – grober Maisgrieß, Maisdunst ist feiner gemahlen.

Heidenmehl: Buchweizenmehl für die steirische Spezialität „Heidensterz".

Hartweizengrieß: Feiner Durumweizen-Grieß, unentbehrlich für die Nudelherstellung.

Grünkern: Unreif geernteter Dinkel, der anschließend gedarrt wird.

Couscous: Fein geschroteter Hartweizen; wird durch Wasser und Wärme aufgeschlossen (Inhaltstoffe bleiben erhalten), dadurch kürzere Garzeit.

Bulgur: Gleiches Verfahren, nur gröber geschrotet; Bulgur aus dem Arabischen für „gekocht".

Getreidesorten – andere Samen, Kerne und Körner

AMARANTH *(Amaranthus sp.)*

Anbau	im Frühling, Fuchsschwanzgewächse, Herkunft Südamerika
Produkte	ganze Samen (1-2 mm) und gepoppt
Verwendung	als Beilage, gepoppt zu Müslis, für Breie, Riegel, Laibchen, Salate
Besonderheit	hoher Proteingehalt, weltweite Nutzung als Getreide, Zier- und Spinatpflanze

BUCHWEIZEN, HEIDEN *(Fagopyrum sp.)*

Anbau	Hauptkultur Mai, Zwischenfrucht nach Wintergetreide, Knöterichgewächs
Produkte	ganzes geschältes Korn (dreieckig), Mehl
Verwendung	für Breie, Nudeln (Asien), zum Bierbrauen, für Füllen, als Beilage, für Palatschinken, Sterz
Besonderheit	guter Bodenverbesserer und Bienenweide

Hafer

Gerste

DINKEL *(Triticum spelta)*

Anbau	Wintergetreide, meist biologisch angebaut, Dinkel ist die Urform des Weizens
Produkte	Vollkorn- und Auszugsmehle, Grieß, Flocken, ganzes geschältes Korn
Verwendung	hoher Klebergehalt, ideal für Brot, Nudeln, für Getreidelaibchen, Suppen usw.
Besonderheit	nussiger Geschmack, wertvolles Getreide, Grünkern ist unreifer, gedarrter (Trocknen bei geringer Temperatur) Dinkel

GERSTE *(Hordeum vulgare)*

Anbau	Sommer- und Wintergerste, Sorten mit und ohne Spelzen (Nacktgerste)
Produkte	geschrotete Gerste, entpelzte Körner rund geschliffen (Rollgerste, Graupen), Flocken
Verwendung	für Eintöpfe und Suppen, in Milch gekocht, Puddings, für Viehfutter
Besonderheit	aus gekeimter Braugerste erzeugt man Malz zum Bierbrauen und für Malzkaffee

HAFER *(Avena sativa)*

Anbau	Sommergetreide, Hauptanbaugebiet Nordeuropa
Produkte	ganzes Korn geschält, Haferflocken
Verwendung	Suppen, Laibchen, Breie, Müsli, Mehlspeisen, Kekse, wertvolles Tierfutter (Pferde)
Besonderheit	reich an Eiweiß, wärmende, belebende Wirkung

MAIS *(Zea mays)*

Anbau	April bis Mai, Heimat Südamerika
Produkte	reife Körner für Grieß und Mehle, Maisstärke, Maiskeimöl
Verwendung	Sterz, Polenta, Aufläufe, Breie, wichtiges Viehfutter
Besonderheit	es gibt Zahnmais, Mehlmais, Hartmais, Popcornmais, Zuckermais in vielen bunten Kornfarben, blau, rot, orange, gelb, weiß, grün, schwarz

QUINOA, REISMELDE *(Chenopodium quinoa)*

Anbau	Frühling, Gänsefußgewächs, Heimat Mittelamerika, Ernte Oktober, ertragreich seit 5000 Jahren von Indios als Kulturpflanze genutzt
Produkte	ganze, winzige Körner (2 mm) oder geschrotet
Verwendung	Suppen, Laibchen, Breie, Füllungen, Salate, Beilage
Besonderheit	vor dem Kochen auswässern, Wasser entfernen, eigener leicht bitterer Geschmack, gekocht löst sich vom Korn ein kleiner Ring (sieht aus wie ein Würmchen)

Roggen

Schlafmohn

Rispenhirse

Lein

REIS *(Oryza sativa L.)*

Anbau	heiße Temperaturen und überflutete Böden, gehört zu den Wassergräsern
Produkte	Wildreis (Nordamerika), geschälter und ungeschälter Reis, Reismehl und -stärke
Verwendung	als Beilage, Risotto, Wein (China), Reismehl als Bindemittel
Besonderheit	es gibt unzählige Sorten: Langkornreis, Rundkornreis, Risottoreis, Jasminreis, Basmatireis und viele mehr

RISPENHIRSE *(Panicum miliaceum)*

Anbau	April bis Mai, Heimat Subtropen und Tropen, gedeiht auch bei Trockenheit und in kälteren Lagen
Produkte	geschältes ganzes Korn, Flocken, Mehle (Afrika, Asien)
Verwendung	Breie, Laibchen, zu Salaten, für Füllungen und Süßes, Vogelfutter
Besonderheit	Samen vor dem Kochen auswässern, nicht zum Brotbacken geeignet (für Fladenbrote in Entwicklungsländern), enthält viel Kieselsäure – gut für Haare und Nägel

ROGGEN *(Secale cereale)*

Anbau	Sommer- und Winterroggen, für kühle Lagen
Produkte	ganzes Korn, Mehle
Verwendung	für Schwarzbrot, Palatschinken, ganzes Korn als Beilage
Besonderheit	hoher Anteil an Klebereiweiß, wichtiges Brotgetreide, leicht bläuliches Korn mit würzigem Geschmack, Tierfutter

WEIZEN *(Triticum aestivum)*

Anbau	Sommer- und Winterweizen, für gute Ackerböden in milden Lagen
Produkte	ganze Körner, Weizenschrot, Mehle, Flocken, Bulgur, Couscous, Zartweizen
Verwendung	Weißbrot und Gebäck, Mehlspeisen, als Beilage, Laibchen u. v. m.
Besonderheit	hoher Klebergehalt, leicht verdaulich, weltweit bedeutendste Getreideart, Kamut ist eine wieder entdeckte Urweizensorte, hat einen buttrigen Geschmack, einen hohen Kleberanteil, riesige Körner und eine goldbraune Farbe, sehr schmackhaft

LEINSAMEN *(Linum usitatissimum)*

Anbau	Frühjahr
Produkte	ganze Samen und geschrotet
Verwendung	ganze Samen angesetzt in Wasser für überreizten Magen, zu Backwaren und Broten, ganz und gemahlen, für Müslis und Öle
Besonderheit	hoher Anteil an Eiweiß und Ballaststoffen, es gibt goldene und braune Samen

SESAM *(Sesamum indicum)*

Anbau	Aussaat im Frühjahr oder Herbst, halbwinterhart
Produkte	ganze Samen, Sesamöl (in der asiatischen Küche beliebt)
Verwendung	für Müslis, Backwaren, Aufläufe, Süßspeisen, zum Panieren u. v. m.
Besonderheit	sehr fett- und eiweißreich, Samen schmecken geröstet sehr nussig

SONNENBLUMENKERNE, SONNENBLUME *(Helianthus annus)*

Anbau	Frühling, einjährig
Produkte	ganze geschälte Kerne, Sonnenblumenöl
Verwendung	für Backwaren, als Knabberei, zu Müsli und Brot, Vogelfutter
Besonderheit	hoher Anteil an Fett und Eiweiß

MOHNSAMEN (SCHLAFMOHN) *(Papaver somniferum)*

Anbau	Aussaat im Frühling oder Herbst, großes Anbaugebiet im Waldviertel
Produkte	Samen ganz oder gemahlen, Mohnöl
Verwendung	für Gebäck und Brote, für süße Füllen, Öle
Besonderheit	es gibt weißen (nussig), blauen (etwas bitter) und grauen Speisemohn, Waldviertler Graumohn besitzt Gebietsschutz (ggA), alle Teile der Mohnpflanze sind giftig außer dem Samen

KÜRBISKERNE, WEICHSCHALIGER ST. ÖLKÜRBIS
(Cucurbita pepo L. subsp. pepo var. styriaca Greb.)

Anbau	Aussaat der Kürbiskerne Ende April bis Anfang Mai
Produkte	Kürbiskerne ganz, natur und geröstet, gemahlen und gehackt, und in Schokolade; Kerne geröstet und gepresst für Kürbiskernöl
Verwendung	Kerne für Backwaren, Brot, Mehlspeisen, Süßspeisen, Füllungen, zum Panieren, als Knabberei u. v. m., Öl für Salate und Kuchen
Besonderheit	steirische Spezialität, hoher gesundheitlicher Wert, reich an ungesättigten Fettsäuren

HASELNÜSSE, HASELNUSSSTRAUCH *(Corylus avellana)*

Anbau	liebt eher kühles feuchtes Wetter, 4–5 m hoher Strauch
Produkte	Kerne ganz oder gemahlen, Nougat, Nusspasten, Cremen
Verwendung	für Mehlspeisen, zum Knabbern und Müslis, zu Fisch. Wild und Geflügel
Besonderheit	Bestäubung erfolgt durch den Wind, bessere Erfolge erzielt man durch das Setzen einer zweiten Sorte

Hülsenfrüchte

Klassische Hülsenfrüchte sind Erbsen, Bohnen und Linsen. Sie zählen zu den Schmetterlingsblütlern, wobei sie mit 10.000 verschiedenen Arten die größte Familie bilden.
In ihrer Vielfältigkeit spielen sie seit Menschengedenken eine wichtige Rolle in der Ernährung der Weltbevölkerung.
Durch den hohen Anteil an Eiweiß, Kohlehydraten und Mineralstoffen sind Hülsenfrüchte auch für Vegetarier wertvolle Lebensmittel.
Mindestens ein- bis zweimal in der Woche sollten Linsen, Bohnen oder Erbsen unseren Speiseplan abrunden.
Ob für deftige Eintöpfe, süß-saure Currys, für Salate oder als Beilage, Hülsenfrüchte versorgen uns mit besonders wertvollen, unentbehrlichen Vitalstoffen.

Feuerbohnenblüte

Kleine Bohnenkunde

Bohnen zählen zu den Hülsenfrüchten. Ihre Schmetterlingsblüten schmücken die Pflanzen feuerrot, zartlila bis weiß. Unterschiedlichste Bohnenarten sind weltweit vertreten. Die Einteilung erfolgt in Buschbohnen und Stangenbohnen. Buschbohnen benötigen keine Rankhilfe, sehr wohl aber Stangenbohnen, welche – je nach Sorte – bis zu drei Meter hoch werden können. Als Rankhilfe verwendet man entweder kräftige, zugespitzte Holzstangen oder Gerüste, die mit Draht oder Schnüren verbunden werden. In Mexiko werden zum Beispiel Maispflanzen als Kletterhilfe benutzt.

Unterscheidungen in der Küche

Fisolen: unreif geerntete, zarte Bohnenschoten, Prinzessbohnen; für Salate, Eintöpfe und Gemüse
Schoten mit unreifen Samen: Bohnschoten mit teigreifen Körnern; hierfür eignet sich die italienische Borlottibohne, auch „Dreistufenbohne" genannt, aber auch einige steirische Kipflersorten, welche keine Fäden bilden; schmecken herrlich mit Speck geröstet
ausgelöste unreife Bohnen: halbreife ausgelöste Bohnen, französische Flageolet-Bohnen; hervorragend geeignet für Suppen und Eintöpfe; müssen schnell verarbeitet werden, sind nicht haltbar
Auslöse-, Koch- oder Trockenbohnen: völlig ausgereifte Trockenbohnen; für Salate, Eintöpfe, Suppen, Püree und Süßspeisen; lange haltbar
Das Frisch- und Trockenbohnengebot in den Märkten lässt leider oft viele Wünsche offen, wahrscheinlich hängt dies mit der aufwändigen Produktion zusammen. Um einen kleinen Überblick quer durch die Bohnenvielfalt zu zeigen, habe ich einige regionale wie auch internationale Raritäten im eigenen Garten angebaut.

Nachstehend folgt eine kleine Aufzählung, die bei weitem nicht vollständig ist, dies würde den Rahmen meines Buches sprengen.

KIPFLER, POSTHÖRNCHEN

Stangenbohnen; ihr Name leitet sich von der gebogenen Form ab; früher regional stark verbreitete Landsorten, meistens ohne Fäden, grüne und gelbe Varietäten

BORLOTTI- ODER WACHTELBOHNEN Busch- und Stangenbohnen

Diese werden hauptsächlich als Trockenbohnen verwendet, aber auch die Hülse mit halbreifen Körnern zum Beispiel bei der Zuckerwachtel; besonders in Italien beliebt für die Gemüsesuppe (Minestrone), Schoten sind rötlich geflammt, die Bohnen – mehr oder weniger – rotbraun gesprenkelt (Wachtel- oder Kiebitzei), köstlicher maroniartiger Geschmack, wertvolle Speisebohne.

violette Fisole

FEUER-, PRUNK- ODER KÄFERBOHNE Stangenbohne

Riesige Samenkörner, -kerne, je nach Sorte weiß, violett-schwarz, beige-braun, rot-schwarz gesprenkelt; steirische Spezialität; Bohnen werden hauptsächlich für Salat mit Kernöl, Kren, Rettich und Apfelessig verwendet. Der Anbau erfolgt in der Steiermark gemeinsam mit Mais, an dem die Bohnenpflanzen hochwachsen. Durch ihre Wuchsfreude und die schönen, feuerroten Blüten sind Prunkbohnen gut zum Begrünen von Spalieren geeignet.

MEXIKANISCHE NEGRO Stangenbohne

Kleine rabenschwarze, glänzende Trockenbohnen; innen weiß, süßer Geschmack; sind für nationale Gerichte wie Saucen und Eintöpfe unverzichtbar; unzählige Varietäten sind auf den mexikanischen Märkten anzutreffen.

RED KIDNEY- ODER INDIANERBOHNE Buschbohne

Bekannte amerikanische Dosenbohne fürs Chili con carne; durch nicht optimale Temperaturen in unserem Klima bleibt die rote Farbe der bei uns angebaute Kidneybohnen beim Kochen nicht erhalten; bei einer Kidneybohnen-Züchtung der Versuchanstalt Wies bleibt die Farbe erhalten.

WEISSE BOHNEN Busch- und Stangenbohnen

Kleine und große Trockenbohnen für Konserven und serbische Bohnensuppe.

Anbau

Das Auslegen der Bohnenkörner erfolgt nach den Spätfrösten, da Bohnen sehr wärmeliebend sind. Bei Stangenbohnen muss genügend Abstand eingehalten werden, 80-100 cm. Je Stange werden 3-4 Körner ausgelegt. Buschbohnen benötigen einen Reihenabstand von 40 cm, Horstsaat mit 4-5 Bohnen 40 cm Abstand in der Reihe oder Einzelsaat mit 7-10 cm. In der Blühphase benötigen Bohnen sehr viel Wasser. Ist zu wenig vorhanden, werfen sie die Blüten ab. Anhäufeln bringt bessere Standfestigkeit.

Ernte

Bei Fisolen kann die Ernte ab Mitte Juli beginnen. Trockenbohnen sind bei Frühsorten ab Ende August und bei späten Sorten bis Ende November reif. Für die Ernte zieht man die Pflanzen aus dem Boden und belässt die Schoten noch an den Stauden. Nach völligem Eintrocknen pflückt man die Schoten ab. Lästig ist der Befall durch den Bohnenkäfer, der die Bohnen wie ein Sieb durchlöchert. Ausgelöste trockene Bohnen lassen sich sehr gut einfrieren, so wird man diese Sorge los.

Bastigkeit ist der Begriff für das Verholzen der Schoten. Deshalb müssen die Fisolen noch jung geerntet werden.
Als **Fädigkeit** bezeichnet man den lästigen zähen Faden an der Schotennaht. Beim Ausknipsen der Schotenspitze und des Endes – also beim Putzen der Fisolen – müssen solche Schoten aussortiert werden.

unreife Bohnen

RASSACHER KIPFLER
Fisole, Stangenbohne

RASSACHER KIPFLER
Fisole, Stangenbohne
getrocknete Bohnen

GRÜNE WIESER KIPFLER
Fisole, Stangenbohne

GRÜNE KIPFLER
Fisole, Stangenbohne,
getrocknete Bohnen

STEIRISCHE KÄFERBOHNE
Trocken-, Stangenbohne

BRAUN GESPRENKELTE KÄFERBOHNE
Trocken-, Stangenbohne

SPECKBOHNE MIT HÜLSE UND KORN
Stangenbohne

MAIWA OHNE FÄDEN
Bohnschoten,
Wachtel-Stangenbohne

MONSTRANZ
Stangenbohne,
getrocknete Bohnen

MONSTRANZ
Stangenbohne,
Bohnschoten

KAISER FRIEDRICH
Stangenbohne,
Bohnschoten

KAISER FRIEDRICH
Stangenbohne
getrocknete Bohnen

ROTE WACHTEL
Trocken-, Stangenbohne

GELBE WIESER KIPFLER
Fisole, Stangenbohne

WIESER WACHTEL
Stangen-, Trockenbohne

WIESER WACHTEL
Stangenbohne,
getrocknete Bohnen

weiße Bohnenblüte

NEGRO AUS MEXIKO
Trockenbohne für Püree, Stangenbohne

WEISSE SERBISCHE
Suppen-, Trocken-, Stangenbohne

IBIS AUS MEXIKO
Trocken-, Stangenbohne

FRIMA SZ GLEISDORF
Stangenbohne, sehr zarte Bohnschote

SLOWENISCHE 385
Trocken-, Stangenbohne

ROTHOLZER
Stangen-, Wachtelbohne

WIZUWA
Stangenbohne fadenlose Zuckerfisole

WIZUWA
Stangenbohne, Zuckerwachtel ausgereiftes Korn

TRI JOL CONASITO
Fisole aus Mexiko Stangenbohne

ROTE INDIANERBOHNE AUS WIES
Busch-, Trockenbohne

SECHSER KIPFLER
Fisole, Stangenbohne

SECHSER KIPFLER
Fisole, Stangenbohne, ausgereiftes Korn

GREGOR
Zuckerwachtel, Stangenbohne, Schote und Korn

KÄFERBOHNEN BUNT
Stangen-, Trockenbohne

KÄFERBOHNE MELANGE
Stangen-, Trockenbohne

NUEVO PAJARITO ZAPITO AUS CHILE
Fisole, Buschbohne

Linsen (Lens culinaris)

Linsen spielen zu Unrecht bei uns in der Küche eine wenig beachtete Rolle. Dabei lassen sich mit dieser alten Kulturpflanze hochwertige, wohlschmeckende Speisen zubereiten. Allein durch die vielen verschiedenen Sorten und Farben – gelb, rot, schwarz – lässt sich ein buntes Bild auf unsere Teller zaubern.

Linsen werden schon seit tausenden Jahren kultiviert. Belegte Funde in Pharaonengräbern lassen darauf schließen, dass Linsen bei den Ägyptern ein wichtiges Nahrungsmittel darstellten. Linsen lassen sich auf kargen Böden kultivieren, aber mit nur 1-3 Samen je Schote ist der Ertrag dementsprechend niedrig.

Heimat: Vorder- und Zentralasien

Verwendung in der Küche: Salate, Eintopfgerichte, Püree, Aufläufe, Aufstriche, Laibchen

TIPP

Linsen sollten vor dem Kochen gut verlesen werden, da die wickenähnlichen Pflanzen niedrig wachsen (30-40 cm hoch) und dadurch vom Ernten leichte Unreinheiten (Steinchen) dabei sein können.

Geschälte Linsen brauchen nicht eingeweicht zu werden. Die Kochdauer beträgt je nach Größe und Sorte 15-40 min. Das Kochwasser wird leicht gesalzen.

BERGLINSEN

Kanadische Berglinsen sind etwas größer als Champagnerlinsen
braun und leicht gesprenkelt

GRÜNE LINSEN

frische ungeschälte Linsen mit 5–6 mm Ø
verfärben sich bei längerer Lagerung braun

reife Linse

Linsenblüte

LINSE „CHAMPAGNER"

benannt nach dem französischen Champagner-Gebiet, wo sie wachsen
kleine rötlich-braune Sorte 4 mm Ø
durch hohen Schalenanteil sehr schmackhaft, Feinschmeckerlinse

SCHWARZE LINSEN

Zuckerlinsen, Minilinsen mit 2 mm Ø, ungeschält
feiner nussiger Geschmack

ROTE LINSEN

Hauptanbaugebiet Indien und Türkei, lila Schale und roter Kern
nach dem Kochen verfärben sie sich gelb

Erbsen

Erbsen zählt man ausgereift – das heißt als reife Samen – zu den Hülsenfrüchten. Dafür belässt man die Schoten bis zur Ausreife auf dem Strauch.

Es gibt gelbe und grüne Sorten (Palerbsen), welche geschält oder ungeschält verwendet werden. Diese enthalten viel Stärke. Produkte aus getrockneten Erbsen sind Erbsenmehl und Erbsenwurst. Ungeschälte Trockenerbsen weicht man vor der Verwendung über Nacht in Wasser ein. Geschälte gespaltene Erbsen werden schnell weich. Man verwendet sie für Breie und Cremesuppen.

Kichererbsen sind eine Erbsenvariation, die ursprünglich aus Indien stammt. Sie dienen bei der armen Bevölkerung oft als Fleischersatz. Besonders köstlich schmecken Aufstriche und Eintöpfe daraus. Kichererbsenmehl wird auch zu Süßem verarbeitet.

Kleine Pilzkunde

Wild wachsende Speisepilze spielen in der Küche nur eine Rolle am Rande. **Saisonabhängig** durch ihr Vorkommen zu bestimmten Jahreszeiten beschränkt sich ihre Zubereitung je nach Art nur auf einen bestimmten Zeitraum.
Was wäre jedoch der Mai ohne Morcheln oder der Spätsommer ohne die Steinpilze. Steinpilze allerdings kann man gut einfrieren oder auch trocknen. Auf das Trocknen haben sich besonders die Italiener spezialisiert und sind richtige Trockenpilze-Freaks.
Eierschwammerln kann man ebenfalls gut tieffrieren. Ich empfehle Ihnen diese vorher kurz zu blanchieren, das nimmt ihnen die Bitterstoffe.
Die Totentrompete ist ein ausgezeichneter Würzpilz, der das ganze Jahr getrocknet verwendet werden kann.
Saisonunabhängig sind wir durch zahlreiche Zuchtpilze geworden, welche das ganze Jahr erhältlich sind.

Sammeln und verzehren

Beim Sammeln wild wachsender Pilze muss man gute Fachkenntnisse besitzen. Verwenden Sie niemals Pilze, die Sie nicht kennen oder wenn Sie sich bei ihrer Bestimmung unsicher sind. Giftige Pilze können tödlich sein.
Pilze enthalten wenig Kalorien, aber viel Eiweiß und Mineralstoffe.
Pilzgerichte sollten nur frisch zubereitet und niemals aufgewärmt werden.

AUSTERNPILZ – AUSTERNSEITLING *(Pleurotus ostreatus)*

Zuchtpilz	war ursprünglich ein Waldpilz, wird mittlerweile auf Stroh gezüchtet, wertvoller Zuchtpilz
Geschmack	erinnert an Kalbsfleisch, feste Struktur
Form, Farbe	muschelförmig, kurzer Stiel, wächst in Traubenform leicht übereinander geschichtet, Farbe von Beige, Hellbraun bis Gräulich
Verwendung	für Saucen, Suppen, auch roh mariniert, gebraten, gegrillt, für asiatische Gerichte

WIESENCHAMPIGNON *(Agaricus campestris)*

Wiesenpilz	wächst an Wiesenrändern, Feldern, Weiden
Geschmack	angenehm würzig, jung fest
Form, Farbe	jung weiß, alt leicht bräunlich, jung kegelförmig, alt flach
Verwendung	für Saucen und Suppen, gebacken, zum Braten u. v. m.

ZUCHTCHAMPIGNONS *(Agaricus bisporus)*

Kulturpilz	wird in dunkeln Räumen gezüchtet, auf Pferdemist und anderem organischen Substrat
Geschmack	zartes Pilzaroma, schmeckt mit geschlossener Kappe – also klein bzw. jung – am besten
Form, Farbe	es gibt weiße und braune, glatte und geschuppte Sorten
Verwendung	für alle Pilzgerichte, braune Sorten (Egerlinge) schmecken kräftiger

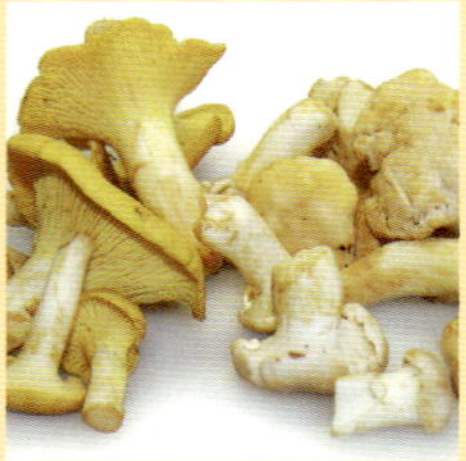

EIERSCHWAMMERL, PFIFFERLING *(Cantharellus cibarius)*

Waldpilz	dunkle Formen wachsen in Nadelwäldern, helle auch in Laubwäldern
Geschmack	pfeffrig scharf bis mild (helle)
Form, Farbe	cremegelb – dottergelb, trichterförmig – gewölbt wellig
Verwendung	frisch und tief gefroren, Suppen, Sterz, Gulasch, Saucen u. v. m. Eierschwammerln sind schwer verdaulich

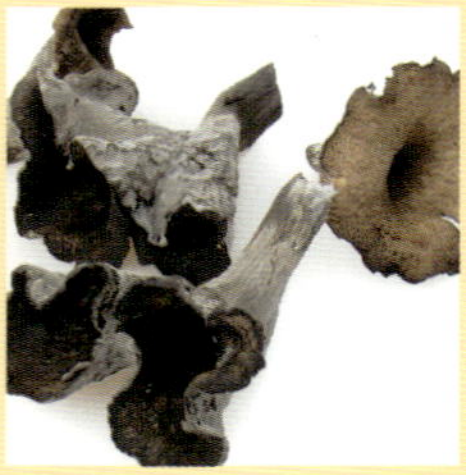

TOTENTROMPETE, HERBSTTROMPETE *(Craterellus cornucopioides)*

Waldpilz	wächst im Herbst in Mischwäldern in Gruppen
Geschmack	mild, angenehm würzig
Form, Farbe	trichterförmig, dünn ledriges Fleisch, zuerst glatt, dann faltig, graubraun bis schwarzbraun
Verwendung	hauptsächlich getrocknet als Würzpilz, zu Suppen, Braten, Saucen etc.

KRAUSE GLUCKE, FETTE HENNE *(Sparassis crispa)*

Waldpilz — wächst am Boden von Kiefernstämmen (Parasit)
Geschmack — herrlich nussig, ähnlich wie Kalbsfleisch
Form, Farbe — wellig krausig, 2–4 kg schwer werdender, blumenkohlähnlicher Fruchtkörper, cremeweiß – gelblich
Verwendung — für Pastafüllungen, Saucen und Suppen, das Putzen ist sehr zeitaufwändig

SPITZMORCHEL *(Morchella conica)*

Waldpilz — wächst von Mai bis Juni in Laubwäldern und auf Rindenmulch
Geschmack — neutral, angenehm süßlich, festes Fleisch
Form, Farbe — unregelmäßig gerippt, innen hohl, Varietäten mit hellbraunem bis fast schwarzem Fruchtkörper
Verwendung — frisch und getrocknet, für viele Gerichte, ausgezeichnet zu Spargelgerichten

Vorsicht beim Sammeln! Verwechslungsgefahr mit Lorchel (giftig)!

RUSSKOPF, SCHWARZFASRIGER RITTERLING
(Tricholoma portentosum)

Waldpilz — wächst von November bis Dezember, oft auch im Schnee (Schneeschwamm)
Geschmack — zart buttrig – nussig, festes Fleisch
Form, Farbe — Hut 6 -9 cm Ø, grau schwärzlich, leicht gestreift, Haut anfangs schleimig, Lamellenseite leicht gelblich (giftige Form: weiße Unterseite)
Verwendung — für Suppen, Saucen und Gulasch, sehr guter Speisepilz

Vorsicht beim Sammeln! Nur für Kenner, es gibt ähnliche giftige Arten!

STEINPILZ, HERRENPILZ *(Boletus edulis)*

Waldpilz — wächst in Laub- und Nadelwäldern, mit Vorliebe im Gebirge
Geschmack — unverkennbar – intensives Pilzaroma, behält auch getrocknet sein volles Aroma
Form, Farbe — kugelig gepolstert, hell- bis dunkelrotbraun, schleimige Haut, Hut bis zu 20 cm breit
Verwendung — für alle Gerichte, zu Schwammerlsterz, Schwammerlsuppe u. v. m.

PARASOL, GROSSER SCHIRMLING *(Macrolepiota procera)*

Waldpilz — wächst im Nadel- und Laubwald, Waldrändern, ab Juli bis Oktober
Geschmack — nussig, leicht süßlich, dickes Fleisch
Form, Farbe — Hut 10–25 cm breit, schuppig, Stiel mit beweglichem Ring
Verwendung — gebacken wie ein Schnitzel, jung auch gebraten und zu Saucen

Herzhaftes aus dem Suppentopf

Suppen zu kochen verlangt von unserer kostbaren Zeit etwas mehr ab. Dies ist vielleicht auch ein Grund, weshalb vermehrt zu Fertigprodukten gegriffen wird.
Wer den Einheitsgeschmack satt hat, sollte sich ruhig trauen und sich die Zeit nehmen eine **echte Suppe** herzustellen.
Mit gleichem Arbeits- und Zeitaufwand bereiten Sie gleich größere Mengen zum Einfrieren zu. Dazu füllt man die ungesalzene, klare, kalte Suppe in hierfür geeignete, gut verschließbare Kunststoffgefäße. Für Suppe zum Würzen und Verfeinern von Saucen, Eintöpfen und anderen Gerichten kann man Eiswürfelsäcke benützen. Portionsweise entnimmt man dann die benötigte Menge. Dies ist außerordentlich praktisch.

Man berechnet für eine Person als Vorspeise 250 ml Suppe, sprich einen Viertelliter fertige Suppe mit Einlage. Als Hauptmahlzeit kann man von 500 ml, also von einem halben Liter ausgehen.
Suppe hält sich im Kühlschrank aufbewahrt ohne weiteres drei Tage, tiefgekühlt drei Monate.

Grundrezepte für Basissuppen

VEGETARISCHE KLARE GEMÜSESUPPE

Menge für ca. 1 Liter fertige Suppe

1 EL	Sonnenblumen- od. Maiskeimöl
500 g	Wurzelgemüse wie Pastinake, Petersilienwurzel, Sellerieknolle, gelbe Möhre, Karotte od. 3 Bd. Suppengemüse
1 mittl.	Zwiebel
5 cm	Lauch od. 1 Frühlingszwiebel
2	Knoblauchzehen
	Maggikraut, Petersilienblätter, Sellerieblätter
	Pfefferkörner, Kümmel
1,5 l	kaltes Wasser zum Aufgießen

HELLE UND DUNKLE RINDSUPPE

Menge für ca. 1 Liter fertige Suppe

2 EL	Maiskeimöl
1 kg	Suppenfleisch
1/2 kg	Rindsknochen
1 Bd.	Suppengemüse
1 mittl.	Zwiebel
1/2 Stg.	Lauch
1	getrocknete od. frische, entkernte Tomate
	nach Geschmack getrocknete Pilze
	Sellerie, Petersilien- u. Maggikrautblätter
einige	Pfefferkörner
etwas	Anis- u. Kümmel

Zubereitung Vegetarische klare Gemüsesuppe

Gut geputztes und geschältes Wurzelgemüse in ca. 4 cm lange Stücke schneiden. Von der Zwiebel, dem Lauch und dem Knoblauch unschöne Schalenstücke entfernen und halbieren.

In einer großen Kasserolle das Öl erhitzen und darin das Gemüse braun anbraten, danach mit kaltem Wasser ablöschen. Maggikraut, Sellerie- und Petersilienblätter, den Kümmel und die Pfefferkörner beifügen. Den Ansatz mindestens 1,5 Stunden leicht köcheln lassen. Dann durch ein feines Sieb seihen. Es sollte ungefähr ein Liter fertige Basissuppe sein.

Gesalzen und abgeschmeckt wird die Suppe erst bei weiterer Verwendung.

Zubereitung Helle und Dunkle Rindsuppe

Man unterscheidet nach der Suppeneinlage, ob man eine helle oder dunkle Rindsuppe vorbereitet. Eine helle Suppeneinlage (z. B. Schöberl) ergänzt man mit dunkler Rindsuppe, bei einer dunklen Einlage (z. B. Leberknödel) verwendet man eine helle Rindsuppe.

Der Unterschied zwischen dunkler und heller besteht lediglich darin, dass bei der dunklen Fleisch und Suppengemüse im Fett angebraten werden. Bei der hellen Rindsuppe werden Fleisch und Gemüse ohne Fett mit kaltem Wasser zugestellt. Anschließend kommen die Aromaten hinzu. Nun das Ganze erhitzen, die Temperatur muss so gewählt werden, dass die Flüssigkeit nicht kocht. Auch nur einige Minuten kochender Suppenansatz wird unschön trüb. Den Schaum zwischendurch immer wieder abschöpfen. Gute kräftige Rindsuppe muss mindestens zwei Stunden leicht köchelnd ziehen, noch besser 3–4 Stunden. Dadurch entsteht ein gehaltvoller schmackhafter Auszug aus den Zutaten. Die Suppe abseihen, am besten durch ein Spitzsieb. Vielleicht die Schwebeteile absitzen lassen und vorsichtig ein zweites Mal durch ein feinmaschiges Sieb seihen. Die Rindsuppe kaltstellen und entfetten. Wollen Sie die Suppe schnell verwenden, saugen Sie den Fettfilm mit einem Stück Küchenrolle von der Oberfläche ab.

Variationen von anderen Suppen

Grundsätzlich kann man Fleisch und Knochen von jeglichem Geflügel, Rind, Kalb, Schwein, Hase, Wild und Fisch verwenden.

Anstelle von reiner Rindsuppe kann man Fleisch und Knochen von Rind und Schwein zu gleichen Teilen verarbeiten. Diese Mischsuppe schmeckt hervorragend, wesentlich milder als reine Rindsuppe.

Für die sehr gesunden und nahrhaften Geflügelsuppen kommen Geflügelknochen und Fleisch in den Topf, gemeinsam mit dem schon bekannten Suppengemüse und den Aromaten. Zum Abschmecken eignet sich Zitronensaft sehr gut.
Für Fischsuppe verwendet man Fische und deren Gräten aus Fluss und Meer und Wurzelgemüse. Die Garzeit wird hier eher kürzer berechnet, je nach verwendeten Arten.
Gute Geschmacksverbesserer für Fischsuppen sind Weißweine, Zitronen- und Limettensaft und milde helle Essige.

TIPP

Die Suppen salze ich prinzipiell zum Schluss, durch die lange Kochzeit lässt sich die Würze nicht vorbestimmen.
Zur Verbesserung der Farbe fügen Sie der dunklen Rindsuppe ein Stück Leber bei.
Legen Sie Wert auf ein gutes Suppenfleisch (z. B. für saures Rindfleisch in Essig und Öl), dann legen Sie das Fleisch in kochendes Wasser ein. Dadurch schließen sich schnell die Poren des Fleisches und es behält einen besseren Geschmack.

Zusätzliche Würzmittel und Kräuter für Experimentierfreudige

Paprikastücke, sparsam Kurkumablätter, sehr sparsam Korianderkörner und -blätter, Ingwerwurzel, Bohnenkraut, sparsam Zitronengras, Fenchelsamen, Dillsamen und -kraut.

Baumwollsuppe

6 Personen
Zubereitung: 20 Minuten

	SUPPE
1,5 l	Rind- od. Hühnersuppe
	EINLAGE
250 g	Weizenmehl glatt
2	Eier
200 ml	Milch
	Salz
	Kräuter zum Bestreuen

Für die Einlage
Aus Mehl, Eiern, Salz und Milch einen halbfesten glatten Teig abrühren. Dieser sollte leicht fließend sein.
Die Suppe wird nun aufgekocht und anschließend lässt man den Tropfteig durch einen Spritzbeutel mit sehr kleiner runder Tülle in die kochende Suppe einfließen. Als Ersatz kann man auch einen Haushaltstrichter verwenden. Es sollten jedenfalls lange Fäden entstehen.
Alles einmal aufkochen lassen, die Baumwollsuppe vom Herd nehmen und mit fein gewiegten Kräutern servieren.

Früher kamen die meisten Kinder zu Hause auf die Welt. Als Kraftspender und zur Stärkung nach der anstrengenden Entbindung wurden der Wöchnerin leicht verdauliche Suppen gereicht. Die typische Kindbettsuppe ist von Region zu Region verschieden. Dieses Rezept ist nur eine Variation von vielen.

TIPP
Wenn Sie die Trübung der Suppe durch die Einlage stört, kochen Sie den Tropfteig in kochendes Salzwasser ein, seihen die gekochten Baumwollfäden nachher ab und geben sie anschließend in die heiße Suppe.

Zusätzlich, um eine noch gehaltvollere Suppe zu erhalten, fügen Sie beliebiges gekochtes Gemüse hinzu.

Steirische Bohnencremesuppe

6 Personen
Zubereitung: 30 Minuten

	SUPPE
1 kg	gekochte steirische Käferbohnen a. d. Dose
1 l	Rindsuppe
1 EL	Butterschmalz
2 TL	Mehl
2	Knoblauchzehen
1	Zwiebel
1 EL	Paprikapulver edelsüß
1 EL	Kren
1	Tomate geschält u. entkernt
1 Stk.	roter Paprika gewürfelt
	GEWÜRZE
	Salz, Pfeffer
etwas	Chilipulver, Bohnenkraut
einige Bl.	Liebstöckel
	GARNITUR
50 g	Speckwürfel
6 EL	Schwarzbrotwürfel

Für die Suppe
Zwiebel und Knoblauchzehen schälen und fein hacken, in erhitztem Butterschmalz anrösten und darin das Mehl hellbraun anschwitzen. Paprikapulver hinzufügen und schnell mit einem 1/2 l Suppe aufgießen.
Nun die steirischen Käferbohnen durch ein Sieb seihen und der Suppe beigeben.
Kurz aufkochen lassen und das Ganze mit dem Passierstab feinst pürieren. Restliche Suppe hinzufügen und mit den Gewürzen kräftig abschmecken.
Den geriebenen Kren, die in Würfel geschnittene Tomate und den Paprika in die Suppe geben. Anschließend auf kleiner Flamme ca. 10 min. fertig kochen lassen.

Für die Garnitur
Speckwürfel in einer Pfanne in etwas Fett gemeinsam mit den Schwarzbrotwürfeln leicht anrösten.

Die steirische Bohnencremesuppe in großen vorgewärmten Tellern anrichten und mit den Speckbrotwürfeln garnieren.
Wenn Sie es besonders gehaltvoll lieben, können Sie die Suppe mit einigen Tropfen Steirischen Kürbiskernöls beträufeln.

TIPP
Die cremige Konsistenz der Bohnensuppe können Sie nach eigenem Geschmack variieren, indem Sie mehr oder weniger Rindsuppe verwenden.
Wenn Sie die feinen Hautteile der Bohnen nach dem Pürieren stören, streichen Sie die Masse vor dem Würzen durch ein feines Sieb.

Einbrennsuppe mit Eierflocken

4 Personen
Zubereitung: 15 Minuten

	SUPPE
2 EL	Maiskeimöl
3 EL	glattes Mehl
1 TL	Kümmel
1 Stk.	Bohnenkraut
3	Eier
etwas	Suppenwürze, Salz
	Schnittlauch

Für die Einbrennsuppe

Für diese einfach deftige, doch sehr schmackhafte Suppe wird das Maiskeimöl in einem Suppentopf erhitzt.
Unter gleichmäßigem Rühren das Mehl hinzufügen und mittelbraun rösten.
Anschließend mit ca. 1 l Wasser ablöschen. Die Einbrennsuppe aufkochen lassen und mit der Suppenwürze, dem Salz, dem Bohnenkraut und dem Kümmel abschmecken.
Die ganzen Eier versprudeln und in die leicht köchelnde Suppe mithilfe einer Gabel einrühren. Es sollten Flocken entstehen.
Die sehr heiße Suppe in großen Tellern anrichten und mit gehacktem Schnittlauch bestreuen.

TIPP

Gut geeignet ist Einbrennsuppe bei verstimmtem Magen oder Störungen des Verdauungstraktes.

Einfache geröstete Grieß- oder Haferflockensuppe

4 Personen
Zubereitung: 20 Minuten

SUPPE

1 l	klare Gemüsesuppe
1 EL	Butter od. Sonnenblumenöl
1 kl.	milde Zwiebel
60 g	Goldgrieß od. Haferflocken
1 Zweig	Blattpetersilie

Kräuter zum Bestreuen fein geschnittener Schnittknoblauch, Schnittlauch, Dill, Lauch od. Petersilie

Für die Suppe

In einem Kochtopf das Öl erhitzen, gehackte Zwiebel und den Grieß oder die Haferflocken einstreuen.

Mit einem Holzlöffel unter ständigem Rühren braun rösten. Dann die Suppe hinzufügen, aufkochen lassen, die Temperatur zurücknehmen, die Petersilie als Geschmacksträger im ganzen Stück einlegen und einige Minuten weitergaren. Petersiliezweig nach dem Kochen wieder entfernen.

Wenn notwendig noch mit Salz abschmecken.

Die Suppe in Tellern oder Suppentassen anrichten und mit gehackten Kräutern Ihrer Wahl bestreuen.

TIPP

Am liebsten verwende ich Goldgrieß. Er besticht durch seine goldgelbe Farbe und auch geschmacklich gibt er mehr her.

Eingebrannte Junggemüsesuppe

4 Personen
Zubereitung: 45 Minuten

	SUPPE
2 EL	Olivenöl
2 EL	Dinkelmehl
2 mittelgr.	Kartoffeln
1	Knoblauchzehe
1	Schalotte
500 g	Junggemüse zugeputzt
1 TL	Kümmel
	Petersilienkraut, Maggikraut
	Salz, Pfeffer

Für die Gemüsesuppe

Das Olivenöl in einem Suppentopf erhitzen, Dinkelmehl zugeben und unter ständigem Rühren mit einem Kochlöffel mittelbraun rösten. Gehackte Knoblauchzehe und die Schalotte ebenfalls kurz mitrösten, dann mit 1 l kaltem Wasser aufgießen und den Kümmel einstreuen.

Nun das Gemüse beigeben und weich kochen. Hier beginnen Sie mit der Sorte, welche die längste Garzeit benötigt. Petersilienkraut und das Maggikraut als Geschmacksträger im ganzen Stück einlegen und am Ende der Kochzeit wieder entfernen.

TIPP

Wenn Sie einen eigenen Garten besitzen, verwenden Sie im Spätfrühling sämtliches Junggemüse, das Sie finden können, für diese Suppe. Sie werden feststellen, die Junggemüsesuppe ist ein unvergleichliches Geschmackserlebnis.

Wild-Einmachsuppe mit Bröselknödeln

4 Personen
Zubereitung: 1,5 Stunden

	SUPPE
1 kg	Wildknochen
500 g	Wildfleischstücke
50 g	Bratfett
50 g	Mehl
1 Bd.	Wurzelwerk
1	Zwiebel
1	Knoblauchzehe
1	Lorbeerblatt
	Salz, Pfefferkörner
etwas	Zitronensaft od. Weißwein
1/8 l	Sahne
1 EL	Mehl
	BRÖSELKNÖDEL
2 EL	Butter
2	Eier
160 g	Brösel
	Salz, Muskatnuss
1 EL	gehackte Petersilie

Für die Einmachsuppe können Sie Knochen von jedem Wild verwenden. Kleine Fleischstücke, die beim Zerteilen des Wildbrets anfallen, eignen sich ebenfalls ausgezeichnet und geben der Suppe noch mehr Geschmack.

Für die Suppe
Klein zerteilte, gut gewaschene Knochen und das Fleisch abtropfen lassen und im Mehl wenden. Bratfett in einer großen Kasserolle erhitzen, darin die Knochen und das Fleisch unter ständigem Rühren kräftig braun anbraten. Nun das geputzte Suppengemüse, die Zwiebel und die Knoblauchzehe hinzufügen und kurz mitrösten. Mit ca. 1,5 l kaltem Wasser aufgießen und zum Kochen bringen, Pfefferkörner und das Lorbeerblatt beigeben. Die Suppe sollte bei geringer Hitze mind. 1 Stunde köcheln. Nach Ende der Garzeit die Suppe abseihen. Sahne gut mit dem Mehl verrühren und in die Suppe einquirlen. Nochmals kurz aufkochen und zum Schluss mit Salz, Zitronensaft oder Weißwein abschmecken.
Die Wildfleischstücke in gefällige Stücke schneiden und der Suppe beigeben.

Für die Bröselknödel
Die schaumig gerührte Butter sorgfältig mit den Eiern vermengen.
Anschließend die Semmelbrösel unter die Masse rühren und mit Salz, gehackter Petersilie und frisch geriebener Muskatnuss verfeinern.
In einer Kasserolle Wasser zum Kochen bringen und salzen.
Aus der Bröselmasse mit befeuchteten Händen kleine Knödel formen und ins Salzwasser gleiten lassen, die Kochtemperatur zurücknehmen und die Knödel ca. 20 min. in leicht wallendem Wasser garen. Nun mit einem Knödelschöpfer aus dem Wasser heben und abtropfen lassen. Die heiße Wildeinmachsuppe in einem Suppentopf anrichten, die Bröselknödel einlegen und mit geschnittener Petersilie bestreuen.

Einmachsuppen sind mit einer kräftigen Einlage herrliche Seelenwärmer und eignen sich auch vorzüglich als Abendessen.

Erbsensuppe mit Butternockerln nach Rosalia

6 Personen
Zubereitung: 45 Minuten

SUPPE

1,5 l	klare Suppe
3 Stk.	Gewürznelken
1 TL	Muskatblüten (Macisblüten)

EINLAGE

300 g	Jungerbsen

BUTTERNOCKERLN

100 g	Butter
2	Eier
4 EL	Milch
200 g	Mehl
	Salz

EINBRENN

2 EL	Butterschmalz
2 EL	glattes Mehl

Für die Suppe
Die Suppe gemeinsam mit den Gewürznelken und Macisblüten zum Kochen bringen. Frische oder tief gefrorene Erbsen beigeben und knackig weich kochen.

Für die Nockerln
In einem Topf 1,5 l Wasser zum Kochen bringen und salzen. Eidotter vom Eiklar trennen. Die zimmerwarme Butter und die Dotter mit einem Schneebesen schaumig rühren. Das Mehl einsieben und gemeinsam mit der Milch unterrühren. Eiweiß mit etwas Salz zu Schnee aufschlagen und der Masse beigeben. Alles gut durchrühren – der Nockerlteig sollte eine kompakte Konsistenz haben. Mit dem Esslöffel Nockerln aus dem Teig ausstechen und im Salzwasser einige Minuten leicht köcheln lassen, bis sie an die Oberfläche steigen. Die Butternockerln sollten nicht zu klein sein und brauchen ca. 10 min., bis sie durchgegart sind. Nun durch ein Sieb seihen und mit kaltem Wasser kurz abschrecken.
Anschließend in die Erbsensuppe einlegen und sehr heiß servieren. Gewürznelken und Muskatblüten vorher aus der Suppe entfernen.

Diese Suppe ist eine sehr eigenwillige interessante Variation der Erbsensuppe. Sie ist die Lieblingssuppe der Familie Posch aus der Weststeiermark und wurde von Generation zu Generation mündlich weitergegeben. Ich habe dem Rezept Macisblüten hinzugefügt, aber natürlich kann man diese auch weglassen.
Im ursprünglichen Rezept wird die Suppe auch noch eingebrannt. Dann ist sie als Hauptmahlzeit gedacht.

Für die Einbrenn
Im erhitzten Fett das Mehl goldbraun rösten und mit kalter Suppe aufgießen. Die weitere Rezeptfolge bleibt gleich wie oben beschreiben.

MACISBLÜTEN
Als Macisblüte bezeichnet man den getrockneten Samenmantel der Muskatnuss. Dieser schmeckt süßlich pfeffrig und harmoniert unter anderem zu Fleischgerichten, aber auch zu exotischen Eintöpfen.

Fenchelcremesuppe mit Knusperkarotten

4 Personen
Zubereitung: 40 Minuten

SUPPE

2 kl.	Fenchelknollen
1	Kartoffel
1	Karotte
1	Pastinake
1	chinesischer Knoblauch
1 EL	gehackter Lauch
1 EL	Butter
2 EL	Crème fraîche
	Salz, weißer Pfeffer
	Muskatnuss, Chilischote
	nach Geschmack

KNUSPERKAROTTEN

1 gr.	Karotte
etwas	Frittierfett

Für die Suppe
In einem Suppentopf 1/2 l Wasser zum Kochen bringen.
Den Fenchel waschen, die Stiele und Knollen in Stücke schneiden. Das restliche Gemüse waschen, schälen und in Stücke geschnitten gemeinsam mit dem Fenchel ins kochende Wasser einlegen. Alles weich dünsten, dann mit dem Pürierstab oder in einem Aufsatzmixer fein pürieren.
Die Butter und Crème fraîche beigeben und nochmals aufpürieren. Je nach Konsistenz der Suppe kann man noch Wasser nachgeben.
Anschließend mit den Gewürzen und dem Salz würzen.

Für die Knusperkarotten
Die Karotte schälen und mit einem Sparschäler der Länge nach in hauchdünne Streifen hobeln. Auf einem Küchenpapier gut abtrocknen und im heißen Fett knusprig frittieren.
Zum Abtropfen wieder auf ein Stück Küchenpapier geben.

Die Fenchelcremesuppe sehr heiß servieren und mit den Knusperkarotten und Fenchelgrün oder Dill bestreuen.

TIPP
Weiteres Wurzelgemüse, das zum Frittieren geeignet ist: Pastinake, Sellerie, Petersilienwurzel, gelbe Rübe.
Lassen Sie die Gemüseschnipsel vor dem Frittieren im Backrohr bei 50 °C vortrocknen. Dann werden sie beim Frittieren noch knuspriger.

Frühlingskräutersuppe mit gebackenen Eiern

4 Personen
Zubereitung: 30 Minuten

SUPPE

1 l	Rindsuppe
100 g	Frühlingskräuter
1 EL	Sauerrahm
1 EL	Crème fraîche
1 EL	Dinkelmehl
	Salz, Pfeffer zum Abschmecken
einige	Kräuter zum Garnieren

GEBACKENE EIER

4	Eier hart gekocht
1	Ei
2 EL	Dinkelmehl
4 EL	Sesam weiß u. schwarz
1 EL	Maiskeimöl zum Ausbraten

Für die Suppe

Die gut verlesenen und gewaschenen Kräuter in etwas heißem Wasser kurz überkochen. In einem hohen Gefäß mit dem Kochwasser feinst pürieren.
Die klare Suppe erhitzen und die fein passierten Kräuter hinzugeben. Einmal aufkochen lassen. Den Sauerrahm, die Crème fraîche und das Dinkelmehl gut miteinander verrühren. In die heiße Suppe einkochen und noch 10 min. durchziehen lassen. Kurz vor dem Servieren noch einmal mit einem Stabmixer durchpürieren.

Für die gebackenen Eier

Hart gekochte Eier halbieren und im Dinkelmehl wenden. Das rohe Ei verquirlen und die gekochten, halbierten Eier damit benetzen. Beide Sesamsorten vermischen und zum Schluss die Eier damit panieren.
In einer Pfanne das Maiskeimöl erhitzen und darin die panierten Sesameier langsam goldgelb von allen Seiten anbraten.

Die Frühlingskräutersuppe in großen Tellern sehr heiß anrichten und jeweils zwei gebratene halbierte Eier einlegen. Mit blühenden Kräutern (zum Beispiel Gundelrebe) hübsch garnieren.

Kräutermischung

Im Frühling bietet uns die Natur hervorragende Wildkräuter. Ich bevorzuge für diese Suppe folgende Kräuter: Gundelrebe, Brennnessel, Schnittknoblauch, Bärlauch, Schnittlauch, Liebstöckel.

Goldmöhrensuppe mit Hühnerleber

6 Personen
Zubereitung: 30 Minuten

	SUPPE
3/4 l	Hühnerbrühe (Würfel)
500 g	gelbe Möhren
1 EL	Olivenöl
1	Frühlingszwiebel od. 1/4 Stg. Lauch
1	Schalotte
2	Knoblauchzehen
1/2	Chilischote mittelscharf
1 Prise	gemahl. Ingwer u. Zimt
1 TL	Oregano
1 EL	Sauerrahm
1 TL	Mehl
1 TL	Essig od. Weißwein
	EINLAGE
1 EL	Olivenöl
6 Stk.	Hühnerleber
	Salz, schwarzer Pfeffer

Für die Suppe

Gut gereinigte gelbe Möhren schälen und in ca. 3 mm dünne Scheiben schneiden.

Die Hälfte der Hühnersuppe aufkochen und darin die Möhrenstücke weich kochen.

Die Schalotte und den Knoblauch schälen, fein hacken, Frühlingszwiebel putzen und ebenfalls in Stücke zerteilen. Olivenöl erhitzen und darin die Schalotte, den Knoblauch und die Frühlingszwiebel braun anrösten. Anschließend zu den Möhren in den Kochtopf geben und mitkochen lassen. Gekochtes Gemüse mit dem Pürierstab fein pürieren, den Sauerrahm mit dem Mehl vermischen und zum Püree geben. Die restliche Hühnersuppe einrühren, die Suppe mit den Gewürzen gut abschmecken und noch einmal kurz aufkochen lassen.

Für die Einlage

Hühnerleber von Fettresten befreien und waschen. Danach auf Küchenpapier gut abtropfen lassen.

Olivenöl in einer beschichteten Pfanne gut erhitzen und die Hühnerleber darin knusprig braun anbraten. Zum Schluss mit Salz und frisch gemahlenem schwarzen Pfeffer abschmecken.

Die Möhrensuppe in Suppentassen füllen und mit einem Stück gebratener Leber servieren.

Grüne Tomatensuppe mit Gemüsereis

4 Personen
Zubereitung: 45 Minuten

SUPPE

1 EL	Butter
2 TL	Dinkelmehl
2	Knoblauchzehen gepresst
800 g	grüne Tomaten
1/2 l	klare Gemüsesuppe
	Salz, Muskatnuss

EINLAGE

1 EL	Butter
200 g	Wildreis
100 g	geschnittenes Gemüse (z. B. Zuckermais, Bohnen, rote Tomatenstücke)
	Salz

Für die Einlage
Die Butter schmelzen, den Reis darin glasig anschwitzen, mit Wasser aufgießen und salzen. Der Reis sollte ca. einen Finger breit mit Wasser bedeckt sein. Das klein geschnittene Gemüse obenauf legen, die Temperatur auf die kleinste Stufe zurücknehmen und alles weich dünsten.

Für die Tomatensuppe
Die grünen Tomaten in kochendem Wasser einige Minuten blanchieren. Dann kalt abbrausen, mit einem Gemüsemesser schälen und entkernen. Die Tomatenstücke in einem Kochtopf mit Wasser bedecken und weich kochen.
Zu den gekochten Tomatenstücken die Suppe hinzugeben, aufkochen lassen und in einem Aufsatzmixer oder mit dem Pürierstab pürieren.
Die Butter schmelzen und das Dinkelmehl mit dem gepressten Knoblauch darin hellbraun anrösten. Mit den pürierten grünen Tomaten aufgießen und anschließend mit geriebener Muskatnuss abschmecken. Eventuell nachsalzen.

TIPP
Fleisch- oder Pilatitomaten sind für das Püree am besten geeignet.
Selbstverständlich können Sie diese Suppe auch mit rotem Tomatenmark herstellen.
Reizvoller und interessanter finde ich die grüne Variation.

Gulaschsuppe

4 Personen
Zubereitung: 1,5 Stunden

	SUPPE
300 g	Wadschinken
2 EL	Maiskeimöl od. Schweineschmalz
2 gr.	gelbe Zwiebeln
4	Knoblauchzehen
2 EL	Paprikapulver edelsüß
2 EL	Tomatenwürfel
1 EL	Tomatenmark
1 TL	Majoran, Kümmel, Thymian
1	Lorbeerblatt
1	Chilischote mittelscharf
etwas	Suppenwürze, Salz, Pfeffer
1 Stk.	roter Paprika
300 g	Kartoffeln festkochend
2 Stk.	Frankfurter od. Debreziner

Für die Gulaschsuppe
Die Zwiebeln und den Knoblauch schälen, fein hacken und im heißen Fett unter ständigem Rühren dunkelbraun anrösten. Nun mit Wasser aufgießen und das Paprikapulver, die Tomatenwürfel und das Tomatenmark hinzufügen.
Den zugeputzten Wadschinken in ca. 1,5 cm große Würfel schneiden und ebenfalls beigeben. Nun die restlichen Gewürze einstreuen und gut durchrühren. Das Gulasch weiterkochen, bis das Fleisch weich ist. Das ist je nach Fleischqualität verschieden, dauert aber mindestens 1 Stunde.
In der Zwischenzeit die Kartoffeln waschen und schälen. Danach in 1 cm große Würfel schneiden und dem Gulasch 15 min. vor Kochende beigeben und weich kochen. Den roten Paprika waschen, in kleine Würfel schneiden und der Suppe beigeben.
Würsteln in Scheiben schneiden und ebenfalls kurz mitkochen lassen. Zum Schluss, wenn notwendig, noch nachwürzen und gut abschmecken.

Gulaschsuppe ist ein richtiger Klassiker, erfreut sich nach wie vor bei uns sehr großer Beliebtheit zur späten Stunde. Zum Beispiel als belebender Muntermacher nach einer feucht-fröhlichen Nacht.

Hühnercremesuppe mit Grießschöberln

6 Personen
Zubereitung: 2 Stunden

	SUPPE
1	Junghendl
1 Bd.	Suppengemüse
1	Zwiebel
2	Knoblauchzehen
2 EL	Speiseöl
1 TL	Kümmel
einige	Pfefferkörner
ganz wenig	Anis
	Salz
etwas	Zitronensaft
	ZUM BINDEN
1/16 l	Sahne
1 EL	Mehl
	GRIESSSCHÖBERLN
1/4 l	Milch
60 g	Weizengrieß
2	Eier
	Salz, Muskatnuss
1 EL	gehackte Petersilie

Für die Hühnersuppe
Das Hendl gut waschen und klein zerteilen. Übermäßig fette Hautstücke entfernen. Hühnerbrüste und -keulen werden nicht mitverwendet. Fett in einer großen Kasserolle erhitzen, darin das grob geschnittene Suppengemüse und die Hühnerstücke sehr braun anbraten. Danach mit ca. 1,5 l kaltem Wasser aufgießen. Halbierte Zwiebel, Knoblauch, Kümmel, Anis und Pfefferkörner beigeben. Das Ganze aufkochen und auf kleinster Flamme ca. 1,5 Stunden weiterköcheln lassen. Zwischendurch immer wieder den Eiweißschaum abschöpfen. Suppe durch ein feines Sieb in einen Aufsatzmixer seihen, die Hendlstücke zum Auskühlen in eine Schüssel geben. Anschließend das Hendlfleisch von den Knochen lösen und zur Suppe in den Aufsatzmixer geben. Vorher alle Haut- u. Fettteile peinlichst genau entfernen. Salz und etwas Zitronensaft hinzufügen und sehr fein mixen. Schlagsahne mit dem Mehl verquirlen und der pürierten Suppe beigeben und nochmals durchpürieren.

Für die Grießschöberln
Milch mit einer Prise Salz zum Kochen bringen und den Weizengrieß unter ständigem Rühren einstreuen. Kurz kochen lassen und die Masse zum Auskühlen beiseite stellen. Öfters umrühren. Eidotter vom Eiklar trennen und die Dotter unter die lauwarme Grießmasse rühren. Eiklar steif aufschlagen, danach ebenfalls unterziehen. Mit gehackter Petersilie und frisch geriebener Muskatnuss fertig abschmecken.
Den Boden einer eckigen, feuerfesten Form mit Backtrennpapier auslegen, die Grießmasse einfüllen und im Backrohr bei 180 °C knusprig braun backen. Leicht auskühlen lassen und kleine Rhomben schneiden. Die sehr heiße Hühnercremesuppe in große Teller füllen und mit Grießrhomben belegen sowie mit Petersilie bestreuen.

TIPP
Das Hühnerfleisch kann als Suppeneinlage auch grob gehackt werden.

AUS OMAS WORTSCHATZ
In alten Kochbüchern findet man den Begriff „Pflanzerl" für Schöberl.

Klachelsuppe

4 Personen
Zubereitung: 2 Stunden

	SUPPE
4	zerteilte Schweinshaxen
2 Stk.	vordere Stelzen (250 g)
1 Bd.	Suppengrün
4	Knoblauchzehen
2 Stk.	Lorbeerlaub
2	zerdrückte Wacholderbeeren
1 TL	Pfefferkörner
etwas	Maggikraut
	ZUM BINDEN
1 EL	Mehl
	ZUM WÜRZEN
	Salz, Essig
	schwarzer Pfeffer

Für die Klachelsuppe

In einem Kochtopf Wasser zum Kochen bringen, die sehr sauber zugeputzten Schweinshaxen und Stelzenstücke darin einmal aufkochen lassen und wieder herausnehmen. In einem großen Suppentopf 1,5 l kaltes Wasser zustellen und alle Zutaten darin einlegen. Langsam aufkochen, den Schaum abschöpfen und bei kleiner Flamme mind. 1,5 Stunden fertig kochen. Das Fleisch und die Schwarten müssen sehr weich sein – also auf den Knochen klacheln. Hiervon leitet sich der Name der Suppe ab.

Die fertig gekochte Suppe durch ein feines Sieb seihen, die Fleischstücke von den Knochen lösen, in gefällige Stücke schneiden und wieder in die Suppe einlegen. Das Mehl in etwas kaltem Wasser einrühren und die Suppe damit binden. Hierfür muss sie noch einmal aufkochen. Zu guter Letzt mit Salz, einem Spritzer Apfelessig und frisch gemahlenem schwarzen Pfeffer kräftig abschmecken.

Zu diesem ursteirischen Rezept passt Heidensterz hervorragend, aber auch gutes Bauernbrot.

Heidensterzrezept bei Schwammerlsuppe auf Seite 143.

TIPP

Die Klachelsuppe kann auch ohne Binden mit Mehl gegessen werden. Das bleibt Ihrem Geschmack vorbehalten. Zu Großmutters Zeiten verwendete man noch zusätzlich das Schweinsschwanzerl für dieses Gericht. Auch wurde meistens das Fleisch auf den Knochen belassen und abgenagt. Eine herzhafte Angelegenheit.

Kraftsuppe mit Eierstich

6 Personen
Zubereitung: 3 Stunden

SUPPE

2 EL	Maiskeimöl
1 kg	mageres Suppenfleisch (mageres Meisel, Schulterscherzl)
1/2 kg	Suppenknochen (Rind, Schwein)
1 Bd.	Suppengemüse
2 Stk.	Pilze frisch od. getrocknet
1 Stk.	Tomate, Zwiebel, Knoblauch
1 Msp.	Anis, Pfefferkörner, Muskatblüte

ZUM KLÄREN

1/2 kg	Rindsfaschiertes
2	Eiklar

EINLAGE EIERSTICH

2	Eidotter
60 ml	Sahne
	Salz
	gerieb. Muskatnuss

Für die Suppe
Die Suppenknochen kurz mit heißem Wasser abspülen. Das Öl in einem großen Topf erhitzen und das geputzte Suppengemüse und Rindfleisch von allen Seiten braun anbraten. Mit 3–4 l kaltem Wasser ablöschen und zum Kochen bringen. Die Suppenknochen und die restlichen Zutaten beigeben. Nach dem Aufkochen den Eiweißschaum abschöpfen, dann die Temperatur so wählen, dass die Suppe nur leicht köchelt. 2–3 Stunden ziehen lassen, aber nicht zudecken. Danach das Fleisch entfernen und die Suppe abseihen. Die Rindsuppe – es sollten ungefähr 1,5 l übrig sein – mit Salz abschmecken und kalt stellen. Nach dem Erkalten die Fettschicht entfernen.
Das faschierte Rindfleisch mit dem Eiweiß vermischen und in die kalte Suppe einrühren. Nun unter ständigem Rühren erhitzen, damit sich das Fleisch-Eiweißgemisch nicht am Boden ansetzt und anbrennt. Bei genügend Temperatur steigt die Klärmasse an die Oberfläche. Nun nicht mehr umrühren, die Hitze reduzieren und noch eine weitere Stunde ziehen lassen.
Nun ein Sieb mit einem feinen Leinentuch auslegen und die Kraftbrühe durchgießen. Hiermit werden noch feinste Schwebeteilchen entfernt und die Suppe wird sehr klar.

Für den Eierstich
Die Eidotter mit Sahne, Salz und einer Prise Muskatnuss verquirlen.
Eine kleine, feuerfeste Auflaufform mit Butter ausstreichen und die Masse ca. 2 cm hoch einfüllen. Diese in ein Wasserbad stellen und bei niedriger Temperatur stocken lassen. Diesen Vorgang kann man auch in der Mikrowelle bei niedriger Einstellung erledigen. Man prüft mit einem Spieß, ob die Masse schon durch und durch gestockt ist. Den Eierstich in gefällige Stücke schneiden und vorsichtig in die heiße Kraftbrühe einlegen.

TIPP
Der Arbeitsaufwand für die Kraftbrühe ist erheblich. Man kann die Rindsuppe am Vortag kochen, kalt stellen und am nächsten Tag fertig zubereiten. Die Einlage sollte aber am gleichen Tag frisch zubereitet werden.

Kürbiscremesuppe mit Flusskrebsen im Brottopf

6 Personen
Zubereitung: Brot mit Aufgehzeit: ca. 2 Stunden, Suppe: 1/2 Stunde

BROTTEIG

500 g	Roggenmehl
550 g	glattes Weizenmehl
600 ml	warmes Wasser
60 g	Germ od. 2 Pkg. Trockenhefe
2 TL	Salz u. brauner Zucker
40 g	Sauerteigextrakt (Reformhaus)
2 EL	gestoß. Gewürze (Kümmel, Fenchelsamen, Anis)
einige	Korianderkörner

SUPPE

1 l	Gemüsesuppe
400 g	Kürbispüree (Kabocha od. Berrettina)
1/8 l	Kokosmilch od. 100 g -creme
1/2	Chilischote
1 TL	Flockenpaprika
1 EL	Limettensaft
	Salz, Ingwer gemahlen

GARNITUR

1 EL	Butter
100 g	Flusskrebse od. Garnelen
etwas	Zitronensaft, Salz
1 EL	Reisstärke

Für den Brotteig

Das Backrohr auf 50 °C vorwärmen. 2 Backbleche mit Backpapier belegen. Roggen- und Weizenmehl, Salz, Zucker, Sauerteigextrakt und die Gewürze miteinander vermischen. Die Germ im lauwarmen Wasser auflösen und der Mehlmischung beigeben. (Das erübrigt sich bei Trockenhefe.) Daraus einen festen Brotteig kneten. Im gewärmten Backrohr auf das Doppelte aufgehen lassen. Wieder zusammenkneten und in 6 gleiche Teile sechsteln. Mit befeuchteten Händen Kugeln formen, unten flach schneiden und aus diesem Teig 2 Griffe seitlich aufsetzen, wie bei einer Suppentasse. Oben einen Spitz hochziehen. Je 3 Kugeln auf ein Backblech legen. Leicht mit Mehl bestauben und mit einer Gabel oben rundherum einstechen. Wieder zum Aufgehen ins Rohr stellen.

Bei 220–250 °C sehr knusprig braun backen. Das dauert etwa 35 min. Aus dem Rohr nehmen und mit einem feuchten Tuch bedecken. Dadurch wird die Kruste weicher.

Für die Kürbiscremesuppe

Die Gemüsesuppe erhitzen, Kokosmilch oder -creme und das Kürbispüree beigeben. Diese Masse in einem Aufsatzmixer fein schaumig pürieren. Flockenpaprika, Chili, Ingwer und Limettensaft beigeben. Zum Schluss, wenn notwendig, noch salzen.

Von den ausgekühlten Brotschüsseln den Deckel abschneiden und mit einem Löffel das Innere aushöhlen, ohne die Wände zu verletzen.

Flusskrebse mit Zitronensaft würzen, leicht salzen und in der Reisstärke wälzen. Die Butter erhitzen und darin die Krebse kurz braten.

Die heiße Suppe in die Brotschüsseln einfüllen, mit den gebratenen Flusskrebsen bestreuen und servieren.

TIPP

Es sieht hübsch aus, wenn Sie die Flusskrebse oder Garnelen auf Zitronengrasspieße aufstecken, würzen, dann braten und als Garnitur über die Kürbiscremesuppe legen.

Leberknödelsuppe

4 Personen
Zubereitung: 45 Minuten

	SUPPE
1 l	klare Rindsuppe
	LEBERKNÖDEL
1 EL	Butterschmalz
1	Schalotte
1	Knoblauchzehe
1 EL	Petersilie gehackt
500 g	Schweinsleber
2	runde Semmeln ohne Rinde
50 g	Weißbrotbrösel
1	Ei
1 TL	Majoran
	Salz, Pfeffer

Für die Leberknödel
Die Schalotte und den Knoblauch schälen, fein hacken und mit der gehackten Petersilie im Butterschmalz hellbraun anschwitzen. Zum Abkühlen beiseite stellen.
Die Leber in kleine Stücke schneiden und in einem Cutter fein hacken. Die Semmeln entrinden, grob schneiden und ebenfalls mitcuttern, bis sie mit der Leber eine feine homogene Masse bilden.
Die Lebermasse in eine Rührschüssel schütten und mit den Weißbrotbröseln, dem Ei, dem Knoblauch-Zwiebel-Gemisch vermischen. Mit Salz, Pfeffer und Majoran kräftig würzen.
Diese Masse sollte zum Anquellen ca.15 min. durchziehen.
Wasser in einem Topf zum Kochen bringen, salzen, aus der Masse entweder Nockerln oder Knödel formen und in leicht wallendem Wasser 15 min. garen.
Knödel in heißer Rindsuppe einlegen, mit gehacktem Schnittlauch bestreuen und servieren.

TIPP
Aus dieser Masse können Sie auch Leberreis herstellen.
Hierfür streichen Sie die Leberknödelrohmasse mit einer Teigkarte durch ein Spätzlesieb.

Milchsuppe mit Erdäpfelsterz

4 Personen
Zubereitung: 30 Minuten

	SUPPE
3/4 l	Milch
1/4 l	Wasser
2 EL	glattes Mehl
	Salz, Kümmel
	ERDÄPFELSTERZ
3 EL	Maiskeimöl od. Schweineschmalz
1,5 kg	Erdäpfel (Kartoffeln)
	Salz

Für die Suppe
Die Milch mit der Hälfte des Wassers zum Kochen bringen. Im restlichen kalten Wasser das Mehl klumpenfrei einrühren und in die kochende Milch mit einem Schneebesen einquirlen.
Nun salzen und den Kümmel beigeben. Die Herdplatte ausschalten und die Suppe weiterziehen lassen.

Für den Erdäpfelsterz
Rohe Kartoffeln mit der Gemüsebürste gut reinigen und schälen. Auf dem Küchenhobel blättrig hobeln, ungefähr mittlere Stärke (2 mm).
In einer großen beschichteten Bratpfanne das Fett gut erhitzen und die Kartoffelblätter hineingeben. Die Temperatur reduzieren und die Pfanne zudecken. Immer wieder kontrollieren, ob die Kartoffelunterseite schon gut gebräunt ist. Dann werden die Kartoffeln mit einer Palette gewendet und nicht mehr zugedeckt. Die Kartoffeln sollten von jeder Seite wirklich gut gebräunt und knusprig sein, hierfür muss man sich einfach Zeit nehmen. Zum Schluss kräftig salzen.
Die Milchsuppe gemeinsam mit dem Erdäpfelsterz auftragen.

So scheinbar einfach die Zutaten für das Suppenrezept sein mögen, so herrlich herzhaft schmeckt sie. Mein Mann betrachtet es als Sonntagsessen.

TIPP
Es können für den Erdäpfelsterz auch gekochte Erdäpfel verwendet werden. Gschmackiger finde ich ihn mit rohen.

Ochsenschleppsuppe

4 Personen
Zubereitung: 2 Stunden

	SUPPE
3 EL	Maiskeimöl
1 kg	Ochsenschlepp
1	rote Zwiebel
6	Knoblauchzehen
3 Stk.	Karotten
1 Stk.	Petersilienwurzel
1 Sch.	Knollensellerie
1 TL	Pfefferkörner
	Maggikraut, Sellerieblätter, Petersilienblätter
	Salz, Pfeffer
	EINLAGE
400 g	gekochte Nudeln

Für die Suppe

Das Suppengemüse waschen, putzen und in gefällige Stücke schneiden.
Die Ochsenschleppstücke waschen, abtrocknen und im heißen Öl rundherum braun anbraten. Anschließend das Suppengemüse ebenfalls kurz mitrösten. Nun mit 2 l kaltem Wasser ablöschen und die restlichen Aromaten beigeben. Den Ansatz aufkochen, die Temperatur zurücknehmen, und mindestens 2 Stunden leicht köcheln lassen, bis der Ochsenschlepp weich ist. Zwischendurch immer wieder den Eiweißschaum und eventuell Fett abschöpfen.
Die Suppe durch ein feines Sieb in einen Topf seihen und mit Salz und Pfeffer fertig abschmecken. Das überkühlte Fleisch vom Knochen lösen und in die Suppe einlegen.
Gemeinsam mit gekochten Nudeln in Suppentellern auftragen und mit gehackten Kräutern bestreuen.

TIPP

Ochsenschlepp wird nicht immer standardmäßig in den Fleischfachgeschäften angeboten. Hier empfehle ich Ihnen diesen früh genug vorzubestellen.

Rotkrautsuppe mit glasierten Maroni

4 Personen
Zubereitung: 30 Minuten

	SUPPE
1/2 l	Suppe (Würfel)
500 g	geschnittenes Rotkraut
30 g	Butter
1	rote Zwiebel fein gehackt
1 EL	brauner Zucker
1 EL	glattes Mehl
1 TL	gemahl. Kümmel
1 Msp.	weißer Pfeffer, gemahl. Ingwer, scharfes Currypulver
1 EL	alter Balsamessig von Mostäpfeln
100 ml	Sahne
	GARNITUR
1 Pkg.	geschälte Maroni
1 TL	Butter
1 TL	Honig

Für die Rotkrautsuppe

Die Butter in einem Suppentopf schmelzen lassen, fein gehackte rote Zwiebel und den Zucker hinzugeben. Leicht karamellisieren und das Mehl beigeben. Mit einem Kochlöffel durchrühren und mit der Suppe aufgießen. Das geschnittene Rotkraut unterrühren, die Gewürze beigeben und sehr weich kochen. Die gekochte Suppe in einen Aufsatzmixer füllen, Sahne und Balsamessig beigeben und gut pürieren. Eventuell nachsalzen.

Für die glasierten Maroni

Butter in einer Pfanne mit dem Honig erhitzen, die Maroni darin schwenken, bis sie heiß sind, und als Garnitur auf die angerichtete Suppe legen.

Diese außergewöhnliche Suppe kreierte meine Tochter Natascha als Studentin in Wien – allerdings ohne Maroni. Hierfür verwendete sie fertiges Rotkraut. Dadurch spart man Zeit und die Suppe ist in 10 min. servierbereit.

Saure Suppe mit Frühstückstommerl

4 Personen
Zubereitung: 1 Stunde
(ohne Ruhezeit für den Teig)

FRÜHSTÜCKSTOMMERL

350 ml	Wasser
1 Pkg.	Trockenhefe od. 25 g Frischgerm
1 TL	Salz
350 g	glattes Mehl
1 EL	Butter od. Schweineschmalz zum Ausstreichen

SAURE SUPPE

1 l	Wasser
1 TL	Salz
1 EL	Apfelessig
2 EL	Mehl
3	Knoblauchzehen
2 EL	Grammelschmalz
	frisch gemahl. schwarzer Pfeffer

Für den Tommerl

Die Hefe ins Wasser einrühren, das Salz und das Mehl beigeben. Mit einem Schneebesen gut durchschlagen und bei Zimmertemperatur zugedeckt ca. 3 Stunden gehen lassen.
Eine Auflaufform mit Butter oder Schweineschmalz ausstreichen, den halbflüssigen Germteig nochmals durchrühren und einfüllen.
Im Backrohr bei 220 °C ca. 45 min. backen. Der fertige Frühstückstommerl sollte eine braune, herrlich knusprige Kruste aufweisen.

Für die Suppe

1 l Wasser zum Kochen bringen und salzen. 2 EL Mehl in etwas kaltem Wasser einrühren und in die Suppe zum Binden einkochen. Einige Minuten weiterkochen lassen und mit Essig abschmecken. Nun das Grammelfett erhitzen und den feinblättrig geschnittenen Knoblauch darin anschwitzen.

Die Suppe sehr heiß anrichten, pfeffern und mit dem heißen Grammelfett beträufeln.
Dazu den Frühstückstommerl reichen.

Dieser Tommerl wurde mit der sauren Suppe gemeinsam zum Frühstück serviert. Der Teig wurde hierfür meistens am Vortag angesetzt.

VARIANTE

Mit mediterranen Kräutern, wie z. B. Oregano, Basilikum oder Thymian, im Teig haben Sie ein herrliches Gebäck zu Schinken und kalten Häppchen.
Zum Backen können Sie auch kleine Backformen verwenden. Dies sieht sehr hübsch und ansprechend aus.

Schwammerlsuppe mit Heidensterz

4 Personen
Zubereitung: 45 Minuten

SUPPE

1/2 kg	Steinpilze
1 EL	Butter
2 EL	Mehl
1 EL	Petersilie gehackt
etwas	Suppenwürze
	Salz, Pfeffer

HEIDENSTERZ

3/4 l	Wasser
2 TL	Salz
30 dag	Heidenmehl
10 dag	Schweinefett od. Butterschmalz

Für die Suppe

Gut geputzte Pilze waschen und feinblättrig schneiden. Butter zerlassen und die Pilze mit der gehackten Petersilie darin dünsten, bis die Flüssigkeit verdampft ist. Nun 2 EL Mehl beigeben und unter ständigem Rühren leicht bräunen. Die gedünsteten Pilze mit 1 l Wasser aufgießen, die Suppenwürze hinzufügen, salzen, pfeffern und noch eine Viertelstunde auf kleiner Flamme fertig kochen lassen.

Für den Sterz

Das Wasser in einem schmalen, hohen Topf zum Kochen bringen und salzen. Heidenmehl rasch einschütten, damit sich ein Klumpen (Kegel) bildet. Aufkochen lassen und die Temperatur zurückschalten. Nun zugedeckt 10 min. kochen, den Klumpen durch Anstupsen mit einem Löffel wenden und weitere 10 min. weiterkochen. Danach das Wasser abgießen und den Mehlklumpen mit einer Gabeln zerreißen. Nach und nach unter ständigem Rühren wieder so viel Kochwasser beigeben, bis grobe Mehlbrösel entstehen. Das Schweinefett in einer Pfanne erhitzen, die Mehlbrösel hinzufügen und sorgfältig durchrösten. Ausschalten und noch einige Minuten ausdampfen lassen.

Die Schwammerlsuppe in große Suppenteller füllen und mit dem heißen Heidensterz servieren.

TIPP

Für die Schwammerlsuppe können Sie natürlich auch andere Pilze verwenden. Klassisch für dieses herrliche, traditionelle Gericht sind aber Steinpilze.

Heidensterz schmeckt auch sehr gut zu gezuckertem Häferlkaffee.

Selchsuppe mit Heidenknödeln

4 Personen
Zubereitung: 1 Stunde

	SUPPE
1 kg	geselchter Schopf od. Schinken
1,5 l	Wasser
	Salz, Pfeffer
	Schnittlauch od. Schnittknoblauch zum Bestreuen
	HEIDENKNÖDEL
20 dag	Heidenmehl
10 dag	Weißbrot
1	Ei
5 dag	Schweineschmalz od. Butterschmalz
1 kl.	Zwiebel
1/4 l	heißes Wasser
	Salz

Für die Suppe
Das Selchfleisch in kaltem Wasser zustellen, aufkochen lassen und das Fleisch darin weich garen. Die Suppe sollte nur leicht köcheln.
Das gekochte Fleisch aus der Suppe nehmen und diese mit Salz und Pfeffer abschmecken.

Für die Heidenknödel
Das Weißbrot in kleine Würfel schneiden, die Zwiebel schälen, fein hacken und gemeinsam im erhitzen Fett anrösten.
Das Wasser zum Kochen bringen und damit das Heidenmehl abbrühen, gut durchrühren, mit dem Ei und den gerösteten Weißbrotwürfeln vermengen und salzen.
Aus der Masse mit feuchten Händen kleine Knödel formen, in kochendes Salzwasser einlegen und auf mittlerer Temperatur ca. 20 min. ziehen lassen.
Heidenknödel mit der heißen Selchsuppe und fein gehacktem Schnittlauch servieren.

Diese traditionelle Suppe wird bei uns immer am Ostersamstag gegessen. Nach dem Kochen des ganzen Osterfleisches ist die Suppe natürlich besonders kräftig im Geschmack.

TIPP
Zur Verbesserung der Heidenknödel können Sie fein gehackte Petersilie, Geselchtes oder auch Speck mitrösten. Heidenknödel sollten immer frisch gegessen werden, denn sie werden schnell hart und speckig.

Spargelcremesuppe mit gebackenen Spargelspitzen

4 Personen
Zubereitung: 45 Minuten

SUPPE

1/2 l	klare Gemüsesuppe
250 g	Bleichspargel
250 g	Grünspargel
1 TL	Zitronensaft u. Weißwein
1 TL	Dinkelmehl
1/8 l	Milch
2 EL	Sahne
1 Msp.	Cayennepfeffer, Zimt, Muskatnuss

AUSBACKTEIG

2	Eiweiß
1 TL	Weißwein
25 g	Maisstärke
1 Msp.	Salz
	Frittierfett zum Ausbacken

Für die Spargelcremesuppe

Den Bleichspargel sorgfältig schälen, vom Grünspargel nur das letzte Viertel schälen und alle holzigen Stücke konsequent wegschneiden.

Beide Spargelsorten in Stücke schneiden, davon die zarten Spitzen beiseite legen. Spargelstücke in der Suppe mit dem Zitronensaft und dem Wein weich kochen.

Die Milch mit der Sahne und dem Dinkelmehl verrühren und in die Suppe einkochen. Alles aufkochen lassen, in einen Aufsatzmixer schütten und feinst pürieren. Zum Schluss mit den Gewürzen und Salz gut abschmecken.

Für den Ausbackteig

Das Eiweiß mit Salz und Weißwein steif schlagen. Mit einem Schneebesen die gesiebte Maisstärke sorgfältig unterziehen. Spargelspitzen damit vollkommen benetzen und im heißen Frittierfett schwimmend ausbacken. Zum Abtropfen auf ein Küchenpapier legen.

Die sehr heiße Spargelcremesuppe in großen tiefen Te lern anrichten, mit je drei gebackenen Spitzen belegen und auftragen.

Stockrübensuppe mit Krennockerln

6 Personen
Zubereitung: 45 Minuten

	SUPPE
1	Stockrübe
3/4 l	vegetarische Suppe (Würfel)
1/8 l	Sahne
1 TL	Mehl
1 TL	Flockenpaprika
	Dill, Petersilie
1 Msp.	gemahl. Kümmel
	KRENNOCKERLN
2	Eiweiß
1 EL	gerissener Kren
1 EL	Maismehl
1 EL	Weizenmehl
	Salz, Muskatnuss

Für die Suppe
Die Stockrübe fein säuberlich waschen, schälen und von den grünen Stellen befreien. Nun in Scheiben schneiden und würfeln. Die Suppe aufkochen lassen und darin die Rübenstücke weich kochen.
Mit dem Pürierstab pürieren und die Gewürze beigeben. Das Mehl in die Sahne einrühren, danach in die Stockrübensuppe einkochen und noch kurz durchziehen lassen. Zu guter Letzt, wenn notwendig, die Stockrübensuppe noch einmal nachwürzen.

Für die Krennockerln
Das Eiweiß mit einer Prise Salz sehr steif aufschlagen. In die Eiweißmasse den geriebenen Kren einstreuen, das Mais- und Weizenmehl vorsichtig unterziehen. Wasser in einer Kasserolle zum Kochen bringen. Mit einem Esslöffel aus der Masse Nockerln formen und ins Wasser gleiten lassen. Die Temperatur zurücknehmen, die Nockerln einmal umdrehen und fertig ziehen lassen. Die Krennockerln aus dem Wasser nehmen, abtropfen lassen und bis zum Servieren warm halten.
Die Stockrübensuppe sehr heiß in Suppentassen füllen und mit einem Krennockerl servieren.
Nach Geschmack mit Kräutern und geriebenem Kren bestreuen.

Nähere Erklärungen über die Vielfalt der Rüben finden Sie auf Seite 80.

Vegetarische klare Gemüsesuppe mit Reibgersteleinlage

6 Personen
Zubereitung: 45 Minuten

	SUPPE
4 Stk.	Karotten
1 Bd.	Suppengemüse
1/2	rote Zwiebel
2	Knoblauchzehen
1 Stk.	Petersilienwurzel
1 Sch.	Knollensellerie
1/4 Stg.	Lauch
1 EL	Butterschmalz
	GEWÜRZE
	Salz
einige	Pfefferkörner
etwas	Kümmel
einige	Körner Anis
	Schnittlauch od. Petersilie zum Bestreuen
	REIBGERSTEL
300 g	glattes Weizenmehl
1	Ei
1 TL	Salz

Für die Suppe

Karotten schälen und in Scheiben schneiden. Das Suppengemüse fein säuberlich waschen und, wenn notwendig, schälen.

In einem Suppentopf das Butterschmalz erhitzen und das Gemüse darin braun anrösten.

Nun mit ca. 1 l kaltem Wasser aufgießen, die Gewürze beigeben und danach aufkochen lassen. Die Temperatur zurückschalten, das Ganze etwa 15 min. köcheln lassen. Die Karotten sollten noch Biss haben.

Die fertig gekochte Suppe durch ein Sieb seihen und die Karottenstücke wieder beifügen.

Nun mit Salz abschmecken und warm stellen.

Für die Einlage

Aus dem Mehl, den ganzen Eiern und dem Salz einen sehr festen glatten Nudelteig kneten.

Anschließend den Teig durch ein grobes Reibeisen raspeln. Tauchen Sie den Teig, sollte er klebrig werden, zwischendurch immer wieder in Mehl. Auch den fertigen Gersteln wird etwas Mehl beigefügt, damit sie nicht zusammenkleben.

In einem großen Topf ca. 2 l Wasser zum Kochen bringen und kräftig salzen. Die Reibgersteln einkochen und ein paar Minuten kochen lassen.

Das Kochwasser durch ein Sieb abseihen und die Teigwaren mit kaltem Wasser abschrecken.

In einem Suppenteller die sehr heiße Suppe mit einigen Scheiben Karotten und reichlich Reibgersteln anrichten. Zum Schluss mit Kräutern verfeinern.

Kein Tag ohne Salat

Schon im Altertum wusste man den Salat als gesundes Nahrungsmittel zu schätzen.
Heute ist es wichtiger denn je, frische vitaminreiche, ballaststoffbetonte Lebensmittel zu sich zu nehmen. Hier bietet sich uns Salat in seinen unterschiedlichsten Facetten förmlich an.
Außerdem lässt sich eine gesunde, erfrischend belebende Mahlzeit mit Salaten in einigen Minuten zubereiten.
Eine gelungene Salatkreation vor dem nachfolgenden Essen oder auch je nach Tageszeit solo ist bestens geeignet den ersten Heißhunger zu stillen und trägt wesentlich zur Entspannung und zum Stressabbau bei.
Beim Salateinkauf ist Frische alles. Da Vitamine und Mineralstoffe auf Licht und Sauerstoff empfindlich reagieren, ist bei längerer Lagerung mit einem erheblichen Verlust von diesen zu rechnen.
Für die fachgerechte Aufbewahrung ist das Gemüsefach genau das Richtige. Lichtschutz und die hohe Luftfeuchtigkeit machen eine Lagerung von einigen Tagen möglich. Eingewickelt in einem nassen Küchentuch wird dieser Effekt noch positiv unterstützt.
Unverzichtbare Begleiter, um Salaten die richtige Würze zu geben, sind wertvolle Öle und Essige. Hier sollten Sie nicht sparen, denn kaltgepresste Öle und gut gelagerte reife Essige tragen wesentlich zur Bekömmlichkeit und zur guten Verträglichkeit der Salatspeisen bei.
Lust zum Variieren ist hier angesagt und erwünscht. Weiters spielen Kräuter und Salz als Zugabe zu Salaten eine wesentliche Rolle, um Salatrezepte harmonisch abzurunden.

Blattsalate mit Kernöldressing und gebackener Hühnerleber

4 Personen
Zubereitung: 45 Minuten

400 g	Hühnerleber
3 EL	Mehl
1	Ei
	Salz
200 g	Weißbrotbrösel
4 EL	Kürbiskerne grob gehackt
	Frittierfett zum Ausbacken

SALAT

gemischte Blattsalate (Lollo Rosso, Frisée, Eichblatt, Romanasalat usw.)

KERNÖLDRESSING

2 EL	Sauerrahm
2 EL	Jogurt 1 %
2 EL	Himbeeressig od. Apfelessig
4 EL	Steirisches Kürbiskernöl
1	Knoblauchzehe gepresst
1 kl.	Tomate gewürfelt
	Salz, schwarzer Pfeffer

Für die Hühnerleber

Hühnerleber gut zuputzen und waschen. Danach sorgfältig auf Küchenpapier abtrocknen.

Hühnerleberstücke in Mehl wenden. Das Ei salzen, mit einer Gabel zerschlagen und die Stücke einlegen und rundherum benetzen. Die Weißbrotbrösel mit den Kürbiskernen vermischen und darin die Hühnerleber wälzen. Die Panier soll nicht angedrückt werden, dadurch würde sie beim Ausbacken hart. Frittierfett erhitzen und die Leber darin goldbraun backen.

Für das Dressing

Alle Zutaten miteinander vermischen, so dass eine homogene Sauce entsteht. Mit Salz und Pfeffer gut abschmecken. Die gut gewaschenen und in gefällige Stücke zerrissenen Blattsalate mit dem Kernöldressing marinieren. Obenauf mit den warmen gebackenen Hühnerleberstücken belegen.

TIPP

Hühnerleber verursacht beim Ausbacken oft kleine Fettexplosionen, deshalb sollten Sie beim Frittieren besonders vorsichtig sein.

Gemischter Bohnensalat

4 Personen
Zubereitung: 25 Minuten

200 g	gekochte Wachtelbohnen
200 g	Red Kidney Bohnen
200 g	weiße Bohnen
100 g	Erbsen
1/4 Stk.	Lauch
100 g	Staudensellerie
100 g	Chinakohl
einige Bl.	Bohnenkraut
250 g	Speck od. Schinken
	MARINADE
150 ml	klare Suppe
2 EL	Crème fraîche
50 ml	Olivenöl
1 EL	Zitronensaft
1 TL	Senf
1 TL	Honig
1 EL	scharfes Ketchup
	Salz, schwarzer Pfeffer a. d. Mühle

Für den Salat

Gewaschenen Lauch, Staudensellerie und den Chinakohl in feine Streifen schneiden.

Alle Zutaten außer dem Speck in einer Salatschüssel gut miteinander vermischen.

Für die Marinade

Die ganzen Zutaten in einem Aufsatzmixer aufschlagen.

Den Speck in Streifen schneiden und in einer beschichteten Pfanne ohne Fett knusprig anbraten und warm halten.

Die Marinade über die Bohnen gießen und mit einem Salatbesteck vorsichtig unterheben.

In beliebigen Salatschüsseln anrichten und mit den gebratenen Speckstreifen belegen.

TIPP

Frisches Bohnenkraut ergänzt sich hervorragend zu Bohnengerichten jeder Art und macht durch die enthaltenen ätherischen Öle die Speisen besser verträglich.

Endiviensalat mit steirischen Käferbohnen

4 Personen
Zubereitung: 20 Minuten

250 g	steirische Käferbohnen a. d. Dose
1 Stk.	Endiviensalat
1 Stk.	gelber Paprika
1 Stk.	grüner Paprika
	MARINADE
8 EL	Steirisches Kürbiskernöl
3 EL	Honigessig od. Apfelessig
1 TL	Senf
1 TL	Zucker
1 TL	Salz
1	Knoblauchzehe
1 EL	gerissener Kren
1 EL	gehackte Petersilie

Steirische Käferbohnen aus der Dose in ein Sieb schütten, unter fließendem Wasser kurz waschen und gut abtropfen lassen.
Endiviensalat in ganze Blätter zerpflücken, sorgfältig waschen und zum Abtropfen beiseite stellen. Paprika ebenfalls waschen, die Stiele abschneiden, mit einem Löffel die Kerne entfernen und in dünne Scheibchen schneiden.

Für die Marinade
Die Knoblauchzehe schälen und fein hacken.
Sämtliche Zutaten in eine kleine Schüssel schütten und mit einem Schneebesen sorgfältig verrühren.

Gut abgetropfte Endivienblätter in 1 cm breite Streifen schneiden und auf dem Teller gemeinsam mit den steirischen Käferbohnen und den Paprikascheibchen auflegen. Kurz vor dem Servieren mit der Marinade begießen.

Dazu passt ein deftiges Kürbiskern- oder Sonnenblumenbrot.

TIPP
Je nach Saison kann der Endiviensalat durch Vogerlsalat, Grazer Krauthäuptel oder Blattsalate Ihrer Wahl ersetzt werden.

Garnelensalat

2 Personen
Zubereitung: 20 Minuten

1 EL	Olivenöl
200 g	kleine Feinschmecker-garnelen
1 kl. D.	Mandarinenspalten od. Fruchtcocktail
100 g	gekochte Minikarotten
1 EL	Mayonnaise
2 EL	Sauerrahm
2 kl.	Äpfel
1 EL	gehackter Lauch
1 EL	gehackter Dill
	Salz, weißer Pfeffer frisch gemahlen
einige	Salatblätter für die Garnitur

Für den Salat

Die Garnelen im Olivenöl in einer Pfanne rösten und leicht salzen.
Die Äpfel schälen, das Kerngehäuse entfernen und in kleine Würfel schneiden. Alles mit den gekochten Minikarotten vermischen.
Mandarinen aus der Dose abseihen, zu den anderen Zutaten hinzufügen. Den Sirup für die Marinade beiseite stellen. Den Sauerrahm mit der Mayonnaise und dem Mandarinensirup vom Kompott verrühren, gehackten Dill und Lauch beigeben, salzen und pfeffern.
Salatblätter auf Glasteller legen und mit dem Garnelensalat belegen. Die Marinade darauf verteilen und mit Dill bestreuen.

TIPP

Wenn Sie kein Liebhaber von Meeresfrüchten sind, bereiten Sie diesen Salat mit gebratenem Hühnerfleisch zu. Als Beilage bietet sich getoastetes Weißbrot mit Knoblauch und Butter bestrichen an.

Heringssalat

4 Personen
Zubereitung: 30 Minuten,
1 Stunde Garzeit für die roten Rüben im Backrohr

200 g	Matjesfilets (Russen in Zwiebel a. d. Dose 375 g)
1–2	rote Rüben (200 g)
1	rote Zwiebel
2 kl.	säuerliche Äpfel (Gala, Rubinette)
1 Minid.	Ananas gewürfelt
1/4 l	Jogurt 3 % od. 1 B. Crème fraîche
3 EL	Mayonnaise 25 %
1 TL	Zucker
	Salz, Dill gehackt

Die roten Rüben mit der Gemüsebürste sorgfältig reinigen und einzeln in Alufolie einpacken.
Auf ein Backblech legen und bei starker Hitze weich garen. Zur Kontrolle, ob die roten Rüben schon durch sind, sticht man mit einem Spieß hinein.
Rote Rüben aus dem Rohr nehmen, die Folie aufmachen und zum Auskühlen beiseite stellen. Schälen und danach in kleine Würfel schneiden.

Für den Heringssalat
Die Äpfel waschen, vom Kerngehäuse befreien und in ca. gleiche Würfel wie die roten Rüben schneiden. Zwiebel schälen und ebenfalls würfeln.
Heringsfilets aus der Dose abgießen, in gefällige Stücke schneiden und die eingelegten Zwiebel ebenfalls klein schneiden. Sämtliche Zutaten in eine Schüssel geben und miteinander vermischen.
Das Jogurt, die Mayonnaise oder Crème fraîche, Salz und den fein gehackten Dill vermengen und mit einem Schneebesen schaumig rühren.
Diese Marinade unter die Zutaten rühren und für mindestens eine Stunde zum Durchziehen kalt stellen.
Zum Heringssalat servieren Sie getoastetes Weißbrot.

Als Russen werden bei uns in Essig, Zwiebel und Gewürze eingelegte und weiters mit Milchsäurebakterien gesäuerte Heringsfilets bezeichnet.

Matjes werden ab Johanni (24. Juni) gefangen, und dies ist die Bezeichnung für junge wohlgenährte Heringe, welche für längeres Haltbarmachen am besten geeignet sind.

TIPP
Heringssalat kann auch ohne rote Rüben zubereitet werden. Zu den oben genannten Früchten können Sie noch Pfirsichstücke beigeben, mildes Currypulver und vielleicht ein wenig Chili. Und schon haben Sie eine leicht exotische Kreation.

Italienische Salatvariation

2 Personen
Zubereitung: 35 Minuten

200 g	Rotbarbenfilets
2 EL	Olivenöl
	Salz, Limettensaft
1 Stk.	Romanasalat, Zuckerhut od. Radicchio
100 g	Rucola od. andere Schnittsalate
4 Sch.	Auberginen (1 cm)
	Olivenöl, Salz

MARINADE

50 ml	Olivenöl
2 EL	heller Balsamico
1 TL	gemischte Kräuter (Basilikum, Thymian, Oregano)
	Salz, weißer Pfeffer

GARNITUR

einige	Cocktailtomaten

Für den Salat

Die Auberginenscheiben für eine halbe Stunde in Salzwasser einlegen. Danach gut abtrocknen und in 1x1 cm große Würfel schneiden. Etwas Olivenöl in einer beschichteten Pfanne erhitzen, die Auberginenwürfel darin anbraten und auf Küchenpapier abtropfen lassen.

Den Salat in Blätter zerteilen und waschen, Rucola ebenfalls kurz mit kaltem Wasser abbrausen und beide Salate sehr gut abtropfen lassen. Salatblätter in Streifen schneiden, mit dem Rucola und den Auberginenwürfeln vermischen.

Die Rotbarbenfilets mit einer Messerrückseite schuppen, breitseitig einschneiden, leicht salzen und mit Limettensaft beträufeln. Das Olivenöl in einer Pfanne erhitzen und die Fischfilets kurz beidseitig anbraten und warm halten.

Die Zutaten für die Marinade miteinander vermengen und unter den Salat mischen. Cocktailtomaten vierteln, darüberstreuen und die Rotbarbenfilets dazulegen.

Mit Ciabatta- oder Pizzabrot servieren.

Käferbohnensalat mit Schafkäse

4 Personen
Zubereitung: 30 Minuten

400 g	Steirische Käferbohnen a. d. Dose
300 g	gekochtes Rindfleisch
200 g	Chinakohl
200 g	schnittfester Schafkäse
3 EL	Kürbiskerne grob gehackt
1 gr.	rote Zwiebel
4	gelbe od. rote Tomaten
1 EL	geriebener Kren
	Steirisches Kürbiskernöl
	heller Balsamessig
	Salz, Pfeffer
einige Bl.	Bohnenkraut

Für den Salat
Käferbohnen aus der Dose abseihen und mit kaltem Wasser abbrausen. Das Rindfleisch und die geschälte Zwiebel in kleine Würfel schneiden. Tomaten vom Stielansatz befreien und in Spalten teilen. Chinakohl in schmale Streifen schneiden.
Den Schafkäse in 1/2 cm starke Stücke portionieren und beide Seiten in die gehackten Kürbiskerne drücken.
Alle Zutaten, außer dem Schafkäse, in einer Schüssel vermischen. Mit dem Kren, Salz, Pfeffer, dem Bohnenkraut, dem Kürbiskernöl und dem Balsamessig abschmecken.
Zum Schluss mit dem in Kürbiskernen gewälzten Schafkäse belegen.
Dazu passt deftiges Bauernbrot.

TIPP
Seit einiger Zeit sind im gut sortierten Fachhandel steirische Käferbohnen aus der Dose erhältlich – eine geniale Idee. Sie zeichnen sich durch einen zarten Maronigeschmack aus, sind butterweich und man erspart sich die zeitaufwändige Garmethode.

Krautsalat mit Erdbeeren

4 Personen
Zubereitung: 20 Minuten

500 g	Frühkraut (weiß)
100 g	Erdbeeren
50 g	Walnüsse
6 EL	Walnussöl
2–3 EL	Himbeeressig od. weißer Balsamico
1 TL	Zucker
	Salz
	weißer Pfeffer frisch gemahlen

Für den Salat

Das Weißkraut von den äußeren Blättern befreien, teilen, den Strunk ausschneiden und in feine Streifen hobeln. Zum Weißkraut den Zucker und das Salz beifügen, gut durchmischen und 5 min. durchziehen lassen.

Die Erdbeeren schonend waschen und den grünen Stielansatz entfernen. In gefällige Stücke schneiden und unter das Weißkraut mischen. Ausgelöste Walnüsse grob hacken und ebenfalls beigeben.

Kurz vor dem Servieren mit dem Walnussöl und dem Essig marinieren. Als letzte Würze mit weißem Pfeffer verfeinern.

Weißer Balsamico eignet sich hervorragend für Salate mit hellen Zutaten. Hier würde herkömmlich dunkler Balsamico störend auf die Harmonie des Gerichtes wirken.

Bei der Herstellung des weißen Balsamicos wird bester Weinessig mit süßem Traubenmost versetzt. Dadurch erhält er die erwünschte Ausgewogenheit zwischen Süße und Säure, gleichzeitig entfällt die lange Reifezeit. Dies wirkt sich positiv auf den Preis gegenüber lange gereiftem, dunklem Balsamico aus.

TIPP

Dieser Krautsalat mit Erdbeeren ist ein wunderbar erfrischender Salat für die Salatplatte oder auch als Ergänzung zu einem kalten Buffet sehr zu empfehlen.

In einem Raritätenkatalog erstand ich Samen für weiße Erdbeeren. Nach erfolgreicher Anzucht habe ich sie zusätzlich dem Krautsalat beigegeben. Ein lustiger Gag für verwöhnte oder zu verwöhnende Gäste.

Linsensalat

2 Personen
Zubereitung: 20 Minuten

300 g	gemischte gekochte Linsen
1 Bd.	rote Radieschen
100 g	Sprossen (Rettich, Bockshornklee)
1/2 Bd.	Schnittlauch
	kräftiges Olivenöl
	steirischer Balsamessig von alten Mostäpfeln
	Salz, weißer Pfeffer

Für den Salat

Radieschen waschen und blättrig schneiden. Gekochte Linsen in eine Salatschüssel schütten, die Radieschen und die Sprossen hinzufügen. Schnittlauch waschen, fein schneiden und ebenfalls beigeben.

Mit Salz und frisch gemahlenem weißen Pfeffer würzen. Nach Belieben mit einem kräftigen Olivenöl und gutem Balsamessig marinieren.

Den Salat auf Tellern oder in Schüsseln hübsch anrichten und mit Schwarzbrot servieren.

BOCKSHORNKLEESPROSSEN

Bockshornklee ist in seiner Heimat Indien sehr geschätzt. Schon die Samen verströmen einen curryähnlichen, herb würzigen Duft. Vielen Speisen kann man dadurch einen asiatischen Touch verleihen, vor allem Reis, Kartoffeln, Getreide- oder auch Obstgerichten.

Die kalorienarmen Sprossen enthalten ca. 28% Eiweiß, unter anderem Vitamin A und C und reichlich Eisen.

SPROSSEN ANSETZEN

Hierfür verwende ich eine Kunststofftasse mit einem Deckel. Geeignet ist auch ein Einsiedeglas.

Die noble, vornehme, aber auch kostspieligste Variante ist natürlich eine speziell hierfür konzipierte Sprossenbox.

1 EL von den Sprossen einfüllen und leicht mit Wasser bedecken, so dass die Samen gut anschwellen können. Den Deckel darauflegen, aber nicht fest verschießen. Das Gefäß am besten auf dem Heizkörper oder an eine andere Wärmequelle stellen. Durch die Wärme ist eine schnelle Keimung garantiert.

Direkte Sonnenbestrahlung muss vermieden werden, dadurch verfärben sich die Sprossen grün und werden bitter und ungenießbar. Die Sprossen müssen zwei- bis dreimal am Tag mit frischem Wasser durchgespült und immer feucht gehalten werden.

Nach 4–9 Tagen können die Bockshornkleesprossen verwendet werden.

Nudelsalat mit gebratener Hühnerbrust

4 Personen
Zubereitung: 40 Minuten

400 g	gekochte Nudeln (Spaghetti od. andere dünne Nudeln)
2	Äpfel, Zitronensaft
100 g	gekochte Erbsen
1 Stk.	Eichblattsalat
1 Stk.	Paprika rot
6 Stk.	Cherrytomaten
4 Stk.	Hühnerbrüste
1 EL	Maiskeimöl
	Salz, granulierter Knoblauch

DRESSING

1/8 l	Crème fraîche
1/8 l	Naturjogurt
2 EL	Weißwein
1 EL	Ketchup
1 EL	Kürbiskernöl
	Salz, Cayenne Pfeffer od. Chilistreifen

Für den Salat

Den Eichblattsalat waschen und zerteilen.

Die Äpfel schälen, in Stifte hobeln und mit etwas Zitronensaft beträufeln. Den Paprika waschen, in Streifen schneiden, Cherrytomaten halbieren und mit den gekochten Erbsen, den Nudeln und den Äpfeln vermischen.

Die Hühnerbrüste salzen und mit granuliertem Knoblauch würzen. Das Öl in einer Pfanne erhitzen und darin das Hühnerfleisch braun durchbraten. Auskühlen lassen und in Scheiben schneiden.

Für die Marinade

Alle Zutaten miteinander verrühren und in einer Sauciere anrichten.

Die Eichblattsalatblätter auf einen Teller legen und die Salatzutaten darauf verteilen. Mit der geschnittenen Hühnerbrust belegen und gemeinsam mit dem Dressing servieren.

Partysalat

6 Personen
Zubereitung: 20 Minuten ohne Kühlzeit

1 Glas	Selleriesalat ca. 500 g
1 Glas	Karottensalat ca. 500 g
1 D.	Ananasstücke 350 g
1 D.	Zuckermais 300 g
250 g	magerer Schinken gewürfelt
6	hart gekochte Eier
1/4 l	Sauerrahm
1 EL	gehackte Petersilie u. Schnittlauch
1/2 Stg.	Lauch od. Staudensellerie

Für den Salat
Die Salate aus der Dose abtropfen lassen und in eine Schüssel schichten – genau in der Reihenfolge wie in den Zutaten angegeben. Also zuerst den Sellerie- und Karottensalat, dann die Ananasstücke und den Zuckermais. Nun folgt die Schicht mit Schinkenwürfeln, danach die in Scheiben geschnittenen Eier.
Den Becher Sauerrahm mit den gehackten Kräutern glatt verrühren, salzen und obenauf verteilen. Entweder Lauch oder Staudensellerie in feine Stücke schneiden und als Abschluss den Salat damit belegen.
Die Schüssel mit Folie abdecken und für mindestens 4 Stunden, noch besser über Nacht, kühl stellen.

Das Rezept habe ich von meiner lieben Bekannten Christa Rath erhalten. Man ist vom erfrischend leichten Geschmackserlebnis begeistert.

Der Partysalat ist sehr zu empfehlen nach anstrengenden Feiertagen, wenn man sich nach etwas Bekömmlichem und Leichtem sehnt.

Radicchiosalat mit Früchten

2 Personen
Zubereitung: 15 Minuten

1 Stk.	Radicchiosalat
1	Scheibe Knollensellerie
1/2	milde, weiße Zwiebel
100 g	Kulturheidelbeeren
100 g	Weintrauben
50 g	Walnuss- od. Sonnenblumenkerne
4 EL	Haselnuss- od. Walnussöl
2 EL	milder Honigessig od. Balsamico
	Salz

Für den Salat

Den Radicchiosalat zerpflücken, waschen, gut abtropfen lassen und in 3 cm breite Streifen schneiden.

Geschälte Knollenselleriescheibe in sehr kleine Würfel schneiden. Zwiebel schälen und in etwa gleich große Würfel hacken.

Die Weintrauben und Kulturheidelbeeren waschen und Stück für Stück halbieren. Bei den Weintrauben die größeren Kerne entfernen. Walnusskerne grob hacken und alle Zutaten in einer Salatschüssel vermischen.

Den Salat leicht salzen, mit dem Haselnussöl und dem Honigessig kurz vor dem Anrichten marinieren.

TIPP

Zu diesem herrlich erfrischend, fruchtigen Salat passen kalter Fisch, Geflügel oder getrockneter Rohschinken.

Salatmix mit Kräutermarinade

4 Personen
Zubereitung: 45 Minuten

400 g	Wildsalate (gebleichter Löwenzahn, Specksalat) od. Salatmix (bunter Babysalat od. Rucola)

KERNÖLMARINADE

4	hart gekochte Eier
1 kl.	Zwiebel
3 EL	gehackte gemischte Kräuter (z. B. Schnittlauch, Petersilie, Kerbel, Kresse)
1 EL	süßer Senf
1/8 l	milder Weinessig
1/8 l	Steirisches Kürbiskernöl
	Salz, Pfeffer

GARNITUR

1 TL	Speisesöl
100 g	würfelig geschnittener Schinken od. Speck
4 EL	Steirische Kürbiskerne
2	Knoblauchzehen

Gewaschene Salate gut abtropfen lassen und auf 4 Salatteller aufteilen.

Für die Marinade
Hart gekochte Eier fein wiegen, gehackte Kräuter, feingehackte Zwiebel und 1 EL Senf beimengen.
Zum Schluss den Essig und das Kernöl unterrühren. Danach mit Salz und Pfeffer fertig würzen. Sollte die Marinade zu sauer sein, fügt man etwas Wasser hinzu.

Für die Garnitur
Speiseöl in einer Pfanne erhitzen, den würfelig geschnittenen Schinken darin anrösten und zum Schluss den gepressten Knoblauch und die Kürbiskerne ganz kurz mitrösten und auskühlen lassen.

Marinade kurz vor dem Anrichten über den Salat schütten und mit der Garnitur verfeinern.

TIPP
Als Variation kann man dem Salat auch gekochte Wachtelbohnen hinzufügen. Dazu passt deftiges, frisches Schwarzbrot.

Warmer Specksalat

2 Personen
Zubereitung: 30 Minuten

2	gekochte Kartoffeln
300 g	Specksalat
200 ml	Apfelessig
100 ml	Wasser
2 EL	Grammelschmalz
4	Knoblauchzehen
1 TL	Kümmel
100 g	Räucherspeck
	Salz
	frisch gemahlener schwarzer Pfeffer

Für den Salat

Gekochte Kartoffeln schälen und in Scheiben schneiden.
Den frisch gestochenen Specksalat sorgfältig putzen, waschen und die Rosetten etwas zerteilen.
Das Wasser gut abtropfen lassen.

Für die warme Marinade

In einem Kochtopf das Wasser gemeinsam mit dem Essig aufkochen lassen. Das Salz und den Kümmel beigeben. Das Grammelschmalz und den würfelig geschnittenen Speck in einer Pfanne mit dem geschnittenen Knoblauch hellbraun rösten.
Specksalat in eine Schüssel geben und mit der lauwarmen Marinade übergießen. Kurz durchrühren und danach das noch heiße, geröstete Grammelschmalz mit dem Speck und Knoblauch darüberstreuen. Zum Schluss mit schwarzem Pfeffer kräftig abschmecken.
Dazu servieren Sie Schwarzbrot.

TIPP

Anstelle des Specksalates, der nicht überall wächst, eignet sich auch fein gehobeltes Weißkraut hervorragend. Wahlweise kann man auch Endiviensalat, gemischt mit warmen Kartoffeln, hierfür verwenden.

Himmlische Strudel

Wer kennt ihn nicht – den Apfelstrudel, wohl der bekannteste aller Strudel in Österreich.
Früher wurde so manche gute Hausfrau daran gemessen, wie hauchdünn der Strudelteig ausgezogen wurde ohne zu reißen. Es bedarf jedoch einiger Geschicklichkeit und natürlich auch Erfahrung um das zu bewerkstelligen.
Heute haben wir es wesentlich leichter, gibt es doch sehr gute fertige Strudelteige zu kaufen. Sollten Sie trotzdem den Ehrgeiz besitzen diesen selbst herzustellen, sind die nächsten Rezeptseiten genau das Richtige für Sie.

Strudel können mit den verschiedensten Teigen zubereitet werden: Blätterteig, Plunderteig, Germteig, Erdäpfelteig, aber auch Mürbteig sind dafür bestens geeignet.
Es bleibt Ihnen überlassen und hier entscheiden Sie nach Ihrer Vorliebe und natürlich auch nach der vorhandenen Zeit, welchen Teig Sie verwenden.
Wichtig ist natürlich auch das Innere, die Fülle – sie sollte zur Teigart passen.
Bei der Fülle sind der Phantasie kaum Grenzen gesetzt. Von süßen Obststrudeln zu leichten Gemüsestrudeln, aber auch von herzhaften Fleischstrudeln bis hin zu gesunden Strudeln mit Getreidefüllungen reicht die Palette.

Apfelstrudel mit marinierten Orangen

1 Strudel
Zubereitung: 1,5 Stunden

	STRUDEL
1 Pkg.	Blätterteig
	FÜLLE
700 g	Äpfel (Boskop, Golden Delicious)
1 Stk.	Zitrone (Saft)
2 Msp.	Zimt
2 EL	Zucker
2 EL	Butter
3 EL	Semmelbrösel
	ZUM BESTREICHEN
1	Eiweiß
	MARINIERTE ORANGEN
6	Orangen
1/8 l	Orangensaft
1 TL	Maisstärke
2 EL	Zucker
2 cl	Rum
1 Msp.	Zimt

Für die marinierten Orangen
Die Orangen großzügig schälen – das heißt auch die weiße Schicht mit entfernen – und mit einem scharfen Messer filetieren. Den kalten Orangensaft mit der Stärke vermischen, Zimt, Zucker und Rum beigeben. Nun aufkochen und die Platte ausschalten. Kräftig rühren, die Orangenspalten in die heiße Masse einlegen, durchziehen lassen und die Sauce zum Auskühlen beiseite stellen. Backrohr auf 200 °C vorheizen.

Für den Strudel
Butter in einer Pfanne schmelzen. Darin die Brösel braun anrösten, Pfanne von der Herdplatte nehmen und auskühlen lassen. Gewaschene, geschälte Äpfel feinblättrig hobeln, sofort mit dem Zitronensaft und dem Zucker vermischen. Dies verhindert das Braunwerden der gehobelten Äpfel. Die Apfelmasse mit einem Hauch Zimt verfeinern und gut durchmischen.
Fertigen Blätterteig aufrollen und darauf die gerösteten Brösel gleichmäßig verteilen. Auf die Mitte des Teiges der Länge nach die Apfelmasse verteilen. Von der Breitseite ca. 4 cm frei lassen und dann einschlagen. Die frei bleibenden Längsränder mit verquirltem Ei bestreichen. Nun von der Längsseite her mit dem Teigpapier den Blätterteig hochziehen und über der Apfelmasse gut verschließen. Ein Backblech mit Backtrennpapier belegen. An den Papierrändern den Strudel hochheben und mit der Naht nach unten aufs Backblech legen und sorgfältig mit Eiweiß bestreichen. Bei 200 °C ca. 30 min. knusprig braun backen. Gemeinsam mit den marinierten Orangen servieren.

Apfelstrudel können Sie warm oder auch kalt servieren. Ein Häubchen Schlagsahne mit Vanillezucker verfeinert harmoniert hierzu sehr gut.

VARIANTE
Gegen Backende den Strudel nochmals mit Eiweiß bestreichen und mit braunem Zucker dicht bestreuen und fertig backen. Das ergibt eine köstliche Zuckerkruste.

Mürber Fischstrudel mit marinierten roten Rüben

6 Personen
Zubereitung: 30 Minuten, 1 Stunde Backzeit

	MÜRBER STRUDELTEIG
280 g	glattes Mehl
180 g	Butter
2	Eidotter
1 EL	Milch
1 EL	Weißwein
	Salz
	FÜLLE
300 g	Lachsforellenfilet ohne Haut
	Limettensaft, Dill, Petersilie
500 g	Erdäpfel
1/8 l	Sauerrahm
125 g	Crème fraîche
2	Eiweiß
	Salz, Muskat, Korianderkörner, weißer Pfeffer
150 g	Blattspinat (tiefgekühlt)
	MARINIERTE ROTE RÜBEN
500 g	gekochte rote Rüben in Würfel geschnitten
1 kl.	rote Zwiebel gewürfelt
1 EL	gerissener Kren
1 TL	Honig
6 EL	Walnussöl
3 EL	Brombeer- od. Himbeeressig
	Salz
einige	Salatblätter

Für die marinierten roten Rüben
Alle Zutaten miteinander vermischen und zugedeckt 2 Stunden durchziehen lassen.

Für den mürben Strudelteig
Aus den Zutaten einen glatten Teig kneten, in Folie einschlagen und beiseite stellen. Eine Kastenform mit Butterpapier auslegen. Backrohr auf 180 °C Heißluft vorheizen.

Für die Fülle
Die gehäuteten Lachsfilets mit Limettensaft beträufeln und mit gehackter Petersilie und Dill beidseitig bestreuen. Rohe, gewaschene Erdäpfel schälen, mit der Gemüsereibe fein reiben und leicht salzen. Den Sauerrahm und die Crème fraîche unterrühren. Eiweiß mit einem Mixer steif schlagen und unterziehen. 1 TL Korianderkörner im Mörser zerstoßen und der Masse hinzufügen, mit etwas geriebenem Muskat, weißem Pfeffer und etwas Salz abschmecken.
Den Teig ausrollen, damit die Kastenform auslegen und leicht über den Rand hängen lassen. Einen Teigdeckel beiseite legen.
Auf den Boden die Hälfte des gefrorenen Spinats verteilen und die halbe Erdäpfelmasse darauf füllen, mit den Fischfilets belegen und die restliche Erdäpfelmasse einfüllen. Zum Schluss kommt der restliche Spinat oben auf. Mit dem Teigdeckel verschießen und die Ränder andrücken.
Den Teigdeckel in kurzen Abständen mit einer Gabel einstechen, damit der Dampf beim Backen entweichen kann.
In die Mitte des Backrohrs schieben und bei 180 °C ca. 1 Stunde goldbraun backen.
Die marinierten, roten Rüben auf Salatblätter anrichten und mit dem Fischstrudel servieren.

TIPP
Den mürben Teig können Sie auch für süße Strudel verwenden, dann allerdings fügt man dem Rezept 40 g Zucker bei.

Herbstlicher Gemüsestrudel

4 Personen
Zubereitung: 1 Stunde

STRUDELTEIG

250 g	glattes Mehl
200 ml	warmes Wasser
2 EL	geschmolzene Butter
1 Prise	Salz

FÜLLE – GEMÜSE

150 g	Kohlsprossen
200 g	Weißkraut od. Chinakohl
150 g	Brokkoli
100 g	Kürbis- od. Karottenwürfel
2 mittl.	Kartoffeln gewürfelt
1 Pkg.	geschälte Kastanien
2	Eier
1 Msp.	Zimt u. gemahl. Ingwer Salz, weißer Pfeffer

BÉCHAMEL

70 g	Butter
1 TL	brauner Zucker
1 kl.	milde Zwiebel gehackt
2 EL	gehackte Petersilie
30 g	Mehl
200 ml	Milch

Für den Strudelteig
Mehl leicht salzen, mit Wasser und geschmolzener Butter einen glatten Strudelteig abschlagen. Den weichen Strudelteig eine halbe Stunde rasten lassen.

Für das Gemüse
Wasser zum Blanchieren zustellen. Brokkoli und Kohlsprossen putzen, in Stücke schneiden. Das Weißkraut in Streifen zerteilen. Das kochende Wasser salzen und zuerst die Kürbis- und Kartoffelwürfel hineingeben, dann die zerteilten Kohlsprossen und den Brokkoli. Zum Schluss kommt das Weißkraut hinzu. Das Gemüse einige Minuten blanchieren, durch ein Sieb seihen, mit kaltem Wasser abschrecken, abtropfen lassen und auskühlen.

Für die Béchamel
Butter in einer Kasserolle schmelzen, Zucker und fein gehackte Zwiebel darin hellbraun karamellisieren lassen. Petersilie beigeben und Mehl einrühren. Nun mit Milch ablöschen, unter kräftigem Umrühren aufkochen. Die Herdplatte ausschalten, kurz weiter köcheln lassen und überkühlen. Die Eier trennen, Dotter in die Béchamel einrühren und die Eiklar steif aufschlagen. Das Gemüse in die Béchamel einrühren, Kastanien und Gewürze beigeben und das steif geschlagene Eiweiß unterziehen.
Backrohr auf 200 °C vorheizen. Eine Auflaufform mit geschmolzener Butter auspinseln. Den Strudelteig auf einem gut bemehlten Strudeltuch ausziehen. Strudelblätter schneiden und die Form zuerst mit einem Strudelblatt auslegen, dieses mit Butter bepinseln und ein zweites darauf legen. Der Strudelteig sollte über den Rand reichen. Die Gemüsefülle einfüllen und mit drei kleineren Strudelblättern bedecken. Jedes Blatt mit Butter bestreichen, gut verschließen und überflüssigen Teig entfernen. Nun mit Ei bestreichen. Den Gemüsestrudel im Backrohr bei 200 °C 45 min. goldbraun backen.

TIPP
Als raffinierte Variation befüllen Sie kleine feuerfeste Formen. Dies ist zwar zeitraubend, aber zu einem Wildgericht eine ansprechende Zuspeise.

Heidelbeerstrudel

1 Strudel
Zubereitung: 45 Minuten ohne Rastzeit

	STRUDELTEIG
25 g	Butter
250 g	glattes Mehl
	lauwarmes Wasser
	Salz
1 EL	Butter zum Beträufeln
	FÜLLE
500 g	Waldheidelbeeren
2 EL	Butter
4 EL	Brösel
1 EL	Zitronensaft
80 g	Zucker
2 Msp.	Zimt

Für den Strudelteig
Die Butter schmelzen und mit allen anderen Zutaten vermischen. Lauwarmes Wasser beigeben, kräftig abschlagen bis ein geschmeidiger, mittelfester Strudelteig entsteht. Eine halbe Stunde zugedeckt zum Rasten kühl stellen.
Backrohr auf 200 °C vorheizen.

Für die Fülle
Die Butter in einer Pfanne schmelzen, Brösel beigeben, braun rösten und auskühlen lassen. Immer wieder mit einem Kochlöffel umrühren, dass sie nicht anbrennen.
Die Heidelbeeren mit dem Zucker, dem Zimt und Zitronensaft vermengen.
Den Strudelteig nochmals durchschlagen und auf einem gut mit Mehl bestaubten Strudeltuch ausziehen (backblechbreit und mindestens in doppelter Länge, damit man die Heidelbeerfülle zwei- bis dreimal umwickeln kann).
Die Butterbrösel auf einen Teil des Strudelblattes verteilen, Heidelbeeren darüber streuen und die unbelegte Teighälfte mit geschmolzener Butter beträufeln.
Den Strudel einrollen, überflüssigen Teigrand wegschneiden, den Strudel auf das Backblech legen und braun backen. Das dauert ca. 30 min.
Lauwarm oder kalt dicht mit Staubzucker bestreut servieren.

TIPP

Kulturheidelbeeren sind für diesen Strudel nicht zu empfehlen. Waldheidelbeeren sind vom Aroma mit keiner anderen Beere vergleichbar und außerordentlich gesund. In den blauen Farbpigmenten der Wildheidelbeeren stecken hoch wirksame Antioxidantien, die dem Zellschutz dienen. Weiters Vitamin A, B1 und viel Vitamin C. Lustige Nebenerscheinung beim Verzehr der Waldheidelbeeren sind kurzfristige Verfärbungen der Zähne. Das gibt es bei Kulturheidelbeeren nicht.
Früher hatte jeder Haushalt gegen Verdauungsstörungen in Korn eingelegte Heidelbeeren in der Hausbar griffbereit.

Erdäpfelstrudel

2 Strudel
Zubereitung: 1 Stunde ohne Rastzeit

STRUDELTEIG

450 g	glattes Mehl
3 EL	Maiskeimöl
1	Ei
	lauwarmes Wasser nach Bedarf
	Salz
1	Ei zum Bestreichen

ERDÄPFELFÜLLE

1 kg	mehlige Kartoffeln
250 g	Sauerrahm
4 EL	Schweineschmalz
	Salz, frischer schwarzer Pfeffer

CHINAKOHLSALAT

500 g	Chinakohl
1/2	Knoblauchzehe
1 EL	süßer Senf
	Salz, Pfeffer
	Steirisches Kürbiskernöl, Most- od. Apfelessig

SAUERRAHM-DIP

500 g	Sauerrahm
2 EL	gemischte Kräuter (Kerbel, Petersilie, Schnittknoblauch, Dill)
	Salz, etwas Zitronensaft

Für den Strudelteig
Die Zutaten gut vermischen und lauwarmes Wasser hinzufügen, bis ein weicher geschmeidiger Teig entsteht. Daraus eine Teigkugel formen, mit Öl bepinseln und mindestens für eine halbe Stunde zum Rasten beiseite stellen.

Für die Fülle
Gut gereinigte Kartoffeln sorgfältig schälen. Eine Schüssel mit kaltem Wasser bereitstellen und die Kartoffeln mittelfein hineinraspeln. (Manche Kartoffelsorten verfärben sich nach dem Schälen schnell unansehnlich braun. Dies wird im Wasser vermieden.)
Strudelteig in 2 Teile teilen und auf einem gut bemehlten Tuch zuerst grob auswalken und dann dünn ausziehen (ca. 30 x 40 cm). Je geschmeidiger und elastischer der Strudelteig, desto besser gelingt dies. Nun die dicken Teigränder rundherum wegschneiden. Schweinefett zerlassen und die Strudelblätter mit einem Teil davon bepinseln.
Ungefähr den halben Teil von der Erdäpfelmasse gut ausdrücken und auf die Hälfte des Strudelteiges aufteilen. Nun kräftig salzen, pfeffern, mit Schweinefett begießen und mit dem Sauerrahm bestreichen. Mithilfe des Tuches den Erdäpfelstrudel von der schmalen Seite einrollen. Die Ränder gut zusammendrücken und verschließen, auf ein befettetes Backblech legen und mit verquirltem Ei bestreichen. Ins vorgeheizte Rohr schieben und bei 200 °C ca. 45 min. backen.

TIPP
Beim klassischen Erdäpfelstrudel werden der Fülle noch erwärmte Grammeln beigefügt. Dadurch wird er noch gehaltvoller. Den Erdäpfelstrudel können Sie mit Chinakohlsalat (angegebene Zutaten miteinander vermischen) oder auch anderen Blattsalat-Variationen servieren. Raffiniert wäre ebenfalls ein Kräuter-Sauerrahm-Dip. Einfach nebenstehende Zutaten gut miteinander verrühren. Aber auch als exquisite Beilage zu Braten lässt sich diese altsteirische Spezialität gut auftischen.

Kirschenstrudel

1 Strudel
Zubereitung: 45 Minuten ohne Rastzeit

STRUDELTEIG

250 g	glattes Mehl
30 g	Butter
1	Ei
100 ml	lauwarmes Wasser
	Salz

FÜLLE

1 kg	Kirschen
70 g	Zucker
1 Pkg.	Vanillezucker
2 EL	Zitronensaft
2 Msp.	Zimt
100 g	Weißbrotbrösel
100 g	Butter
	Butter zum Bestreichen

Für den Strudelteig

Die Butter schmelzen, das Ei verquirlen und mit dem Mehl in eine Rührschüssel geben. Salzen, lauwarmes Wasser beigeben und kräftig abschlagen bis ein geschmeidiger, mittelfester Teig entsteht.

Nun zugedeckt für 1 Stunde zum Rasten beiseite stellen.

In der Zwischenzeit die Kirschen entsteinen, mit dem Zucker, dem Vanillezucker, dem Zimt vermengen und auch den Zitronensaft unterrühren.

Für die Fülle

In einer Pfanne die Butter schmelzen, darin die Weißbrotbrösel unter ständigem Umrühren hellbraun rösten und auskühlen lassen.

Den Strudelteig auf einem gut mit Mehl bestaubten Strudeltuch dünn ausziehen. So groß, dass der Teig dreimal um die Fülle gewickelt werden kann.

Die kalten Butterbrösel auf dem ersten Drittel des Teiges gleichmäßig verteilen, die restlichen zwei Drittel mit zerlassener Butter besteichen und die Kirschenfülle darauf geben. Den Strudel einrollen – das geht am besten mit Hochheben des Strudeltuches –, dann die überflüssigen dicken Teigränder wegschneiden seitlich gut zudrücken und auf ein Backblech legen.

Bei 200 °C knusprig braun backen.

TIPP

Als Ersatz für Kirschen können Sie genauso gut Weichseln verwenden. Da Weichseln mehr Säure als Kirschen in sich haben, sollte die Zuckergabe erhöht und der Zitronensaft um die Hälfte reduziert werden.

Krautstrudel

4 Personen
Zubereitung: 45 Minuten ohne Rastzeit

	STRUDELTEIG
200 g	Mehl glatt
1 EL	Maiskeimöl
1	Ei
	lauwarmes Wasser nach Bedarf
	Salz
	FÜLLE
500 g	Weißkraut
2 EL	Schweinefett
1 EL	Zucker
1 TL	Kümmel
	Salz, weißer Pfeffer
1	Ei zum Bestreichen

Für den Strudelteig
Mehl in eine Schüssel sieben, das ganze Ei versprudeln und beigeben. Nun salzen und mit lauwarmem Wasser einen weichen Strudelteig abschlagen. Den fertigen Teig eine halbe Stunde rasten lassen.

Für die Fülle
Zugeputztes Weißkraut vom Strunk befreien und feinblättrig hobeln, Salz und Kümmel hinzufügen und danach gut miteinander vermischen.
In einer Pfanne das Fett erhitzen, den Zucker hinzufügen, leicht karamellisieren lassen, anschließend geschnittenes Weißkraut beigeben und unter ständigem Rühren leicht braun anrösten.

Strudelteig auf einem gut bemehlten Strudeltuch ausrollen, ein 4 cm breites Stück abschneiden und beiseite geben. Den restlichen Teil mit zerlassenem Fett bepinseln. Nun die leicht ausgekühlte Krautmasse darauf verteilen, kräftig mit frischem Pfeffer würzen und einrollen. Den Krautstrudel in eine Pfanne geben. Aus dem Teigstreifen beliebige Formen ausstechen, den Strudel mit Ei bepinseln und mit den Formen dekorativ belegen.
Im Backrohr auf mittlerer Schiene bei 200 °C knusprig braun backen.

Krautstrudel schmeckt hervorragend und man könnte fast meinen, er sei die steirische Variante der Frühlingsrolle. Gibt man der Fülle angebratenes Faschiertes und fein geraspelte Karotten bei, erhält man eine chinesische Abwandlung des Krautstrudels. Den Kümmel ersetzt man durch etwas Schwarzkümmel oder auch schwarzen Sesam.

TIPP
Als Beilage zu Gebratenem und Gegrilltem können Sie als kreative Idee auch Ministrudel backen.

Nuss- und Mohnstrudel

2 Strudel
Zubereitung: 2 Stunden

GERMTEIG

800 g	glattes Mehl
500 ml	Milch
150 g	Butter
2	Eier
100 g	Zucker
1 Pkg.	Frischgerm (42 g)
	Salz

NUSSFÜLLE

200 g	gemahlene Walnüsse
50 g	Weißbrotbrösel
60 g	brauner Zucker
200 ml	Milch
1 Pkg.	Vanillezucker
1 EL	Rum
1 Msp.	Zimt

MOHNFÜLLE

160 g	gemahl. Grau- od. Blaumohn
200 ml	Milch
80 g	brauner Zucker
2 EL	Rosinen
1 Pkg.	Vanillezucker
1 EL	Rum

1	Ei zum Bestreichen

Backrohr auf 50 °C vorwärmen.

Für den Germteig
Zwei Drittel des Mehls in eine Teigschüssel sieben. Die Milch leicht erwärmen, darin die Frischgerm auflösen und die Eier einsprudeln. Die Butter schmelzen und ebenfalls beigeben. Nun die Flüssigkeit unter das Mehl rühren, Zucker, Vanillezucker und Salz hinzufügen. Sämtliche Zutaten glatt abschlagen und nach und nach das restliche Mehl unterkneten.
Es sollte ein geschmeidiger, glänzender Teig sein. Den Germteig mit einem Küchentuch zudecken und ins vorgewärmte Rohr zum Aufgehen stellen. Er muss das doppelte Volumen annehmen.

Für die Nussfülle
Die Milch gemeinsam mit Zucker, Vanillezucker, Zimt und Rum aufkochen lassen. Die geriebenen Walnüsse mit den Bröseln vermengen und in die Milch einkochen. Auf kleiner Flamme und unter ständigem Rühren einige Minuten fertig kochen.

Für die Mohnfülle
Der Vorgang ist derselbe wie bei der Nussfülle.

Backrohr auf 180 °C vorheizen.
Den Germteig wieder zusammenkneten und halbieren. Mit einem Nudelholz ca. 2 cm stark ausrollen und jeweils mit der ausgekühlten Nuss- oder Mohnfülle bestreichen und einrollen. Die Germstrudel mit dem verschlagenen Ei bestreichen und im Backrohr bei 180 °C braun backen.

TIPP
Graumohn ist nicht überall erhältlich, hierfür müssen Sie in Reformhäusern oder Bioläden nachfragen. Geschmacklich ist er wesentlich milder und nussiger als Blaumohn.

Rhabarber-Apfelstrudel

2 Strudel
Zubereitung: 1 Stunde

	STRUDELTEIG
260 g	Weizenvollkornmehl
100 ml	lauwarmes Wasser
2	Eiweiß
2 EL	weiche Butter
	Salz
	FÜLLE
70 g	Butter
70 g	Semmelbrösel
200 g	Rhabarber
1 kg	Äpfel
150 g	brauner Zucker
1 EL	Limettensaft
1 Pkg.	Vanillezucker
1 KL	Zimt
	flüssige Butter zum Bestreichen des Teiges
1	Dotter
etwas	Milch zum Bepinseln

Für den Strudelteig

Vollkornmehl, Eiweiß, Butter, Salz und das Wasser zu einem geschmeidigen, weichen Strudelteig verarbeiten. Sollte er kleben, fügen Sie noch ein wenig Mehl hinzu. Zugedeckt für eine Stunde zum Rasten beiseite stellen.

Bei Strudelteigen ist das Rasten sehr wichtig. Der Teig wird dadurch geschmeidig und elastisch und lässt sich deshalb leichter ausziehen.

Backrohr auf 200 °C vorheizen.

Für die Fülle

Butter in einer Pfanne schmelzen und die Semmelbrösel untermischen. Nun öfters umrühren, goldbraun anrösten und zum Auskühlen beiseite stellen.

Die Rhabarberstangen schälen, in ca. 2 cm lange Stücke schneiden und mit dem Zucker vermischen. Zum Belegen einige Stücke beiseite geben.

Die Äpfel schälen, feinblättrig hobeln und zu den geschnittenen Rhabarberstücken geben. Mit dem Zimt, Vanillezucker und dem Limettensaft parfümieren.

Den Strudelteig teilen, jedes Stück auf einem mit Mehl bestaubten Tuch grob auswalken. Nun auf die richtige Form ausziehen. Dies bedarf einiger Übung, der Teig sollte recht dünn sein.

Auf der einen Hälfte des fertig ausgezogenen Strudelblattes die halbe Menge der Butterbrösel verteilen und die halbe Menge der Fülle hinzugeben. Die freie Fläche mit flüssiger Butter bepinseln. Nun von der Längsseite her einrollen. Die Fülle sollte zweimal ummantelt sein. Den Strudel mit der Nahtseite nach unten auf ein mit Backtrennpapier belegtes Blech legen. Einen Dotter mit einem Esslöffel Milch verrühren und damit den Strudel bepinseln. Mit Rhabarberstücken belegen und noch etwas braunen Zucker darauf streuen. Den zweiten Strudel ebenfalls fertig machen, beide ins Backrohr schieben und braun backen.

Dies dauert ca. 40 min.

Topfenstrudel

6 Stück
Zubereitung: 45 Minuten

250 g	Blätterteig
	FÜLLE
500 g	magerer, feiner Topfen
1 EL	Butter
3	ganze Eier
3 EL	Staubzucker
1 Pkg.	Vanillezucker
2 EL	Zitronensaft
	ZUM BESTREICHEN
1	Dotter
1 EL	Milch

Wenn Sie selbst gemachten Blätterteig (siehe S. 16) verwenden, wird dieser für den Topfenstrudel auf ca. 35 x 25 cm ausgerollt.
Natürlich können Sie auch einen fertigen Blätterteig kaufen.
Backrohr auf 180 °C vorheizen.

Für die Fülle
Die Eidotter vom Eiweiß trennen und das Eiweiß mit dem Staubzucker sehr steif aufschlagen. Die weiche Butter mit dem Topfen und den Dottern verrühren, den Zitronensaft und den Vanillezucker beigeben. Zum Schluss das steif geschlagene Eiweiß vorsichtig unterheben.
Diese recht kompakte Masse in die Mitte des Blätterteiges aufstreichen und in den Teig einschlagen. Die Nähte sollten gut verschlossen sein, damit die Fülle beim Backen nicht austritt. Dadurch würde der Topfenstrudel trocken werden.
Den Strudel mit der Naht nach unten auf ein mit Backpapier ausgelegtes Backblech legen.

Nun den Dotter mit der Milch verrühren und den Strudel damit sorgfältig bepinseln.

Der Topfenstrudel wird anschließend bei 180 °C im Rohr knusprig braun gebacken.
Backdauer ca. 30–40 min.
Vor dem Anrichten bestreut man den Topfenstrudel mit Staubzucker. Eine andere Variante wäre, den Strudel mit Vanillesauce (siehe S. 261) zu servieren.

TIPP
Je nach Saison können Sie der Topfenfülle frische Früchte beifügen. Besonders harmonieren dazu Himbeeren. Es sollte aber nur eine kleine Menge sein, denn dadurch wird die Fülle natürlich flüssiger.

Vollwertstrudel mit Bärlauch und Pute in Zwiebelsauce

6 Personen
Zubereitung: 1 Stunde

	TEIG
250 g	gekochte, gepresste Kartoffeln
250 g	magerer Topfen
250 g	Dinkelvollkornmehl
2	Eier
50 g	Grieß
	Salz, gerieb. Muskatnuss
	FÜLLE
400 g	Putenbrust
1/16 l	Schlagsahne
60 g	Bärlauch
60 g	Weißbrotwürfel
3 EL	Olivenöl
	Salz, weißer Pfeffer, Thymian
	SAUCE
2	Schalotten
2 EL	Olivenöl
6 cl	Cognac
1/16 l	Schlagsahne
2 TL	Maisstärke
1/16 l	Hühnersuppe (Würfel)
	Salz, weißer Pfeffer
1 EL	Butter
1	Ei zum Bestreichen

Blattsalate der Saison als Beilage, einige Paprikawürfel

Für den Teig

Backrohr auf 200 °C vorheizen. Eier verquirlen und den Grieß zum Anquellen einrühren (10 min). Gekochte, gepresste Kartoffeln, Dinkelvollkornmehl und Topfen in eine Schüssel geben. Den Eiergrieß beigeben, mit Salz, Muskatnuss würzen und alles durchmischen. Aus den ganzen Zutaten einen geschmeidigen Teig kneten.

Für die Fülle

Gut gekühlte Putenbrust in kleine Stücke schneiden, die Hälfte der Sahne beifügen, in einem Cutter fein hacken. Bärlauch grob hacken, Olivenöl, restliche Sahne und Weißbrotwürfel zugeben. Diese Masse ebenfalls cuttern – sie muss nicht ganz fein sein. Die Putenfarce und Bärlauchpaste miteinander vermischen und mit den Gewürzen gut abschmecken.

Vollwertteig auf ca. 30 x 25 cm ausrollen. Zum Verzieren einige dünne Streifen wegschneiden. In der Mitte die Fülle gleichmäßig verteilen. Beide Breitseiten einschlagen und die Längsseiten über der Masse gut verschließen. Strudel mit der Naht nach unten auf ein mit Backpapier belegtes Blech legen und mit Ei gleichmäßig bestreichen. Die Teigstreifen auf den Strudel legen und diese auch mit Ei bepinseln.

Ins Backrohr schieben und die erste halbe Stunde bei 200 °C backen, danach die Temperatur auf 140 °C zurückschalten und braun fertig backen.

Für die Zwiebelsauce

Zwiebel schälen, fein hacken und in einer Pfanne im heißen Olivenöl braun anrösten. Mit dem Cognac ablöschen und die Hühnersuppe hinzufügen. Maisstärke in die Sahne einrühren und ebenfalls beigeben. Die Sauce aufkochen lassen und bei niedriger Temperatur noch für 10 min. weiterköcheln lassen, bis sie eine sämige Konsistenz annimmt. Zum Schluss mit Salz, Pfeffer abschmecken und die Butter einrühren. Sollten Sie die Zwiebelstücke stören, pürieren Sie die Sauce mit dem Pürierstab.

TIPP

Das Putenfleisch sollte sehr kalt (halb angefroren) sein. Erstens bindet die Farce dadurch besser und zweitens behält der Bärlauch seine ansprechend grüne Farbe.

Zwetschkenstrudel

1 Strudel
Zubereitung: 45 Minuten

STRUDELTEIG

1 Pkg.	Blätterteig

FÜLLE

600 g	entsteinte Zwetschken
30 g	Zucker
1 EL	Zitronensaft
1 EL	Rum
2	Semmeln vom Vortag
3 EL	Milch
1	Ei
1 Msp.	Zimt
1 EL	Butter zum Beträufeln
1 Ei	zum Bestreichen

Backrohr auf 200 °C vorheizen.

Für die Fülle
Die entsteinten Zwetschken vierteln, mit Zucker, Zimt, Rum und Zitronensaft vermengen.
Semmeln in kleine Würfel schneiden, das Ei mit der Milch versprudeln, über die Semmelwürfel gießen und kurz einziehen lassen. Dann unter die Zwetschkenmasse rühren.
Den Blätterteig auf ein Geschirrtuch aufrollen und mit zerlassener Butter beträufeln.
Die Zwetschkenfülle in der Mitte verteilen, den Teig von der Breitseite einige Zentimeter einschlagen und die Längsseiten über der Fülle gut verschließen.
Bestreichen Sie die Ränder mit versprudeltem Ei, dadurch verschießt sich der Blätterteig besser.
Den Zwetschkenstrudel auf ein Backblech mit der Naht nach unten legen und mit Ei bestreichen. Bei 200 °C im Backrohr braun backen.

TIPP
Zur Verschönerung belegen Sie den Strudel mit Teigstreifen oder Sie stechen mit kleinen Keksformen beliebige Motive aus und verzieren den Zwetschkenstrudel damit.

Bei der Zuckerangabe können Sie selbst variieren, denn nicht alle Zwetschken enthalten gleich viel Süße. Am besten kosten Sie die Fülle vor dem Einfüllen. Frühzwetschken mit viel Wassergehalt sind für den Zwetschkenstrudel weniger geeignet.

Klein aber fein – vegetarische und kleine Gerichte

Ein kleines Gericht ist nicht immer gleichzusetzen mit kleinem oder geringem Arbeitsaufwand. Geht man zum Beispiel von Großmutters Haussulz oder der Reiswurst aus, bedeutet das sehr wohl einige Stunden liebevolle Küchenarbeit, um diese allseits beliebten Klassiker herzustellen. Aber keine Sorge, selbstverständlich präsentiere ich Ihnen auf den nächsten Seiten auch wahre Blitzgerichte, wie das butterweiche Omelett mit Zucchini und Eierschwammerln, das in 15 Minuten servierbereit ist. Oder gebackenen Parasol mit Tomatensalat, der – sieht man vom Schwammerlsuchen ab – in einer halben Stunde zum Genießen einlädt.
Feinste Kleinigkeiten bieten sich für vielerlei Gelegenheiten und zu allen Tageszeiten an. Ob für den sparsam genügsamen Esser als Hauptmahlzeit zu Mittag, für den Spätaufsteher als verschobenes Nachmittagsmenü oder eben als Abendessen – lassen Sie Ihrem Gusto die gewisse individuelle Freiheit.

Asiatische Nudelpfanne mit Huhn

6 Personen
Zubereitung: 40 Minuten

200 g	chinesische Eiernudeln
	PFANNE
1/8 l	Erdnussöl
500 g	Hühnerbrust
4	Karotten
2	gelbe Möhren
200 g	Muskatkürbis
1/2 Stg.	Lauch
1 gr.	milde Speisezwiebel
4 Stk.	chinesischer Knoblauch
2 Sch.	Knollensellerie (1 cm)
200 g	Weißkraut
200 ml	Kokosmilch
1/4 l	Hühnersuppe
1/2	Chilischote
1 TL	gemahlener Ingwer
1 EL	gestoßene Korianderkörnern
1 TL	Currypulver
	Salz

Vorbereitung

Die Eiernudeln in Salzwasser bissfest kochen, abseihen mit kaltem Wasser abschrecken und beiseite stellen.
Sämtliches Gemüse mit der Gemüsebürste sorgfältig reinigen. Gelbe Möhren, Karotten, Kürbis, Sellerie, Zwiebel und den Knoblauch schälen. Danach alles feinstiftelig schneiden und separat in Schüsseln geben. Das Kraut und den Lauch putzen und ebenfalls fein schneiden.
Die Hühnerbrust klein würfeln.

Für die Nudelpfanne

Den Wok stark erhitzen und mit Öl bepinseln, wieder erhitzen und ein Drittel vom Erdnussöl eingießen. Karotten, gelbe Möhren und den Kürbis im sehr heißen Öl braun anbraten und wieder herausnehmen. Wenn notwendig wieder Öl nachgeben. Zwiebel, Knoblauch, Kraut, Lauch und Sellerie ebenfalls ausbraten.
Zum Schluss die Hühnerwürfel braun anbraten und auf einen Teller geben.

Überschüssiges Öl abgießen, den Bratrückstand mit der Kokosmilch und der Hühnersuppe ablöschen und dick einkochen lassen. Nun die ganzen gebratenen Zutaten wieder beigeben, salzen und mit den Gewürzen gut abschmecken. Zum Schluss die Nudeln unterrühren und das Ganze kurz durchkochen lassen.

TIPP

Zur vegetarischen Variante wird diese asiatische Köstlichkeit, wenn Sie einfach auf Hühnerfleisch verzichten und dieses durch geräucherten Tofu ersetzen.

Austernpilzsauce mit Kürbispüree

2 Personen
Zubereitung: 40 Minuten

AUSTERNPILZSAUCE

1 EL	Olivenöl
1 TL	Butter
300 g	Austernpilze
1	Schalotte
2 EL	Weißwein
1/4 Stg.	Lauch
1 EL	Mehl zum Stauben
1/4 l	Rindsuppe
	Salz, schwarzer od. gelber Pfeffer

KÜRBISPÜREE

500 g	Kürbis (Kabocha oder Marina di Chioggia)
1 EL	Butter
1/16 l	Milch
	Flockenpaprika oder Chili
	Salz, weißer Pfeffer

GARNITUR

2 gr.	gelbe Zwiebeln
1 EL	Mehl
	Frittierfett

Für das Kürbispüree
Den Kürbis in größere Stücke teilen und die Kerne mit einem Löffel entfernen. Nun in Alufolie eindrehen und im Backrohr bei 220 °C weich garen. Das weiche Fruchtfleisch mithilfe eines Löffels aus der Schale lösen. Die Butter, das Salz und die Milch zugeben und nochmals fein mixen. Flockenpaprika als letzte Würze untermischen. Das Püree in kleine feuerfeste Formen spritzen und im Backrohr bei starker Oberhitze oder Grillstufe hellbraun überbacken.

Für die Pilzsauce
Die Schalotte schälen und fein hacken. Austernpilze säubern und blättrig schneiden. Das Olivenöl gemeinsam mit der Butter in einer Pfanne erhitzen, die Zwiebel glasig anschwitzen und die Pilze zugeben, Weißwein beifügen und braten, bis die Flüssigkeit verkocht ist. Nun mit Mehl stauben und mit der Rindsuppe aufgießen. Fein geschnittenen Lauch einstreuen, mit Salz und Pfeffer fertig würzen. Die Austernpilzsauce noch einige Minuten weiterkochen.

Für die Garnitur
Die Zwiebeln schälen, auf der Brotmaschine in dünne Scheiben schneiden und auf Küchenpapier gut abtrocknen. In etwas Mehl wenden und in heißem Frittierfett schwimmend ausbacken.
Die Austernpilzsauce gemeinsam mit dem Kürbispüree anrichten und das Püree mit gebackenen Zwiebelscheiben belegen.

Austernpilze werden schon lange erfolgreich gezüchtet. Sie enthalten viel Eiweiß und Vitamin D. Das zarte Austernpilzaroma vereint sich gekonnt mit dem herrlichen, duftigen Kürbispüree.

TIPP
Für das Kürbispüree sollten tiefgelbe Sorten mit trockenem Fruchtfleisch verarbeitet werden. Wasserreiche Sorten sind dafür absolut nicht geeignet. Weitere Sortenempfehlungen: Muskatkürbisse – Violine, Futsu Black Rinded, alle Butternuts, Maxima-Kürbisse, Berrettina, Sweet Mama, Queensland Blue, alle Kabochasorten.

Bluttommerl

4 Personen
Zubereitung: 30 Minuten

300 ml	Schweineblut
200 ml	Milch
1 EL	Mehl
1 kl.	Zwiebel
2	Knoblauchzehen
1 EL	Schmalz
1 TL	Majoran
	Salz, Pfeffer

Backrohr auf 220–250 °C vorheizen.

Für den Bluttommerl

Das Schweineschmalz zerlassen und in eine Auflaufform – am besten aus Guss oder emailliertem Blech – füllen. Das Material sollte gut wärmeleitend sein.
Das Schweineblut mit der Milch und dem Mehl gut verquirlen, salzen und mit Majoran kräftig würzen.
Die Zwiebel und den Knoblauch schälen und grob hacken.
Alles in die Auflaufform gießen und im Backrohr bei scharfer Hitze backen.
Hiervon hängt das blasige, luftige Aufgehen des Bluttommerls ab und dies macht auch die knusprige Kruste.

Bluttommerl war immer die erste Jause nach dem Schlachten des Schweines am Hof.
Dafür mussten wir Kinder mit dem Quirl, der aus dem Stamm vom Christbaum gefertigt war, das aufgefangene Schweineblut mit einer Prise Salz kräftig rühren, bis es ausgekühlt war und dadurch nicht mehr stockte.

Bohnensauce

4 Personen
Zubereitung: 1 Stunde ohne Quellzeit

500 g	Käfer- od. Wachtelbohnen
	Bohnenkraut, Lorbeerblatt
50 g	glattes Mehl
50 g	Schmalz od. Butterschmalz
2	Knoblauchzehen
1/2	Zwiebel
	Salz, Essig, schwarzer Pfeffer
4 EL	Grammeln
	Petersilie zum Bestreuen

Für die Bohnensauce

Die Trockenbohnen über Nacht in kaltem Wasser einweichen. Am nächsten das Wasser erneuern, leicht salzen, mit dem Lorbeerblatt und dem Bohnenkraut sehr weich kochen und beiseite stellen. Die Bohnen können für dieses Gericht ruhig aufplatzen.

Den Knoblauch und den Zwiebel fein hacken.

In einer breiten Kasserolle das Fett erhitzen, darin das Mehl hellbraun rösten und gehackten Knoblauch und Zwiebel kurz mitrösten.

Nun mit einem Teil vom Bohnenkochwasser ablöschen. Es sollte eine dickliche Sauce entstehen. Anschließend werden die gekochten Bohnen beigefügt und auf kleiner Flamme langsam breiig eingekocht.

Zum Schluss wird mit einem Spritzer Essig, Salz und Pfeffer aus der Mühle fertig abgeschmeckt.

Die Grammeln in einer Pfanne gut erhitzen und kurz vor dem Servieren die Bohnensauce damit bestreuen. Mit fein gehackter Petersilie garnieren.

TIPP

Gekochte lauwarme Käferbohnen schmecken nur mit heißen Grammeln bestreut köstlich.
Allerdings sollte man keine großen Portionen davon essen; dieses klassische Gericht ist schwer verdaulich.

Bohnenschoten mit Speck

4 Personen
Zubereitung: 30 Minuten

1 kg	Bohnenschoten
3 EL	Maiskeimöl
1 EL	Kümmel
4	Knoblauchzehen
400 g	Schinkenspeck
	Salz, schwarzer Pfeffer

Für die Bohnenschoten

Die gewaschenen Bohnenschoten zuputzen, das heißt Spitzen und Enden wegschneiden oder ausknipsen.

Den Knoblauch schälen und grob hacken. Schinkenspeck in 2 mm Scheiben und danach nudelig schneiden.

In einer breiten Kasserolle das Öl erhitzen, darin den Knoblauch gemeinsam mit dem Speck kurz anrösten, die rohen, zugeputzten Bohnenschoten und den Kümmel beigeben. Nun die Temperatur zurückschalten, mit etwas Wasser aufgießen und zugedeckt weich braten.

Gegen Ende der Garzeit den Deckel entfernen und leicht braun fertig braten.

TIPP

Für dieses einfach gute Gericht können Sie auch fadenlose Kipfler, die schon größere Bohnen enthalten, verwenden.

Kleine Bohnenkunde ab Seite 108.

Brennnesselspinat mit Spiegelei und Strohkartoffeln (vegetarisch)

4 Personen
Zubereitung: 45 Minuten

	SPINAT
500 g	frische Brennnesselblätter
2 EL	Butter
1 EL	Dinkelmehl
1/8 l	Suppe
1/16 l	Sahne
2	Knoblauchzehen
	Salz, Muskatnuss gerieben
	SPIEGELEIER
8	Eier
	Salz, schwarzer Pfeffer
	STROHKARTOFFELN
6 gr.	Kartoffeln
	Frittierfett

Für den Spinat
Peinlichst genau verlesene Brennnesselblätter kurz mit kaltem Wasser spülen. In einem Kochtopf etwas Wasser erhitzen und die Blätter darin kurz blanchieren, bis sie zusammenfallen. Dann in einem Aufsatzmixer gemeinsam mit dem Kochwasser pürieren.
Im Topf die Butter schmelzen, das Mehl einrühren und leicht braun anschwitzen lassen. Die gepresste Knoblauchzehe beigeben und mit Suppe aufgießen. Den pürierten Spinat und die Sahne zugeben und alles aufkochen lassen. Mit Salz, Pfeffer und Muskatnuss fertig würzen und warm stellen.

Für die Strohkartoffeln
Kartoffeln waschen, schälen und mit der Gemüsereibe in mittelfeine Streifen hobeln. Auf Küchenpapier gut ausdrücken, damit sie Wasser und die äußere Stärkeschicht verlieren.
Frittierfett erhitzen und die Kartoffelstreifen vorblanchieren und auf Küchenpapier zum Abtropfen legen. Ein zweites Mal bei guter Hitze wieder frittieren, bis die Strohkartoffeln knusprig braun sind.

Für die Spiegeleier
In einer beschichteten Pfanne etwas Fett erhitzen, die Eier einschlagen und zugedeckt braten. Unten sollten sie knusprig braun und obenauf mit gestocktem Eiwe ß bedeckt sein.
Brennnesselspinat gemeinsam mit den Strohkartoffeln und den Spiegeleiern auftragen.

TIPP
Es sieht hübsch und appetitlich aus, wenn Sie die Eier in Bratformen braten. Für den Spinat können Sie die halbe Menge Brennnesselblätter durch Spinatblätter ersetzen.

Buchweizennudeln mit Frühkraut (vegetarisch)

4 Personen
Zubereitung: 40 Minuten

NUDELTEIG

100 g	Vollkornhartweizengrieß
100 g	Buchweizenmehl
2	Eier
1 EL	Raps- od. Olivenöl

FRÜHKRAUT

500 g	Frühkraut (Weißkraut)
2 EL	Olivenöl
1	Schalotte
1 TL	Zucker
8	Cocktailtomaten
	Salz, schwarzer Pfeffer grob gemahlen

Für den Nudelteig

Das Buchweizenmehl und den Grieß vermengen, die Eier zerschlagen beigeben und mit dem Rapsöl einen glatten Nudelteig kneten. Mit einem Nudelholz auf einer gut mit Mehl bestaubten Arbeitsfläche dünn ausrollen. Nun schmale Nudeln schneiden.
Wenn Sie den Teig für eine Nudelmaschine herstellen, müssen Sie je 25 g vom Grieß und vom Buchweizenmehl dazugeben, damit er fester wird.
In einem Kochtopf einige Liter Wasser zum Kochen bringen und kräftig salzen, darin die Nudeln kurz kochen, abseihen und mit kaltem Wasser abbrausen.

Für das Frühkraut

Das Kraut von unschönen Außenblättern befreien, halbieren, den Strunk entfernen und feinnudelig schneiden. Die Schalotte schälen und ebenfalls schneiden.
In einer Pfanne das Olivenöl erhitzen, den Zwiebel und den Zucker kurz hellbraun rösten und das geschnittene Frühkraut zugeben. Nun unter oftmaligem Umrühren dämpfen, bis das Kraut gar ist. Es sollte aber noch Biss haben. Die Cocktailtomaten waschen, vierteln und dem Kraut mit den gekochten Nudeln beigeben. Danach mit Salz und Pfeffer würzen.

Hier verbindet sich die Süße von Frühkraut mit der Säure der Tomaten und mit dem nussigen Geschmack der Vollwertnudeln. Ein herrlich einfaches vegetarisches Gericht.
Wer nicht gerne auf Fleisch verzichtet, kann gebratene Hühnerbrüste im Natursaft dazu servieren.

Cannelloni mit Pilzfülle (vegetarisch)

4 Personen
Zubereitung: 1 Stunde

	TEIG
100 g	Buchweizenmehl
100 g	Weizenmehl
2 mittl.	Eier
	FÜLLE
300 g	Krause Glucke od. Austernpilze
100 g	Ricotta od. Frischrahmkäse (siehe S. 277)
50 g	geriebener Parmesan od. Mozzarella
	weißer Pfeffer a. d. Mühle
	Salz, Thymian
	ÜBERGUSS
50 g	Butter
3 EL	Mehl
300 ml	Milch
1	Ei
1 TL	Suppenwürze
	Salz, Muskatnuss

Für den Teig
Das Buchweizenmehl mit dem Weizenmehl vermengen und mit den Eiern einen mittelfesten Teig kneten. Rasten lassen.

Für die Fülle
Die Pilze sorgfältig reinigen, waschen und in kleine Stücke hacken. Ricotta mit den Pilzstücken vermischen und mit einem Pürierstab pürieren. Den geriebenen Parmesan und Salz zugeben und mit einigen Blättchen Thymian verfeinern.

Überguss
Die Butter in einer Kasserolle zerlassen und darin das Mehl anschwitzen. Nun mit der Milch aufgießen, das Ei unterrühren, mit Salz, Muskatnuss und Suppenwürze abschmecken. Unter ständigem Rühren kurz aufkochen lassen, bis die Sauce eine sämige Konsistenz annimmt. Backrohr auf 200 °C vorheizen.
Den Teig auf einer bemehlten Arbeitsfläche zu einer 30 x 40 cm großen Platte ausrollen. Daraus 10 x 8 cm große Stücke schneiden. Auf jedes Stück der Längsseite nach einen Löffel von der Fülle setzen und einrollen.
In eine hitzebeständige Auflaufform etwas Olivenöl gießen und die gefüllten Cannelloni nebeneinander schichten. Zum Schluss mit dem Überguss begießen. Im Backrohr bei 220 °C ca. 35 min. goldbraun backen.

Variante
Geben Sie zum Olivenöl in die Auflaufform 3 EL Tomatenwürfel und gehacktes Basilikum. Das gibt dem Gericht eine würzige Note.

KRAUSE GLUCKE, FETTE HENNE – SPARASSIS CRISPA (siehe S. 117)
Dieser hervorragend schmeckende Pilz wächst von August bis November. Sein Geschmack erinnert leicht an Morcheln oder Kalbsfleisch.

TIPP
Der gezüchtete, im Handel erhältliche Austernpilz ist ein sehr guter Ersatz.

Erdäpfelgulasch

4 Personen
Zubereitung: 40 Minuten

GULASCH

1 kg	Erdäpfel
3 EL	Maiskeimöl
2 gr.	gelbe Zwiebeln
3	Knoblauchzehen
2 EL	Paprikapulver edelsüß
1 EL	Tomatenmark
3 Stk.	Cherrytomaten
1/2	Gemüsepaprika
1 EL	Kümmel
200 g	Braunschweiger (Wurst) od. 3 Stk. Frankfurter
	Salz, Pfeffer, Majoran, Thymian
30 g	glattes Mehl zum Binden

DEKORATION

2	Essiggurkerln

Für das Erdäpfelgulasch

Erdäpfel schälen in 3 x 3 cm große Würfel schneiden.

Die Zwiebeln und den Knoblauch schälen, fein hacken und im heißen Maiskeimöl braun anrösten.

Das Paprikapulver und das Tomatenmark kurz mitrösten und mit ca. 1/2 l Wasser aufgießen.

Mit den Kräutern, Salz, dem Pfeffer würzen und die Kartoffelwürfel hinzufügen.

Aufkochen lassen und so lange garen, bis die Erdäpfel weich sind.

Die Cherrytomaten vierteln und den Paprika in kleine Würfel schneiden. Die Braunschweiger in gefällige Scheiben schneiden und alles gemeinsam 10 min. vor dem Kochende beigeben.

Das Dinkelmehl in etwas kaltem Wasser einrühren und in das Erdäpfelgulasch einkochen. Es sollte eine sämige Konsistenz aufweisen. Einige Minuten fertig köcheln lassen und eventuell nachwürzen.

Das Erdäpfelgulasch mit einem halbierten Gurkerl belegen und sehr heiß servieren.

Erdäpfelgulasch besticht durch seine gschmackig, herzhafte Note.

Erdäpfelwurst mit Sauerkraut

4 Personen
Zubereitung: 1 Stunde

	WÜRSTE
2 m	Naturdärme
150 g	Kartoffeln gekocht
150 g	Kartoffeln roh
50 g	Grammeln
1/2	Zwiebel
2 EL	Schmalz
2	Eidotter
1 EL	Sauerrahm
	SAUERKRAUT
1 kg	Sauerkraut
2 EL	Maiskeimöl
1/2	Schalotte
2	Knoblauchzehen
1 EL	Zucker
2 EL	Mehl
1/8 l	klare Suppe

Für die Erdäpfelwürste
Die gekochten und die rohen Erdäpfel schälen und fein reiben. Das Schmalz in einer Pfanne erhitzen, Zwiebel und die Grammeln beigeben, alles hellbraun rösten und unter die geriebenen Kartoffeln mischen. Diese Masse mit den Eidottern und den Gewürzen kräftig abschmecken. Gut gewässerte Naturdärme mit dieser Masse befüllen und mit Spagat zubinden. Hierfür nimmt man ein Wursthorn oder als Ersatz einen Marmeladetrichter. Die Würste dürfen nicht zu fest befüllt sein, dadurch würden sie beim Braten leichter platzen. Nun für ca. 1 Stunde kalt stellen. Etwas Fett in einer feuerfesten Pfanne erwärmen und die Erdäpfelwürste darin langsam knusprig braun im Backrohr bei 180 °C ausbraten.

Für das Sauerkraut
Das rohe Sauerkraut verkosten. Wenn es sehr sauer ist, in ein Sieb geben und mit kaltem Wasser leicht durchwaschen, um etwas von der Säure zu nehmen.
In einem Kochtopf das Maiskeimöl erhitzen. Die Zwiebel und den Knoblauch fein hacken und mit dem Mehl im Fett hellbraun rösten. Dann den Zucker einstreuen und leicht karamellisieren lassen. Anschließend mit der Suppe ablöschen. Nun das Sauerkraut beigeben und auf kleiner Flamme weich dünsten lassen. Wenn notwendig von Zeit zu Zeit etwas Flüssigkeit nachgießen.

Die Erdäpfelwurst gemeinsam mit dem Sauerkraut sehr heiß servieren.

TIPP
Dem Sauerkraut kann, wer es deftiger liebt, noch fein geschnittener, gerösteter Speck untergemischt werden.
Für die Erdäpfelwürste sollten die roh geschabten Kartoffeln in kaltes Wasser geraspelt und dann ausgedrückt werden. Das entfernt bei stärkereichen Sorten die äußere Stärkeschicht und sie verfärben sich nicht unansehnlich braun.

Das urtypisch steirische Rezept für die Erdäpfelwürste stellte mir Thomas Faul vom Gasthof „Ludersdorferhof" zur Verfügung. Danke, lieber Thomas!

Gebackenes Gemüseallerlei (vegetarisch)

4 Personen
Zubereitung: 45 Minuten

	GEBACKENES
1/2 l	Erdnussöl
1 kl.	Eichelkürbis
1 kl.	Aubergine
2	Kartoffeln
1 kl.	Zucchini
3 kl.	Eier
einige EL	Mehl
200 g	Semmelbrösel
1 EL	gemahlener Sesam
	DIP
1/8 l	Sauerrahm
1/8 l	Naturjogurt
1/2	Knoblauchzehe
1 Bd.	Schnittlauch
1 Msp.	Curry
	Salz, Pfeffer a. d. Mühle
	SALAT
1 Stk.	Zuckerhut od. Endiviensalat
1/2	Knoblauchzehe
1 TL	süßer Senf
6 EL	Rapsöl
2 EL	Apfelessig
1 TL	Zucker
	Salz, Pfeffer

Für das Gebackene
Die Aubergine in dünne Scheiben schneiden und 10 min. in Salzwasser einlegen. Den Eichelkürbis in 1/2 cm dicke Scheiben schneiden, Kerne mit einem kleinen Messer entfernen und einsalzen. Zucchini der Länge nach in 1/2 cm Stücke schneiden, halbieren und einsalzen. Auberginen-, Kürbisscheiben und Zucchini mit Küchenpapier gut abtrocknen.
Die Kartoffeln schälen, in Scheiben schneiden.
Eier mir einer Gabel zerklopfen.
Sämtliches Gemüse zuerst beidseitig in Mehl wenden, durchs Ei ziehen und im Semmelbrösel-Sesamgemisch panieren. Nur leicht andrücken.
Das panierte Gemüse im gut erhitzten Erdnussöl knusprig braun ausbacken, auf Küchenpapier legen und warm halten.

Für den Dip
Den Schnittlauch fein schneiden, den Knoblauch pressen, mit den restlichen Zutaten gut verrühren und in eine Schale füllen.

Für den Salat
Den Zuckerhut in feine Streifen schneiden und waschen. Danach gut abtropfen lassen. Die restlichen Zutaten zu einer Marinade verrühren. Den Salat kurz vor dem Servieren damit einmarinieren.

Gebackener Parasol mit Paradeissalat (vegetarisch)

4 Personen
Zubereitung: 30 Minuten

GEBACKENE PARASOL

4 Stk.	Parasol
2–3	Eier
250 g	Semmelbrösel
4 EL	gemahlene Kürbiskerne
einige EL	Mehl
	Salz
etwas	Petersilie
	Zitronenstücke
	Frittierfett zum Ausbacken

PARADEISSALAT

1 kg	Paradeiser
1	Paprika
1	rote Zwiebel
	Steirisches Kürbiskernöl
	Apfelessig
	Salz, Pfeffer

Für den Salat
Paradeiser waschen, Stielansatz wegschneiden und achteln, Paprika vom Kerngehäuse befreien und in Streifen schneiden, die Zwiebel schälen und fein hacken. Alles in eine Salatschüssel geben.

Für den gebackenen Parasol
Parasol gründlich von Waldresten reinigen, die Schuppen mit einem Messerrücken abschaben, waschen und gut abtrocknen. Nun die Pilze halbieren und einsalzen.
Semmelbrösel mit den gemahlenen Kürbiskernen vermischen, die Eier versprudeln und leicht salzen. Die Parasolstücke zuerst in Mehl wenden, durchs Ei ziehen und mit dem Semmelbröselgemisch panieren.
Frittierfett gut erhitzen und die panierten Parasolstücke darin braun ausbacken.
Danach auf Küchenpapier gut abtropfen lassen und warm stellen.

Nun den Paradeissalat salzen und pfeffern, mit Steirischem Kürbiskernöl und Apfelessig gut abschmecken.
Gebackenen Parasol auf Tellern auflegen, mit Petersilie und einem Stück Zitrone garnieren und gemeinsam mit dem Salat servieren.

RIESENSCHIRMLINGE (LE PARASOL, FRANZ. FÜR: SONNENSCHIRM)
kommen häufig in Laubwäldern und an Waldrändern vor. Sie besitzen eine kräftige Knolle, ihr Ring ist verschiebbar und sie weisen einen angenehmen Geruch auf. Ihr dickes weißes Fleisch eignet sich besonders gut zum Braten und Panieren.

Gefüllte Paprika

2 Personen
Zubereitung: 1 Stunde

	GEFÜLLTE PAPRIKA
6 mittl.	Paprika
300 g	gemischtes Faschiertes
1 EL	Butter
1 Bd.	Petersilie
1/2	Zwiebel
100 g	gekochter Reis
	Salz, Pfeffer
2 EL	Sauerrahm
1 TL	edelsüßes Paprikapulver
	TOMATENSAUCE
2 EL	Olivenöl
1 TL	Mehl
200 g	passierte Tomaten
3	reife Tomaten
2	Knoblauchzehen
etwas	Suppenwürze

Für die gefüllten Paprika

Paprika waschen, den Deckel abschneiden und die Scheidenwände mit den Kernen entfernen.
Die Zwiebel fein hacken und gemeinsam mit der gehackten Petersilie in der Butter glasig anschwitzen.
In einer Schüssel das Faschierte mit dem Reis vermengen, das Zwiebel-Petersiliengemisch unterrühren, salzen und pfeffern. Diese Masse fest in die ausgehöhlten Paprika eindrücken und den Deckel aufsetzen.

Für die Tomatensauce

Olivenöl in einer Kasserolle erhitzen, das Mehl darin braun anrösten, den gepressten Knoblauch zugeben und mit den passierten Tomaten auffüllen. Die reifen Tomaten vierteln, Kerne entfernen und in kleine Würfel schneiden. Ebenfalls beigeben. Dann mit wenig Suppenwürze abschmecken und, wenn noch notwendig, salzen.
In eine feuerfeste Form die Tomatensauce eingießen, gefüllte Paprika einschichten und für 35 min. bei 200 °C ins Rohr stellen.
Vor dem Servieren auf jeden Paprika ein Häubchen Sauerrahm aufsetzen und mit Paprikapulver bestreuen.
Dazu passen sehr gut Salzkartoffeln.

TIPP

Paprika mit sehr dicken Wänden sollten Sie vor dem Füllen kurz in heißem Wasser blanchieren.
Diese Fülle und die Sauce eignen sich auch bestens für Krautwickel. Dafür löst man vorsichtig Krautblätter von einem schönen Krautkopf, schneidet den Strunk keilförmig aus den Blättern und blanchiert diese. Als Geschmacksverstärker kann man die fertig gefüllten Wickel vor dem Braten im Rohr mit Selchspeck belegen.

Getreidelaibchen (vegetarisch)

20 Stück
Zubereitung: 50 Minuten

	LAIBCHEN
150 g	Hirse
150 g	Quinoa
125 g	Gemüsemais a. d. Dose
2	gelbe Möhren
3	Eier
3 EL	Dinkelmehl
1 EL	Petersilie gehackt
1 EL	Lauch od. Frühlingszwiebeln gehackt
1 Msp.	Ingwer u. Currypulver
	Salz, Cayennepfeffer
	Erdnuss- od. Sonnenblumenöl zum Ausbraten
	SAUCE
500 ml	klare Gemüsesuppe
50 g	glattes Mehl
1 EL	roter Paprika fein gehackt
1 EL	Crème fraîche
1 TL	Currypulver
	GEMÜSEBEILAGE
1 kl.	Karfiolrose

Für die Getreidelaibchen

Quinoa und Hirse getrennt kalt abspülen und in doppelter Menge Salzwasser auf niedriger Temperatur weich kochen. Dies dauert ca. 15 min.
Gelbe Möhren schälen und fein raffeln. Den Dosenmais gut abtropfen lassen und gemeinsam mit den restlichen Zutaten in eine Schüssel geben. Mit den Gewürzen und Kräutern gut würzen und sorgfältig vermischen. Esslöffelgroße Portionen entnehmen, zwischen den Händen zu Kugeln formen und flach drücken. In einer Bratpfanne Öl erhitzen, darin die Laibchen knusprig braun ausbraten, auf Küchenpapier legen und warm halten.

Für die Sauce

In etwas kalter Suppe das Mehl einrühren. Restliche Suppe aufkochen, das angerührte Mehl einkochen und auf kleinster Flamme 10 min. köcheln lassen. Paprika klein würfeln und gemeinsam mit Crème fraîche unterrühren. Die Sauce mit Curry, Ingwer und Cayennepfeffer und Salz fertig würzen.

TIPP

Folgende Getreidesorten eignen sich besonders gut für Laibchen: Amaranth, Buchweizen, Grünkern, Rollgerste, Weichweizen.

Grammelknödel mit Sauerkraut und Béchamel nach Brigitte

4 Personen
Zubereitung: 1 Stunde

SAUERKRAUT

1 kg	Sauerkraut
2 EL	Maiskeimöl
1 EL	Zucker
3 EL	Brösel
	Salz, Pfefferkörner, Wacholderbeeren, Lorbeerlaub

GRAMMELKNÖDEL

300 g	Weißbrotwürfel
3 EL	Mehl
2	Eier
etwas	Milch, Salz

FÜLLE

150 g	feine Grammeln
1 EL	gehackte Petersilie
	Salz, Majoran, Thymian, Pfeffer a. d. Mühle

BÉCHAMEL

50 g	Butter
3 EL	Mehl
400 ml	Milch
etwas	Suppenwürze, Salz, Muskatnuss

Für das Sauerkraut
Das rohe Sauerkraut kosten, wenn es sehr sauer ist, kurz mit kaltem Wasser abbrausen.
Das Öl erhitzen und darin den Zucker und die Brösel braun rösten. Nun das Sauerkraut und die Aromaten beigeben. Bei zu wenig Flüssigkeit mit wenig Wasser oder Suppe aufgießen. Das Sauerkraut weich dünsten.

Für die Knödel
Die Grammeln in ein Töpfchen geben und mit der Petersilie anrösten. Mit Salz, Pfeffer, Majoran und Thymian kräftig würzen. Zum Auskühlen beiseite stellen.
Weißbrotwürfel in eine Schüssel geben, das Mehl, die Eier und so viel Milch zugeben, dass eine mittelfeste Knödelmasse entsteht.
Etwas Knödelmasse in der feuchten Hand flach drücken und einen Löffel von der Grammelfülle zugeben, verschließen, mit beiden Händen kräftig zusammendrücken und rund formen. Knödel in kochendes Salzwasser einlegen und 20 min. leicht köchelnd garen.

Für die Béchamel
Die Butter schmelzen, das Mehl darin anschwitzen, mit kalter Milch ablöschen und nebenbei mit einem Schneebesen kräftig rühren. Anschließend mit Salz, Muskatnuss und ein wenig Suppenwürze abschmecken. Bei ganz kleiner Flamme noch 5 min. kochen lassen.

Das Sauerkraut gemeinsam mit der Béchamel und den Knödeln servieren.

Diese eigenwillige, aber herrlich schmeckende Kreation stellte mir meine Schwägerin aus Oberösterreich zu Verfügung. Brigitte, vielen lieben Dank!

Heidentommerl

4 Personen
Zubereitung: 35 Minuten

150 g	Buchweizenmehl
1/4 l	Milch
1 EL	Schweine- od. Butterschmalz
1 EL	Grammeln
1 TL	Salz

Das Backrohr auf 250 °C vorheizen.

Für den Teig
In einer Rein oder einer feuerfesten Auflaufform das Schmalz zerlassen. Aus dem Heidenmehl, der Milch und dem Salz einen glatten, sämigen Teig abrühren.
Den Teig nun in die Rein gießen und obenauf mit den Grammeln bestreuen. Das Ganze ins Rohr schieben und bei guter Hitze knusprig backen. Die Ränder müssen wirklich resch, also knusprig braun sein. Dies macht erst den typischen, unverwechselbaren Geschmack.

Der Heidentommerl sollte sofort, noch ganz heiß, serviert werden. Buchweizenmehlspeisen werden nach dem Auskühlen sehr schnell fest. Bei diesem Gericht sollte auch mit Fett nicht gespart werden, denn Fett macht den Heidentommerl erst richtig saftig und knusprig.

Diese steirische Speise ist sehr deftig und wurde früher meistens als sättigender Hauptgang zu Mittag gegessen. Sie können kleine Stücke auch als Beilage, dem Zeitgeist entsprechend, zu diversen Blattsalaten reichen.

Gratinierter Kürbisauflauf (vegetarisch)

4 Personen
Zubereitung: 45 Minuten

300 g	festkochende Kartoffeln
800 g	Kürbis (Eichelkürbis od. Patisson)
4	reife Tomaten
2	grüne Paprika
1	milde Speisezwiebel
3	Knoblauchzehen
4 EL	Olivenöl
1 Zweig	Thymian
1 TL	edelsüßer Paprika
	Salz, Pfeffer, Oregano
	ZUM ÜBERBACKEN
100 g	geriebener Parmesan

Für das Gratin

Kartoffeln mit einer Gemüsebürste reinigen, mit Wasser bedeckt zustellen und garen. Kurz auskühlen, schälen und in dünne Scheiben schneiden.
Eichelkürbis oder Patisson waschen, teilen, die Kerne entfernen und in ca. 1 cm große Würfel schneiden.
Tomaten in heißem Wasser blanchieren, häuten, von den Kernen befreien und würfeln. Paprika waschen, Kerne ausschneiden und ebenfalls würfeln.
Den geschälten Zwiebel und den Knoblauch fein hacken.
2 EL Olivenöl in einer Pfanne erhitzen, Zwiebel, Knoblauch und die Kartoffeln darin hellbraun anrösten. Tomaten, Paprika und Kürbiswürfel hinzufügen, mit Salz, Paprikapulver und Pfeffer würzen.
Nun eine feuerfeste Auflaufform mit Olivenöl auspinseln.
Die Gratinmasse einfüllen, mit etwas Olivenöl beträufeln und mit geriebenem Parmesan bestreuen.
Im vorgeheizten Backrohr bei 200 °C ca. 20 min. überbacken.

Vor dem Servieren mit frischem Thymian und Oreganoblättchen bestreuen.

TIPP

Verschiedene Eichelkürbisse oder auch Patissons sind geschmacklich und von ihrer Struktur eine gute Wahl für Gratins.

Kürbisgemüse mit Butterlaibchen

4 Personen
Zubereitung: 45 Minuten

KÜRBISGEMÜSE

1 kg	unreifer steirischer Kürbis od. große Zucchini
1 EL	vegetarische Würze od. Suppenwürze
1 EL	Maiskeimöl
1 Stk.	chinesischer Knoblauch
1 kl.	Zwiebel
1 TL	Kümmel
1 EL	Paradeisessig
1 EL	Sauerrahm
1	Tomate
	Salz, Pfeffer, Chili, Dille

BUTTERLAIBCHEN

2 EL	Butter
500 g	gemischtes Faschiertes
1	Semmel
1	Ei
etwas	Milch
1 EL	Petersilie gehackt od. Kräuter nach Belieben
	Salz, Pfeffer

Für das Kürbisgemüse
Den Kürbis waschen, den Stiel und den Blütenansatz wegschneiden, halbieren und den weichen Kernteil mit einem Löffel entfernen. Auf der Gemüsereibe grob raffeln und ausdrücken. Das Öl in einem Topf erhitzen, darin den gehackten Knoblauch und den Zwiebel anlaufen lassen. Den Kürbis, Paradeisessig und die in Stücke geschnittene Tomate hinzufügen. Dann gemeinsam weich dünsten. Mit den Gewürzen und Kräutern gut abschmecken. Zum Schluss den Sauerrahm unterrühren.

Für die Butterlaibchen
Die Semmel in kleine Würfel schneiden und mit dem Ei vermischen. Sollte die Semmel hart sein, noch etwas Milch beigeben. Das Faschierte untermischen und mit Petersilie, Salz und Pfeffer würzen. Die Butter in einer Bratpfanne leicht erhitzen, aus der faschierten Masse Laibchen formen und langsam in der Butter beidseitig braun ausbraten.
Mit dem heißen Kürbisgemüse auftragen.

TIPP
Groß gewordene Zucchini finden sich in jedem Garten. Ihre Schale sollte noch weich sein. Entfernen Sie nur den schwammigen Kernteil, dann können Sie ein köstliches Gemüse damit zubereiten.
Aber auch mariniert in Essig und Öl sind Zucchini roh als Salat zu verwenden.

Kürbisrisotto (vegetarisch)

4 Personen
Zubereitung: 30 Minuten

300 g	Risottoreis od. Rundkornreis
1	Schalotte fein gehackt
50 g	Butter
300 g	Sommer- od. Muskatkürbisse
3/4 l	klare Gemüse- od. Rindsuppe
1/8 l	Weißwein
2	Tomaten geschält u. entkernt
	Salz
etwas	weißer Pfeffer
30 g	geriebener Parmesan
1 Msp.	Zimt
einige	Basilikumblätter

Für das Risotto

Den Sommerkürbis waschen und in feine Streifen schneiden. Die Tomaten heiß blanchieren, danach schälen und von den Kernen befreien, fein würfeln und beiseite stellen.

Nun die Schalotte schälen, fein hacken und in der geschmolzenen Butter glasig dünsten. Den Risottoreis hinzufügen, kurz anschwitzen und mit etwas Suppe aufgießen. Das Ganze aufkochen lassen, die Temperatur zurückschalten und unter ständigem Rühren weiterdünsten. Dabei die restliche Suppe und den Weißwein nach und nach hinzufügen. Nach ca. 10 min. Kochzeit den geschnittenen Sommerkürbis und die Tomatenwürfel beigeben. Kurz vor dem Servieren wenn notwendig mit Salz abschmecken, pfeffern, den geriebenen Parmesan unterrühren und mit einigen Basilikumblättern garnieren.

TIPP

Risottogerichte sollten nicht zu trocken sein, aber der Reis sollte innen noch Biss haben.
Zum Schluss kann man etwas Sahne beigeben. Dadurch wird das Risotto sämiger, aber auch gehaltvoller.

Andere Geschmacksnoten lassen sich durch Beifügen saisoneller Zutaten schnell und unkompliziert erreichen. Zum Beispiel nehmen Sie anstelle von Kürbis Pilze, Spargel, Babygemüse oder Kräuter.

Omelett mit Zucchini und Eierschwammerln (vegetarisch)

1 Person
Zubereitung: 15 Minuten

1 EL	Erdnussöl
3	Eier
40 g	Schlagsahne
	Salz, weißer Pfeffer
	Parmesan zum Bestreuen
	FÜLLE
1 EL	Erdnussöl
50 g	Eierschwammerln
1 Stk.	chinesischer Knoblauch
2 EL	Zucchini od. Kürbis geraffelt
2	Cocktailtomaten
1 EL	Petersilie
	Salz, weißer Pfeffer

Für die Fülle

Eierschwammerln fein säuberlich putzen und blättrig schneiden. Sollten es ganz kleine Schwammerln sein, dann nur halbieren oder überhaupt ganz lassen.

Geschälte Knoblauchknolle feinblättrig schneiden.

Das Erdnussöl in einer Pfanne erhitzen und darin die Schwammerln mit dem geraffelten Zucchini oder Kürbis hellbraun anrösten. Beides sollte noch Biss haben. Nun die geviertelten Cocktailtomaten beigeben, einige Minuten mitdünsten lassen. Mit Salz, Pfeffer und Petersilie abschmecken.

Für das Omelett

Die Schlagsahne mit den Eiern grob verquirlen und salzen. Das heißt: nur ganz kurz mit einer Gabel durchschlagen, dann bleibt das Omelett zart und wird nicht fest.

In einer beschichteten Pfanne das Öl erhitzten und die Masse eingießen, zudecken und bei sehr kleiner Flamme zugedeckt stocken lassen. Hier ist ein Glasdeckel empfehlenswert, durch ihn sieht man, wann das Omelett oben nicht mehr flüssig ist.

Die Unterseite sollte leicht Farbe angenommen haben. Dann mit der heißen Fülle belegen und einmal umschlagen.

Nach Geschmack mit frisch geriebenem Parmesan betreuen und heiß servieren.

Dazu passen knackige Blattsalate.

TIPP

Sollten Sie keine frischen Eierschwammerln zur Verfügung haben, gibt es im Delikatessenhandel sehr gute, eingelegte Ware.

Hier möchte ich „Fink's Delikatessen" aus Riegersburg lobend erwähnen.

Süß-saure Putenpfanne

2 Personen
Zubereitung: 20 Minuten

300 g	Putenbrust
1 EL	Maiskeimöl
1 EL	Mais- od. Reisstärke
2 EL	Maiskeimöl
2 EL	Zucker
2 Stk.	Paprika grün
1 Stk.	Patisson weiß (klein)
1 gr.	weiße Gemüsezwiebel
1 Stk.	chinesischer Knoblauch od. 2 Knoblauchzehen
1	Chilischote
1 EL	Limettensaft
etwas	Wasser zum Aufgießen
	Salz
	weißer Pfeffer a. d. Mühle
2 EL	Erdnüsse

Für die Putenpfanne
Die Putenbrust in kleine Stücke schneiden, salzen und mit der Speisestärke vermengen.
Maiskeimöl erhitzen und das Fleisch darin knusprig braun braten. Auf einen Teller geben und beiseite stellen.
Von der Zwiebel die Häute entfernen und in mittelgroße Stücke schneiden. In einem Topf Wasser zum Kochen bringen, die Zwiebelstücke darin einmal aufkochen lassen und abseihen. Dadurch verlieren sie den intensiven Zwiebelgeschmack und die Zwiebel wird leichter verträglich.
Patisson in Scheiben schneiden und mit dem Sparschäler schälen. Wenn notwendig die Kerne entfernen. Danach in gefällige Stücke schneiden. Paprika halbieren, die Kerne ausschneiden und vierteln. Den chinesischen Knoblauch schälen und feinblättrig schneiden.
Nun in der Pfanne 2 EL Maiskeimöl erhitzen den Zucker beigeben und hellbraun karamellisieren lassen. Das ganze Gemüse hinzufügen und knackig durchrösten. Mit Limettensaft und etwas Wasser aufgießen. Danach die grob gehackten Nüsse und die angebratenen Putenstücke beimengen und mit der Chilischote nach Geschmack würzen. Wenn notwendig mit Salz und weißem Pfeffer abschmecken.

Rahmbeuschel mit Hirseknödeln

4 Personen
Zubereitung: 1,5 Stunden

	BEUSCHEL
2	Schweineherzen
1	Lunge
	Salz, Pfefferkörner, Lorbeerlaub, Zwiebel
2 EL	Maiskeimöl
2 EL	Mehl
1/4 l	Suppe
1/8 l	Sahne
1 EL	Paprikapulver
1	Zwiebel
2	Knoblauchzehen
	Salz, Essig, Thymian, Majoran, Kümmel
	KNÖDEL (CA. 10 STK.)
200 g	Hirse
100 g	Dinkelmehl
3	Semmeln
3	Eier
1 EL	Petersilie gehackt
	Salz, Pfeffer, Muskatnuss, Liebstöckel

Hirse in Salzwasser wie Reis halbweich kochen und zum Auskühlen beiseite stellen.

Für das Beuschel

Von der Lunge die großen Röhren entfernen, von den Herzen das Fett wegschneiden und unter fließendem Wasser gut waschen. Das Beuschel in reichlich kaltem Wasser zustellen und weich kochen. Die halbierte Zwiebel, Pfefferkörner, Lorbeerlaub und Salz als Würze beigeben.

Zwischendurch das Beuschel im Kochtopf immer wieder umdrehen, da die Lunge obenauf schwimmt. Es dauert ca. 1 Stunde, bis das Beuschel gar ist.

Das weiche Beuschel auskühlen lassen und in feine Scheiben schneiden. Diese wiederum feinstreifig fertig schneiden. In einer Kasserolle das Öl erhitzen und darin das Mehl braun anrösten. Nun mit kalter Suppe aufgießen, die Gewürze und das fein geschnittene Beuschel hinzufügen. Knoblauchzehe schälen, pressen und das Paprikapulver einrühren. Die Sahne unterrühren und alles auf kleiner Flamme noch 15 min. weiterköcheln lassen. Zum Schluss mit etwas Essig oder Wein abschmecken.

Für die Hirseknödel

Ausgekühlte Hirse in eine Rührschüssel füllen, die Eier, die gehackte Petersilie und etwas gehacktes Liebstöckel zugeben, Semmeln in kleine Würfel schneiden und mit dem Dinkelmehl ebenfalls unterrühren. Mit den Gewürzen abschmecken. Diese Masse ca. 15 min. zum Durchziehen stehen lassen. Daraus mit feuchten Händen Knödel formen und in Salzwasser zugedeckt ziehen lassen. Die Garzeit beträgt je nach Größe ungefähr 25 min.

Heißes Beuschel gemeinsam mit den Knödeln auftragen.

Reisfleisch

4 Personen
Zubereitung: 45 Minuten

2 EL	Butterschmalz
500 g	Schweinefleisch (Schulter)
1	gelbe Zwiebel
2	Knoblauchzehen
3/4 l	Wasser
300 g	Rundkornreis
1 EL	Tomatenmark
1 EL	Paprikapulver (edelsüß)
1 TL	Suppenwürze
	Salz, Kümmel, Pfeffer, Majoran

Für das Reisfleisch
Die Zwiebel und den Knoblauch schälen, fein hacken und im heißen Butterschmalz braun anrösten. Das Schweinefleisch in 2 x 2 cm große Würfel schneiden und zum gerösteten Knoblauch und Zwiebel geben, kurz mitrösten. Als nächstes das Tomatenmark, Paprikapulver und die restlichen Gewürze dazumischen und salzen.
Nun den Reis einstreuen und das Ganze mit Wasser aufgießen. Gut durchrühren, aufkochen und auf kleinster Flamme weich dünsten lassen. Zwischendurch das Reisfleisch immer wieder umrühren. Wenn notwendig noch Wasser hinzufügen, das Reisfleisch sollte schön saftig sein.

TIPP
Als geschmackliche Abrundung können Sie eine rote Paprikaschote in Würfel geschnitten mitkochen.

Reiswürste mit Apfelkren

etwa 30 Stück
Zubereitung: 3–4 Stunden

	WÜRSTE
6 m	Naturdärme
1 kg	Langkornreis
1 kg	Schweinsschulter
1 kg	Bauchfleisch
2	Zwiebeln
8	Knoblauchzehen gepresst
	Salz, frisch gemahlener schwarzer Pfeffer
3 EL	getrockneter Majoran
	Suppe vom gekochten Fleisch
	APFELKREN FÜR 6 PERS.
1 kg	Äpfel (Sorten, die nicht schnell braun werden, z. B. Golden Delicious, Elstar)
1/8 l	milder Apfelessig
	Wasser zum Verdünnen
3 EL	Zucker
etwas	Salz
1 EL	Meerrettich (Kren)
	VARIANTE
3 EL	Steirisches Kürbiskernöl

Für die Reiswürste
Naturdärme in kaltes Wasser einlegen.
Das Schweinefleisch in ganzen Stücken in kochendes Wasser geben, mit 3 Lorbeerblättern, etwas Salz, Pfefferkörnern, einigen Zwiebelhälften und 2 Knoblauchzehen würzen. Die Temperatur zurückschalten, das Fleisch nicht zu weich kochen und danach grob faschieren. Die Suppe für die Fülle warm halten.
In einem großen Kochtopf mind. 5 l Wasser aufkochen und salzen. Den Reis beigeben, durchrühren und 8–10 min. bissfest kochen. Er darf nicht weich sein. Gut unter fließendem kalten Wasser abspülen und auskühlen lassen.
Das faschierte Fleisch mit dem Reis vermengen, so viel Suppe beigeben, dass sich die Masse leicht in die Därme einfüllen lässt. Der Reis braucht die Flüssigkeit zum Fertigquellen. Nun mit den Gewürzen kräftig abschmecken. Die Masse muss überwürzt sein. Das Fertigkochen im Wasser nimmt wieder einiges an Würze weg.
Därme aus dem Wasser nehmen, auf einem Wursthorn befestigen und die Reisfülle einfüllen. Eventuell mit einem Kochlöffelstiel nachhelfen. Dies ist Gefühlssache, die Würste sollten nicht zu prall befüllt sein. Die Därme ca. alle 20 cm abdrehen oder abbinden. Nun in heißes Wasser einlegen, die Reiswürste 20 min. ziehen lassen und danach auskühlen. Die fertigen Würste in etwas Schweinefett braun ausbraten und mit Apfelkren servieren.

Für den Apfelkren
Die gewaschenen Äpfel schälen, auf einer Gemüsereibe mittelfein raspeln. Sofort mit Essig begießen, den Zucker, das Salz und den geriebenen Meerrettich untermischen. Anschließend so viel Wasser hinzufügen, dass die Säure angenehm für den Gaumen ist.

TIPP
Sie können für die Fülle auch Hirse (Brein) oder halb Reis/halb Hirse verwenden. Diese Würste lassen sich ausgezeichnet für 2–3 Monate einfrieren.

Das Rezept stammt von meiner lieben Mutter, sie macht die besten Reiswürste.

Ricotta- und Liptaueraufstrich (vegetarisch)

Für je 5 große Brote
Zubereitung: 20 Minuten

	RICOTTAAUFSTRICH
200 g	Ricotta (siehe S. 277)
20 g	Bärlauch
70 g	gekochter Spargel
40 g	Butter
	Salz
einige	Salatblätter
	LIPTAUER
250 g	Brimsen od. Magertopfen
30 g	Butter
1 EL	Sauerrahm
1 EL	geschnittener Schnittlauch
1 gr.	Essiggurkerl
1/2	roter Paprika
1/2	gehackte Schalotte
1 TL	Paprikapulver
1 TL	Kümmel
1 TL	Zitronensaft
	Salz, schwarzer Pfeffer

Für den Ricottaaufstrich
Die weiche Butter schaumig rühren und den Ricotta untermischen. Den Bärlauch fein hacken und gemeinsam mit dem Salz zugeben. Vom gekochten Spargel die Spitzen abschneiden und den übrigen Teil fein schneiden. Alles glatt verrühren und auf Salatblättern gemeinsam mit den Spargelspitzen anrichten. Den Ricottaaufstrich auf deftiges Brot dick aufstreichen.

Für den Liptauer
Paprika in kleine Würfel schneiden und das Gurkerl fein kacken. Die weiche Butter schaumig rühren und den Topfen beigeben. Nun alle Zutaten miteinander verrühren. Gut abschmecken und aufs Brot streichen. Zur Garnierung mit Schnittlauch und Paprikawürfeln bestreuen.

TIPP
Da es Bärlauch nur eine kurze Saison auf dem Markt oder eben in freier Natur gibt, frieren Sie die ganzen Blätter auf Vorrat ein.

Ritscher

4 Personen
Zubereitung: 40 Minuten

400 g	gekochte Rollgerste
400 g	gekochte Wachtelbohnen
200 g	Selchfleisch od. magerer Speck
1	Schalotte
1	Knoblauchzehe
3 EL	Schmalz od. Sonnenblumenöl
1 EL	Vollkornmehl
1/4 l	klare Suppe od. Selchsuppe
	Salz, weißer, frisch gemahlener Pfeffer

nach Geschmack Maggikraut, Bohnenkraut oder andere Kräuter

Für das Ritscher

Das Selchfleisch oder den Speck in kleine Würfel schneiden, die Schalotte und den Knoblauch schälen und fein hacken. In einem weiten Kochtopf das Fett erhitzen, darin die Schalotte, den Knoblauch und das Selchfleisch knusprig anrösten.

Nun das Vollkornmehl beigeben und braun mitrösten. Das Ganze mit der kalten Suppe aufgießen und aufkochen lassen.

Anschließend die gekochten Bohnen und die Rollgerste beifügen. Wenn notwendig noch mit Salz abschmecken, pfeffern und nach Geschmack und Gusto mit Kräutern würzen.

Bei kleiner Flamme das Ritscher noch ca. 15 min. weiterköcheln lassen.

Servieren Sie diese deftige, köstliche Speise in tiefen Tellern und zur Dekoration geben Sie ein Kräutersträußchen obenauf.

TIPP

Die Rollgerste und die Bohnen sollten vor dem Kochen gut anquellen. Hierfür bedeckt man beides am Vortag mit kaltem Wasser und lässt es über Nacht stehen. Die Kochzeit wird dadurch mindestens um die Hälfte verkürzt.
Das Einweichwasser wird am nächsten Tag vor dem Kochen entfernt, Wachtelbohnen und Rollgerste werden mit frischem Wasser und Salz zugestellt und weich gekocht.

VARIATION

Anstelle der Wachtelbohnen können Sie auch steirische Käferbohnen aus der Dose verwenden.

Roggene Dalken oder Ennstaler Krapfen (vegetarisch)

25 Stück
Zubereitung: 1 Stunde

650 g	Roggenmehl
180 ml	Milch
180 ml	Wasser
1 TL	Salz
	Schweineschmalz oder Öl zum Ausbraten
	FÜLLE
400 g	Emmentaler od. Steirerkas
1 kg	gekochte Erdäpfel
	Salz

Für die Roggenen Dalken

Aus den ganzen Zutaten einen Teig kneten und kurz rasten lassen.

Danach eine Rolle formen, ca. 60 g schwere Stücke abschneiden und aus jedem Stück zwischen beiden Händen eine Kugel rollen.

Auf eine Arbeitsfläche Mehl streuen und darauf mit einem Rollholz pfannengroße dünne Fladen auswalken. Immer wieder mit Mehl bestauben, damit die Fladen auf der Arbeitsfläche nicht ankleben.

In einer Pfanne 1 TL Fett erhitzen und darin beidseitig die Roggenen Dalken ausbraten.

Diese auf einen Teller legen und zugedeckt über Wasserdampf warm stellen. Mit dieser Masse bekommen Sie ca. 25 Stück.

Für die Fülle

Die Erdäpfel in der Schale kochen, den Käse auf einer Gemüsereibe fein reiben. Einen Dalken mit heißen geschälten, zerquetschten Erdäpfeln belegen und mit reichlich Käse bestreuen, salzen, zusammenschlagen und sofort essen.

TIPP

Dieses Rezept stammt aus der Obersteiermark und wird dort mit dem berühmten Steirerkas gegessen. Dieser deftige Bröselkäse ist durch seine intensive Würze nicht jedermanns Sache. Als leichte Variante hat Familie Fürndörfler zu geriebenem Hartkäse Erdäpfel hinzugefügt. Jeden Ostersamstag und auch vor dem Heiligen Abend kommen Roggene Dalken zu Mittag als Fastenspeise auf den Tisch.

Liebe Familie Fürndörfler, ein Dankeschön für dieses traditionelle Rezept.

Rohschinken mit gebratenem Sommerkürbis

2 Personen
Zubereitung: 30 Minuten

200 g	Rohschinken (Vulkano)
200 g	Sommerkürbis od. gelber Zucchini
2 EL	Olivenöl
	DIP
100 g	Schafstopfen od. Brimsen
2 EL	Sauerrahm
2 EL	gewürfelter Gemüsepaprika
	Salz, frischer Thymian, frischer Basilikum
einige	Kräuterzweige zum Garnieren

Für den gebratenen Kürbis
Kürbis oder Zucchini der Länge nach in 2 mm starke Stücke schneiden. Das geht sehr gut auf der Brotschneidemaschine. Nun leicht salzen und einige Minuten durchziehen lassen.
Gut mit Küchenpapier trocken tupfen und in heißem Olivenöl braun anbraten.

Für den Dip
Schafstopfen oder Brimsen in eine Schüssel füllen und mit dem Sauerrahm verrühren. Thymian- und Basilikumblättchen zerzupfen, beigeben und mit den Paprikawürfeln verfeinern. Zum Schluss salzen.

Auf schöne Teller einige Stücke vom gebratenen lauwarmen Kürbis legen, nach Geschmack mit Olivenöl beträufeln, Vulkanoschinken und ein Häufchen vom Dip dazu geben. Am Tellerrand einige Kräuterzweige verteilen.

TIPP

Getoastetes Weißbrot ist eine gute Beilage zu dieser leichten Vorspeisenvariation.

Brimsen ist die Bezeichnung für den ein paar Tage gereiften, leicht gesalzenen Frischkäse aus 100 % Schafsmilch. Der originale Liptaueraufstrich wird mit Brimsen zubereitet.

Rollgerstenrisotto mit Kaninchen und Spargel

4 Personen
Zubereitung: 1 Stunde ohne Quellzeit

300 g	Rollgerste
2 EL	Butter
1/8 l	Most
1 l	kräftige Rindsuppe
250 g	gekochter Grünspargel
	Selleriesalz
	weißer Pfeffer
einige Bl.	frisches Basilikum
	KANINCHEN
2 EL	Olivenöl
2 Stk.	Kaninchenfilets ohne Knochen
1 TL	granulierter Knoblauch
	Salz, Pfeffer

Die Rollgerste für 2 Stunden mit kaltem Wasser anquellen lassen und abseihen.

Für das Kaninchenfilet
Kaninchenstücke mit Salz, granuliertem Knoblauch und frisch gemahlenem Pfeffer würzen.
Das Olivenöl in einer Pfanne erhitzen und die Kaninchenfilets rundherum braun ausbraten, bis sie fast durchgebraten sind. Nun in Folie einschlagen und warm stellen.

Für das Risotto
In einem Kochtopf die Butter zerlassen, die Rollgerste zugeben, mit dem Most ablöschen, gut durchrühren und einen Teil der Rindsuppe beigeben. Die Kochtemperatur zurückschalten und unter ständigem Umrühren das Risotto bissig weich dünsten. Nach und nach die restliche Suppe zugießen. Am Ende der Kochzeit den gekochten und klein geschnittenen Grünspargel unterrühren. Mit wenig Selleriesalz und weißem Pfeffer würzen.

Gebratenes Kaninchenfleisch in Scheiben schneiden und das Risottogericht damit belegen. Zum Schluss mit Basilikumblättchen dekorieren.

TIPP
Risottogerichte müssen frisch zubereitet und immer schnell serviert werden, denn die sämige Konsistenz geht schnell verloren.
Zur Verbesserung können Sie gegen Ende der Kochzeit etwas Sahne und geriebenen Parmesan unterziehen.

Süß-saures Rübengemüse mit Rohschinken und Pesto

4 Personen
Zubereitung: 45 Minuten

RÜBENGEMÜSE

1	rote Rübe u. gelbe Stockrübe
1 kl.	Kohlrabi od. Wasserrübe
2	Schalotten fein gehackt
50 ml	Olivenöl
1 EL	Zucker
2 EL	Rosinen fein gehackt
1 Msp.	gemahlener Kümmel
1 TL	Korianderkörner
50 ml	Apfelessig
	Salz, Pfeffer a. d. Mühle

GARNIERUNG

12 Sch.	Turmschinken (Rohschinken)
2 Sch.	Toastbrot

PESTO

3 handv.	großblätt. Basilikum
3 EL	Pecorion (Schafhartkäse)
3 EL	Parmesan
2	Knoblauchzehen
125 ml	Olivenöl
	Meersalz

MARINADE

2 EL	Olivenöl
1 EL	Apfelessig
1 KL	süßer Senf u. Kapern
etwas	Salz

BEILAGE

Zarte Kohlrabi od. Rübenblätter

Für das Pesto

Beide Käsesorten fein reiben. Basilikumblätter zerpflücken, salzen und in einen Mörser geben. Mit dem Olivenöl zu einer Paste zerstoßen. Den geschälten, grob geschnittenen Knoblauch und die restlichen Zutaten beifügen und gut verrühren.

Für das Rübengemüse

Korianderkörner in einem Töpfchen ohne Fett rösten bis er duftet und im Mörser zerstoßen. Die rote und gelbe Rübe schälen, vom Kohlrabi die Schale abziehen. Die zarten grünen Blätter beiseite geben. Das Gemüse in 3 mm große Würfel zerteilen. Das Olivenöl erhitzen, fein gehackte Schalotten und den Zucker beigeben. Ganz leicht bräunen und sämtliches Gemüse hinzufügen, durchschwitzen und mit Essig ablöschen. Mit fein gehackten Rosinen und den Gewürzen abschmecken. Das Rübengemüse 20–25 min. weiterdünsten und mit wenig Wasser aufgießen. Das Gemüse sollte eine klebrige, im Kern eine bissige Konsistenz aufweisen.

Für die Garnierung

Das Toastbrot entrinden und in feine Streifen schneiden. In etwas erwärmter Butter hellbraun anrösten.

Für die Beilage

Gemüseblätter waschen und zerzupfen. Die Zutaten für die Marinade vermischen und kurz vor dem Anrichten die Gemüseblätter darin marinieren. Das ausgekühlte Rübengemüse in eine beliebige Form drücken, mit 3 Stk. Turmschinken belegen, Brotstreifen und etwas mariniertes Gemüse beigeben.

TIPP

Um ein steirisches Pesto zu erhalten, kombinieren Sie halb Oliven- und halb Kürbiskernöl. Den Pecorino tauschen Sie gegen gemahlene Kürbiskerne aus. Außerdem bieten viele findige Produzenten herrliches, steirisches Kürbiskernpesto im Handel an und Sie ersparen sich die aufwändige Zubereitung.

Das tolle Rezept hat mir Hans-Peter Fink – derzeit Chefkoch im Hotel Sacher in Wien – zu Verfügung gestellt.

Schwammerlsterz (vegetarisch)

4 Personen
Zubereitung: 30 Minuten

2 EL	Butter
500 g	Schwammerln (Steinpilze od. Eierschwammerln)
1 EL	gehackte Petersilie
100 g	Weizengrieß
100 ml	Wasser
150 ml	Milch
	Salz

Für den Schwammerlsterz
Zugeputzte gewaschene Schwammerln blättrig schneiden.
Die Butter in einer Pfanne zerlassen, Petersilie anschwitzen und die blättrig geschnittenen Schwammerln darin leicht braun anrösten.
Den Grieß dazugeben, kurz mitrösten, dann mit Wasser und Milch aufgießen.
Einmal aufkochen lassen und durchrühren, den Herd auf die kleinste Stufe zurückschalten und zugedeckt weich dämpfen. Die Garzeit dauert etwa 15 min.
Vor dem Servieren den Schwammerlsterz mit einer Sterzgabel auflockern und salzen.

TIPP
Das Wasser und die Milch können Sie auch durch eine klare Suppe ersetzen. Eierschwammerln schmecken manches Mal leicht bitter. Deshalb ist es empfehlenswert, die geschnittenen Eierschwammerln kurz vor dem Verkochen in heißem Wasser zu blanchieren.

Gut geeignet für Schwammerlsterz sind braune und weiße Champignons, Steinpilze, Schneeritterlinge, Eierschwammerln und Austernpilze.

Sommerkürbispfanne (vegetarisch)

2 Personen
Zubereitung: 10 Minuten

2 EL	Olivenöl
500 g	Sommerkürbisse od. Zucchini
8	Minitomaten
125 g	Mozzarella
3	Knoblauchzehen
	Salz, Oregano, Basilikum

Für die Sommerkürbispfanne

Sommerkürbisse waschen, Stielansatz wegschneiden und in Scheibchen schneiden. Minitomaten ebenfalls waschen und halbieren. Die Knoblauchzehen schälen und grob hacken.

Das Olivenöl in einer Pfanne erhitzen, den gehackten Knoblauch und den geschnittenen Sommerkürbis beigeben und leicht braun anrösten.

Mozzarella in Würfel schneiden und zum Schluss in die Pfanne einlegen. Den Käse zerfließen lassen und die Sommerkürbispfanne sofort servieren. Dazu passt italienisches Weißbrot.

Das Gericht lässt sich schnell und ohne großen Aufwand zubereiten. Außerdem ist es leicht und hat wenige Kalorien.

TIPP

Sommerkürbisse lassen sich auch in einem kleinen Garten oder auf der Terrasse leicht ziehen. Der buschförmige Wuchs dieser Kürbispflanze benötigt wenig Platz. Geerntet werden die Früchte mit ca. 15 cm Länge. Größere Früchte kann man gut für Aufläufe und für Mischgemüse, aber auch zum Füllen verwenden. Bei regelmäßiger Ernte wachsen ständig neue Früchte nach.

SORTENNAME

Cucurbita pepo: ZEPHYR F1
Im Anhang sind Bezugsadressen für Saatgut angeführt.

Spargel-Radieschenragout mit Hühnerleber

4 Personen
Zubereitung: 35 Minuten

RAGOUT

1	Schalotte
2 EL	Traubenkernöl
500 g	Spargel (gebleicht und grün)
10 Stk.	Radieschen
1/8 l	Sahne
1 TL	Maisstärke
2 EL	Weißwein
	Salz, Muskat, Pfeffer

LEBER

2 EL	Sonnenblumenöl
500 g	Hühnerleber
	Salz, Pfeffer

Für das Ragout

Den gebleichten Spargel mit dem Sparschäler sorgfältig schälen (Grünspargel muss nicht geschält werden).

Von den Spargelstangen den hinteren holzigen Teil bis zum zarten Stück wegschneiden. Die zarten Stücke auf gleicher Länge abschneiden (ca. 6 cm), wobei man die Spargelspitzen beiseite legt. Radieschen waschen, die Blätter und die Wurzeln entfernen, danach in 2 mm dicke Scheiben schneiden und halbieren.

Die Schalotte fein hacken und im erhitzten Traubenkernöl in einer Kasserolle anschwitzen, die geschnittenen Spargel- und Radieschenstücke beigeben und ebenfalls kurz mitrösten.

Die Maisstärke in die Sahne einrühren und das Gemüse damit aufgießen. Auf kleine Flamme zurückdrehen und einige Minuten köcheln lassen. Das Gemüse sollte noch einen leichten Biss haben. Kurz vor Garende fügt man die Spargelspitzen bei, wobei diese nicht zerkochen sollten. Nun mit dem Wein, Salz, Muskatnuss und Pfeffer fertig abschmecken und warm stellen.

Für die Hühnerleber

Von den Hühnerleberstücken die Fettreste wegschneiden und die Leber waschen. Auf einem Küchenpapier gut abtropfen lassen.

In einer Pfanne das Sonnenblumenöl erhitzen und darin die ungesalzenen Leberstücke braun ausbraten. Sie sollten innen noch zart rosa sein. Zum Schluss salzen und mit frisch geriebenem, schwarzem Pfeffer verfeinern. Gemeinsam mit dem Spargel-Radieschenragout servieren.

TIPP

Anstelle von Radieschen können Sie auch Rettich verwenden.

Bei diesem Gericht gefällt mir der Kontrast von Grün und Rosa sehr gut. Sie werden sehen, Farbe am Teller macht fröhlich.

Steirisches Chili

6 Personen
Zubereitung: 30 Minuten

3 EL	Sonnenblumenöl
250 g	Zwiebel
250 g	gemischtes Faschiertes
350 g	gekochte steirische Käferbohnen
2	Knoblauchzehen
150 g	Gemüsemais
150 g	würfelig geschnittener Kürbis (ersatzweise Karotten)
500 g	Tomatenwürfel
1 EL	Tomatenmark
1	gewürfelter gelber Gemüsepaprika
	Chilischote nach Geschmack
	GEWÜRZE
	Salz, Cayennepfeffer
etwas	Suppenwürze

Für das Chili

Zwiebel und Knoblauch schälen, fein hacken und im erhitzten Öl hellbraun anrösten. Faschiertes hinzufügen, ebenfalls bräunen, danach Tomatenwürfel, Tomatenmark, die Käferbohnen und den Mais mit dem Aufguss, Paprikawürfel und den Kürbis beigeben.
Nun mit den Gewürzen gut abschmecken. Das steirische Chili noch 20 min. bei niedriger Temperatur köcheln lassen.
Mit frischem steirischen Bauernbrot servieren.

Sulz nach Großmutters Art

6 Personen
Zubereitung: 4 Stunden

1,5 kg	Schweinshaxen u. Stelzen
500 g	Schweineschwarten
1 Bd.	Suppengemüse
1	Karotte
1	gelbe Möhre
1/2	Zwiebel
4	Knoblauchzehen
1 EL	Pfefferkörner
2	Lorbeerblätter, Wacholderbeeren
1 TL	getrockneter Majoran, Thymian
2 EL	vegetarische Suppenwürze
4	Eiklar zum Klären
	Salz, Pfeffer

Für das Sulz

Gut geputzte Schweinshaxen, Stelze und Schwarten waschen. 3 l kaltes Wasser zustellen, alles einlegen, aufkochen, die Gewürze, geschältes Suppengemüse, Knoblauch und Zwiebel beigeben. Den Eiweißschaum so gut als möglich abschöpfen und die Hitze zurücknehmen. Die Flüssigkeit sollte nur leicht wallend ziehen. Das Sulz muss ca. 3 Stunden garen. Die Suppenwürze 30 min. vor Garende einstreuen.

Das Sulz in einen Suppentopf seihen und die gekochten Schweinshaxen zum Auskühlen beiseite stellen. Die Flüssigkeit gut mit Salz und Pfeffer würzen und erhitzen. Obenauf schwimmendes Fett abschöpfen und danach das Eiklar in den kochenden Sud einfließen lassen. Den Topf von der Herdplatte ziehen und warten, bis das gestockte Eiweiß zu Boden sinkt.

Nun durch ein feinmaschiges Sieb vorsichtig abseihen und den Satz im Topf belassen. Dadurch erhält man eine geklärte Flüssigkeit. Die gekochten Fleischstücke vom Knochen lösen, mit Schwarte je nach Geschmack in gefällige Stücke schneiden. Karotten und gelbe Möhre ebenfalls mit verwenden. Alles in den Sud einlegen. Nun in eine Kastenform füllen und für einige Stunden zum Stocken kalt stellen.

Kaltes Haussulz in dünne Scheiben oder Würfel schneiden und mariniert mit Steirischem Kürbiskernöl, Zwiebel, Salz, Pfeffer und Apfelessig servieren.

TIPP

Wichtig für den vollen Geschmack des Sulzes ist das kräftige Würzen.

Wildsulz lässt sich nach dem gleichen Rezept herstellen. Man ersetzt die Schweinshaxen durch Wildfleisch, zum Beispiel Schlegel oder Schulter und zusätzlichen Wildknochen. Schweineschwarten sollten aber nicht fehlen, sie garantieren das Gelieren.

Oder Sie geben anstelle der Schwarten auf 1 l fertig geklärten heißen Sud 12 Blatt eingeweichte Gelatine bei. Die Kochdauer kann damit auch verkürzt werden.

Zweierlei gefüllte Zucchiniblüten

4 Personen
Zubereitung: 40 Minuten

12	Minizucchini mit Blüte
	Salz, Olivenöl
	SCHAFKÄSEFÜLLE
50 g	gekochter Weichweizen
150 g	Ricotta od. Schafkäse
1 EL	geriebener Parmesan
1	Ei
1 TL	gehackte Kräuter (Schnittlauch, Rosmarin, Basilikum)
	FLEISCHFÜLLE
50 g	gekochter Weichweizen
200 g	gemischtes Faschiertes
	Salz, Pfeffer, Thymian, Oregano
	TOMATENSAUCE
3 EL	kräftiges Olivenöl
500 g	gewürfelte Tomaten
1 EL	Tomatenmark
1	Schalotte
1 Stk.	chinesischer Knoblauch
	Salz, Thymian, Basilikum
	BEILAGE
	Beliebige Nudeln z. B. Conchiglie (Muscheln) mit Kürbisgeschmack

Für die gefüllten Blüten

Minizucchini mit der Blüte vorsichtig waschen und den Stempel aus der Blüte entfernen. Zucchini blättrig einschneiden und leicht salzen.

Für beide Füllen die jeweiligen Zutaten miteinander vermengen und gut abschmecken.

Die eine Hälfte der Zucchiniblüten mit Käsefülle und die andere mit der Fleischfülle füllen, jeweils einen Esslöffel pro Blüte. Die Fülle leicht nach unten drücken und die Blüte so gut als möglich verschließen. Gut zusammendrücken oder mit Schnittlauchfäden binden.

In einer beschichteten Bratpfanne das Olivenöl erhitzen und darin die gefüllten Zucchini mit Blüten rundherum hellbraun anbraten.

Für die Tomatensauce

Den Knoblauch und die Schalotte schälen, danach beides fein hacken. Olivenöl in einer feuerfesten Pfanne erhitzen, darin den Zwiebel und den Knoblauch anschwitzen. Das Tomatenmark beigeben kurz anrösten und mit den Tomatenwürfeln und etwas Wasser aufgießen. Salzen und die Kräuter beigeben. Auf kleiner Flamme etwas einreduzieren lassen.

Nun die angebratenen Zucchini in die Tomatensauce schichten und im Backrohr mit Oberhitze fertig garen. Dies dauert ca. 15 min.

Fertig gekochte Nudeln mit Butter verfeinern und mit geschnittenen Zucchiniblüten bestreuen. Gemeinsam mit den gefüllten Zucchiniblüten, bestreut mit gehobeltem Parmesan, in der Pfanne auftragen.

TIPP

Als Dekor schneiden Sie Zucchiniblüten nudelig, hobeln Parmesan blättrig und bestreuen damit die Nudeln.

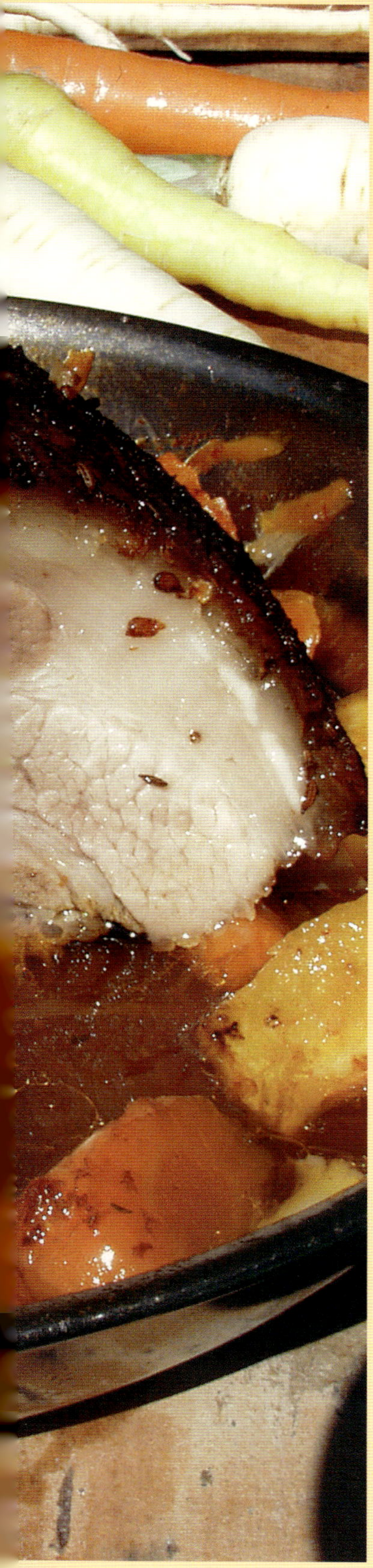

Hauptsache gut „hauptspeisen"

Liebhaber der guten Küche dürfen sich von Hauptgerichten wirklich mehr erwarten als ein 10-Minuten-Blitzgericht.
Die Anzahl der zu bekochenden Gäste, die Auswahl des Lieblingsmenüs und eine grobe Einschätzung der benötigten Zeit gehören im Vorfeld genau ausgetüftelt.
Besondere Überlegung und Sorgfalt müssen wir auf die Auswahl der Produkte legen. Der gute alte Einkaufszettel – neuerdings am Handy notiert – ist dafür unerlässlich. Damit vermeidet man lästige Überraschungen während der Zubereitung des Menüs – wenn einem hektisch bewusst wird, dass uns ein Produkt für die Fertigstellung fehlt (was mir als Chaotin zugegebenermaßen des Öfteren passiert ...)

Die nächsten Seiten beinhalten meine Ideen, die versuchen, Sie kreuz und quer durch die Küche zu führen. Ob große Braten, Nierndlerln im Saft mit Butternudeln oder ein herzhaftes Gulasch mit Bärlauchspätzle: Ich denke, es ist für jeden Geschmack etwas dabei. Und Sie werden sich hoffentlich in so manches Feinschmeckerherz kochen.

Entenbrust mit Linsencurry

4 Personen
Zubereitung: 35 Minuten

1 EL	Erdnussöl
2	Entenbrüste
	Salz, Pfeffer

MARINADE

1 EL	Honig
1 TL	süße Chilisauce
etwas	granulierter Knoblauch

LINSENCURRY

200 g	Champagne-Linsen
1 EL	Erdnussöl
1 EL	Zucker
2 EL	gehackter Lauch
1	Schalotte
1	Birne
1	oranger od. gelber Paprika
1 EL	Weinessig
1 Msp.	gemahl. Ingwer
1 Msp.	Currypulver
1 TL	süße Chilisauce
	Salz

Für das Linsencurry

Champagne-Linsen für 1 Stunde in kaltem Wasser anquellen lassen. Das Wasser erneuern, salzen und die Linsen auf kleiner Flamme darin weich kochen.

Erdnussöl erwärmen, den Zucker, den Lauch und die gehackte Schalotte beigeben. Die Birne schälen, klein würfeln, den Paprika ebenfalls in gleich große Würfel schneiden. Alles gemeinsam hellbraun anrösten, mit Essig ablöschen, danach die gekochten Linsen hinzufügen. Mit den Gewürzen abschmecken und noch einige Minuten bei geringer Temperatur köcheln.

Backrohr auf Oberhitze oder Grillstufe einstellen.

Für die Entenbrust

Die Entenbruststücke auf der Hautseite rautenförmig einschneiden, dann salzen und pfeffern.

In einer Pfanne das Öl erhitzen, Entenbrüste zuerst mit der Hautseite einlegen knusprig anbraten, danach auf der Unterseite kurz bräunen.

Für die Marinade alle Zutaten vermischen und auf die Hautseite aufstreichen.

Ein Backblech mit einem Stück Alufolie belegen und die angebratenen Stücke mit der Hautseite nach oben darauf legen und im Rohr 20 min. fertig braten.

Die Entenbrust sollte innen noch rosa sein.

Heißes Linsencurry in der Mitte eines Tellers anrichten und die schräg geschnittenen Entenbruststücke darauf platzieren.

Gebackenes Kaninchen mit Champignonreis und Rohnensalat

4 Personen
Zubereitung: 1 Stunde

1	Zuchtkaninchen ca. 1,5 kg
	Salz
1,5 l	Frittierfett od. Schweineschmalz
	PANIER
3	kleine Eier
300 g	Weißbrotbrösel
4 EL	Mehl
	Salz
	CHAMPIGNONREIS
200 g	Langkornreis
1	gelbe Möhre
1/2	Zwiebel bespickt mit Gewürznelken
1 EL	Butter
1	Schalotte
250 g	Champignons
1 EL	gehackte Petersilie
	Salz, weißer Pfeffer
	ROHNENSALAT
1 kg	rote Rüben
1	rote Zwiebel
1 EL	gerissener Kren
2 TL	Zucker
	Salz, Pfeffer, Kümmel
etwas	Honigessig

Das Kaninchen am Vortag zerteilen und peinlichst genau zuputzen. In ein Gefäß schichten, über Nacht entweder mit Milch oder Wasser bedeckt auswässern.

Für den Rohnensalat
Gewaschene rote Rüben mit Wasser bedeckt weich kochen, auskühlen, schälen und blättrig hobeln. Die rote Zwiebel schälen, fein hacken und beigeben. Mit den restlichen Zutaten den Rohnensalat kräftig abschmecken und zugedeckt durchziehen lassen.

Für den Champignonreis
Die gelbe Möhre schälen, dann in kleine Würfel schneiden. Den Reis und die Möhrenwürfel in eine mittlere Kasserolle füllen, salzen und ca. 3 cm mit kaltem Wasser bedecken. Die halbierte, mit Nelken bespickte Zwiebel obenauf legen. Aufkochen lassen, einmal umrühren und den Reis zugedeckt auf der kleinsten Stufe gar dämpfen.
Champignons reinigen und blättrig schneiden. Schalotte schälen, fein hacken und in der Butter glasig anschwitzen. Nun die Champignons beigeben. Gehackte Petersilie einstreuen, alles leicht braun rösten, salzen und unter den gekochten Reis rühren.

Für das gebackene Kaninchen
Kaninchenstücke gut mit Küchenpapier abtrocknen und einsalzen. Kaninchenstücke zuerst in Mehl wenden, dann durch die verquirlten Eier ziehen und zum Schluss von jeder Seite vorsichtig mit Bröseln bedecken. Brösel nicht andrücken, dadurch würde die Panier beim Backen fest.
Fett am besten in einer Fritteuse erhitzen. Kaninchenstücke bei 160 °C langsam knusprig braun ausbacken (15–20 min.). Auf einem Küchenpapier abtropfen lassen und warm stellen.

TIPP
Rohnensalat lässt sich gut einige Tage vorher zubereiten. Geschmacklich wird er dadurch noch besser. Mit Gewürzen und Salz sollten Sie nicht sparen. Dann schmeckt er fad. Ernten Sie rote Rüben aus dem eigenen Garten möglichst jung. Je älter sie werden, umso rübigerdiger schmecken sie.

Gefüllte Hendlstücke mit Kohlrabi-Melanzanigemüse

4 Personen
Zubereitung: 1,5 Stunden

HENDL

4 Stk.	Hendlhaxen
2 Stk.	Hühnerbrüste ohne Knochen
2 EL	Olivenöl
4	Knoblauchzehen
8 Stk.	Cocktailtomaten
	Salz
einige	Holzspieße zum Verschließen

FÜLLE

100 g	Buchweizenkerne
1 EL	Butter
1 EL	Selleriewürfel od. Staudensellerie
1 EL	Sauerrahm
1 EL	Petersilie gehackt
1 EL	Rettichwürfel
1 TL	gehackter Lauch
50 g	Schwarzbrotwürfel ohne Rinde
	Salz, weißer Pfeffer

GEMÜSE

2 Stk.	Kohlrabi
1 Stk.	Melanzani
	Salz, Basilikum, Petersilie
	Olivenöl, Butter

Für die Fülle
Buchweizen mit Wasser zustellen, Butter, Selleriewürfel und etwas Salz beigeben. Nun alles kernig weich kochen und zum Auskühlen beiseite stellen. Die Masse darf nicht zu patzig sein. Anschließend die restlichen Zutaten unterrühren.

Für die gefüllten Hendlstücke
Backrohr auf 220 °C vorheizen.
Die Haxen entlang der Knochen aufschneiden und mit einem spitzen Messer den Knochen herauslösen. In die Hühnerbrüste seitlich eine Tasche einschneiden. Hendlfleisch salzen und die Buchweizenfülle einfüllen. Mit Hilfe der Holzspieße die Öffnung verschließen.
Eine feuerfeste Form mit Olivenöl beträufeln und die gefüllten Hendlstücke einlegen.
Den blättrig geschnittenen Knoblauch und die Cocktailtomaten beigeben.
Im vorgeheizten Rohr ca. 1 Stunde knusprig braun braten. Zwischendurch das ausgebratene Fett abgießen und immer wieder mit ein wenig Wasser oder Suppe aufgießen. Es sollte ein schön brauner Natursaft entstehen.

Für das Gemüse
Melanzani in 2 cm dicke Scheiben schneiden und einsalzen.
Kohlrabi schälen, in 3 mm starke Scheiben schneiden und diese vierteln.
In einer Pfanne Olivenöl erhitzen und darin zuerst die geviertelten Melanzanischeiben langsam braten, bis sie weich sind. Auf einen Teller geben und beiseite stellen.
Wieder etwas Olivenöl in die Pfanne geben und darin die Kohlrabistücke weich braten. Danach beides mischen und mit Basilikum, Petersilie, Salz und einigen Butterflöckchen würzen.
Die Hendlstücke gemeinsam mit dem Gemüse servieren.

Gefülltes Kaninchen mit Paprikagemüse

4 Personen
Zubereitung: 1,5 Stunden

2 EL	Olivenöl
1	Kaninchen (1,2 kg)
1	Zwiebel
	Salz, Pfeffer, Kümmel, Maggikraut
	Haushaltsgarn u. eine große Nadel zum Vernähen.
	FÜLLE
400 g	Faschiertes vom Rind
1	Ei
3 Stk.	Toastbrot
1 EL	Crème fraîche
2 EL	Paprikawürfel (rot, grün, gelb)
	Salz, Pfeffer, Thymian
	PAPRIKAGEMÜSE
1 EL	Olivenöl
1 EL	Zucker
3 Stk.	Paprika (gelb, rot, grün)
1 Stk.	Zucchini (300 g)
1/2 Stg.	Lauch
einige EL	Suppe od. Wein
	Salz, Thymian

Für das Kaninchen
Vom gut zugeputzten und gewaschenen Kaninchen die vorderen und die hinteren Keulen abtrennen. Bei den hinteren Keulen mit einem spitzen Messer den Knochen entfernen ohne das Fleisch aufzuschneiden. Diese werden auch mit Fülle gefüllt. Vielleicht kann Ihnen diese Arbeit der Fleischhauer abnehmen. Kaninchen innen und außen salzen, pfeffern und mit Kümmel einreiben.

Für die Fülle
Faschiertes mit dem Ei vermischen. Toastbrot in kleine Würfel schneiden und mit Crème fraîche und den Paprikawürfeln verrühren, diese Masse dem Faschierten beifügen. Nun mit den Gewürzen abschmecken und alles gut durchkneten.
Die ausgelösten Kaninchenkeulen mit etwas Fülle stopfen und mit Zahnstochern zustecken. Mit dem Rest der Fülle einen Strang formen und den Bauch damit füllen. Die Bauchlappen hochziehen und mit Haushaltsgarn zunähen. In einer Pfanne Olivenöl erhitzen, darin die Kaninchenstücke braun anbraten und mit Wasser aufgießen. Die Zwiebel und ein Stück Maggikraut dazugeben. Im Rohr ca. 1 Stunde bei 170 °C braten.

Für das Paprikagemüse
Gewaschene Paprika in gefällige Rhomben schneiden, Lauch in Scheiben schneiden, Zucchini vierteln und ebenfalls in Scheibchen schneiden.
Olivenöl in einer Pfanne erhitzen, den Zucker einstreuen und leicht braun anlaufen lassen. Das Gemüse beimengen und mit etwas Suppe oder Wein aufgießen. Die Flüssigkeit verkochen und das Gemüse leicht bräunen lassen. Das Gemüse sollte noch Biss haben. Zum Schluss salzen und mit frischem Thymian nach Geschmack würzen.

Gekochtes Rindfleisch mit Gurkensauce

4 Personen
Zubereitung: 1,5 Stunden

1 kg	Schulterscherzl
1 EL	Pfefferkörner
1 Bd.	Suppengemüse
1	Zwiebel
	Salz
	GURKENSAUCE
3	Gemüsegurken
50 g	Maiskeimöl
3 EL	glattes Mehl
400 ml	Suppe
1 EL	gehackte Petersilie u. Dill
	Salz, Essig, Kümmel
	BUNTE KARTOFFELN
1 kg	Kartoffeln (gelb, blau, rosa)
1 EL	Butter
	Salz

Für das gekochte Rindfleisch
2 l Wasser zum Kochen bringen, Pfefferkörner, Suppengemüse, Salz und das Rindfleisch beigeben. Bei niedriger Temperatur weich kochen.

Für die Gurkensauce
Die Gurken mit einem Gemüsemesser schälen, halbieren und von den Kernen befreien. Einsalzen und 10 min. ziehen lassen.
Für die Sauce das Fett in einer Kasserolle erhitzen, das Mehl darin braun rösten und mit Suppe aufgießen.
Das Gurkenwasser abgießen und die Gurkenstücke der Sauce beigeben. Die Hitze reduzieren und das Ganze weich kochen lassen. Zum Schluss mit den Kräutern und dem Essig abschmecken. Eventuell nachsalzen.

Für die bunten Kartoffeln
Die gewaschenen Kartoffeln schälen und in Stücke schneiden. In Salzwasser weich kochen, abseihen und in geschmolzener Butter schwenken. Danach leicht salzen.

Das gekochte Rindfleisch in Scheiben schneiden und gemeinsam mit der Gurkensauce und den Kartoffeln auftragen.

TIPP
Für die Gurkensauce können Sie größer gewachsene Gurken verwenden, denn die Kerne werden für dieses Gericht entfernt.

Herzhaftes Gulasch mit Bärlauchspätzle

6 Personen
Zubereitung: 2 Stunden

GULASCH

1,5 kg	Wadschinken od. Rindsschulter
1 kg	gelbe Zwiebeln
6	Knoblauchzehen
150 g	Schweineschmalz od. Speiseöl
3 EL	Rosenpaprika (edelsüß)
1 TL	Kümmel, Majoran, Thymian
1 EL	Suppenwürze (Würfel)
1	Lorbeerblatt
1 kl.	Chilischote
	Salz, schwarzer Pfeffer a. d. Mühle
etwas	Mehl od. Speisestärke zum Binden

BÄRLAUCHSPÄTZLE

500 g	glattes Mehl
4	Eier
400 ml	Milch
1 TL	Salz
3 EL	Bärlauch
2 EL	Olivenöl
	frisch gerieb. Muskatnuss
40 g	Butter zum Schwenken

Für das Gulasch
Gut zugeputztes Rindfleisch in ca. 4 x 4 cm Würfel schneiden. Knoblauch und Zwiebel schälen und fein hacken. Fett am besten in einer großen beschichteten Pfanne erhitzen, darin den fein gehackten Knoblauch und den Zwiebel unter ständigem Rühren mittelbraun anrösten. Durch die Flüssigkeit der Zwiebeln dauert dies einige Zeit. Nun das Paprikapulver ganz kurz mitrösten und sofort mit etwas Wasser aufgießen. Die geröstete Masse in einen großen Kochtopf schütten, das würfelig geschnittene Rindfleisch und die Gewürze beigeben, so viel Wasser hinzufügen, dass das Fleisch bedeckt ist. Das Ganze aufkochen und auf kleine Flamme zurückschalten.
Die Garzeit dauert je nach Fleischqualität 1–2 Stunden. Wenn notwendig immer wieder etwas Wasser nachgießen. Sollte die Sauce zu flüssig sein, in kaltes Wasser etwas Mehl oder Speisestärke einrühren und das Gulasch damit binden. Zum Schluss nach dem Verkosten eventuell nachwürzen.

Für die Bärlauchspätzle
Milch mit den Eiern verquirlen, salzen und das Mehl einrühren. Bärlauchblätter mit dem Olivenöl in einem elektrischen Zerkleinerer pürieren oder in einem Mörser zerstoßen. Anschließend dem Spätzleteig beimengen. Ca. 2 l Wasser in einem hohen Kochtopf zum Kochen bringen und den Teig durch ein Spätzlesieb ins Wasser einfließen lassen. Für etwa 3 min. kochen, danach abseihen und in zerlassener Butter schwenken. Mit der Salzmühle leicht nachsalzen.
Gemeinsam mit dem Rindsgulasch servieren.

TIPP
Wichtig für ein gutes Gulasch ist Folgendes: Die Qualität des Fleisches muss gegeben sein, also nicht zu magere Stücke kaufen. Die beste Wahl ist Wadschinken oder Schulterscherzl. Zwiebel und Knoblauch nicht zu dunkel rösten, Paprika nur ganz kurz mitrösten, ansonsten bekommt das Gulasch schnell eine bittere Note. Bei den Gewürzen sollten Sie nicht sparen.

Kalbsrücken mit Zweigeltnudeln und Kokossauce

2 Personen
Zubereitung: 40 Minuten

2 EL	Maiskeimöl
400 g	Kalbsrücken im Ganzen
1 EL	Butter
	Salz, weißer Pfeffer
	NUDELN UND SAUCE
150 g	Zweigeltnudeln
200 g	Kokosmilch
1/8 l	klare Suppe
1 EL	gehackte Frühlingszwiebeln
1	Knoblauchzehe
1 Msp.	gemahl. Koriander
1 TL	Weißwein, Salz
	ZUM BESTREUEN
1 EL	Kokosflocken u. Erdnüsse

Backrohr auf 150 °C vorheizen.

Für den Kalbsrücken
Das zugeputzte Fleisch leicht salzen und pfeffern. Öl in einer Bratpfanne erhitzen, den Kalbsrücken darin rundherum braun anbraten. Fleisch in Folie einschlagen, die Butter in Flöckchen beigeben, einwickeln und im Rohr bei 150 °C 15 min. fertig garen. Das Fleisch sollte einen rosa Kern – (Kerntemperatur 70 °C) – haben.

Für Sauce und Nudeln
Den Bratrückstand mit der Suppe und der Kokosmilch ablöschen. Gehackte Frühlingszwiebel und Knoblauch mit den restlichen Gewürzen beigeben. Sämig einkochen lassen, abschmecken und warm halten.
Nudeln in kochendem Salzwasser bissfest kochen, abseihen und warm stellen.
Erdnüsse gemeinsam mit den Kokosflocken ohne Fett in einer Pfanne hellbraun rösten.

Das Kalbsfleisch in Medaillons schneiden und gemeinsam mit den Nudeln auf Tellern anrichten und mit Kokossauce begießen. Geröstete Kokosflocken mit den Erdnüssen darüber streuen.

TIPP
Es haben sich mehrere Produzenten auf ausgefallene Nudelkreationen spezialisiert. Rotweinnudeln wie eben die Zweigeltnudeln, Pilznudeln oder Kürbiskernnudeln sind nur eine kleine Auswahl daraus. Entdecken Sie Ihre eigene Lieblingsvariation.

Kren-Semmelkoch mit gekochtem Rindfleisch

4 Personen
Zubereitung:1,5 Stunden

1 kg	Meisel od. Tafelspitz
1 Bd.	Suppengemüse
1 Stk.	Zwiebel
	Salz
einige	Knoblauchzehen, Pfefferkörner
	ZUM BESTREUEN
	Schnittlauch, Kren
	KREN-SEMMELKOCH
6 Stk.	runde Semmeln
1/2 l	Rindsuppe
1/4 l	Milch
2 EL	Butter
2 EL	frisch geriebener Kren
	Salz, weißer Pfeffer

Für das Rindfleisch
In einem großen, hohen Topf ca. 3 l Wasser zum Kochen bringen, darin das Rindfleisch als ganzes Stück einlegen. Es muss mit Wasser ganz bedeckt sein. Nun das Suppengemüse, die Zwiebel, Knoblauchzehen und die Pfefferkörner beigeben. Das Rindfleisch sollte leicht köchelnd garen. Zur halben Kochzeit das Salz beigeben.
Die Garzeit ist recht unterschiedlich und hängt von der Qualität des Stückes ab. Sie kann 1,5–2 Stunden betragen.

Für das Krenkoch
Die Semmeln in kleine Würfel schneiden. 1/2 l Suppe vom gekochten Rindfleisch in einen Topf seihen und zum Kochen bringen, darin die Semmelwürfel einstreuen. Mit einem Schneebesen kräftig rühren, bis eine breiige Masse entsteht. Die Temperatur vorher stark reduzieren. In die Semmelmasse die Milch und den geriebenen Kren einrühren. Zum Schluss mit 2 EL Butter verfeinern. Nach der Kostprobe, wenn notwendig, noch salzen, mit frisch gemahlenem weißen Pfeffer fertig würzen und zudecken.
Sollte die Masse zu dick anziehen, geben Sie noch etwas Suppe nach.

Gekochtes Rindfleisch in 1 cm dicke Scheiben schneiden und gemeinsam mit dem sehr heißen Kren-Semmelkoch servieren. Obenauf mit Kren und Schnittlauch bestreuen.

TIPP
Verwenden Sie kein fertiges Knödelbrot. Semmeln geben diesem Gericht einen wesentlich besseren Geschmack. Diese können aber ohne weiteres vom Vortag sein.

Lammkoteletts mit Bohnenpüree und frittierten Chilis

2 Personen
Zubereitung: 1 Stunde

KOTELETTS

4	doppelt geschnittene Lammkoteletts
1	Knoblauchzehe
1 TL	Honig
	Salz, Thymian, Oregano
1 Stk.	Zuckermais
	Olivenöl zum Ausbraten

BOHNENPÜREE

200 g	gekochte Wachtelbohnen
1 TL	Kürbiskernöl
1 TL	gehackte Zwiebel u. Petersilie
	Salz, Pfeffer

GEFÜLLTE CHILIS

4 gr.	mittelscharfe Chilischoten od. Spitzpaprika
50 g	gekochter Wildreis
1 kl.	Tomate
1 TL	gehackte Zwiebel u. Petersilie
2 EL	Mehl
1	Ei
	Maiskeimöl zum Ausbraten

Für das Bohnenpüree
Die ausgekühlten, gekochten Wachtelbohnen mit dem Pürierstab oder der Flotten Lotte pürieren. Das Kürbiskernöl einrühren und mit Salz, Pfeffer, Zwiebel und Petersilie gut würzen.

Für die gefüllten Chilis
Von den Chilischoten einen Deckel abschneiden und die Kerne mit einem kleinen, spitzen Messer auslösen. Den Reis mit Zwiebel und Petersilie würzen. Zum Schluss die Tomatenwürfel beigeben.
Gefüllte Chilis in Mehl wenden und mit verquirltem Ei benetzen. In einer Bratpfanne 2 cm hoch Maiskeimöl einfüllen und erhitzen. Darin die Schoten bei mittlerer Hitze knusprig frittieren.
Zum Fett-Abtropfen auf Küchenpapier legen und warm halten.

Für die Lammkoteletts
Den oberen Fettrand der Koteletts ein paar Mal einschneiden, damit sie sich beim Braten nicht aufwölben. Den geschälten, gewaschenen Zuckermais in Stücke schneiden.
Nun das Fleisch und den Mais von allen Seiten mit Salz, Pfeffer, Knoblauch, Honig und Kräutern einreiben. In einer Pfanne etwas Olivenöl erhitzen und darin die Lammkoteletts und die Maisstücke gemeinsam braun ausbraten.
Die Lammkoteletts mit dem Bohnenpüree, den Maisstücken und den Chilis anrichten und servieren.

TIPP
Für das Bohnenpüree können Sie auch Käferbohnen oder schwarze, kleine mexikanische Schminkbohnen verwenden.

Lammschulter geschmort mit Weichweizen

4 Personen
Zubereitung: 1 Stunde

	LAMM
2 EL	Traubenkernöl
1 kg	Lammschulter
1 Bd.	Suppengemüse
1	gehackte Zwiebel
6	gehackte Knoblauchzehen
100 ml	Rotwein
400 g	gewürfelte Tomaten (Dose)
2 TL	Kräuter (Thymian, Rosmarin, Oregano)
1 Zweig	Maggikraut
	Salz, schwarzer Pfeffer
	WEICHWEIZEN
200 g	Weichweizen
1 EL	Butter
1 EL	gehackte Zwiebel
2 EL	Lauch (Scheiben)
2 TL	Currypulver
	Salz

Für das Lamm
Lammschulter auf der Hautseite einschneiden, salzen und pfeffern. Das Traubenkernöl in einer Pfanne erhitzen, das Fleisch darin rundherum braun anbraten. Gehackte Zwiebel und Knoblauch kurz mitbräunen, mit den Tomatenwürfeln und dem Rotwein aufgießen. Suppengemüse in Stücke schneiden, dazugeben und die Gewürze und Kräuter beifügen.
Die Tomatenwürfel so lange kochen, bis die meiste Flüssigkeit verdampft ist. Die dicke Sauce sollte eine braunrote Farbe annehmen. Danach mit etwas Wasser aufgießen, die Temperatur zurückschalten und das Lammfleisch zugedeckt ca. 45 min. schmoren lassen. Wenn notwendig zwischendurch Wasser nachgeben.

Für den Weichweizen
Butter in einem Topf erwärmen, darin die Zwiebel und den Knoblauch anschwitzen. Den Weichweizen beigeben und mit Wasser aufgießen. Der Weizen sollte 2 cm mit Wasser bedeckt sein. Den Curry und das Salz hinzufügen, aufkochen lassen und zugedeckt auf kleinster Flamme ca. 20 min. quellen lassen.
Den in Ringe geschnittenen Lauch zum fertig gekochten Weichweizen geben und unterrühren.

Lammfleisch in Stücke schneiden und die Sauce gemeinsam mit dem Gemüse anrichten. Den Weichweizen in separaten Schüsseln servieren.

TIPP
Um dem Lammfleisch einiges von seiner typischen Würze zu nehmen, legen Sie die Fleischstücke einige Stunden in Milch ein.

Leber mit Zucchini-Erdäpfelpuffer

4 Personen
Zubereitung: 45 Minuten

	LEBER
800 g	Kalbs- od. Schweinsleber
2 EL	Sonnenblumenöl
1	Zwiebel
3	Knoblauchzehen
1 EL	Mehl
1 TL	Honigessig od. Wein
	Salz, schwarzer Pfeffer
	PUFFER
2 Stk.	Zucchini
800 g	Kartoffeln
3	Eier
1/4 Stg.	Lauch
2	Knoblauchzehen
	Salz, schwarzer Pfeffer
	Thymian, Petersilie, Majoran, Kerbel
	Butterschmalz zum Ausbraten

Für die Zucchini-Erdäpfelpuffer
Zucchini waschen, rohe Kartoffeln waschen und schälen. Beides grob raffeln. Untereinander vermischen und sofort einsalzen. Diese Masse eine Viertelstunde durchziehen lassen. Danach die ausgetretene Flüssigkeit ausdrücken. Den Lauch und den Knoblauch fein hacken, die Eier verquirlen und alles hinzufügen. Nun mit den Kräutern und Gewürzen gut abschmecken.
In einer großen Pfanne 2 EL Butterschmalz erhitzen, mit einem Löffel Häufchen in die Pfanne setzen und flach auseinander drücken. Die Temperatur zurücknehmen, die Pfanne zudecken und die Puffer ca. 15 min. gar braten. Zwischendurch umdrehen – also beidseitig braun braten. Zum Schluss ohne Deckel knusprig fertig braten.

Für die Leber
Die gewaschene Leber mit Küchenpapier gut abtrocknen und in 1mm dicke Scheiben schneiden.
Zwiebel und Knoblauch in Scheibchen schneiden, Öl in einer Pfanne erhitzen und hellbraun anrösten. Die Leber ebenfalls beigeben und braun rösten. Anschließend mit dem Mehl stauben und mit ca. 1/8 l Wasser ablöschen. Die Leber auf kleiner Flamme sämig einkochen und mit den Gewürzen verfeinern. Salz, Essig oder Wein werden erst kurz vor dem Servieren beigegeben, da die Leber sonst hart wird.
Zucchini-Erdäpfelpuffer auf vorgewärmten Tellern gemeinsam mit der Leber anrichten.

Majoranfleisch mit Wurzelgemüsepüree

4 Personen
Zubereitung: 45 Minuten

800 g	Schweinsschulter
5 EL	Maiskeimöl
2 gr.	Zwiebeln
2	Knoblauchzehen
2 EL	Mehl
1 EL	Majoran getrocknet
1 TL	Kümmel
250 ml	Suppe, schwarzer Pfeffer a. d. Mühle
	WURZELGEMÜSEPÜREE
4	Karotten
2	gelbe Möhren
2 Sch.	Sellerie
2	mehlige Kartoffeln
1	Pastinake
1	Petersilienwurzel
50 g	Butter
	Selleriesalz

Für das Kümmelfleisch
Von der Schulter die Schwarte entfernen und das Fleisch in etwa 5 x 5 cm große Würfel schneiden. Die Zwiebeln schälen und fein hacken. In einer weiten Kasserolle das Fett erhitzen, darin die Zwiebel glasig andünsten und die Fleischwürfel beigeben. Beides unter ständigem Rühren sehr braun anrösten. Nun mit dem Mehl stauben, den gepressten Knoblauch beigeben, ganz kurz mitrösten und mit Suppe aufgießen. Mit Majoran, Kümmel, Pfeffer und, wenn notwendig, mit Salz gut würzen. Das Majoranfleisch bei kleiner Flamme weich dünsten lassen.

Für das Wurzelpüree
Das Gemüse waschen und mit dem Sparschäler schälen. Danach in Würfel schneiden und in wenig Wasser weich dünsten. Mit einem Pürierstab pürieren und die Butter einrühren. Zum Schluss mit Salz oder Selleriesalz verfeinern und warm stellen.

Das Majoranfleisch anrichten, das Püree in einen Dressiersack füllen und beliebig dazu dressieren.

TIPP

Wenn Sie nicht jedes Wurzelgemüse für das Püree im Geschäft oder am Markt bekommen, nehmen Sie 3 Bund Suppengemüse. Normalerweise sind in einem Bund alle Wurzeln, die Sie benötigen.

Natursteak mit Spargeltaschen

4 Personen
Zubereitung: 1 Stunde

2 EL	Butterschmalz
4	Steaks vom Lungenbraten od. Beiried
	süßer Senf, Salz, Pfeffer
	NUDELTEIG
250 g	Weizengrieß fein
250 g	Weizenmehl glatt
3	Dotter
1	Ei
1 EL	Butter
etwas	lauwarmes Wasser
	FÜLLE
50 g	Emmentaler od. Bergbaron
100 g	Ricotta od. Brimsen
100 g	gekochter Spargel
1 EL	Crème fraîche
1 TL	gehackte frische Kräuter (z. B. Thymian od. Bärlauch)
	KRÄUTERSAUCE
4 cl	Cognac
1/8 l	Sahne
1 EL	gemischte Kräuter
1 EL	Butter
	Salz, Pfeffer

Für den Teig
Aus dem Weizenmehl, dem Ei, Salz, geschmolzener Butter und lauwarmem Wasser einen nicht zu weichen Nudelteig kneten. Den Teig für eine Stunde zugedeckt kühl stellen.

Für die Fülle
Ricotta mit Crème fraîche, kleinwürfelig geschnittenem Käse und fein gehackten Kräutern vermischen. Gekochten Spargel klein schneiden und der Masse beigeben. Kosten und wenn notwendig mit Salz abschmecken.
Den Nudelteig auf einem mit Mehl bestaubten Strudeltuch ca. 1 mm stark ausrollen. Kreise mit einem Ausstecher von 8 cm Ø ausstechen. Einen Kaffeelöffel Fülle auf das obere Drittel setzen. Die Teigränder mit Wasser benetzen, den Teig darüber schlagen und die Ränder gut verschließen. Für Tortellini drückt man noch die Spitzen fest zusammen. Das ergibt die typische Form. In einer Kasserolle 2 l Wasser zum Kochen bringen, salzen, die Tascherln einlegen und einige Minuten ziehen lassen. Mit einem Knödelschöpfer herausnehmen, in geschmolzener Butter schwenken und warm halten.

Für die Steaks
Steaks mit Salz, Pfeffer und Senf rundherum einreiben. Butterschmalz in einer Pfanne erhitzen, darin die Steaks beidseitig braun ausbraten. Die Hitze darf nicht zu scharf sein. Immer wieder die Steaks mit dem heißen Fett begießen. Das Fleisch muss auf Druck noch leicht nachgeben. Je nach Stärke kann man die Garzeit pro Seite mit 4–5 min. berechnen.
Die Steaks in Folie einschlagen und warm stellen.

Für die Sauce
Den Bratenrückstand mit Cognac ablöschen und die Sahne einkochen. Alles kurz aufkochen lassen und auf die gewünschte Konsistenz einkochen. Zum Schluss mit Kräutern und der Butter verfeinern. Kosten und, wenn erforderlich, noch etwas nachsalzen und pfeffern.

Paprikahendl mit Erdäpfelpüree

4 Personen
Zubereitung: 45 Minuten

1	Junghendl (ca. 1,3 kg)
2 EL	Olivenöl
2 EL	Mehl
1 EL	Tomatenmark
1	Knoblauch
1 EL	Paprikapulver mild
1	roter Paprika
1 Pkg	gewürfelte Tomaten (250 g)
8 Stk.	Rispentomaten
1	mittelscharfer Chili
etwas	Suppenwürze, Salz, Pfeffer, Kümmel
	ERDÄPFELPÜREE
1 kg	mehlige Kartoffeln (Bintje)
2 EL	Butter
1/8 l	Milch
	Salz, weißer Pfeffer frisch gemahlen
1	Zwiebel
etwas	Olivenöl zum Ausbraten

Für das Paprikahendl

Gewaschenes Hendl in 8 Teile zerteilen und die fetten Hautteile entfernen. Die Stücke einsalzen und in Mehl wenden. Paprika waschen, vom Kerngehäuse befreien und in Würfel schneiden.

Olivenöl in einer Pfanne erhitzen, darin die Hendlstücke rundherum gut anbraten. Das Tomatenmark kurz mitrösten, geschälte Knoblauchzehe hineinpressen und mit den würfelig geschnittenen Tomaten aufgießen. Paprikawürfel und die Rispentomaten beigeben. Nun mit den Gewürzen und der fein geschnittenen Chilischote abschmecken.

Die Temperatur auf kleine Flamme zurückschalten und ca. 1/2 Stunde fertigkochen lassen. Wenn notwendig, noch etwas Wasser beigeben. Die Sauce sollte eine sämige Konsistenz aufweisen.

Für das Erdäpfelpüree

Die Erdäpfel waschen, schälen und in einem Topf mit Salzwasser weich kochen.

In der Zwischenzeit die Zwiebel schälen, mit der Brotschneidemaschine in dünne Scheiben schneiden und auf einem Küchenpapier ausdrücken. Olivenöl in einer Kasserolle erhitzen und die Zwiebelringe darin hellbraun, knusprig frittieren. Zum Abtropfen wieder auf Küchenpapier legen.

Die weichen Erdäpfel abseihen und schälen. Nun durch die Erdäpfelpresse drücken, Butter und Milch hinzufügen und mit einem Schneebesen auf die gewünschte Konsistenz verrühren. Zum Schluss mit Salz und frisch gemahlenem Pfeffer abschmecken.

Das Paprikahendl gemeinsam mit dem Erdäpfelpüree auftragen und mit den frittierten Zwiebelringen garnieren.

Rindsbraten mit Knoblauch- und Möhrengemüse

4 Personen
Zubereitung: 1 Stunde

2 EL	Butterschmalz
1 kg	Beiried
1 Stk.	Staudensellerie
1 Sch.	Knollensellerie
1	rote Zwiebel
	Salz, schwarzer Pfeffer
	MÖHRENGEMÜSE
1 EL	Olivenöl
1 TL	Zucker
4	gelbe Möhren
4	Karotten
1/4 Stg.	Lauch
	Salz
	KNOBLAUCHGEMÜSE
12 Stk.	chinesischer Knoblauch

Backrohr auf 200 °C vorheizen.

Für den Schopfbraten
Das Beiried mit Salz und Pfeffer würzen. Das Fett in einer Pfanne erhitzen und das Fleisch rundherum braun anbraten. Sellerie, Staudensellerie und die Zwiebel beigeben und mit etwas Wasser ablöschen. Danach im Rohr fertig braten. Das dauert ca. 45 min. Immer wieder mit dem eigenen Bratensaft begießen.

Für das Möhrengemüse
Möhren und Karotten schälen, den Lauch waschen und alles in gleich lange Streifen schneiden. Olivenöl erhitzen, den Zucker zugeben und das in Streifen geschnittene Gemüse beifügen. Mit wenig Wasser aufgießen und gar dünsten. Zum Schluss salzen.

Für das Knoblauchgemüse
Die Knoblauchknollen schälen und vierteln. Wasser in einem Topf zum Kochen bringen, die Knoblauchstücke beigeben und einige Minuten kochen lassen. Dann kalt abbrausen. Den Vorgang noch einmal wiederholen. Dadurch wird der Knoblauch sehr mild.
Gekochten Knoblauch in die Pfanne zum Rindsbraten geben und 10 min. mitbraten.

Rindsbraten gemeinsam mit dem Gemüse und dem Natursaft auf vorgewärmten Tellern anrichten.

TIPP
In den Natursaft kann man etwas Butter einrühren. Dadurch wird er sämiger.

Rindsrouladen mit Polentaauflauf

4 Personen
Zubereitung: 1,5 Stunden

	POLENTAAUFLAUF
2	Eier
125 g	Polenta
400 ml	Wasser
2 EL	Crème fraîche
1 EL	Butter
	Salz, Muskatnuss
	flüssige Butter f. d. Formen
	RINDSROULADEN
2 EL	Sonnenblumenöl
8 Stk.	geklopfte Rindsschnitzel
2 EL	süßer Senf, Salz, Pfeffer
1/4 Stg.	Lauch
2	Karotten
	FÜLLE
5 Sch.	Toastbrot
1	Ei
2 EL	Sahne od. Milch
1 EL	Streichkäse
je 8	Streifen grüner, roter, gelber Paprika
16	Streifen Karotten
	vegetarische Suppenwürze
	Mehl zum Wenden
	SAUCE
1/16 l	Sahne u. Suppe
1 TL	Mehl u. süßer Senf

Für den Polentaauflauf
Auflaufformen mit Butter auspinseln. Maisgrieß im Wasser mit Salz weich kochen. Die Eier trennen und das Eiweiß steif schlagen. Ausgekühlte Polenta mit den ganzen Zutaten vermengen und in die Formen füllen. Obenauf mit einem Kräuterzweig belegen, mit einem Stück Folie zudecken und im Wasserbad im Rohr bei 170 °C garen.

Für die Rindsschnitzel
Die Rindsschnitzel mit Salz, Senf und Pfeffer würzen.
Das Toastbrot in kleine Würfel schneiden. Mit Sahne, dem Käse, dem Ei und etwas Suppenwürze vermengen. Es sollte eine streichfähige Masse sein. Jedes Schnitzel damit bestreichen. Darauf je 3 verschiedene Paprikastreifen und 2 Karottenstreifen legen. Die Schnitzel einrollen und mit einem Zahnstocher fixieren. Dann in Mehl drehen.
Das Öl in einer Bratpfanne erhitzen, die Schnitzel rundherum braun anbraten und auf einen Teller legen. Im Bratrückstand den Lauch und die geschnittenen Karotten kurz anrösten und mit Wasser aufgießen. Die Rouladen wieder einlegen und weich dünsten.
Für die Sauce das Fleisch und das Gemüse entfernen. Das Mehl in die Sahne einrühren und den Bratrückstand gemeinsam mit der Suppe aufgießen und einkochen lassen. Als letzte Würze mit Senf abschmecken.

TIPP
Herrlich schmecken zu diesem Gericht zarte gekochte Stangenbohnen, geschwenkt in etwas Butter.

Schopfbraten mit Bohnschotensauce

4 Personen
Zubereitung: 1,5 Stunden

	BRATEN
1 kg	Schweinsschopf
1 EL	Schweineschmalz
2	Karotten
1	gelbe Möhre
1/2	Zwiebel
4	Knoblauchzehen
1 TL	Kümmel
	Salz, Pfeffer
	BOHNSCHOTENSAUCE
500 g	Bohnschoten grün, gelb od. violett
1 TL	Kümmel
1 Zweig	Bergbohnenkraut
2	Knoblauchzehen
4 kl.	Kartoffeln
1/2 l	Suppe
3 EL	Schlagsahne
	EINBRENN
2 EL	Margarine
2 EL	Mehl
	Salz, Majoran, Petersilie

Für den Braten
Den Schweineschopf mit Salz, Kümmel und Pfeffer sorgfältig einreiben. In einer feuerfesten Pfanne das Schmalz erhitzen, den Braten darin rundherum braun anbraten. Die geschälten Karotten und die geschälte gelbe Möhre in Stücke schneiden und mit dem Zwiebel und dem Knoblauch in die Pfanne zum Braten legen. Mit etwas Wasser aufgießen und im Backrohr bei 200 °C weich braten. Das dauert etwa 1 Stunde, je nach Fleischqualität. Verdunstetes Wasser immer wieder nachgießen. Zum Schluss sollte ein herrlich sämig braunes Safterl übrig sein.

Für die Bohnschotensauce
Bohnschotenende und -anfang ausknipsen und dann in kurze Stücke schneiden. Die Bohnschotenstücke in einen Kochtopf geben und mit Salzwasser bedeckt weich kochen. Kümmel, Bergbohnenkraut und die Knoblauchzehen halbieren und ebenfalls mitkochen.

Die Kartoffeln schälen, feinblättrig schneiden, in der Suppe weich kochen und die Schlagsahne beigeben.
In einem Topf die Margarine erhitzen und das Mehl hinzufügen. Unter ständigem Rühren mit einem Holzlöffel braun rösten, dann mit etwas Kochwasser von den Bohnschoten ablöschen. Die Bohnschoten und die gekochten Kartoffeln samt Flüssigkeit beigeben. Wenn notwendig, noch nachsalzen und mit den Kräutern verfeinern.

TIPP
Bohnschoten sollten wirklich nur sehr jung geerntet werden. So genannte Prinzessbohnen sind die edelsten Vertreter. Sie sind butterzart und haben deshalb auch eine kurze Garzeit.

Schweinenieren im Saft mit Bandnudeln

4 Personen
Zubereitung: 40 Minuten

	NIEREN
6 Stk.	Schweinenieren
2 EL	Schweineschmalz od. Maiskeimöl
1 gr.	Zwiebel
2	Knoblauchzehen
3 EL	Mehl
	Salz, Pfeffer
etwas	Weißwein od. Zitronensaft
1 kg	Kartoffeln
	Schweineschmalz, Salz
	NUDELN
250 g	glattes Mehl
4	Eier
	Butter zum Schwenken

Für die Nudeln

Das Mehl mit den Eiern zu einem mittelfesten Teig verkneten und 1 Stunde rasten lassen.

Den Teig auf einer mit Mehl bestaubten Arbeitsfläche mit dem Rollholz dünn ausrollen und breite Bandnudeln schneiden.

In einigen Litern kochendem Salzwasser bissfest kochen, abseihen und in Butter schwenken. Ein wenig nachsalzen.

Für die Nieren

Die Knoblauchzehen und den Zwiebel schälen und fein hacken.

Nieren waschen, der Länge nach halbieren und die Harnwege peinlichst genau ausschneiden. Nochmals gut waschen.

Nun die Hälften feinblättrig schneiden, in ein Sieb geben und unter fließendem Wasser abermals durchwaschen. Auf einem Küchenpapier gut abtropfen lassen und im Mehl wenden.

In einer großen Bratpfanne das Fett erhitzen, die fein gehackte Zwiebel und den Knoblauch darin hellbraun anrösten, geschnittene Nieren dazugeben und sehr braun anbraten. Zwischendurch immer wieder mit einer Palette das Gebräunte vom Pfannenboden ablösen. Das Braunrösten ist wichtig für einen guten Saft.

Danach mit etwas Wasser aufgießen und noch ca. 15 min. weiter köcheln lassen, bis ein sämiger Saft entsteht. Zum Verbessern etwas Weißwein beigeben, mit Salz und reichlich frisch gemahlenem schwarzen Pfeffer fertig würzen.

In großen tiefen Tellern gemeinsam mit den Bandnudeln servieren.

EINKAUFSTIPP

Helle Nieren sind von besserer Qualität als dunkle.

Schweinsfilet in Kürbiskernbackteig mit Béchamelgemüse

4 Personen
Zubereitung: 45 Minuten

1 1/2	Schweinsfilets
	Salz
etwas	Mehl zum Wälzen
	BACKTEIG
200 ml	Milch
1	Ei
80 g	Kürbiskerne grob gehackt
120 g	Mehl universal
1 EL	Petersilie grob gehackt
etwas	Salz
1/2 l	Frittierfett
	GEMÜSE
1	Broccolirose
1	Karfiolrose
2 EL	Milch
	BÉCHAMEL
30 g	Butter
30 g	Mehl
300 ml	Milch
1 EL	Kräuter, z. B. Petersilie, Kerbel, Dill, Thymian
	Salz, Muskatnuss

Für das Béchamelgemüse
Broccoli- und Karfiolrose zerpflücken, waschen, in kochendem Salzwasser bissig weich kochen und kalt abschrecken. Fügen Sie dem Kochwasser etwas Milch bei, dadurch bleibt der Karfiol schön weiß. Das Gemüse im Topf warm halten.
Die Butter in einem Topf schmelzen und das Mehl beigeben. Kurz durchrösten und sofort mit Milch aufgießen. Mit Kräutern, frisch geriebenem Muskatnuss und dem Salz gut würzen.

Für das Filet
Gut zugeputzte Schweinsfilets in 3 cm dicke Scheiben portionieren, einsalzen und in Mehl wenden.

Für den Backteig
Alle Zutaten zu einem glatten Teig verrühren. Jedes Filetstück einzeln aufspießen – am besten mit einem Holzspieß – und rundherum mit Backteig benetzen.
Frittierfett erhitzen, darin die Schweinsfiletstücke goldbraun ausbacken. Sie dürfen nicht zu lange frittiert werden – einige Minuten reichen vollkommen. Innen sollten sie noch leicht rosa sein. Auf Küchenpapier zum Abtropfen legen und warm halten.
Gekochten Karfiol und Broccoli in eine Schüssel schichten und mit der Kräuterbéchamel übergießen. Schweinsfiletstücke auf Tellern anrichten und den Tellerrand mit gehackten Kürbiskernen bestreuen.

TIPP
Diesen interessanten Backteig können Sie sowohl für Fischfilets als auch für ausgelöste Geflügelstücke verwenden.

Schweinswangen mit Selleriepüree und Chicorée

4 Personen
Zubereitung: 1 Stunde ohne Beizzeit

BEIZE FÜR SCHWEINSWANGEN

8	Schweinebacken
1/8 l	Rotwein
1/2 l	Wasser
1 TL	Pfefferkörner
1	Schalotte
	Lorbeerlaub
2 EL	Schweineschmalz
	Salz, Pfeffer, Thymian

SELLERIEPÜREE

1	Sellerieknolle
2	Kartoffeln
1 EL	Butter
2 EL	Milch
	Selleriesalz, weißer Pfeffer

CHICORÉE

1 EL	Olivenöl
1 EL	Zucker
4	Chicoréepfeifen
100 g	Selchspeck
1/2	Schalotte
	Salz, weißer Pfeffer

Für die Schweinswangen

Den Rotwein gemeinsam mit dem Wasser und den Gewürzen aufkochen, abkühlen lassen und darin die Schweinebacken für 4–5 Stunden oder über Nacht einlegen.
Schweinebacken aus dem Sud nehmen, abtrocknen, salzen und mit Pfeffer und Thymian würzen. Das Schweineschmalz erhitzen und die Backen darin braun anbraten. Nach und nach mit ein wenig von der Beizflüssigkeit aufgießen und weich braten.

Für das Selleriepüree

Die Sellerieknolle und die Kartoffeln waschen, schälen, in Würfel schneiden und mit Wasser bedeckt weich kochen. Das Kochwasser abseihen und das Gemüse mit einem Pürierstab fein mixen. Die Milch, die Butter, Selleriesalz und den Pfeffer zugeben. Das Püree sollte eine mittelfeste Konsistenz aufweisen.

Für den gebratenen Chicorée

Chicoréepfeifen vierteln und für eine halbe Stunde in Salzwasser einlegen. Herausnehmen und gut abtropfen lassen. Speck und Schalotte in kleine Würfel schneiden.
Das Olivenöl erwärmen, den Zucker, die Speck- und Zwiebelwürfel beigeben und die Chicoréestücke einlegen. Das Gemüse weich braten, salzen und pfeffern.

Selleriepüree und gebratenen Chicorée anrichten und zwei Schweinebacken pro Person auflegen.

TIPP

Anstelle der Chicoréepfeifen können Sie auch Eisbergsalat verwenden.

Stroganoff nach Erwin

4 Personen
Zubereitung: 30 Minuten

2 EL	Maiskeimöl
600 g	Rinderfiletspitzen
2 mittl.	Zwiebeln
3 Stk.	Essiggurkerl
2	Karotten
250 g	Champignons
1 TL	zerstoßene, grüne Pfefferkörner
1 EL	scharfer Ketchup od. etwas Chilisauce
1/8 l	braune Grundsauce od. Suppe (Jus-Rezept auf Seite 381)
1/8 l	Sahne, Salz

Für das Stroganoff

Die Filetspitzen und die Champignons in 3 mm starke Blätter schneiden.

Die geschälte Zwiebel, Essiggurkerln und die Karotte feinstreifig (Julienne) schneiden.

In einer Bratpfanne das Öl erhitzen und darin die geschnittenen Filetspitzen scharf anbraten. Das Fleisch darf keinesfalls durchgebraten, sondern der Kern sollte noch rosa sein. Sofort aus der Pfanne nehmen und mit Folie zudecken.

Im Bratenrückstand das Gemüse mit den Pilzen durchrösten, die Grundsauce oder die Suppe und die Aromaten beigeben. Kurz aufkochen und das Fleisch wieder hinzufügen. Als krönenden Abschluss mit etwas Sahne binden und verfeinern.

Als Beilage servieren Sie Butterbandnudeln.

TIPP

Wenn Ihnen die Zubereitung der dunklen Grundsauce zu aufwändig erscheint, bieten sich Fertigprodukte an.

Diese Variation Stroganoff ist ein Lieblingsrezept des Dorfwirtes Erwin Gölles in Flöcking bei Gleisdorf.
Lieber Erwin, ich bedanke mich herzlich für dein Rezept.

Szegediner Gulasch mit Salzkartoffeln

4 Personen
Zubereitung: 1 Stunde

	SAUERKRAUT
500 g	Sauerkraut
etwas	Suppenwürze
	GULASCH
2 EL	Schweineschmalz
3	gelbe Zwiebeln
2	Knoblauchzehen
1 Stk.	roter Paprika
250 g	Schweinsschulter
250 g	Schulterscherzl vom Rind
1 EL	Paprikapulver
1 EL	Tomatenmark
1 TL	Kümmel, Majoran, Thymian
1	Lorbeerblatt
3 Stk.	Wacholderbeeren
2 EL	Sauerrahm od. Crème fraîche
	SALZKARTOFFELN
800 g	speckige Kartoffeln
	Salz
1 EL	frischer Thymian

Für das Sauerkraut

Sauerkraut in ein Sieb geben und mit kaltem Wasser einmal durchwaschen. In einem Topf etwas Wasser zustellen und mit Suppenwürze würzen. Darin das Sauerkraut weich dünsten. Dies dauert ca. 1/2 Stunde.

Für das Gulasch

Zwiebeln und Knoblauch schälen und fein hacken. Roten Paprika vom Kerngehäuse befreien und ebenfalls fein hacken.

Gut zugeputztes Schweine- und Rindfleisch in gefällige Würfel schneiden.

Das Schweineschmalz in einer großen Kasserolle erhitzen und darin die fein gehackte Zwiebel und den Knoblauch goldbraun rösten, diese dürfen nicht zu dunkel werden, das würde dem Gulasch eine bittere Note verleihen. Den Topf von der Platte nehmen, das Paprikapulver, das Tomatenmark und den fein gehackten Paprika beigeben und mit etwas Wasser aufgießen.

Nun das würfelig geschnittene Fleisch einlegen und aufkochen lassen. Das Wasser sollte gerade das Fleisch bedecken. Sämtliche Gewürze hinzufügen und auf kleiner Flamme 1–1,5 Stunden dünsten lassen. Ins fertig gekochte Gulasch das gedünstete Sauerkraut einrühren und noch 1/4 Stunde fertig kochen lassen.

Für die Salzkartoffeln

Kartoffeln schälen und in Würfel schneiden. In einem Topf Wasser zustellen und salzen. Darin die Kartoffelwürfel weich kochen und im Wasser belassen.

Szegedinergulasch auf einem großen Teller anrichten, Salzkartoffeln aus dem heißen Wasser nehmen und beigeben. Die Kartoffeln mit Thymian bestreuen und auf das Gulasch ein Häubchen Sauerrahm oder Crème fraîche setzen.

TIPP

Bereiten Sie gleich eine größere Menge zu. Szegediner Gulasch lässt sich ausgezeichnet einfrieren.
Dadurch hat man schnell und griffbereit köstlichen Vorrat, falls unerwartet Gäste kommen.

Aus Fluss und Meer

Fische und Meerestiere bringen eine köstlich leichte, aber auch gesunde Abwechslung in unsere Essgewohnheiten. Besonders bei uns in Österreich, wo wir gesegnet sind mit klaren Flüssen und Seen, ist es ein Leichtes aus dem Vollen zu fischen. Gebirgsforelle und Saibling sind durchgehend das ganze Jahr über in frischester, bester Qualität auf dem Markt zu haben.

Mindestens einmal in der Woche sollten wir Fisch oder Meerestiere auf unseren Speiseplan setzen. Wichtige Fettsäuren, Eiweiß und Mineralstoffe tragen positiv zur bleibenden Gesundheit und ausgewogenen Ernährung unseres Körpers bei.

Bei Meeresfischen sollten wir besonders auf Frische achten und diese nur beim Fachhändler unseres Vertrauens kaufen.

Ein kleiner Tipp: Achten Sie besonders auf klare Augen, getrübte verraten uns: Ich bin nicht mehr ganz frisch. Der Fisch sollte auf Druck mit den Fingerkuppen leicht federnd, also elastisch sein. Die Haut muss einen schimmernden Glanz aufweisen.

Bei Meerestieren ist durch den hohen Eiweißgehalt die Frische noch heikler zu bewerten und zwingend erforderlich. Da ist es im Zweifelsfall besser auf tiefgekühlte Ware auszuweichen.

Zu Fischgerichten lassen sich alle Gemüsesorten bestens kombinieren. Aber auch Erdäpfelgerichte und Salate sind gute Begleiter.

Gebackenes Fischallerlei

4 Personen
Zubereitung: 45 Minuten

FISCH

1/2 l	Frittieröl
800 g	Fischfilets (z. B. Saibling, Lachsforelle, Petersfisch)
	Salz
2 EL	Limettensaft
3	Eier
150 g	Weißbrotbrösel
4 EL	Mehl
	Limetten- od. Zitronenscheiben als Garnitur

ERDÄPFELSALAT

1 kg	festkochende Erdäpfel (Kipfler, Ditta)
1/8 l	Suppe
2 TL	Zucker
1 kl.	rote Zwiebel
1 EL	gehackte Petersilie
	Maiskeimöl, Apfelessig
	Salz, schwarzer Pfeffer

Für den Erdäpfelsalat
Gewaschene Erdäpfel in Wasser bedeckt weich kochen und abseihen. Leicht auskühlen lassen, schälen und in Scheiben schneiden. In einer Salatschüssel mit Suppe, Essig und Öl, fein gehackter Zwiebel und den restlichen Gewürzen gut marinieren. Zugedeckt beiseite stellen.

Für die gebackenen Fische
Die entgräteten Fischfilets in Stücke zerteilen, salzen und mit Limettensaft beträufeln.
Eier in einer Schale verquirlen, Mehl und die Brösel in Schüsseln geben. Die Fischstücke zuerst in Mehl wenden, dann durch die Eier ziehen und zum Schluss in den Bröseln wälzen. Die Brösel nicht andrücken.
Frittierfett auf ca. 180 °C erhitzen, darin die Filets knusprig braun ausbraten. Auf Küchenpapier zum Abtropfen legen und mit Erdäpfelsalat und Limettenscheiben servieren.

TIPP
Fischfilets von größeren Fischen sollten Sie auf jeden Fall ohne Haut backen.

Fischfilet auf Käferbohnenkraut

4 Personen
Zubereitung: 35 Minuten

	FISCHFILETS
4	frische Fischfilets, Seehecht od. Seelachs
1	Limette, Saft
	Meersalz, weißer Pfeffer
	Reisstärke zum Wälzen
etwas	Erdnussöl zum Ausbraten
	KÄFERBOHNENKRAUT
400 g	Weißkraut
2 EL	Erdnussöl od. Sonnenblumenöl
250 g	gekochte steirische Käferbohnen a. d. Dose
1	roter, grüner u. gelber Gemüsepaprika
1	rote Zwiebel
2	Knoblauchzehen
200 ml	Kokosmilch
1 Prise	Curry
1 TL	zerstoßene Korianderkörner
etwas	Suppenwürze, Salz, weißer Pfeffer

Für das Kraut

Zugeputztes Weißkraut streifig schneiden und dann einmal durchschneiden. Gemüsepaprikas klein würfeln.
Die Zwiebel und die Knoblauchzehen schälen und feinwürfelig hacken. Das Öl in einer großen Kasserolle erhitzen, zuerst Knoblauch und Zwiebel, anschließend das Kraut und die Paprikawürfel darin anrösten. Mit der Kokosmilch aufgießen und mit den Gewürzen gut abschmecken. Zum Schluss die abgetropften Käferbohnen aus der Dose einige Minuten mitköcheln lassen und zugedeckt warm halten.

Für die Fischfilets

Fischfilets mit Limettensaft, Meersalz und weißem Pfeffer einmarinieren. Danach mit wenig Reisstärke links und rechts bestauben.
In einer beschichteten Pfanne das Öl erhitzen und die Fischfilets von beiden Seiten braun ausbraten. Es ist darauf zu achten, dass die Filets nicht zu lange in der Pfanne bleiben, dadurch würden sie schnell trocken. Sie sollten auf Druck noch leicht nachgeben.
Auf vorgewärmten Tellern das Käferbohnenkraut anrichten und die Fischfilets daraufsetzen. Mit einer Limettenspalte garnieren.

TIPP

Kontrollieren Sie die Fischfilets auf dunkle tranige Stellen. Diese müssen vor dem Kochen entfernt werden.

Garnelen und Tintenfische in Backteig mit süß-saurem Wokgemüse

2 Personen
Zubereitung: 40 Minuten

1/2 l	Erdnussöl
6	Riesengarnelen od. 100 g Garnelen
200 g	Tintenfische
1	Süßkartoffel
	Salz, Zitronensaft

BACKTEIG

50 g	glattes Mehl
50 g	Mais- od. Reisstärke
2	Eiweiß
100 ml	Wasser
1 TL	Zucker
	Salz

WOKGEMÜSE

4 EL	Erdnussöl
100 g	Zuckerschoten
2	gelbe Möhren
50 g	Sprossen
1	weiße Zwiebel
1 TL	Zucker
1 TL	gehacktes Zitronengras
1 TL	gestoßene Korinaderkörner
1 TL	braune Sojasauce
1 EL	weißer Balsamico
	Salz

Für das Gebackene
Die Garnelen putzen, die Tintenfische ebenfalls säubern und in Ringe schneiden. Mit Zitronensaft beträufeln und leicht salzen. Die Süßkartoffel schälen, in 2 mm starke Scheiben schneiden und einsalzen.

Für den Backteig
Das Mehl mit der Stärke vermischen. Wasser und Eiweiß vermengen und das Mehlgemisch glatt einrühren, salzen und zuckern.

Für das Wokgemüse
Die gelben Möhren waschen, schälen, der Länge nach in 2 mm starke Stücke schneiden und stifteln. Die Zwiebel schälen und in mittelgroße Stücke schneiden. Den Wok stark erhitzen, das Öl eingießen, sehr heiß werden lassen und das ganze Gemüse darin rösten. Zucker, Sprossen, Zitronengras, Koriander, Sojasauce und Balsamico beigeben. Das Gemüse kurz weiterrösten, salzen und in eine feuerfeste Schüssel füllen und warm halten.

Den Wok gut mit Küchenpapier auswischen und das Erdnussöl zum Backen erhitzen.
Zuerst die Süßkartoffeln durch den Backteig ziehen und braun frittieren, danach die Garnelen und Tintenfischringe ebenfalls in den Teig tauchen und bei guter Hitze ausbacken. Auf Küchenpapier abtropfen lassen und gemeinsam mit dem Gemüse servieren.

Regenbogenforelle mit Risotto

4 Personen
Zubereitung: 45 Minuten

	FORELLEN
4 mittelgr.	Regenbogenforellen (ca. 300 g)
	Zitronensaft, Salz
etwas	Mehl
2 EL	Olivenöl
2	Knoblauchzehen gepresst
2 EL	gehackte Petersilie
	RISOTTO
250 g	Risottoreis (Rundkornreis)
2 EL	Butter
1/4 Stg.	Lauch
1/8 l	trockener Weißwein
3/4 l	klare Suppe
2 EL	geriebener Parmesan od.
2 EL	Sahne
	Salz, frisch geriebener weißer Pfeffer

Für das Risotto
In einem breiten Topf die Butter zerlassen, den Reis einstreuen und glasig anschwitzen.
Den gewaschenen Lauch in dünne Scheiben schneiden, hinzufügen und mit dem Weißwein ablöschen. Anschließend mit einem Teil der Suppe aufgießen.
Nun auf kleiner Flamme unter ständigem Rühren den Reis aufquellen lassen. Nach und nach den Rest der Suppe hinzufügen.
Das Risotto sollte noch einen leichten Biss haben und doch eine sämige Konsistenz aufweisen.
Zum Schluss den geriebenen Parmesan oder die Sahne zum Verfeinern unterrühren und pfeffern. Wenn notwendig noch mit etwas Salz abschmecken.

Für die Forellen
Gut gesäuberte und gewaschene Regenbogenforellen abtrocknen.
Innen und außen salzen und mit Zitronensaft beträufeln. Danach in Mehl beidseitig wenden. In einer Pfanne Bratfett erhitzen und die Forellen darin links und rechts braun durchbraten. Dies dauert ca. 20 min. Gegen Ende der Garzeit den Knoblauch und die Petersilie beigeben.

Gebratene Forellen gemeinsam mit dem Risotto anrichten und mit Dill und einem Zitronenstück garnieren.

TIPP
Risottogerichte sollten immer frisch zubereitet werden. Bei längerem Stehen saugt der Reis die Flüssigkeit auf und das herrlich Sämige des Gerichtes geht verloren.
Reis für Risotto wird hauptsächlich in der Poebene angebaut, deshalb ist es auch verständlich, dass die Italiener hervorragende Spezialitäten daraus zaubern.

Rotzunge mit Kohlauflauf

4 Personen
Zubereitung: 1 Stunde

	FISCH
4 EL	Olivenöl
4 Stk.	Rotzungen (300 g)
1 EL	Senfkörner
1 TL	Korianderkörner
1 EL	Sesam
1 TL	Knoblauchpulver
4 TL	Limettensaft
	Meersalz, Pfeffer
	ZUM GARNIEREN
	Zitronen- u. Limettenspalten u. Kresse
	KOHLAUFLAUF
2 EL	Walnussöl
2 TL	Zucker
200 g	Kohl
100 g	Lauch od. Frühlingszwiebeln
200 g	Kartoffeln
2	runde Semmeln
1 EL	Walnusskerne
3	Eier
1/4 l	Schlagsahne
100 ml	Milch
50 ml	Suppe
1 EL	Weißwein
	Salz, Pfeffer, Muskatnuss gerieben

Backrohr auf 180 °C vorheizen.

Für den Kohlauflauf
Zerpflückte Kohlblätter waschen und in 4 x 4 cm große Stücke schneiden. Die Kartoffeln schälen, in ähnliche Stücke wie den Kohl zerteilen, in Salzwasser halbweich kochen und abseihen. Die Semmeln klein würfeln.
Den Lauch fein hacken, das Walnussöl in einer Pfanne erhitzen, Zucker, Lauch und den geschnittenen Kohl hellbraun anrösten. Mit Suppe und Weißwein aufgießen, einige Minuten kochen und dann auskühlen lassen.
In einer Schüssel die Semmelwürfel, die Kartoffeln, die Schlagsahne, Milch und die Eier geben. Alles gut durchrühren und würzen. 2/3 der Kohlmasse und die Walnusskerne hinzufügen.
Eine Auflaufform mit Walnussöl auspinseln, die Masse einfüllen und das restliche Drittel des Kohls darauf verteilen. Das Ganze mit Alufolie abdecken und 45 min. bei 180 °C im Rohr backen.

Für die Rotzunge
Rotzungen am unteren Ende links und rechts einschneiden, säubern, mit dem Messerrücken schuppen und unter fließendem Wasser reinigen und gut abtrocknen.
Senf- und Korianderkörner im Mörser zerstoßen, mit Sesam und Knoblauchpulver vermischen. Die Fische mit Limettensaft beträufeln, salzen und mit der Körnermischung einreiben.
Einige Esslöffel Olivenöl in einer beschichteten Pfanne erhitzen und die Fische langsam, links und rechts knusprig braun ausbraten.
Mit dem Kohlauflauf, etwas Kresse, Limetten und Zitronenspalten servieren.

Rotzungen sind begehrte Plattfische, schmecken herrlich nussig und sind von der Größe ideal für eine Portion. Weitere Plattfische, aber größer sind z. B. Scholle, Seezunge, Petersfisch, Steinbutt. Diese werden im Fachhandel meistens schon filetiert angeboten.

Welsfilet in der Erdäpfelkruste auf buntem Kürbisgemüse

4 Personen
Zubereitung: 1 Stunde

	FISCH
600 g	weißes Welsfilet gehäutet
600 g	mehlige Erdäpfel
2 EL	Mehl
	Zitronensaft, Salz, weißer Pfeffer a. d. Mühle
	KÜRBISGEMÜSE
2 EL	Olivenöl
1 Stk.	gelber, roter u. grüner Paprika
300 g	Muskatkürbis
1 Spr.	weißer Balsamico
2	Zwiebel
1	Knoblauchzehe
1/2 TL	Tomatenmark
1/8 l	Rindsuppe
4	Tomaten
1 Zweig	Thymian
1	Lorbeerblatt
	Salz, weißer Pfeffer a. d. Mühle
	GARNITUR
1 EL	Butter
1 TL	Zucker
12 Stk.	Jungzwiebeln
12 Stk.	Cherrytomaten
	Salz

Für das Gemüse

Tomaten in heißem Wasser einige Minuten blanchieren, mit kaltem Wasser abschrecken, häuten, die Kerne entfernen und würfeln.
Paprika und den Kürbis waschen, von den Kernen befreien und in kleine Würfel schneiden. Den Kürbis mit dem Balsamico beträufeln und kurz durchmarinieren. Zwiebel und den Knoblauch schälen, grob hacken und im Olivenöl anschwitzen. Paprika- und Kürbiswürfel zugeben und, ohne dass das Ganze Farbe annimmt, anschwitzen lassen. Tomatenmark, Lorbeerlaub und Thymianzweig unterrühren und mit der Rindsuppe ablöschen. Das Gemüse sollte mit Flüssigkeit bedeckt sein. Nach ca. 10 min. Köcheln die Tomatenwürfel beigeben. Zum Schluss Maisstärke in wenig kaltem Wasser eingerührt ins Gemüse einkochen, mit Salz und weißem Pfeffer aus der Mühle herzhaft abschmecken. Einmal aufkochen und zugedeckt warm halten.

Für den Fisch

Welsfilet in Portionen teilen, mit Zitronensaft, Salz und weißem Pfeffer würzen. Rohe Erdäpfel waschen, schälen und mit einer Gemüsereibe in mittelfeine Streifen hobeln. Leicht einsalzen. Welsfiletstücke in Mehl wenden und beidseitig die Kartoffelstreifen gut andrücken.
In einer beschichteten Pfanne das Olivenöl gut erhitzen und die Fischstücke einlegen und beidseitig knusprig ausbraten. Es ist darauf zu achten, dass die Kartoffeln durch sind.
Während die erste Seite gebraten wird, die Pfanne zudecken.

Für die Garnitur

Jungzwiebeln putzen und die Cherrytomaten halbieren. Butter in einer Pfanne zerlassen und den Zucker einstreuen. Beides kurz darin glasieren und leicht salzen.
Kürbisgemüse in der Mitte eines Tellers anrichten, mit den Welsstücken belegen und den glasierten Zwieberln und Tomaten dekorieren.

Dieses herrlich leichte Rezept stellte mir Chefkoch Gerhard vom Hotel und Restaurant Dokl in Hofstätten zur Verfügung. Herzlichen Dank.

Ganz schön Wild

Wildgerichte sind nicht nur im Herbst ein Thema, seit es im Fachhandel das ganze Jahr über Wildbret in bester Qualität gibt.

Das hängt in erster Linie damit zusammen, dass vermehrt Dammwild und Rehe in Gattern artgerecht gehalten werden.

Trotz alledem bereitet es nach wie vor den verantwortungsvollen Köchen und Köchinnen das größte Vergnügen, Wildbret in der Herbstsaison zu verkochen.

Der Duft von gebratenen Kastanien und das orange-rot fallende Laub machen Lust auf dunkles kräftiges Fleisch, das arm an Fett, aber reich an Mineralien ist. Dadurch schon stellt es eine empfehlenswerte Abwechslung auf unserem Speisezettel dar.

Der reich tragende Obstgarten spendet dazu die köstlich süßen Früchte, die die fein-herbe Note des Wildbrets begleiten.

Schwere Weine tauchen die deftigen Speisen in dunkles Rot und machen uns Genießer ein wenig wehmütig.

Was bleibt, ist die Wärme der Speisen, der Genuss von kräftigem steirischen Wein und – die Farbe des Herbstes.

„Wildwochen" – ich lade Sie ein!

Beuschel vom Reh mit Semmelknödeln

4 Personen
Zubereitung: 2 Stunden

BEUSCHEL

1 Stk.	Rehbeuschel (Lunge, Herz)
2	Lorbeerblätter
1	Karotte
1	Zwiebel
1 TL	Pfefferkörner
2 EL	Butterschmalz
2 EL	Mehl
2	Knoblauchzehen
1 TL	gemahlener Paprika
1 TL	Suppenwürze
1 EL	Honigessig od. Weißwein
	Majoran, Kümmel, Thymian, Salz, frisch gemahlener Pfeffer

SEMMELKNÖDEL

300 g	Semmelwürfel
2 EL	Butter
3	Eier
1/4 l	Milch
1 EL	gehackte Petersilie
	Salz, Muskatnuss

Für das Beuschel

Zugeputztes und gut gewässertes Beuschel in ca. 2 l kaltem Wasser zustellen, Karotte, Zwiebel, Lorbeerblätter und Pfefferkörner hinzufügen. Das Wasser zum Kochen bringen und danach den Schaum größtenteils abschöpfen. Nun auf kleiner Flamme weichkochen.

Beuschel aus dem Sud nehmen und auskühlen lassen. Die Lunge und das Herz in dünne Scheiben und anschließend feinnudelig schneiden, wobei die groben Röhren entfernt werden.

Nun das Fett in einem Topf erhitzen, das Mehl hinzufügen und mittelbraun anschwitzen. Geschälten und gepressten Knoblauch beigeben, ganz kurz mitrösten und sofort mit ca. 1/2 l kaltem Wasser ablöschen. Geschnittenes Beuschel beigeben, mit den Gewürzen kräftig abschmecken und weitere 30 min. köcheln lassen.

Für die Semmelknödel

Die Milch leicht erwärmen und über die Semmelwürfel gießen. Butter schaumig rühren, die Eier hinzufügen und der Semmelmasse beigeben. Alles gut miteinander vermengen. Nun mit frisch geriebenem Muskat, der gehackten Petersilie und dem Salz würzen. Die Zutaten ca. 20 min. zum Durchziehen beiseite stellen.

In der Zwischenzeit in einem weiten Kochtopf Wasser aufkochen und salzen. Aus der Knödelmasse mit befeuchteten Händen mittelgroße Knödel formen und ins Wasser gleiten lassen. Nun für ca. 30 min. in leicht kochendem Wasser durchgaren. Aus dem Kochwasser nehmen und noch heiß mit dem Rehbeuschel servieren.

TIPP

Mit der oben angeführten Semmelmasse können Sie ohne weiteres auch Serviettenknödel zubereiten. Hierfür formen Sie mit der Masse eine Rolle von ca. 6 cm Durchmesser und schlagen diese straff in ein befeuchtetes Geschirrtuch ein. Die Enden werden mit einem Bindfaden verschlossen. Nun die Rolle in kochendes Wasser einlegen und 35–40 min. garen. Die Serviettenknödel danach in Scheiben schneiden.

Geschmorter Hase mit Polentaschnitten

4 Personen
Zubereitung: 1 Stunde

1	Wildhase (ca. 1,5 kg)
3 EL	Fett
1 Bd.	Jungzwiebeln
4 Stk.	Karotten
2	Knoblauchzehen
	Kümmel, Salz, frischer Pfeffer
1/8 l	Rotwein
1/4 l	klare Suppe
	POLENTASCHNITTEN
1 l	Wasser
1 TL	Salz
250 g	Maisgrieß
	Butter zum Anbraten

Für die Polentaschnitten

Das Wasser in einem hohen Topf zum Kochen bringen und salzen.
Maisgrieß einrieseln lassen, gut durchrühren, die Flamme zurückschalten und so lange unter ständigem Rühren kochen, bis ein Klumpen entsteht.
Dies dauert ca. 20–25 min.
Die Polentamasse auf ein Backpapier stürzen, mit Backpapier bedecken und ca. 2 cm dick zu einem Rechteck ausrollen. Anschließend auskühlen lassen.

Für den Hasen

Das Backrohr auf 180 °C vorheizen.
Gut gereinigten Hasen in grobe Stücke teilen, salzen und mit frisch gemahlenem Pfeffer und Kümmel würzen.
Jungzwiebeln waschen, in Stücke schneiden, Knoblauch und Karotten schälen, danach klein würfeln. Das Fett in einer feuerfesten Pfanne erhitzen, darin die Hasenstücke scharf anbraten. Die Jungzwiebeln, Knoblauch und Karotten hinzufügen, kurz mitrösten und mit Suppe und dem Rotwein aufgießen. Nun das Ganze ins vorgeheizte Rohr schieben und ca. 50 min. schmoren lassen. Von Zeit zu Zeit die Hasenstücke wenden und mit dem Saft begießen. Wenn notwendig etwas Wasser hinzufügen.
Von der Polentamasse ca. 1 cm dicke Scheiben abschneiden und in Butter beidseitig goldbraun anbraten.

Die geschmorten Hasenstücke mit dem Gemüse im Saft und den gebratenen Polentaschnitten auf vorgewärmten Tellern anrichten und servieren.

Hirschbraten mit Zucchini und beschwipsten Weichseln

4 Personen
Zubereitung: 2 Stunden

	BRATEN
1 kg	Hirschschlegel od. Schulter
2 EL	Bratbutter
1 Bd.	Suppengemüse
1	Zwiebel
1	säuerlicher Apfel
1	Lorbeerblatt
	Salz, frisch gemahlener Pfeffer
etwas	Butter
	ZUCCHINIGEMÜSE
3 Stk. mittl.	Zucchini (gelb, grün)
2 EL	Olivenöl
1	Knoblauchzehe gepresst
	Salz, Pfeffer, Oregano
	BESCHWIPSTE WEICHSELN
200 g	entsteinte Weichseln od. Kirschen
2 EL	Rotwein
2 TL	Rohrzucker
etwas	Zimt u. Kirschwasser

Für den Braten

Gut zugeputztes Wildstück salzen und pfeffern. In einem Schmortopf Bratbutter erhitzen und das Fleisch rundherum braun anbraten.
Gewaschenen halbierten Apfel, geputztes Suppengemüse hinzufügen und kurz mitrösten. Nun mit Wasser aufgießen, das Lorbeerblatt beigeben und den Braten ins vorgeheizte Rohr schieben.
Bei mittlerer Hitze ca. 1,5 Stunden schmoren lassen. Wenn notwendig, immer wieder Wasser nachgießen.
Nach dem Garen den Braten in Folie einschlagen und warm stellen.
Aus dem Schmortopf das zerkochte Gemüse entfernen, den Natursaft kurz einkochen lassen und anschließend mit einem Esslöffel Butter verfeinern.

Für die beschwipsten Weichseln

Den Rotwein in einem Topf erhitzen und die entsteinten Weichseln, den Zucker, den Zimt und einen Spritzer Kirschwasser beigeben. Nun zu einer sämigen Konsistenz einkochen und danach auskühlen lassen.

Für das Zucchinigemüse

Gewaschene Zucchini in ca. 2 mm starke Scheiben hobeln und salzen.
Das Olivenöl erhitzen und die Zucchinischeiben darin braun anbraten.
Kurz vor Bratende den gepressten Knoblauch beigeben.
Zum Schluss mit frisch gemahlenem Pfeffer und frischem Oregano würzen.

Den Hirschbraten in Scheiben schneiden und mit dem Bratensaft und dem Zucchinigemüse auf vorgewärmten Tellern anrichten. Jeweils einen Esslöffel von den beschwipsten Weichseln hinzufügen und sofort servieren.

TIPP
Sollten Sie keine frischen Kirschen oder Weichseln zur Verfügung haben, nehmen Sie Kirsch- oder Weichselkompott. Ersatzweise können Sie auch Marmelade verwenden.

Gebeizter Pfefferhase nach Tante Julie

4 Personen
Zubereitung: 1 Stunde ohne Beizzeit

1	Wildhase
	BEIZE
1 l	Wasser
100 ml	Apfelessig
2 Bd.	Suppengemüse
2	Schalotten
1 EL	Pfefferkörner, Lorbeerblatt
	ZUM BRATEN
2 EL	Butterschmalz
2	fein gehackte Schalotten
1/8 l	Suppe
	SAUCE
1/4 l	Sahne
1 EL	Mehl
	KARTOFFELSPITZE
1 kg	mehlige Kartoffeln
2	Eier
125 g	Crème fraîche
30 g	Mehl
1 EL	Petersilie
	Salz, weißer Pfeffer
2 EL	Bratfett
	ROTWEINZWETSCHKEN
2 EL	Kristallzucker
500 g	entsteinte geviertelte Zwetschken
1/8 l	Rotwein
1 Msp.	Zimt

Für die Beize
Das Wasser mit dem Essig aufkochen, Pfefferkörner, Lorbeerblatt und das geputzte Wurzelwerk in groben Stücken hinzufügen. Die Beize zum Auskühlen beiseite stellen. Zugeputzten Hasen in Stücke zerteilen, in eine Porzellanschüssel legen und mit der kalten Beize begießen. Das Fleisch muss vollständig bedeckt sein. Nun zum Durchziehen für 3–5 Tage zugedeckt in den Kühlschrank stellen.

Für den Braten
Hasenstücke aus der Beize nehmen, gut abtrocknen und einsalzen. Die Beize durch ein Sieb gießen und die Flüssigkeit auffangen. Wurzelwerk zum Mitrösten aufheben. Butterschmalz in einer Pfanne erhitzen und die fein gehackten Schalotten goldbraun anrösten. Hasenstücke einlegen, anbraten und das Wurzelwerk mitrösten. Zum Ablöschen einen Schöpfer von der Beize dazugießen. Die Hasenstücke immer wieder mit Suppe und etwas Beizflüssigkeit aufgießen, bis sie weich gebraten sind. Das Lorbeerblatt und das Wurzelgemüse entfernen. Die gebratenen Hasenstücke auf einen Teller geben, mit Folie zudecken und warm stellen.

Für die Sauce
Bratenrückstand aufkochen, Mehl in die Sahne einrühren und dem Bratenrückstand hinzufügen. Nun mit frisch gemahlenem Pfeffer, wenn notwendig mit Salz nachwürzen.

Für die Kartoffelspitze
Die Kartoffeln in der Schale weich kochen, fein reiben oder durch die Presse drücken. Mit den restlichen Zutaten abrühren, mit 2 kleinen Löffeln Nockerln formen und in etwas heißem Fett auf drei Seiten braun anbraten.

Für die Rotweinzwetschken
Den Zucker hellbraun karamellisieren, mit dem Rotwein ablöschen. Die geschnittenen Zwetschken und den Zimt beigeben und dick einkochen lassen.

Die Hasenstücke mit der Sauce den Kartoffelspitzen und den Rotweinzwetschken servieren.

Das Hasenrezept stammt von unserer Tante Julie aus Ludersdorf. Herzlichen Dank, liebe Tante!

Rehbraten mit Wurzelsauce, Rotkraut und Grießknödeln

4 Personen
Zubereitung: 1,5 Stunden

1 kg	Rehschlegel
	Salz, Senf, Pfeffer
2 EL	Butterschmalz
2 Bd.	Suppengemüse
1/4 l	Suppe
	WURZELSAUCE
1 TL	grüne Pfefferkörner
1 EL	Preiselbeerkompott
1 TL	Senf
1/8 l	Sahne
	ROTKRAUT
1/2 kg	Rotkraut
1	Apfel
1 EL	Butterschmalz
1 EL	Zucker
	Salz, Kümmel
1/16 l	Suppe
1 TL	Honigessig
2 TL	Mehl
	GRIESSKNÖDEL
100 g	Weizengrieß
1/4 l	Milch
1	ganzes Ei
1 EL	Petersilie gehackt
	Salz, Muskatnuss

Für den Rehbraten
Ausgelösten, zugeputzten Rehschlegel mit Salz, Pfeffer und Senf einreiben. Suppengemüse in grobe Streifen schneiden. Zwiebel schälen und halbieren. Butterschmalz in einer Pfanne erhitzen, den Schlegel braun anbraten. Das Gemüse hinzufügen, kurz mitrösten und mit klarer Suppe ablöschen. Ins Backrohr stellen und bei 220 °C braten. Von Zeit zu Zeit mit dem eigenen Bratensaft begießen.

Für die Grießknödel
In einem Topf Milch mit Salz erhitzen und unter gleichmäßigem Rühren den Grieß breiig einkochen. Die Masse leicht auskühlen lassen, das Ei einrühren, mit Petersilie und Muskatnuss würzen. Zum Fertigquellen für 20 min. beiseite stellen. 1 l Salzwasser aufkochen, mit befeuchteten Händen aus der Grießmasse kleine Knödel formen und ins kochende Wasser gleiten lassen. Bei geringer Hitze ca. 10 min. gar ziehen. Danach in etwas erwärmter Butter schwenken.

Für das Rotkraut
Das geputzte Rotkraut und den Apfel dünnblättrig hobeln, einsalzen und mit Kümmel vermischen. Geschält fein gehackte Schalotten mit dem Zucker in Butterschmalz braun karamellisieren und mit Suppe ablöschen, gehobeltes Rotkraut beimengen, mit Mehl stauben und den Honigessig zugeben, nun auf kleiner Flamme weich dünsten.

Für die Wurzelsauce
Gebratenen Rehschlegel aus der Pfanne nehmen, in Folie zum Rasten einschlagen und warm halten. Wurzelwerk aus dem Saft nehmen und pürieren. Saft entfetten, das Püree, die Sahne, Senf, Preiselbeerkompott und die Pfefferkörner wieder beigeben und einkochen lassen. Eventuell noch etwas Suppe nachgießen.

Wildbraten aus der Folie nehmen, in Stücke schneiden und mit dem Rotkraut, den Grießknödeln und der Wurzelsauce auftragen.

Rehleber mit Weintraubenkraut

4 Personen
Zubereitung: 45 Minuten

LEBER

700 g	Rehleber
3	Knoblauchzehen
1 mittelgr.	Zwiebel
	Salz, frisch gemahlener schwarzer Pfeffer
	Maiskeimöl zum Braten

WEINTRAUBENKRAUT

500 g	Weißkraut
100 g	kernlose Weintrauben
1 EL	Walnussöl
1 TL	Zucker
	Kümmel, Salz

Für das Weintraubenkraut
Das Weißkraut von den äußeren Blättern befreien, zerteilen und den Strunk ausschneiden. Nun feinnudelig hobeln, salzen und mit Kümmel würzen.
Weintrauben säuberlich verlesen, waschen, danach abperlen und halbieren.
Das Sonnenblumenöl in einer Kasserolle erhitzen, den Zucker einstreuen und das Weißkraut hinzufügen. Nun kurz durchrösten, zum Schluss die halbierten Weintrauben hinzufügen und bissfest fertig garen.
Das Weintraubenkraut warm stellen.

Für die Rehleber
Gut gereinigte und gewässerte Rehleber häuten, die Leber in ca. 1,5 cm dicke Scheiben schneiden und mit Küchenpapier gut abtrocknen.
Geschälten Knoblauch und die Zwiebel feinblättrig schneiden.
Das Öl in einer Pfanne leicht erhitzen, Leberscheiben darin hellbraun anbraten. Geschnittenen Knoblauch und Zwiebel beigeben und mitrösten, bis die Leber durchgebraten ist. Anschließend mit Salz und frisch gemahlenem Pfeffer kräftig würzen.
Rehleber gemeinsam auf vorgewärmten Tellern mit dem Weintraubenkraut servieren.

TIPP
Lebergerichte sollten erst nach dem Zubereiten gesalzen werden. Dadurch bleibt die Leber zart und wird nicht zäh.

Gebratene Wachteln mit Spinatvariation und Feigen

4 Personen
Zubereitung: 45 Minuten

3 EL	Walnussöl
4	Wachteln je 120 g
1	gelbe Möhre od. Karotte
1/4 Stg.	Lauch
	Meersalz, Zitronenthymianzweig

GEMÜSE

2 EL	Butter
1	Schalotte
1 Stk.	chinesischer Knoblauch
300 g	Blattspinat
1 kl.	Avocado
1 TL	Zitronensaft
50 g	Räucherspeck in Würfeln
1 EL	Mandeln od. Pinienkerne
200 g	gehackte Wachtelbohnen
1 TL	Dinkelmehl
2 EL	Crème fraîche
	Meersalz, Thymian, Muskatnuss

BEILAGE

4	Feigen
1 EL	Butter
2 TL	Zucker
4 cl	Portwein- od. Aceto Balsamico

Für die Wachteln
Die Wachteln unter fließendem Wasser gut reinigen. Mit einem Küchenpapier sorgfältig innen und außen abtrocknen. Nun einsalzen und mit Küchengarn die Flügel und Schenkel an den Körper binden, in einer Pfanne im heißen Walnussöl anbraten. Den Thymianzweig, die geputzte halbierte gelbe Möhre und den Lauch beigeben. Temperatur zurücknehmen und zugedeckt weich braten. Mit ein wenig Wasser aufgießen. Die Bratzeit dauert ca. 25 min.
Sobald die Wachteln weich sind, im Backrohr auf Grillstufe beidseitig knusprig braun fertig braten.
Den Bratenrückstand in der Pfanne mit Wasser oder klarer Suppe aufgießen und sämig einkochen.

Für das Spinatgemüse
Die geschälte Schalotte und den Knoblauch blättrig schneiden. In einer Pfanne die Butter schmelzen, darin die Zwiebel, den Knoblauch und den würfelig geschnittenen Speck anschwitzen. Blattspinat beigeben und 2–3 min. weich dünsten. Nun die Avocado schälen und sofort mit Zitronensaft beträufeln, halbieren und in kleine Stücke schneiden. Diese dem Gemüse gemeinsam mit den Bohnen und Mandeln hinzufügen.
Alles mit Dinkelmehl stauben, Crème fraîche unterrühren und mit etwas Wasser aufgießen. Mit den Gewürzen und Salz abschmecken und noch einige Minuten köcheln lassen.

Für die Feigen
Gewaschene Feigen vierteln. Die Butter gemeinsam mit dem Zucker in einem Töpfchen braun schmelzen und mit Portwein oder Balsamico ablöschen. Die Feigen einlegen und darin kurz anbraten.
Knusprig gebratene Wachteln mit dem Natursaft, dem Spinatgemüse und den Feigen auf vorgewärmten Tellern anrichten und servieren.

Wachteln sind die kleinsten Wildhühner und werden in Farmen gezüchtet. Sie sind daher auch relativ preiswert und eine gute Alternative zu Tauben, die sehr schwer zu haben und auch sehr teuer sind.

Wildragout mit bunten Spätzle

4 Personen
Zubereitung: 1,5 Stunden

	RAGOUT
1 kg	Wildfleisch (Schulter od. Schlegel)
1	Zwiebel
3	Knoblauchzehen
2 EL	Fett
1 EL	Tomatenmark
1	Karotte
1	Petersilienwurzel
	Salz, Pfeffer, Lorbeerblatt
1/2 l	klare Suppe
	ZUM BINDEN
1/8 l	Sahne
1 EL	Speisestärke
	SPÄTZLE
300 g	Weizenmehl glatt
2	Eier
2 EL	Speiseöl
1/4 l	Milch
	Salz, Muskatnuss
1 EL	Tomatenmark
2 EL	Butter zum Schwenken

Für das Ragout
Sie können Wildfleisch vom Damhirsch, Hirsch, Wildschwein oder Reh verwenden. Gut zugeputztes, gewaschenes Wildstück in mittelgroße Würfel schneiden, salzen und pfeffern. Geschälte Zwiebel, Knoblauch, die Karotte und die Petersilienwurzel fein hacken. Das Fett in einer Pfanne erhitzen, darin die Fleischstücke rundherum braun anbraten. Fleisch auf einen Teller legen und beiseite stellen. Im Bratrückstand fein gehacktes Gemüse kurz rösten, das Tomatenmark hinzufügen und mit Suppe aufgießen.
Wildfleisch wieder einlegen, Lorbeerblatt beigeben, das Ganze aufkochen und auf kleine Flamme zurückschalten. Mind. 1 Stunde im Saft garen lassen. Wenn notwendig etwas Suppe nachgießen. Gegen Ende der Garzeit die Speisestärke in die kalte Sahne einrühren und dem Fleisch beimengen. Einige Minuten leicht weiterköcheln lassen. Der Saft sollte eine sämige Konsistenz haben.

Für die Spätzle
Die Milch mit den Eiern und dem Öl versprudeln, salzen und mit einer Prise frischem Muskat würzen. Das Mehl klumpenfrei einrühren. Den Spätzleteig teilen und einem Teil 1 EL Tomatenmark hinzufügen. In einem Kochtopf ca. 3 l Wasser zum Kochen bringen und salzen. Den hellen Teil des Teiges mit einem Spätzlesieb ins kochende Wasser streichen. Kurz aufkochen lassen, die Spätzle mit einem Knödelschöpfer herausheben und kalt abschrecken. Mit dem anderen Spätzleteig gleich verfahren. Gut abgetropfte Spätzle in geschmolzener Butter separat schwenken und gemeinsam mit dem heißen Wildragout servieren.

TIPP
Das Spätzlesieb ist ein praktischer Küchenhelfer. Damit lassen sich schnell frische Spätzle zubereiten. Sollten Sie kein Spätzlesieb besitzen, müssen Sie dem Teig weniger Flüssigkeit beigeben. Mit einer Teigkarte wird dann der etwas festere Teig von einer glatten Unterlage, z. B. einem Schneidbrett, ins kochende Wasser gestrichen.

Einfach süß

Was wäre ein köstliches Mahl ohne krönenden süßen Abschluss.

Dem Beerenparfait oder flaumigen Topfenpalatschinken zu widerstehen versuchen wäre reine Kraftverschwendung, schüttet doch durch Süßes unser Körper vermehrt Glückshormone aus. Durch Süßes tun wir uns also nachweislich Gutes.

Herrliche Marillenknödel in zart kratzig gerösteten Bröseln können schon eine Sünde wert sein. Anregend auf das Gemüt zeigt sich auch so manche auf der Zunge zergehende Kreation, kühl gestellt und geeist als Dreierlei Parfait.

Allerdings wird man nicht jeden Tag aufwändige Nachspeisen und Desserts auf den Tisch zaubern.

Süßem Luxus sollten wir – auf besondere Anlässe bezogen – den genießerischen Rahmen bieten, den er verdient.

Aber nichtsdestotrotz gibt es unzählige süße Gerichte, wie etwa Mohnnudeln, Marillenknödel oder Grießauflauf, die auch bestens als Hauptgänge geeignet sind.

Das Auge isst mit, und Sie werden feststellen, dass es ein Leichtes ist, Desserts aus dem vielfältigen Angebot und mit unzähligen Ideen nachzukochen.

Die folgenden versüßten Seiten werden Ihnen die Auswahl nicht leicht machen.

Verwöhnen Sie sich und andere ohne Reue – mit vielen süßen Speisen.

Gebackene Bananen

2 Personen
Zubereitung: 20 Minuten

1/2 l	Frittieröl
2	Bananen
1 EL	Limetten- od. Zitronensaft
	BACKTEIG
100 ml	Milch
1	Ei
3 EL	Bier
1 EL	Rum
100 g	Mehl
1 Pkg.	Vanillezucker
1 Prise	Salz
	SAUCE
1/4 l	Vanillejogurt
1/2	Vanilleschotte (Mark)
1 TL	Staubzucker

Für den Backteig
Die Milch mit dem Ei, Bier und dem Rum versprudeln. Das Mehl, Vanillezucker und eine Prise Salz beigeben.

Für die gebackenen Bananen
Das Frittieröl in einer tiefen Pfanne erhitzen.
Die Bananen schälen, halbieren und mit Limettensaft beträufeln. Nun durch den Backteig ziehen und ins heiße Fett gleiten lassen. Hellbraun ausbacken und auf Küchenpapier abtropfen lassen.

Für die Sauce
Aus der Vanilleschote mit einem Gemüsemesser das Mark auskratzen, unter das Vanillejogurt rühren und leicht zuckern.

Die gebackenen Bananen gemeinsam mit der Jogurtsauce auf Glastellern anrichten.

TIPP

Im Fachhandel bekommt man manchmal Kochbananen zu kaufen. Diese gibt es in Rosa und auch Gelb. Ihr Fruchtfleisch ist gelber, fester und kompakter, deshalb brauchen sie etwas länger bis sie durchgebacken sind. Der Geschmack ist sehr delikat.
Kochbananen eignen sich auch hervorragend zum Braten und sind eine interessante Abwechslung für ein umfangreiches Frühstück zum Beispiel.

Buchteln mit Vanillesauce

4 Personen
Zubereitung: 1 Stunde

BUCHTELN

350 g	Mehl
4	Dotter
80 g	Butter
1/4 l	Milch
20 g	Germ
40 g	Zucker
1 Prise	Salz
3 EL	Butter für die Form

VANILLESAUCE

1/2 l	Milch
2	Dotter
2 TL	Maisstärke
2 EL	Zucker
	Mark einer Vanilleschote

Backrohr auf 50 °C vorwärmen.

Für die Buchteln

Die Milch leicht erwärmen. Die Germ in einigen Esslöffeln lauwarmer Milch auflösen, Butter schmelzen und mit allen restlichen Zutaten unter das Mehl rühren. Daraus einen geschmeidigen Teig kneten. Nun zum Aufgehen in das vorgewärmte Rohr stellen.

Die Butter für die Form zerlassen. In eine viereckige Auflaufform gießen.

Wenn der Teig das doppelte Volumen angenommen hat, wieder durchkneten und mit dem Löffel Stücke herausstechen. Diese zu länglichen Buchteln formen, seitlich mit Butter benetzen und Stück für Stück nebeneinander in die Auflaufform setzen.

Wieder zum Aufgehen warm stellen. Anschließend bei 200 °C im Backrohr braun fertig backen.

Für die Vanillesauce

Einige Esslöffe von der Milch mit der Maisstärke verquirlen. Die Dotter, den Zucker und das Vanillemark in die kalte Milch mit einem Schneebesen einrühren. Nun zum Kochen bringen und dann die Maisstärke einkochen. Die Herdplatte ausschalten und unter ständigem Umrühren die Vanillesauce noch einige Minuten kochen lassen.

Warme Buchteln mit der lauwarmen Vanillesauce servieren.

Butternudeln mit Apfelmus

4 Personen
Zubereitung: 45 Minuten ohne Rastzeit

	NUDELTEIG
200 g	Maisdunst (Maismehl)
100 g	Weizenmehl
200 g	Hartweizengrieß
5	ganze Eier
30 g	Butter zum Abschmalzen
	APFELMUS
1,5 kg	säuerliche Äpfel
1	Zimtschote
4 EL	Zucker
1 Msp.	gemahlener Zimt
3 EL	Zitronensaft

Für den Teig
Alle Zutaten miteinander vermengen, den Teig kräftig kneten, bis der Nudelteig eine glatte Beschaffenheit aufweist. Nun eine Stunde zugedeckt rasten lassen.
Nudelteig dünn ausrollen und mittelfeine Nudeln schneiden. Diese in einigen Litern Salzwasser kochen, abseihen, kurz mit kaltem Wasser spülen und gut abtropfen lassen.
Im Kochtopf die Butter schmelzen und die gekochten Nudeln wieder beigeben, schwenken und warm halten.

Für das Apfelmus
In einem emaillierten Kochtopf etwas Wasser mit dem Zitronensaft und der Zimtschote geben.
Die gewaschenen Äpfel schälen, vierteln, vom Kerngehäuse befreien und sofort ins Wasser einlegen. Den Topf zudecken und die Äpfelstücke darin weich dünsten. Die Äpfel sollen nicht zu lange kochen, dadurch würde die Fruchtigkeit des Muses verloren gehen. Die gekochten Apfelstücke in einen Aufsatzmixer füllen, Zucker und Zimt beigeben und fein pürieren. Wenn notwendig etwas Kochwasser hinzufügen, damit das Apfelmus eine mittelfeste, cremige Konsistenz erhält.
Die warmen Butternudeln in Pastatellern anrichten und mit dem Apfelmus servieren.

Es klingt im ersten Moment sicher ungewöhnlich, Nudeln mit Apfelmus zu kombinieren, aber sie schmecken einfach köstlich.

TIPP
Wenn Sie fertige Nudeln verwenden, empfehle ich Ihnen Spiralen oder Muscheln. Darauf bleibt besonders viel Apfelmus haften.

Erdäpfelnudeln – Mohntaler

4 Personen
Zubereitung: 40 Minuten

	KARTOFFELTEIG
700 g	mehlige Kartoffeln
300 g	Dinkelmehl
3	Eier
	Salz, Muskatnuss
	FÜR DIE ERDÄPFEL-NUDELN ZUM WÄLZEN
4 EL	Butter
4 EL	Brösel
	FÜR DIE MOHNTALER ZUM WÄLZEN
3 EL	Butter
3 EL	gemahlener Graumohn

Für die Erdäpfelnudeln
Für den Kartoffelteig sollten Sie mehlige Kartoffeln verwenden.
Kartoffeln in der Schale weich kochen, abseihen und kurz auskühlen lassen. Schälen und durch eine Kartoffelpresse drücken. Wenn Sie keine Kartoffelpresse besitzen, reiben Sie die Erdäpfel auf der feinen Seite einer Gemüseraffel. Mit den gepressten Kartoffeln ein Häufchen machen und in die Mitte eine Mulde formen. Hier die Eier hineinschlagen, salzen und das Dinkelmehl hinzufügen. Aus den Zutaten rasch einen glatten Teig kneten. Kartoffelteig muss sofort verarbeitet werden, bei längerer Rastzeit wird durch das Austreten des Wassers der Teig weich und patzig.

Für die Erdäpfelnudeln
Aus dem Teig eine Rolle von ca. 3 cm Ø formen. Davon 2 cm starke Stücke mit einem Tafelmesser abzwicken. Auf einer bemehlten Arbeitsfläche mit der Handfläche Nudeln rollen. Die Enden sollten etwas dünner als die Mitte sein. Für die Mohntaler aus dem Teig kleine Kugeln rollen und auf einer bemehlten Arbeitsfläche mit dem Handballen flach auseinander drücken.
In einem Topf 3 l Wasser zum Kochen bringen und salzen. Darin die Kartoffelnudeln oder -taler garen. Das Wasser darf nicht zu stark kochen, dadurch würden die Stücke zerfallen. Nudeln vorsichtig abseihen und mit wenig kaltem Wasser abschrecken. In einer Pfanne die Butter schmelzen. Für die Erdäpfelnudeln die Semmelbrösel darin hellbraun anrösten und die gekochten Nudeln beigeben. Gut durchschwenken, die Kochplatte ausschalten und noch kurz knusprig anrösten lassen.
Für die Mohntaler die Butter in der Pfanne schmelzen, Kartoffeltaler beigeben und zum Schluss den gemahlenen Mohn darüber streuen.

TIPP

Als Süßspeise sieben Sie Staubzucker darüber und reichen vielleicht noch ein Kompott dazu. Beide Gerichte können Sie als Beilage servieren, zum Beispiel zu Wildgerichten, aber auch als vegetarische Variante in Kombination mit Blattsalaten sind sie bestens geeignet.

Erdbeerterrine mit Hippen

6 Personen
Zubereitung: 1 Stunde ohne Kühlzeit

250 g	Erdbeeren
60 g	Staubzucker
1 EL	Zitronensaft
250 g	QimiQ
1/8 l	Sauerrahm
3 EL	Orangensaft
2 cl	Kirschwasser
5 BL	Gelatine
einige	halbierte Erdbeeren
	HIPPEN
1	Eiklar
30 g	Staubzucker
1 Pkg.	Vanillezucker
50 g	Mehl glatt
40 g	weiche Butter
	zum Füllen etwas steife Schlagsahne

Für die Terrine
Gelatineblätter in kaltes Wasser einlegen.
Die Erdbeeren waschen, die Blütenblättchen entfernen und in Stücke schneiden. In einem Aufsatzmixer gemeinsam mit dem Staubzucker, dem Vanillezucker und dem Zitronensaft pürieren.
QimiQ mit dem Sauerrahm glatt verrühren, das Erdbeerpüree dazu geben und einrühren.
Den Orangensaft und das Kirschwasser leicht erwärmen und darin die ausgedrückten Gelatineblätter vollständig auflösen.
Alles miteinander verrühren. Eine Terrinenform mit kaltem Wasser ausspülen, einen Teil der Masse einfüllen, halbierte Erdbeeren einlegen. Wieder auffüllen und ebenfalls Erdbeeren dazwischen geben. Mit der restlichen Masse die Form auffüllen und für mindestens 4 Stunden kalt stellen.

Für die Hippen
Alle Zutaten miteinander glatt verrühren.
Auf ein mit Backpapier belegtes Backblech kleine Häufchen setzen und mit einem Löffel kreisförmig dünn auseinander rühren (Ø 5 cm). Im Backrohr bei 170 °C backen. Die Ränder sollten hellbraun einfärben. Plätzchen sofort aus dem Rohr nehmen, mit einer Palette vom Papier lösen und einrollen.
Ausgekühlt mit Schlagsahne füllen.

Die Terrinenform kurz in warmes Wasser stellen und stürzen.
Erdbeerterrine in Stücke schneiden und mit den gefüllten Hippen dekorieren.

Feiner Grießauflauf mit Fruchtmus

4 Personen
Zubereitung: 40 Minuten

150 g	Goldgrieß
5/8 l	Milch (625 ml)
70 g	Butter
1	Vanilleschote
1 EL	Zitronensaft
4	Eier
120 g	Staubzucker
40 g	Rosinen
1 EL	flüssige Butter zum Auspinseln der Form

FRUCHTMUS

400 g	gemischte Waldbeeren
4 EL	Zucker
1 EL	Zitronensaft
1 Prise	Zimt

GARNIERUNG

Melisse- od. Pfefferminzblätter

Eine feuerfeste Auflaufform mit flüssiger Butter auspinseln und das Backrohr auf 180 °C vorheizen.

Für den Grießauflauf

Die Vanilleschote halbieren und mit einem Messerrücken das Mark auskratzen. Die Milch gemeinsam mit Vanillemark, Salz und Butter in einem höheren Kochtopf aufkochen. Den Goldgrieß einrieseln lassen, mit dem Schneebesen gut abrühren und die Kochplatte ausschalten. Bei gutem Kochgeschirr reicht die Hitze zum Fertigkochen aus und der Grießbrei kann nicht anbrennen. Die Grießmasse unter oftmaligem Umrühren noch einige Minuten ausdämpfen lassen.
Diese Masse in eine Schüssel geben und zum Überkühlen in kaltes Wasser stellen. In der Zwischenzeit das Eiklar vom Dotter trennen. Zum Eiklar den Staubzucker hinzufügen und mit einem Mixer sehr fest aufschlagen. Die Dotter und die Rosinen in die lauwarme Grießmasse einrühren und zu guter Letzt mit einem Schneebesen den Eischnee unterziehen.

Diese Masse in die gebutterte feuerfeste Form füllen und im Backrohr bei 180 °C ca. 30 min. hellbraun backen. Gegen Ende der Backzeit wenn notwendig die Temperatur auf 150 °C zurückschalten.

Für das Fruchtmus

Gemischte Waldfrüchte mit dem Zucker und dem Zitronensaft vermischen. In einem Aufsatzmixer fein pürieren und eine Prise Zimt beigeben.
Auf schöne große Teller einen Fruchtspiegel setzen und gemeinsam mit einem Stück Grießauflauf servieren.

TIPP

Sollten Sie die Kerne im passierten Fruchtmus stören, streichen Sie dieses durch ein feinmaschiges Sieb. Ich persönlich finde allerdings, man entfernt damit auch einiges an Geschmack und wichtige Ballaststoffe.
Für das Fruchtmus können Sie natürlich viele andere Früchte Ihrer Wahl verwenden. Zum Beispiel für einen Hauch von Exotik Mangos.

Himbeersorbet mit Kompott und frischen Beeren

6 Personen
Zubereitung: 40 Minuten ohne Kühlzeit

	SORBET
1/4 l	Sauerrahm
1/8 l	Naturjogurt
300 g	Himbeeren
130 g	Staubzucker
1	Eiweiß
1 EL	Limettensaft
2 cl	Himbeerwasser (Schnaps)
1/4 l	Schlagsahne
	KOMPOTT
100 g	Himbeeren
4	Pfirsiche
2 EL	Zucker
1/8 l	Orangensaft
	DEKOR
200 g	frische Beeren
	Minzeblätter

Für das Sorbet
Die Himbeeren in einem Aufsatzmixer pürieren und durch ein feines Sieb streichen. Hiermit trennt man das Fruchtmark von den Kernen.
Das Eiweiß mit der Hälfte des Staubzuckers steif schlagen.
In einer Schüssel den Sauerrahm mit dem Jogurt, dem Himbeermark, Limettensaft, dem Schnaps und dem restlichen Staubzucker gut verrühren. Zu guter Letzt das steife Eiweiß unterziehen. Diese Masse in einen Behälter füllen und für einige Stunden einfrieren. Die Sorbetmasse halb auftauen lassen und dann die steif geschlagene Schlagsahne mit dem Mixer unterrühren. Kleine Formen mit Wasser ausspülen und die Sorbetmasse einfüllen. Mit Küchenfolie oder auch Alufolie abdecken. Wieder für einige Stunden tiefkühlen.

Für das Kompott
Die Pfirsiche kurz in kochendes Wasser legen, herausnehmen und kalt abschrecken. Die Haut abziehen, in Spalten schneiden und in Orangensaft einlegen, damit sie nicht braun werden. Den Zucker in einer Kasserolle bräunen und den Orangensaft mit den Pfirsichspalten hinzufügen. Einmal aufkochen und von der Herdplatte ziehen. Zum Schluss die Himbeeren beigeben und das Kompott auskühlen lassen.

Zum Anrichten die Formen kurz in heißes Wasser tauchen und das Sorbet auf einen Dessertteller stürzen. Etwas vom Kompott beigeben, frische Beeren darüber streuen und mit Minzeblättern garnieren.

TIPP
Lassen Sie die angerichteten Teller noch 5–10 min. stehen, bis das Sorbet leicht auftaut, dann wird es cremiger.

Hollerstrauben

4 Personen
Zubereitung: 30 Minuten

8 Stk.	Holunderblüten (frisch gepflückt)
	TEIG
100 g	Mehl
30 g	Zucker
etwas	Vanillezucker
2	ganze Eier
2 EL	Weißwein
1/4 l	Milch
	Frittierfett zum schwimmend Ausbacken

Holunderblüten mit möglichst langen Stielen ernten und die Insekten gut abklopfen. Wenn notwendig noch waschen, dann aber gut abtropfen lassen.

Für den Teig

Eier trennen und das Eiweiß mit dem Zucker und Vanillezucker steif aufschlagen. Milch mit den Dottern, dem Weißwein und dem Mehl glatt verrühren. Anschließend das steif geschlagene Eiweiß unterziehen.

Hollerblüten am Stiel fassen und durch den Teig ziehen. Der Backteig sollte nicht zu üppig haften bleiben, dadurch würden er beim Backen zu viel Fett aufnehmen. Die Hollerblüten am Stiel halten, ins gut erhitzte Frittierfett setzen und durchs Fett ziehen, damit sie auch an der Oberseite durchgebacken und knusprig braun werden. Nach dem Backen auf einem Küchenpapier gut abtropfen lassen. Noch heiß mit Streuzucker verfeinern und sofort servieren.

Diese saisonelle Spezialität erfreut sich sehr großer Beliebtheit. Da Holunder praktisch an allen Waldrändern wild wächst, sollte man sich die Mühe machen die voll erblühten Dolden zu sammeln, um daraus diese billige, aber köstliche Süßspeise zuzubereiten.

TIPP

Schwarzer Holunder (lat. Sambucus nigra): im Volksmund Holler, Dolder, Musflieder, Alhorn, Kelkenbusch.
Hollerblüten können nur frisch verwendet werden. Diese angenehm duftenden cremeweißen Dolden erscheinen im Frühsommer auf dem winterharten 3–7 m hohen Strauch. Die Blütenstände werden gerne von Insekten und Käfern besucht, die sich leicht mit Klopfen und Schütteln entfernen lassen. Auch Läuse lieben die Blüten, diese sind für die Küche allerdings nicht mehr geeignet.
Aus den befruchteten Blüten entwickeln sich im Spätsommer schwarzblaue Beeren, die entweder getrocknet oder frisch weiterverarbeitet werden. Zum Beispiel für Gelees, Kompott oder der Saft wird für Dicksaft oder zum Färben von diversen Lebensmitteln verwendet.
Rohe Beeren sind für den Verzehr ungeeignet und schädlich.

Gebackene Kirschen

4 Personen
Zubereitung: 30 Minuten

3/4 kg	Kirschen mit Stielen
	AUSBACKTEIG
150 g	glattes Mehl
1/8 l	Bier
2	Eier
1 EL	Staubzucker
1 Prise	Salz
1/2 l	Frittierfett

Für den Backteig

Die Eier trennen und das Eiweiß mit dem Zucker zu steifem Schnee aufschlagen. Das Bier mit den Dottern verquirlen, das Mehl und eine Prise Salz unterrühren.
Nun den Eischnee unterziehen.
Frittierfett in einem Topf gut erhitzen. Die einwandfreien Kirschen bündelweise zusammenfassen und mit einem Küchenfaden fixieren. Das Bündel in den Backteig tauchen, kurz abtropfen lassen und ins heiße Fett tauchen. Sie sollten nicht am Topfboden ankleben, dadurch würde die Unterseite schnell zu dunkel gebacken werden.
Goldgelb ausbacken und das Fett gut abtropfen lassen.
Nun mit Staubzucker bestreuen und schnell servieren.

TIPP

Mit diesem Backteig können Sie Apfelringe und auch süße Weichseln ausbacken.
Köstlich schmecken auch Blätter von Ananassalbei.

Kaiserschmarrn mit Herbstkompott

1 Portion
Zubereitung: je 20 Minuten

2	Eier
250 ml	Milch
100 g	Mehl universal
1 Prise	Salz
40 g	Butter

4 Portionen

	HERBSTKOMPOTT
1/2 l	Wasser
1	Zitrone (Saft)
100 g	Kristallzucker
3	Birnen
3	Äpfel
6	Zwetschken
1	Zimtschote

Für das Kompott
Das Wasser mit dem Zucker und dem Zitronensaft vermischen. Die gewaschenen Birnen und die Äpfel schälen und in Spalten schneiden. Sofort ins Wasser gleiten lassen. Die Zwetschken halbieren, den Kern entfernen und ebenfalls zugeben.
Das Kompott mit der Zimtschote einmal kräftig aufkochen und dann von der Platte nehmen. In eine Schüssel gießen und auskühlen lassen.

Für den Kaiserschmarrn
Die Eidotter vom Eiweiß trennen und das Eiweiß mit einer Prise Salz steif aufschlagen.
Die Milch in einen Maßbecher füllen, dann die Dotter und das Mehl gut einrühren. Das steif geschlagene Eiweiß mit einem Schneebesen vorsichtig unterziehen.
In einer Pfanne die Hälfte der Butter schmelzen und den halben Schmarrnteig darin verteilen. Die Temperatur zurückschalten und die Pfanne zudecken. Nach einigen Minuten, wenn die Unterseite braun und der Teig aufgegangen und gestockt ist, wird der Schmarrenteig umgedreht. Nun die andere Seite goldbraun anbraten. Die Teigplatte mit Hilfe eines Kochlöffels in gefällige Stücke zerreißen und warm stellen. Mit dem zweiten Teigteil gleich verfahren.
Den Kaiserschmarrn mit Staubzucker anzuckern und gemeinsam mit dem Herbstkompott servieren.

Karamellpudding mit Weinbirne und Karamellsauce

4 Personen
Zubereitung: 1 Stunde

	WEINBIRNEN
4 Stk.	Williamsbirnen
	Zitronensaft
250 ml	Weißwein süß (Muskateller)
125 ml	Wasser
2 EL	brauner Zucker
1/2	Zimtstange
3 Stk.	Gewürznelken
	KARAMELLPUDDING
3 EL	Kristallzucker
400 ml	Milch
1 Pkg.	Vanillezucker
1 Pkg.	Vanillepuddingpulver
	BIRNENCREME
1	Williamsbirne
100 ml	Weinsud
2 EL	Apfelbalsamessig (5-jährig)
	KARAMELLSAUCE
80 g	Kristallzucker
250 ml	Schlagsahne
100 ml	Weinsud
	GARNITUR
	Schlagsahne, Minzeblätter

Für die Weinbirnen
Birnen waschen und den Stielansatz mit ca. 4 cm Fruchtfleisch abschneiden. Das Fruchtfleisch mit einem Parisiennelöffel aushöhlen. Die Birnen sofort mit dem Zitronensaft marinieren, damit sie nicht braun werden. Für die Birnencreme eine Birne schälen und in Stücke geschnitten mitkochen.
In einer Kasserolle den Wein mit den anderen Zutaten erhitzen. Darin die Birnen, die Reste ohne Kerngehäuse und die Stielstücke zugedeckt weich dünsten. Zum Auskühlen beiseite stellen.

Für den Karamellpudding
Das Puddingpulver mit einigen Löffeln kalter Milch verrühren. Zucker in einem Topf erhitzen und unter ständigem Rühren mittelbraun karamellisieren. Den Topf von der Platte nehmen und mit der kalten Milch ablöschen. Bei niedriger Temperatur kochen, bis sich die Karamellkruste aufgelöst hat. Nun das angerührte Puddingpulver einkochen und unter ständigem Rühren ca. 5 min. einkochen. Die Birnen aus dem Weinsud nehmen, mit dem Karamellpudding füllen und dem Deckel verschließen. In der Zwischenzeit zugedeckt kühl stellen.

Für die Karamellsauce
Den Zucker in einer Kasserolle mittelbraun schmelzen und mit 100 ml Weinsud ablöschen. Den karamellisierten Zucker auflösen und anschließend die Sahne hinzufügen. Bei kleiner Flamme zu einer sämigen Sauce einkochen lassen.

Für die Birnencreme
Birnenreste aus dem Weinsud nehmen und mit 100 ml davon feinst pürieren. Einige Esslöffel von der fertigen Karamellsauce beigeben und alles gemeinsam mit dem Balsamico kurz verkochen.

Mit der Birnencreme auf ein großes Dessertteller einen Spiegel setzen und die ausgehöhlte Birne hinzufügen. Steif geschlagene Sahne auf die Birne dressieren und den Deckel schräg einsetzen. Mit der Karamellsauce um die Birnen ein Muster träufeln, mit Minzeblättern und steifer Schlagsahne garnieren.

Marillenknödel

15 Knödel
Zubereitung: 45 Minuten

	TEIG
300 g	Mehl glatt
250 g	Topfen mager
500 g	gekochte Kartoffeln passiert
2	Eier
1 Prise	Salz
	FÜLLE
15 Stk.	mittelgroße Marillen
15 Stk.	Würfelzucker
	ZUM WÄLZEN
3 EL	Butter
200 g	Weißbrotbrösel

Für den Teig

In einer Schüssel die ganzen Zutaten zu einem glatten Teig verkneten. Sollte er kleben, fügen Sie noch etwas Mehl hinzu.

Gewaschene Marillen gut trocknen, auf einer Seite aufschneiden und den Kern entfernen. Anstelle des Kernes geben Sie einen Würfelzucker hinein. Zuklappen und die Marille mit einem Stück Teig ummanteln. Zwischen beiden bemehlten Händen eine gleichmäßige Kugel formen. Es darf keine offene Stelle bleiben, ansonsten rinnt der Marillensaft aus und der Knödel zerfällt.

In einem großen Kochtopf Wasser zum Kochen bringen, leicht salzen und die Knödel Stück für Stück einlegen.

Hier gilt wieder das Gleiche wie bei allen Knödeln. Das Wasser darf nur leicht köcheln und nicht kochen.

Die Garzeit beträgt ca. 15 min. Fertige Marillenknödel mit einem Knödelschöpfer aus dem Wasser nehmen. In einer Pfanne die Butter schmelzen, mit den Bröseln vermischen und leicht bräunen. Die Marillenknödel darin gleichmäßig wenden, mit Staubzucker bestreuen und sofort servieren.

TIPP

Mindestens so fein schmecken Zwetschkenknödel, die Rezeptur bleibt gleich, anstelle der Marillen verwenden Sie einfach nicht zu weiche Zwetschken.

Dreierlei Parfait mit marinierten Herzkirschen

6 Personen
Zubereitung: 1 Stunde ohne Kühlzeit

	GRUNDMASSE
1	Ei
2	Dotter
100 g	Kristallzucker
2 Pkg.	Vanillezucker
1/4 l	Schlagsahne
1/4 l	Sauerrahm
50 g	weiße Schokolade
2 cl	Eierlikör
50 g	Schokolade zartbitter
2 cl	Nusslikör
1 EL	Kakao
2 cl	Bananenlikör
	MARINIERTE KIRSCHEN
500 g	Herzkirschen
4 EL	Zucker
1	Limette (Saft)
100 ml	Wasser
2 cl	Kirschwasser
1 TL	Maisstärke
2 EL	Wasser
	GARNITUR
einige	Minzesträußchen

Für die Parfaitgrundmasse
Die Dotter und das ganze Ei mit dem Zucker und Vanillezucker über Wasserdampf sehr schaumig rühren. Danach im kalten Wasserbad wieder unter Rühren abkühlen lassen.
Die Schlagsahne aufschlagen und mit dem Sauerrahm vermengen. Diese Grundmasse in drei Schüsseln aufteilen. Jede Schokolade separat schmelzen. Zum ersten Teil weiße Schokolade und den Eierlikör mischen, zum zweiten zartbittere Schokolade und den Nusslikör, zum dritten Kakao und Bananenlikör.
In vorbereitete Gläser die drei Massen übereinander einfüllen und mindestens drei Stunden tieffrieren.

Für die marinierten Kirschen
Die Kirschen entsteinen. Zucker in einem Topf schmelzen und leicht braun karamellisieren.
Mit dem Wasser und dem Limettensaft ablöschen. Nun die Kirschen beifügen und einmal aufkochen lassen. Maisstärke im kalten Wasser anrühren und kurz einkochen. Zum Schluss mit dem Kirschwasser parfümieren.
Das Parfait aus dem Gefrierschrank nehmen und gemeinsam mit den marinierten Herzkirschen anrichten.

TIPP
Natürlich können Sie auch andere Liköre verwenden.
Parfait sollte immer leicht angetaut serviert werden.

Polentaauflauf mit Äpfeln

2 Personen
Zubereitung: 40 Minuten

	AUFLAUF
300 ml	Milch
1 EL	Butter
80 g	Polenta (Maisgrieß)
1 Pkg.	Vanillezucker
1 Prise	Salz
2	Eier
1 EL	Zucker
1/8 l	Sauerrahm
2	kleine Äpfel
	Zimt, Kristallzucker

Eine kleine Auflaufform mit weicher Butter auspinseln.
Backrohr auf 200 °C vorheizen.

Für den Auflauf
Die Milch mit einer Prise Salz und dem Vanillezucker aufkochen und den Maisgrieß einstreuen. Unter ständigem Rühren bei niedriger Temperatur breiig einkochen lassen.
Zum Auskühlen in eine Rührschüssel füllen. Immer wieder umrühren.
Das Eiweiß vom Eigelb trennen und den Eischnee mit einem Löffel Zucker steif schlagen. Die Dotter verrühren und gemeinsam mit dem Sauerrahm unter die Polentamasse rühren. Anschließend den Eischnee unterziehen.
Die Äpfel schälen und mit etwas Zitronensaft beträufeln. In kleine Spalten schneiden und die Auflaufmasse fächerförmig damit belegen. Leicht mit Kristallzucker oder braunem Zucker bestreuen und etwas Zimt darauf verteilen.

Die befüllte Form ins Backrohr auf die mittlere Schiene schieben und hellbraun bei 200 °C backen. Die Backdauer beträgt ca. 25 min.

TIPP
Anstelle von Äpfeln als Belag eignen sich auch Birnen, Zwetschken oder Marillen sehr gut.
Dazu passen gut Kompotte Ihrer Wahl.

Polenta-Topfennockerln mit Zwetschkenröster

4 Personen
Zubereitung: 45 Minuten

	POLENTA-TOPFEN-NOCKERLN
250 g	Topfen mager
40 g	Polenta
2	Eier
2 EL	Brösel
30 g	weiche Butter
1 Prise	Zimt und Salz
	ZWETSCHKENRÖSTER
1,5 kg	Zwetschken
150 g	Zucker
1 Prise	Zimt
	ZUM WÄLZEN
80 g	Butter
100 g	Brösel

Für den Zwetschkenröster
Die Zwetschken entkernen und halbieren. In einem großen Kochtopf mit dem Zucker und dem Zimt langsam einkochen lassen. Immer wieder umrühren, damit sich die Masse nicht am Topfboden anlegt. Je nach Zucker- und Feuchtigkeitsgehalt der Früchte variiert die Kochzeit erheblich. Zwetschkenröster muss eine dickflüssige Konsistenz aufweisen.

Für die Nockerln
Die Eier versprudeln, mit dem Polenta vermischen und zum Anziehen für ca. 15 min. beiseite stellen. Danach den Topfen zur Masse geben und die restlichen Zutaten einrühren.
In einem weiten Kochtopf 2 l Wasser zum Kochen bringen und salzen. Mit zwei kleinen Löffeln aus der Masse Nockerln formen und ins Wasser einlegen. Das Wasser sollte nicht sprudelnd kochen. Die Polenta-Topfennockerln müssen 15–20 min. gar ziehen. Mit einem Knödelschöpfer aus dem Wasser heben und gut abtropfen lassen.
Die Butter in einer Pfanne schmelzen und darin die Brösel braun rösten. Die Nockerln einlegen und drin wälzen.
Die Polenta-Topfennockerln gemeinsam mit dem Zwetschkenröster servieren.

TIPP
Zwetschkenröster können Sie auch auf Vorrat einkochen. Hierfür füllen Sie die heiße Masse in Gläser mit Schraubverschluss und stellen diese in ein Wasserbad ins Backrohr. Bei 150 °C müssen die Gläser zum Sterilisieren mindestens 1 Stunde im Rohr bleiben.

Reisauflauf mit Holunder-Birnenkompott

4 Personen
Zubereitung: 45 Minuten

	AUFLAUF
400 g	Rundkornreis
50 g	Butter
500 ml	Milch
1 Prise	Salz
3	Eier
80 g	Kristallzucker
2 EL	Zitronensaft
	BELAG
3	Stück Birnen
1 EL	Zitronensaft
2 EL	brauner Zucker
	Zimt
	KOMPOTT
400 g	Holunderbeeren
6	Birnen
50 g	Kristallzucker oder Rohzucker
1	Zitrone (Saft)
3	Gewürznelken

Für das Kompott
Die schön reifen Holunderbeeren gut verlesen. Die Birnen schälen, halbieren und das Kernhausfach entfernen. In kleine Würfel schneiden und mit einem 1/2 l Wasser, den Holunderbeeren, dem Zucker, dem Zitronensaft und den Gewürznelken 5 min. kochen lassen. Zum Auskühlen in eine Schüssel gießen.

Für den Reisauflauf
Einen Kochtopf mit kaltem Wasser ausspülen, die Milch eingießen, den Reis, die Butter und eine Prise Salz zugeben. Einmal aufkochen lassen, gut durchrühren und auf die kleinste Stufe zurückschalten. Den Milchreis zugedeckt weich dünsten und dann handwarm auskühlen lassen.

Backrohr auf 200 °C vorheizen.
Die Eier trennen, das Eiweiß sehr steif aufschlagen und die Dotter mit dem Zucker und dem Zitronensaft schaumig rühren. Zuerst die Dottermasse unter den Reis ziehen und anschließend den steif geschlagenen Eischnee unterheben.
Eine Auflaufform mit Butter ausstreichen und die Masse einfüllen.
Die Birnen schälen, vierteln und das Kernhausfach ausschneiden. Lamellenartig schneiden, mit Zitronensaft beträufeln und damit die Reismasse belegen. Obenauf mit braunem Zucker und etwas Zimt bestreuen. Bei 200 °C ca. 35 min. hellbraun backen.

Den Reisauflauf gemeinsam mit dem Kompott servieren.

TIPP
Für den Belag können Sie auch Äpfel, Himbeeren oder Heidelbeeren verwenden.

Rhabarber-Spargeltörtchen mit Löwenzahnhonig

4 Personen
Zubereitung: 1 Stunde ohne Kühlzeit

SPARGELMASSE

200 g	Bleichspargel
1/4 l	Milch
1/2 Pkg.	gemahlene Gelatine

RHABARBERMASSE

500 g	Rhabarber
1/4 l	Rotwein
1 TL	Limettensaft
100 g	Kristallzucker
1 Prise	gemahlenen Zimt
1/2 Pkg.	gemahlene Gelatine
1/4 l	Sahne
3 EL	Staubzucker
1 Stk.	Vanilleschote
50 ml	Löwenzahnhonig (siehe S. 361)
4 kl.	Formen aus Porzellan (ersatzweise Kaffeetassen)

Für die Spargelmasse
Den Bleichspargel schälen, holzige Teile wegschneiden und in kleine Stücke teilen. Milch erhitzen, Spargelstücke darin auf kleiner Flamme weich kochen. Mit einem Pürierstab feinst pürieren. Das halbe Packerl gemahlene Gelatine in die noch heiße Masse sorgfältig einrühren, zum Auskühlen beiseite stellen.

Für die Rhabarbermasse
Rhabarberstücke waschen und vom dicken Ende her mit einem Messer die Haut abziehen. In ca. 8 cm lange Stücke schneiden und der Länge nach vierteln. Rotwein in einem Topf aufkochen, Zucker, Zimt und Limettensaft beifügen. 2/3 von den Rhabarberstücken darin weich kochen. Das geht recht rasch. Den Rotwein abseihen und noch heiß über die rohen Rhabarberstücke gießen. Kurz auf die heiße Platte stellen, damit die Rhabarberstücke knackig weich werden, sie sollten aber nicht patzig sein. Diese benötigt man später für die Garnitur. Abgeseihte, in Rotwein weich gekochte Stücke ebenfalls mit dem Stabmixer pürieren. In dieser warmen Masse die zweite Hälfte der gemahlenen Gelatine auflösen und auskühlen.
Schlagsahne steif schlagen, Vanilleschote halbieren und das Mark mit einem Messerrücken ausstreifen und dazugeben. Je eine Hälfte der steifen Sahne unter die Spargel- und unter die Rhabarbermasse ziehen. Die Formen mit kaltem Wasser ausspülen, halb mit der Spargelmasse auffüllen, dann mit der Rhabarbermasse voll füllen. Mit Küchenfolie abdecken und für einige Stunden in den Kühlschrank zum Stocken stellen. Die Rhabarberstücke in Rotwein ebenfalls kühl stellen. Formen zum Stürzen der Törtchen kurz in heißes Wasser tauchen und auf Glasteller setzen. Einen Löffel von den Rhabarber-Rotweinstücken beigeben und zum Schluss mit Löwenzahnhonig (siehe S. 361) beträufeln.

TIPP
Wenn Sie anstelle der Porzellanformen Metallformen verwenden, müssen diese sorgsam mit Folie ausgelegt werden. Die Säure des Rhabarbers würde den Geschmack und die Farbe verändern.

Ricottacreme im Glas mit Erdbeerpüree

4 Personen
Zubereitung: 20 Minuten

300 g	Ricotta
1/4 l	Vanillejogurt
2 EL	Staubzucker
1/8 l	Sahne

ERDBEERPÜREE

800 g	Erdbeeren
2 EL	Zitronensaft
3 EL	Staubzucker

RICOTTA (FRISCHKÄSE) SELBST GEMACHT

Zubereitung: 30 Minuten
Zutaten für ca. 250 g fertigen Ricotta

1/4 l	Naturjogurt od. Sauerrahm
1/2 l	Buttermilch
2 l	fette od. naturbelassene Milch

Für die Ricottacreme
Den Ricotta mit dem Vanillejogurt und dem Zucker glatt verrühren. Die Schlagsahne steif schlagen und unterziehen.

Für das Erdbeerpüree
Die Erdbeeren mit den Stielblättchen waschen und gut abtropfen lassen. Erdbeeren in einen Aufsatzmixer füllen, Staubzucker und Zitronensaft beigeben. Gut durchmixen und das Erdbeerpüree in Dessertgläser füllen.
Obenauf einen Klecks von der Ricottacreme setzen und mit ganzen Erdbeeren oder Minzeblättchen dekorieren.

TIPP
Die Krönung dieses Desserts wären Walderdbeeren. Ihr Aroma ist mit keiner anderen Beere vergleichbar und etwas ganz Besonderes.

Für den selbst gemachten Ricotta
Alle Zutaten miteinander vermengen und in einem Topf erhitzen. Nun aufkochen lassen und durchrühren bis die Masse gerinnt. Den Topf von der Platte nehmen, dann kurz absitzen lassen. Ein großes Sieb mit einem Geschirr- oder Leinentuch auslegen, die Masse eingießen und abtropfen lassen. Das Tuch zusammenfassen und durch Wringen die Flüssigkeit auf die gewünschte Konsistenz ausdrücken. Der Ricotta ist sofort gebrauchsfertig und hält sich gekühlt und verschlossen zwei Tage.

Schneenockerln mit Beerensauce oder Vanillecreme

12 Nockerln
Zubereitung: 40 Minuten

150 g	Eiweiß (4 mittlere Eier)
80 g	Staubzucker
3/4 l	Milch
2 Pkg.	Vanillezucker
	VANILLECREME
1/2 l	Milch (Kochmilch von den Schneenockerln)
1/2	Vanilleschote (Mark)
2 EL	Zucker
3 EL	kalte Milch
20 g	Reis- od. Maisstärke
	FRUCHTSAUCE
500 g	gemischte Beeren (frisch od. tiefgekühlt)
1/8 l	Orangensaft
3 EL	brauner Zucker
1 TL	Reis- od. Maisstärke
1 Prise	Zimt

Für die Schneenockerln
Gekühltes Eiweiß mit dem Staubzucker vermischen und mit dem Mixer sehr fest aufschlagen. Die Milch mit dem Vanillezucker in einem weiten Kochtopf erhitzen. Die Milch darf nicht kochen. Nun die feste Schneemasse mit Hilfe von zwei Löffeln zu schönen Nockerln formen und vorsichtig in die Milch einlegen. Den Topf zudecken, die Schneenockerln nach einer Minute abdecken und mit einem Knödelschöpfer wenden. Auf der anderen Seite wieder nur eine Minute nicht zugedeckt ziehen lassen und sofort aus der Milch nehmen. Auf Küchenpapier zum Abtropfen legen und mit Folie zudecken.

Für die Vanillecreme
Die Kochmilch von den Schneenockerln durch ein Sieb seihen. Das Vanillemark aus der halbierten Vanilleschote kratzen, mit dem Zucker in die Milch geben und aufkochen lassen. Reisstärke mit der kalten Milch verrühren und in die kochende Milch mit einem Schneebesen einrühren. Den Herd ausschalten, immer wieder durchrühren, damit die Vanillesauce nicht anbrennt, und noch fertig köcheln lassen. Diese Sauce kann warm oder auch kalt serviert werden.

Für die Beerensauce
Gemischte Beeren mit Zucker und Zimt vermischen und in einen Kochtopf geben. Die Reisstärke in den Orangensaft einrühren und zu den Beeren schütten. Alles gemeinsam aufkochen lassen und mit einem Pürierstab fein pürieren. Wenn Sie die Beerenkerne stören, streichen Sie die Sauce durch ein feines Sieb. Schneenockerln entweder mit Vanillecreme, Fruchtcreme oder mit beidem gemeinsam servieren.

TIPP
Die Löffel werden zum Formen der Nockerln immer wieder in kaltes Wasser getaucht, dadurch bleibt die Schneemasse nicht an den Löffeln kleben. Schneenockerln dürfen niemals zu lange ziehen, dadurch bekommen sie eine gummiartige Konsistenz und das zart-flaumige Geschmackserlebnis geht verloren.

Schwarzbrotpudding mit Bohnensahne

12 Portionen
Zubereitung: 1,5 Stunden

	PUDDING
100 g	Butter
140 g	Zucker
8	Eier
100 g	Schwarzbrotbrösel
60 g	geriebene Mandeln
1 Msp.	Zimt
	BOHNENSAHNE
150 g	gekochte Käferbohnen
1 EL	Rum
1 Pkg.	Vanillezucker
1 EL	Staubzucker
250 g	Schlagsahne

Eine Alupuddingform sorgfältig mit Butter auspinseln und mit Zucker ausstreuen.
In einem passend großen Kochtopf Wasser zum Kochen bringen.

Für den Pudding
Die Eidotter vom Eiklar trennen, zu den Dottern 2/3 des Zuckers und die Butter beigeben. Daraus eine schaumige Masse mixen. Das Eiklar mit dem restlichen Zucker schaumig aufschlagen. Die geriebenen Schwarzbrotbrösel mit den gemahlenen Mandeln und dem Zimt vermischen.
Dottermasse zum Eischnee hinzufügen und mit dem Bröselgemisch unterrühren.
Die Puddingmasse in die Puddingform einfüllen und mit dem Deckel gut verschließen.
Nun die Puddingform ins heiße Wasser stellen und zudecken. Das Wasser sollte einige Zentimeter unter dem Rand stehen und darf nur leicht köcheln. Nach einer Stunde ist der Pudding fertig gegart.

Für die Bohnensahne
Die gekochten Bohnen pürieren und durch ein Sieb streichen. Das Bohnenpüree mit dem Zucker und dem Rum vermischen. Die Schlagsahne steif schlagen und mit dem Bohnenpüree vermengen.
Den Pudding aus der Form stürzen, in Stücke schneiden und gemeinsam mit der Bohnensahne servieren. Die Sahne mit wenig Zimt bestreuen.

TIPP
Der Brotpudding lässt sich gut mit 60-prozentigem Rum flambieren. Das verleiht ihm noch eine besondere Note. Das Rezept stammt aus Großmutters Kochbuch und hierfür lässt sich hart gewordenes Brot sehr gut verwerten. Die Bohnensahne und das Flambieren habe ich hinzugefügt.

Topfenpalatschinken überbacken

6 Personen
Zubereitung: 1 Stunde

PALATSCHINKENTEIG

3/4 l	Milch
2	Eier
250 g	Mehl glatt
1 Prise	Salz
	Sonnenblumenöl od. Butterschmalz zum Ausbacken

FÜLLE

2 Pkg.	magerer Topfen (500 g)
1 EL	Butter
3	Eier
100 g	Staubzucker
1 Pkg.	Vanillezucker
2 EL	Zitronensaft

GUSS

1/4 l	Milch
1/4 l	Sahne
3	Eier
1 Pkg.	Vanillezucker
80 g	Staubzucker
etwas	Staubzucker zum Anzuckern

Für den Palatschinkenteig
Die Milch mit den Eiern versprudeln, Salz und das Mehl einrühren. Den Teig mit einem Schneebesen glatt abrühren. In einer beschichteten Pfanne für jede Palatschinke ca. 1 TL Öl oder Butterschmalz erhitzen und mit einem Schöpfer an einer Stelle den Teig eingießen und durch Schwenken der Pfanne den Palatschinkenteig gleichmäßig dünn darin verteilen. Auf der Unterseite bräunen, mit einer Knickpalette wenden und auf der anderen Seite ebenfalls braun ausbacken. Bis alle Palatschinken gebacken sind, werden die fertigen übereinander auf einen flachen Teller geschichtet. Aus dieser Menge erhalten Sie ca. 10 Palatschinken.
Backrohr auf 200 °C vorheizen.

Für die Fülle
Die Eier trennen und das Eiweiß mit einem Mixer steif aufschlagen. Butter in eine Rührschüssel geben, mit den Dottern, dem Topfen, dem Zucker, Vanillezucker und dem Zitronensaft schaumig abrühren. Anschließend das steif geschlagene Eiweiß unterheben. Diese Topfenmasse auf jede Palatschinke aufstreichen und Stück für Stück einrollen. Nun nebeneinander in zwei Lagen in eine feuerfeste, mit Butter bestrichene Auflaufform schichten.

Für den Guss
Die Milch mit der Sahne vermischen, die Eier dazugeben und den Zucker und Vanillezucker unterrühren.
Den Guss über die geschichteten Palatschinken gießen und im Backrohr goldbraun überbacken. Dies dauert ca. eine halbe Stunde. Der Guss muss gestockt sein. Am besten stechen Sie mit einem Holzstäbchen hinein um das zu überprüfen.
Die Topfenpalatschinken vor dem Servieren dicht mit Staubzucker bestreuen.

TIPP
Palatschinken lassen sich auch gut nur mit Marmelade, Früchten und Eis füllen, oder deftig mit gut gewürztem Faschiertem, Schinken und Käse.

Weichselfleck

Für eine Auflaufform (8 Stück)
Zubereitung: 45 Minuten

	MÜRBTEIG
240 g	glattes Mehl
1 Msp.	Backpulver
160 g	Butter
1	Ei
80 g	Staubzucker
1 Pkg.	Vanillezucker
	BELAG
700 g	entsteinte Weichseln (frisch od. Kompott)
125 g	Crème fraîche
100 ml	Milch
2 EL	Staubzucker
1 TL	Maisstärke
2	Eier
1 EL	Zitronensaft

Backrohr auf 180 °C vorheizen.

Für den Teig
Das Mehl mit der Butter und den übrigen Zutaten zu einem glatten Teig verkneten.
Auf einer bemehlten Arbeitsfläche viereckig, in der Größe der Auflaufform, ausrollen.
Die Form mit Butter einstreichen und den Teig einlegen, an den Rändern hochziehen und andrücken. Den Teigboden mit einer Gabel einige Male einstechen und im Backrohr 15 min. hellbraun vorbacken.

Für den Belag
Crème fraîche mit der Milch und den Eiern versprudeln, Staubzucker, Maisstärke und zum Schluss den Zitronensaft beigeben. Die Masse mit einem Schneebesen glatt abrühren.
Auf dem vorgebackenen Kuchenboden den Guss verteilen und die Weichseln einlegen.
Nun bei 180 °C noch weitere 20 min. braun backen, bis der Guss gestockt ist.

TIPP
Auch andere Früchte und Beeren passen gut zu dieser schnell zubereiteten Kuchenvariation:
Kirschen, Heidelbeeren, Himbeeren, Preiselbeeren und Brombeeren.

Weinchadeau

Zubereitung: 20 Minuten
Zutaten: 2 Personen

	VARIANTE I
2	Dotter
20 g	Staubzucker
1 Pkg.	Vanillezucker
1 TL	Zitronensaft
80 ml	Weißwein

Zutaten: 4 Personen

	VARIANTE II
4	Dotter
1	ganzes Ei
50 g	Staubzucker
200 ml	Portwein
4 cl	Cognac

Für das Weinchadeau
Hierfür sollten Sie nur ganz frische Eier verwenden.
Frische Eier erkennt man daran, dass beim Aufschlagen und Trennen von Dotter und Eiweiß der Dotter schön in Form bleibt, also eine leichte Wölbung aufweist und nicht auseinander läuft.
Eier trennen und davon die Dotter in einen Schneekessel geben. Dazu einen passenden Kochtopf auswählen und darin etwas Wasser aufkochen. Der Schneekessel sollte als Aufsatz in den Topf passen.
Staubzucker, Vanillezucker und den Zitronensaft zu den Eiern hinzufügen und mit einem Mixer oder Schneebesen sehr schaumig aufschlagen. Nun auf den Topf stellen und über dem Wasserbad heiß aufschlagen. Hierfür müssen Sie sich schon 10–15 min. Zeit nehmen. Das Wasser darf nicht zu kräftig kochen, ansonsten gerinnen die Dotter. Wenn die Masse sehr feinporig schaumig ist, gibt man nach und nach den Wein hinzu.
Das Weinchadeau muss sofort serviert werden, denn nach längerem Stehen trennt sich der Wein wieder vom Eierschaum.

TIPP
Weinchadeau kann im Wasserbad mit Zusatz einiger Eiswürfel auch zusätzlich kalt geschlagen werden. Dann wird es zum Beispiel als Sauce für Parfaits und Puddings verwendet, aber auch mit süßen Früchten der Saison.
Beim Wein können Sie nach Belieben variieren. Süßer Wein ergibt eine ganz andere Geschmacksrichtung als spritziger.
Für Kinder verwenden Sie Apfelsaft oder Hollerblütensaft.

Weinchadeau wurde früher als Stärkungsmittel serviert, war aber mit Wein für Kinder natürlich nicht gerade passend. Meistens bekamen wir nach längerem Drängen aber trotzdem einige Löffel davon zum Kosten.

Weingrießschaum

4 Personen
Zubereitung: 30 Minuten

1/2 l	Rot- od. Weißwein
4 EL	Zucker
60 g	Weizengrieß
1/2	Vanilleschote (Mark)
2	Zitronen (Saft)
1 TL	Limettenzesten
1/8 l	Schlagsahne
	frische Früchte als Garnitur

Für den Weinschaum
Den Wein gemeinsam mit dem Zucker, Vanillezucker und dem Vanillemark aufkochen.
Den Grieß einrieseln lassen und unter ständigem Rühren dicklich einkochen.
Nun Zitronensaft mit den Limettenzesten beigeben, die Masse in eine Rührschüssel leeren und in ein kaltes Wasserbad stellen.
Mit einem elektrischen Mixer aufschlagen bis die Masse sehr schaumig und ausgekühlt ist.
In vorbereitete Gläser füllen, mit frischen Früchten wie Himbeeren oder Brombeeren belegen und einigen Häufchen Schlagsahne verzieren.

Diese ungewöhnliche Süßspeise fand ich in einem alten Wiener Kochbuch. Hier wurde der Weingrießschaum als Ersatz für Schlagsahne zu Obstsalaten empfohlen.

Klein- und Feingebäck

Es gibt nichts Gemütlicheres und Entspannenderes als eine Kaffeepause zwischendurch. Was natürlich auf keinen Fall fehlen darf, sind die köstlichen Mehlspeisen und das eine oder andere Kleingebäck. Wir Österreicher sind ja weithin für unsere Kaffeehauskultur und Tradition bekannt und dadurch kreierten Zuckerbäcker, Köche und Köchinnen immer schon köstlich-verführerische Variationen als Begleiter zu Kaffee und Tee.

Die zusammengetragenen Rezeptideen und Anregungen können einem schon den Mund wässrig machen. Brandteigkrapferln mit flaumig-zarter Kaffeesahne oder auch Spagatkrapfen machen einem die Auswahl nicht gerade leicht.

Ein wenig ist auch die Jahreszeit bei unserem Gusto entscheidend. Zur Weihnachtszeit wird man anderes Gebäck backen als in der wärmeren Jahreszeit.

Auf den nächsten Seiten finden Sie einfache, aber auch zeitaufwändige Rezepte.

Ich habe intensiv in alten Büchern geschmökert und vieles ausprobiert. In den meisten Fällen musste ich mich bei den Mengenangaben dem Zeitgeist anpassen. Besonders die Zuckermengen waren fast immer überdosiert.

Einige Rezepte entstammen selbstverständlich auch meiner Phantasie, wie beispielsweise der Kürbiskernzwieback. Aus einem Missgeschick beim Abwiegen der Menge entstand diese köstlich-interessante Kreation.

Brandteigkrapferln mit Mokkacreme

20 Krapferln
Zubereitung: 1 Stunde

250 ml	Milch
140 g	Mehl
80 g	Butter
1 EL	Zucker
1 Msp.	Salz
3	Eier
	CREME
300 ml	Milch
1 Pkg.	Vanillepuddingpulver
1 TL	Instantkaffee
100 g	Zucker
1/8 l	Schlagsahne
2 Bl.	Gelatine
4 cl	Kaffeelikör
	GLASUR
100 g	Staubzucker
2 TL	Sahne
2 TL	Kaffee
1 KL	Instantkaffee

Backrohr auf 220 °C vorheizen.

Für den Teig
Die Milch gemeinsam mit Zucker, Butter und Salz aufkochen. Das Mehl einschütten und mit einem Kochlöffel glatt verrühren. Die Herdplatte ausschalten und ständig weiterrühren, bis ein glatter Mehlklumpen entsteht. Diesen kurz zum Auskühlen beiseite stellen. In den überkühlten Mehlteig jedes Ei einzeln mit dem Mixer einrühren. Anfänglich bröselt die Masse, mit jedem Ei bindet sich der Brandteig besser und es entsteht ein cremiger, kompakter Teig, der sich gut mit einem Spritzsack dressieren lässt. Brandteigmasse in einen Dressiersack einfüllen und Krapferln oder Stangerln auf ein mit Backpapier belegtes Blech spritzen.
Ins Backrohr schieben und die ersten 10 min. bei 220 °C backen, dann die Temperatur auf 170 °C zurückschalten. Insgesamt beträgt die Backdauer je nach Größe des Gebäcks 20–25 min. Brandteiggebäck sollte braun gebacken sein.

Für die Creme
Puddingpulver in etwas kalter Milch anrühren. Milch in einem Topf mit Zucker und Löskaffee aufkochen. Das Puddingpulver einkochen und die Herdplatte ausschalten. Den Kaffeepudding mit einem Schneebesen kräftig rühren, einige Minuten weiterköcheln lassen und zum Auskühlen immer wieder umrühren. Gelatineblätter in kaltes Wasser einlegen. Den Kaffeelikör leicht anwärmen und darin die ausgedrückten Gelatineblätter auflösen. Die Schlagsahne steif schlagen und mit der Kaffee-Gelatineflüssigkeit verrühren. Das Ganze in den gänzlich ausgekühlten Kaffeepudding einrühren, bis eine glatte Creme entsteht. Die Brandteigkrapferln durchschneiden, beide Seiten bespritzen und zusammensetzen.

TIPP
Schnelle und einfache Creme: 1/4 l Schlagsahne vermischt mit 1 EL Löskaffee steif schlagen, 2 EL Staubzucker unterrühren und kurz vor dem Servieren in die Krapferln spritzen.

Buchteln

ca. 15 Stück
Zubereitung: 1,5 Stunden mit Aufgehzeit

500 g	glattes Mehl
2	ganze Eier
50 g	Butter
200 g	Sauerrahm
60 g	Zucker
1 Pkg.	Vanillezucker
1 Msp.	Salz
1 Pkg.	Trockenhefe
1/4 l	lauwarme Milch
2 EL	Butter für die Form
	FÜLLE
200 g	Powidl oder Marmelade
	Staubzucker zum Bestreuen

Für den Teig

Die Butter schmelzen, mit der lauwarmen Milch, dem Sauerrahm und den Eiern verrühren. Die Hälfte des Mehls mit der Trockenhefe, dem Zucker, dem Vanillezucker und dem Salz sorgfältig vermengen. Beide Massen mischen und mit der elektrischen Knetmaschine oder händisch kräftig abschlagen. Nach und nach das restliche Mehl beigeben. Der Germteig muss sich gut von der Schüssel lösen, sollte aber auf keinen Fall zu fest sein.

Das Backrohr auf 50 °C vorwärmen und den Teig darin zugedeckt aufgehen lassen. Aufgegangenen Teig wieder zusammenschlagen und abermals zum Aufgehen ins Rohr stellen. Dadurch wird der Teig sehr locker und flaumig. Den Teig danach 2 cm dick ausrollen und daraus Quadrate schneiden. Auf jedes Stück ein Häufchen Powidl setzen, die vier Spitzen hochziehen, zusammenfügen und die Ränder gut verschließen. In einer länglichen viereckigen Form die Butter schmelzen, Buchtel für Buchtel mit Butter benetzen und mit den Nähten nach unten dicht nebeneinander hineinschichten.

Bei 50 °C für ca. 15 min. zum Aufgehen abermals ins Backrohr stellen, anschließend die Temperatur auf 200 °C erhöhen und goldbraun fertig backen. Nach dem Backen mit zerlassener Butter bepinseln und aus der Form stürzen. Auskühlen lassen und vor dem Servieren dicht mit Staubzucker bestreuen. Frisch schmecken Buchteln am besten.

Butterbrote und Butterstangerln

ca. 50 Stück
Zubereitung: 40 Minuten

	BUTTERBROTE-TEIG
120 g	gemahlene Mandeln
50 g	Staubzucker
70 g	Mehl
70 g	Butter
80 g	erweichte Kochschokolade
1	Ei
	BUTTERBROTE-GLASUR
120 g	Staubzucker
2	Dotter
1 EL	Wasser

ca. 50 Stk.
Zubereitung: 35 Minuten

	BUTTERSTANGERL-TEIG
120 g	Butter
140 g	glattes Mehl
1 EL	Weißwein
1 EL	Sauerrahm
1	Eidotter
1 Msp.	Backpulver
	BUTTERSTANGERL-GLASUR
2	Eiweiß
150 g	Staubzucker

Für den Butterbrote-Teig
Die klein geschnittene Butter mit einem Teil des Mehls verkneten. Schokolade cremig schmelzen und mit den übrigen Zutaten schnell zu einem glänzenden Teig verarbeiten.
Für eine Stunde zum Rasten kalt stellen.
Nun den Teig auf einer bemehlten Arbeitsfläche 2 mm stark ausrollen. Dann mit einem runden Ausstecher von 5 cm Ø Kreise ausstechen und in der Mitte teilen. Die Stücke auf ein mit Backtrennpapier ausgelegtes Backblech reihen und bei 170 °C backen.

Für die Butterbrote-Glasur
Die Eidotter mit dem Wasser sehr schaumig rühren und nach und nach den Staubzucker beigeben. Es sollte eine dickflüssige Masse entstehen.
Die Dottermasse am besten mit einem Kuchenpinsel gleichmäßig auf die gebackenen, ausgekühlten Kekse aufstreichen und die fertigen Butterbrote zum Trocknen auf dem Backtrennpapier auslegen.

Für den Butterstangerl-Teig
1/3 des Mehls mit der klein geschnittenen Butter verkneten und gemeinsam mit den restlichen Zutaten einen glatten Teig herstellen. Auf einer gut bemehlten Arbeitsfläche den Teig ca. 2 mm stark ausrollen. Backrohr auf 180 °C vorheizen.

Für die Butterstangerl-Glasur
Eiweiß mit dem Staubzucker vermischen und mit dem Mixer aufschlagen, bis eine herrlich feste Masse entsteht. Dies dauert einige Zeit.
Die feste Eiweißmasse auf dem ausgerollten Teig mit einer biegsamen Palette gleichmäßig aufstreichen. Anschließend mit einem Teigrädchen 6 cm lange und 1,5 cm breite Streifen abschneiden.
Die Streifen einzeln auf ein mit Backpapier ausgelegtes Backblech schlichten. Das Backblech bei Ober- und Unterhitze auf die letzte Schiene einschieben. Die fertig gebackenen Butterstangerln sollten eine hellbraune Farbe angenommen haben.

Einfache Kekse: 1 2 3-Teig und Kakaokekse

Zubereitung: 45 Minuten

123-TEIG – HELLER KEKSTEIG

125 g	Staubzucker
250 g	Butter
375 g	glattes Mehl
1	Eidotter

KAKAOKEKSE – DUNKLER KEKSTEIG

230 g	Butter
250 g	glattes Mehl
100 g	gemahlene Mandeln
125 g	Staubzucker
50 g	Kakao
1 Pkg.	Vanillezucker

Für den hellen Teig

Kalte Butter kleinwürfelig schneiden und mit 1/3 des Mehls verkneten. Restliches Mehl, den Staubzucker und den Eidotter hinzufügen und daraus einen geschmeidigen Mürbteig herstellen.

Der Teig kann schnell verarbeitet werden und muss nicht rasten.

Den Mürbteig so dünn wie möglich ausrollen und daraus beliebige Formen ausstechen.

Ein Backblech mit Backpapier belegen und die Kekse bei 170 °C mittelbraun backen.

Dieser Mürbteig lässt sich ausgezeichnet verarbeiten und mit filigranen Formen ausgestochen wirken die dünnen Kekse richtig edel.

Natürlich kann man die Kekse beliebig füllen, mit Glasuren und Schokolade überziehen oder mit Nüssen belegen.

Aber gerade in der Weihnachtszeit gibt es genügend aufwändig kalorienreiches Gebäck, dass das Einfache manchmal am besten schmeckt.

Für den dunklen Teig

1/3 des Mehls mit der kalten Butter vermischen. Das restliche Mehl mit den Mandeln, dem Kakao und dem Zucker vermischen und alles zu einem geschmeidigen Teig verkneten.

Sollte der Teig sehr weich sein, stellt man ihn für eine Stunde in den Kühlschrank.

Auf einer mit Mehl bestreuten Arbeitsfläche dünn ausrollen, beliebige Formen ausstechen und bei 170 °C backen.

Der Name 1 2 3-Teig ergibt sich aus dem Verhältnis der Zutaten.
1 Teil Zucker
2 Teile Butter
3 Teile Mehl

Faschingskrapfen

ca. 25 Stück
Zubereitung: je 2 Stunden

VARIANTE I – ZUM SCHLEIFEN

600 g	glattes Mehl
4	Dotter
3/8 l	Milch
80 g	Butter geschmolzen
80 g	Staubzucker
1 Pkg.	Trockenhefe
2 EL	Rum
1 TL	Salz
1 Pkg.	Vanillezucker

ca. 30 Stück

VARIANTE II – ZUM AUSSTECHEN

730 g	glattes Mehl
5	Dotter
300 ml	Milch
125 g	Butter geschmolzen
100 g	Zucker
42 g	frische Germ
2 EL	Rum
1 TL	Salz
1	Vanilleschote (Mark)

ZUM AUSBACKEN
Schweineschmalz od. Erdnussöl
passierte Marillenmarmelade

Für den Teig
Milch leicht erwärmen und in ca.100 ml die frische Germ auflösen. Bei Verwendung der Trockenhefe erübrigt sich dieser Vorgang. Mehl in eine Schüssel sieben, in die Mitte eine Mulde drücken und die Hefemilch einfließen lassen. Mit wenig Mehl vom Rand her vermischen und kurz zur Gärprobe beiseite stellen. In der Zwischenzeit die Dotter mit der restlichen Milch versprudeln. Geschmolzene Butter und alle restlichen Zutaten dem Mehl hinzugeben. Daraus einen geschmeidig glänzenden Germteig bereiten. Nun den Teig zum Aufgehen ins Backrohr bei 50 °C stellen. Damit der Teig noch feinporiger wird, sollten Sie diesen zwischendurch 2 mal leicht durchkneten. Zum Schluss soll der Teig das doppelte Volumen aufweisen.

2 Varianten um Krapfen zu formen
1. Den Germteig leicht durchkneten, mit einem Nudelholz ca. 2–3 cm stark ausrollen und Kreise von 5–7 cm Ø ausstechen und zugedeckt zum Aufgehen ins Rohr stellen.
2. Oder Sie stechen mit einem Löffel ca. 70 g schwere Stücke vom Teig ab und schleifen einen runden Teigling daraus. Hierfür geben Sie das Teigstück auf eine glatte Arbeitsfläche, legen die Handfläche darauf, ziehen den Daumen leicht nach innen und versuchen mit Drehbewegungen eine flache Kugel zu formen. Sollte der Teig kleben, wird die Handfläche leicht mit Mehl benetzt. Ideal wäre der Teig allerdings, wenn Sie kein Mehl benötigen.

Zum Aufgehen kommen die rohen Krapfen mit einem Geschirrtuch bedeckt nun wieder bei 50 °C ins Rohr. Sie müssen ca. um die Hälfte aufgehen. Fett auf 140 °C erhitzen, die Krapfen einlegen und zugedeckt auf einer Seite goldbraun backen. Anschließend wenden und ohne Deckel fertig backen. Die Krapfen auf Küchenpapier zum Abtropfen legen. In einen Dressiersack mit langer Spritztülle fein passierte Marillenmarmelade füllen und etwas in die Krapfen spritzen. Vor dem Servieren mit Staubzucker verzieren.
Ausführliche Tipps zum Gelingen der Krapfen finden Sie auf Seite 21.

Gerbrandtschnitten

Zubereitung: 50 Minuten

	KALTER GERMTEIG
250 g	Butter od. Margarine
500 g	Mehl glatt
1	Ei
1/16 l	kalte Milch (ca. 65 ml)
1 Pkg.	Trockenhefe
1 EL	Zucker
	FÜLLE
220 g	Preiselbeer- od. Ribiselmarmelade
200 g	Walnüsse
200 g	Kristallzucker
	GLASUR
1 B.	Kakao- od. Schokoladeglasur

Backrohr auf 200 °C vorheizen.

Für den Teig
Die Butter in kleine Stücke schneiden und mit der Hälfte des Mehls verkneten. Alle Zutaten hinzugeben und daraus einen geschmeidigen Teig kneten. Diesen für eine halbe Stunde zum Rasten in den Kühlschrank stellen.
Die Walnusskerne mittelfein hacken und mit dem Kristallzucker vermischen. Den gekühlten Teig in drei gleich schwere Teile schneiden und jeden zwischen zwei Stück Backpapier ungefähr auf Backblechgröße ausrollen. Den ersten Teil aufs Blech legen und mit der halben Menge Marmelade gleichmäßig bestreichen. Nun die Hälfte des Nuss-Zuckergemisches darüber streuen. Den zweiten ausgerollten Teigteil obenauf legen und leicht andrücken. Diesen wieder mit der restlichen Marmelade bestreichen und die restlichen Zuckernüsse darauf verteilen. Als Abschluss die dritte Platte darauf legen. Im Backrohr bei anfänglich 200 °C hellbraun backen. Nach 10 min. Backzeit auf 180 °C zurückschalten. Die Backzeit beträgt ca. 20–25 min.

Für die Glasur
Die fertige Kakao- oder Schokoladeglasur im Wasserbad schmelzen. Die gebackene, noch lauwarme Teigplatte mit der Glasur gleichmäßig überziehen. Die Glasur leicht anstocken lassen und mit einem Sägemesser in Schnitten von 6 x 3 cm schneiden.

TIPP
Anstelle von Walnüssen sind auch geröstete Kürbiskerne oder Haselnüsse gut geeignet.

Indianerkrapfen und Tigerkrapfen

10–12 Stück
Zubereitung: 1 Stunde

4	Eier
80 g	Staubzucker
120 g	Mehl
1 Pkg.	Vanillezucker
	FÜLLE FÜR INDIANERKRAPFEN
1/4 l	Schlagsahne
1 EL	Staubzucker
1 Pkg.	Vanillezucker
	FÜLLE FÜR TIGERKRAPFEN
1/4 l	Schlagsahne
1 TL	Instantkaffee
1 TL	Staubzucker
	GLASUR FÜR INDIANERKRAPFEN
50 ml	Wasser
50 g	Kristallzucker
100 g	dunkle Schokolade
	GLASUR FÜR TIGERKRAPFEN
5 ml	lauwarmes Wasser
1 TL	Instantkaffee
200 g	Staubzucker

Backblech mit Backpapier belegen. Backrohr auf 170 °C vorheizen.

Für das Biskuit
Eier trennen. Eiklar und Staubzucker sehr steif schlagen. Eigelb mit Vanillezucker kurz durchmixen, Eischnee hinzugeben und unterheben. Mehl in die Masse einsieben und mit einer Teigspatel unterziehen. Die Biskuitmasse in einen Spritzbeutel mit großer, glatter Tülle einfüllen. Häufchen von ca. 5 cm Durchmesser und 3 cm Höhe aufs Blech dressieren. Bei der Hälfte der Teighäufchen die Biskuitmasse mit einer Palette ebnen. Diese sind für die untere Hälfte bestimmt und stehen dadurch besser. Biskuithäufchen im Backofen hellbraun backen.

Glasur für Indianerkrapfen
Wasser und Zucker in einem kleinen Kochtopf gemeinsam ca. 3 min. lang kochen lassen. Diesen Läuterzucker auf Handwärme abkühlen. In der Zwischenzeit die Schokolade über Wasserdampf schmelzen. Dem Läuterzucker die geschmolzene Schokolade beigeben. Nun beide Massen mit einem Schneebesen kräftig miteinander verrühren. Es sollte ein homogene, glänzende Glasur sein. Das Gefäß mit der Glasur auf einen Topf mit heißem Wasser stellen, dann bleibt die Glasur geschmeidig. Biskuitkrapferln mit der runden Seite in die Glasur eintauchen, abtropfen lassen und zum Trocknen auf ein Kuchengitter legen.

Glasur für Tigerkrapfen
Instantkaffee im lauwarmen Wasser auflösen und Staubzucker einsieben. Beides miteinander verrühren. Krapferln wieder mit der runden Seite nach unten bis zum Rand eintauchen und abtropfen lassen.

Fülle für Indianerkrapfen
Sahne steif schlagen, Staubzucker und Vanillezucker beigeben. Schlagsahne in einen Spritzbeutel füllen und die Krapferln auf der unglasierten Seite dressieren. Die glasierte Hälfte aufsetzen und sofort servieren.

Fülle für Tigerkrapfen
Instantkaffee in die flüssige Schlagsahne einrühren und beides aufschlagen. Staubzucker beigeben. Gleich befüllen wie die Indianerkrapfen.

Kakaoschnitten mit Rumglasur

Für 1 Backblech
Zubereitung: 35 Minuten

TEIG

4	Eier
120 g	Butter
240 g	Kristallzucker
300 g	glattes Mehl
40 g	Kakao
2 Msp.	Backpulver
1/4 l	Milch
1 Msp.	Zimt
1 TL	Backpulver
1 Pkg.	Vanillezucker
1 EL	Zitronensaft

GLASUR

130 g	Staubzucker
3 EL	Rum
	Wasser nach Bedarf

Backrohr auf 160 °C vorheizen.

Für den Teig
Eidotter vom Eiklar trennen. Dotter mit der Butter und dem Kristallzucker schaumig rühren. Eiklar mit dem Vanillezucker steif aufschlagen. Alle Zutaten sollten Zimmertemperatur haben. Das Mehl mit dem Kakao und dem Backpulver vermischen. Dann gemeinsam mit der Milch in die Masse einrühren, steifen Eischnee unterziehen. Zum Schluss Zitronensaft und Zimt beigeben.
Ein Backblech mit Backpapier belegen und die Kakaomasse gleichmäßig dick aufstreichen.
Im Backrohr 15 min. hellbraun backen.

Für die Glasur
Den Staubzucker mit dem Rum und Wasser glatt verrühren. Die Masse sollte gut zum Streichen sein, aber auf keinen Fall zu dünn. Die Rumglasur auf die gebackene, noch warme Teigplatte aufstreichen, kurz anziehen lassen und in 3 x 6 cm lange Stücke schneiden.

Kokosbusserln

ca. 60 Stück
Zubereitung: 45 Minuten

3	Eiweiß
100 g	Staubzucker
170 g	Kokosflocken
2 Pkg.	Vanillezucker
1 EL	Zitronensaft
	ZUM TUNKEN
	Fertige Schokoladeglasur

Für die Kokosbusserln
Das frische, gekühlte Eiweiß mit dem Staubzucker vermischen, den Vanillezucker und Zitronensaft hinzufügen und das Ganze mit dem Mixer aufschlagen.
Dies nimmt ca. 15 min. in Anspruch. Die Eiweißmasse sollte sehr steif und glänzend sein.
Anschließend werden die Kokosflocken mit einer Teigspatel vorsichtig untergezogen.

Die Masse in einen Dressiersack mit runder Tülle füllen und auf einem mit Backpapier oder Backfolie belegten Blech Busserln, Ringerln oder Stangerln dressieren. Oder man setzt mit Hilfe von zwei Löffeln kleine Häufchen aufs Backblech.
Die Kokosbusserln werden bei 140 °C im Backrohr hellbraun gebacken. Dies dauert ca. 8 min.

Nach dem Auskühlen taucht man die Kokosbusserln mit der Unterseite in temperierte Schokoladeglasur, lässt sie gut abtropfen und setzt die Kokosbusserln zum Trocknen wieder auf das Backpapier.

TIPP
Die Kokosbusserlmasse kann man auch auf runde kleine Oblaten dressieren und dann backen. Allerdings ist dies für schokogetunkte Busserln nicht ideal.

Kokoskugeln oder -stangen

30 Stück
Zubereitung: 45 Minuten

DUNKLE MASSE

140 g	Butter
250 g	Staubzucker
1 Pkg.	Vanillezucker
70 g	glattes Mehl
1 EL	Kakaopulver
4 EL	Rum (60 %)
150 g	Kokosflocken

HELLE MASSE

Als Ersatz für den Kakao fügt man 4 EL geriebene weiße Schokolade bei.

ROSA MASSE

Hierfür mischt man zusätzlich zur weißen Schokolade einige Tropfen roten Rübensaft oder rote Lebensmittelfarbe bei.

Kokosflocken zum Wälzen
Kleine Backförmchen für die Kugeln zum Einlegen.

Für die Kokoskugeln

Die Butter schmelzen – keinesfalls zu warm werden lassen –, den gesiebten Staubzucker, das Mehl, Kokosflocken, gesiebtes Kakaopulver, den Rum und den Vanillezucker beigeben.

Daraus eine knetfeste Masse rühren. Sollte diese zu weich sein um Kugeln zu formen, stellt man die Kokosmasse für kurze Zeit in den Kühlschrank.

Für die Kokoskugeln mit einem kleinen Löffel eine Portion von der Masse entnehmen, mit den Händen kleine Kugeln rollen und in Kokosflocken wälzen. Diese in die Backförmchen (aus Papier) setzen.

Für die Stangen aus der Kokosmasse einen Strang von 1/2 cm Ø rollen und mit einem scharfen Messer 4 cm lange Stücke abschneiden und ebenfalls in Kokosflocken drehen.

Kokosstangerln waren in meiner Kindheit eine sehr beliebte Nascherei.

Dieses Rezept ist von der versierten Mehlspeisenköchin Frau Egger aus Wilfersdorf (Stmk).

Das originale Rezept war sehr süß – so wie alle Mehlspeisrezepte aus Omas Zeit –, deshalb habe ich den Zuckeranteil einfach um ein Drittel reduziert.

Die Angaben für weiße und rosarote Kokoskugeln habe ich hinzugefügt.

Kokosschnitten

ca. 45 Stück
Zubereitung: 1 Stunde

VARIANTE I

1	Ei
160 g	Zucker
1 Pkg.	Vanillezucker
6 EL	Milch
2 EL	Sahne
7 EL	starker schwarzer Kaffee
150 g	Dinkelmehl
150 g	Mehl glatt
1/2 Pkg.	Backpulver
1 Prise	Salz

VARIANTE II

2	Eier
150 g	Staubzucker
1 Pkg.	Vanillezucker
2 EL	Honig
20 g	zerlassene Butter
1/8 l	starker schwarzer Kaffee
250 g	Mehl glatt
1/2 Pkg.	Backpulver
1 TL	Zimt

TUNKMASSE (FÜR BEIDE VARIANTEN GLEICH)

200 g	Kokosfett
200 g	Staubzucker
30 g	Kakao
5 EL	Milch
6 EL	Rum (60 %)

ZUM WÄLZEN

200 g	Kokosflocken

Backrohr auf 180 °C vorheizen.

Für den Teig
Das Ei mit dem Zucker und dem Vanillezucker schaumig schlagen. Nun die Milch, Sahne und den Kaffee unterrühren. Beide Mehlsorten mit dem Backpulver mischen, salzen und in die Masse einsieben, danach vorsichtig mit einer Spatel einrühren.
Ein Backblech mit Backpapier auslegen und den Teig 1 cm hoch gleichmäßig aufstreichen.
Im Rohr bei 180 °C braun backen.
Nach dem Auskühlen in 6 cm lange und 2 cm breite Streifen schneiden.

Für die Tunkmasse
Kokosfett in einem Schneekessel über Wasserdampf schmelzen. Staubzucker, Milch, Kakao und Rum beigeben und mit dem Schneebesen zu einer sämigen Masse verrühren.
Das Kokosfett darf nicht zu heiß sein, ansonsten bindet sich die Masse nicht.

Die geschnittenen Kuchenstücke auf einem Spieß aufstecken und in die Tunkmasse eintauchen. Gleichmäßig benetzen und danach gut abtropfen lassen. Kokosflocken auf einen Teller schütten und die getunkten Stücke darin wälzen. Zum Trocknen auf das Backpapier legen.

Dieses Rezept fand ich in keinem Kochbuch. Es wird seit eh und je unter backfreudigen Köchinnen und Köchen ausgetauscht. Bewusst habe ich zwei Varianten angegeben. Entdecken Sie Ihre Lieblingsvariante.

Kürbiskern-Krokantwürfel

Für 1 Backblech
Zubereitung: ca. 1 Stunde

6	Eier
200 g	Staubzucker
200 g	Butter
200 g	Mehl
2 Msp.	Backpulver
50 g	Kakao
2 EL	Rum
2 Pkg.	Vanillezucker
	ÜBERZUG
200 g	Nougat
150 g	Kürbiskernkrokant
3 EL	Rum oder Nusslikör
50 g	Weiße Kuvertüre
1 EL	Butter
1 EL	Rum
	einen Spritzsack
	SELBST HERGESTELLTER KROKANT
200 g	Steir. Kürbiskerne natur
150 g	Kristallzucker

Ein Backblech mit Backpapier belegen. Backrohr auf 170 °C vorheizen.

Für den Teig
Die Butter halbweich schmelzen (sie sollte nicht flüssig sein). Einen Teil vom Staubzucker beigeben und mit einer Küchenmaschine schaumig rühren. Nach und nach die Eier beigeben, den restlichen Staubzucker, Rum und Vanillezucker hinzufügen. Einige Minuten weitermixen, die Masse muss sehr flaumig sein. Das Mehl mit dem Backpulver und dem Kakao sieben und beides vermischen. Gemeinsam in die Eiermasse mit dem Schneebesen einrühren. Den Teig gleichmäßig auf das Blech aufstreichen und ca. 15–20 min. backen.

Für den Überzug
Den Nougat über Wasserdampf schmelzen und den Rum unterrühren. Den mittelfein gehackten Kürbiskernkrokant dazumischen und diese Masse auf den gebackenen, lauwarmen Kuchen auftragen. Er sollte nicht ausgekühlt sein, sonst bleibt der Überzug nicht gut haften.

Weiße Kuvertüre gemeinsam mit der Butter über Wasserdampf schmelzen. Den Rum unterrühren und die glatt verrührte Schokoglasur in einen Spritzsack füllen. Eine winzige Öffnung schneiden, zuerst der Länge nach und anschließend der Breite nach mit feinen Linien bespritzen. Kurz antrocknen lassen und in 4 x 4 cm große Würfel schneiden.

Für den selbst hergestellten Krokant
Kristallzucker in einer Pfanne hellbraun schmelzen. Die Kürbiskerne einstreuen und kurz mitrösten, bis die Kerne ein Bäuchlein aufweisen. Sofort von der Platte ziehen, gut durchrühren, auf ein Backpapier schütten und auskühlen lassen. Danach entweder mit einer elektrischen Küchenmaschine hacken oder zwischen zwei Stück Backpapier mit dem Nudelholz auf die gewünschte Körnung zerreiben.
Im Gemüse- oder Kühlfach lässt sich dieser köstliche Krokant gut verschlossen in Kunststoffdosen bis zu 3 Monate lagern.

Lebkuchen gefüllt und ungefüllt

Zubereitung: 45 Minuten ohne Rastzeit

280 g	Roggenmehl
50 g	Weizenmehl glatt
180 g	Staubzucker
80 g	Honig
2	ganze Eier
1 KL	Natron
1 EL	Lebkuchengewürz
	ZUM BELEGEN
einige	halbierte Walnüsse od. geschälte Mandelkerne
	ZUM FÜLLEN
etwas	Powidl (feste Zwetschkenmarmelade)
	ZUM BESTREICHEN
1	ganzes Ei

Für den Lebkuchenteig

Den Honig leicht erwärmen. Roggenmehl, Weizenmehl, Staubzucker, Natron und Lebkuchengewürz gut durchmischen. Danach die verquirlten Eier und den lauwarmen Honig hinzufügen. Die ganze Masse unter kräftigem Kneten zu einem glatten Teig verarbeiten. Dies bedarf etwas Geduld.

Dieser Lebkuchenteig muss zugedeckt einen Tag bei Zimmertemperatur rasten.

Backrohr auf 200 °C vorheizen.

Am nächsten Tag den Teig nochmals durchkneten und auf einer gut mit Mehl bestaubten Arbeitsfläche ca. 4 mm stark ausrollen, beliebige Formen ausstechen und mit versprudeltem Ei sorgfältig bestreichen. Nach Geschmack mit Nüssen oder Mandeln belegen.

Bei 200 °C im Backrohr schnell und kräftig braun backen.

Zum Auskühlen die Lebkuchen auf ein Kuchengitter legen und anschließend noch leicht warm in eine Keksdose schichten. Dadurch wird der Lebkuchen nicht fest.

Für den gefüllten Lebkuchen

Aus dem Lebkuchenteig zwei gleich große Teigplatten mit ca. 2 mm Stärke ausrollen.

Auf einem Teil mit der gewählten Keksform leicht anzeichnen und in die Mitte etwas Powidl setzen. Die zweite Platte darauf legen, die sich durchzeichnenden Häufchen mit dem Keksausstecher in die Mitte nehmen und die gewünschten Formen ausstechen. Mit verquirltem Ei bestreichen, nach Belieben mit Nüssen belegen und wie oben backen.

TIPP

Seien Sie vorsichtig im Umgang mit Lebkuchengewürz. Weniger ist mehr, zuviel an Gewürzen lässt das Gebäck leicht bitter schmecken.

Lebkuchen können Sie auch mit Quitten- und Orangengelee oder mit Rum aromatisierten Trockenfrüchten füllen.

Dieses ausgezeichnete Rezept stammt von meiner Schwiegermutter und ist in meiner Familie der beliebteste Lebkuchen.

Linzer Augen und Ischler Törtchen

Zubereitung: je 45 Minuten
20 Stück (6 cm Ø)

ISCHLER TÖRTCHEN

120 g	Mehl
150 g	Butter
70 g	Staubzucker
1 Pkg.	Vanillezucker
80 g	gemahlene Walnüsse od. Mandeln
1 Msp.	Zimt
	Nüsse od. geschälte Mandeln zum Belegen
	Marillenmarmelade zum Füllen
1 B.	Kakao- od. Schokoglasur

12 Stück (6 cm Ø)

LINZER AUGEN

150 g	glattes Mehl
100 g	Butter
1	Eidotter
50 g	Staubzucker
1 Pkg.	Vanillezucker
	Ribiselmarmelade zum Füllen
	Staubzucker zum Bestreuen

Für die Ischler Törtchen
Die Butter mit etwas Mehl zerbröseln. Aus allen Zutaten einen geschmeidigen, feinporigen Teig abkneten. Sollte er kleben, kurz in den Kühlschrank stellen. Den Teig auf einer gut mit Mehl bestaubten Arbeitsfläche 2 mm stark ausrollen. Mit einer gewellten, runden Keksform Plätzchen ausstechen. Diese mit einer biegsamen Palette auf ein mit Backpapier belegtes Blech legen und bei 170 °C leicht mittelbraun backen. Die Plätzchen auskühlen lassen. Die Glasur im Wasserbad oder in der Mikrowelle schmelzen und die Hälfte der Kekse damit glasieren und mit einer Nuss belegen. Das unglasierte Gegenstück mit Marmelade bestreichen und ein glasiertes daraufsetzen.

Für die Linzer Augen
Die angegebenen Zutaten zu einem geschmeidigen Teig verkneten.
Auf einer bemehlten Arbeitsfläche den Teig mit einem Nudelholz 2 mm stark ausrollen.
Mit einem runden Keksausstecher die eine Hälfte ohne Löcher ausstechen. Die andere Hälfte mit der originalen, mit drei Löchern versehenen Form. Die Kekse auf ein mit Backpapier belegtes Blech schlichten und bei 170 °C hellbraun backen.
Keksböden ohne Löcher noch lauwarm großzügig mit Marmelade bestreichen. Die mit Löchern versehenen Kekse ausgekühlt dicht mit Staubzucker bestreuen, auf die Marmeladekekse setzen und leicht andrücken.

TIPP
Hübsch sieht es aus, wenn Sie kleine Formen verwenden. Bei den Linzer Augen kann man in der Mitte auch nur ein größeres Loch ausstechen und man hat einen anderen Effekt.

Neujahrs-Punschschweinchen

15 Stück
Zubereitung: 2 Stunden

	BISKUIT
6	Eier
3 EL	Wasser
120 g	Staubzucker
1 Pkg.	Vanillezucker
120 g	Mehl glatt
	PUNSCHMASSE
200 g	Biskuitreste vom Ausstechen
1/8 l	Blutorangensaft
100 g	rote Marmelade
4 cl	Rum (2 Stamperln)
	PUNSCHGLASUR
400 g	Staubzucker
1 Pkg.	Vanillezucker
1 EL	roter Rübensaft od. etwas rote Lebensmittelfarbe
2 cl	Rum
	Blutorangensaft nach Bedarf

Für das Biskuit
Backrohr auf 180 °C vorheizen.
Die Eier trennen und dem Eigelb 3 EL Wasser, die halbe Zuckermenge und den Vanillezucker beigeben. Mit einem elektrischen Mixer sehr schaumig aufschlagen. Eiweiß ebenfalls mit der anderen Hälfte des Zuckers steif aufschlagen, beide Massen miteinander vermischen und anschließend das gesiebte Mehl unterheben. Die Biskuitmasse auf ein mit Backpapier ausgelegtes Backblech ca. 1 cm hoch aufstreichen. Bei 180 °C hellbraun backen. Anschließend auskühlen lassen.

Für die Punschmasse
Nun mit der Form Schweinchen aus dem fertig gebackenen Biskuit ausstechen. Die Biskuitreste fein zerbröseln, mit der Marmelade, dem Rum und dem Blutorangensaft vermengen. Gut abrühren, es sollte eine gut streichbare feine Masse entstehen.
Auf ein Schweinchen dick Punschfülle auftragen, ein zweites Teil aufsetzen und leicht andrücken. Am besten mit einem Tafelmesser die Punschmasse an den Rändern gleichmäßig verstreichen. Die Form sollte genau und sorgfältig nachgezogen sein.
Alle Teile so zusammensetzen.

Für die Punschglasur
Den Blutorangensaft durch ein feines Sieb seihen. Gesiebten Staubzucker mit dem roten Rübensaft und dem Rum vermischen. Dann nach und nach etwas Blutorangensaft beigeben. Die Glasur darf nicht zu flüssig sein, ansonsten bleibt zu wenig Glasur am Gebäck haften, aber auch nicht zu fest, sonst wird die Glasur zu dick. Sie sollte schwer reißend vom Löffel rinnen.
Die gefüllten Biskuitschweinchen nun auf eine Palette setzen und reichlich mit Glasur begießen. Gut abtropfen lassen, mit einer anderen Palette abheben und zum Trocknen auf ein Backpapier setzen. Dies dauert ca. 1–2 Stunden.
Als Variante können Sie natürlich traditionell runde Ausstecher für Punschkrapferln verwenden oder jegliche andere Formen Ihrer Wahl.

Nuss-Kakao-Biskuitwürfel

12 Stück
Zubereitung: 45 Minuten

7	Eier
120 g	Feinkristallzucker
1 Pkg.	Vanillezucker
40 g	Kakao
80 g	Walnüsse, Mandeln oder Kürbiskerne
50 g	Mehl glatt
	FÜLLE
1/4 l	Schlagobers
2 EL	Staubzucker
1 Prise	Zimt
	ZUM BESTREICHEN
3 EL	Marillenmarmelade
	ZUM BESTREUEN
	Kakao u. Staubzucker

Backrohr auf 180 °C vorheizen.

Für den Teig
Eiweiß und Eigelb trennen. Das Eiweiß mit 60 g Zucker sehr steif aufschlagen. Dem Eigelb die restlichen 60 g Zucker und den Vanillezucker beifügen. Diese Masse ebenfalls sehr schaumig schlagen. Beide Massen miteinander verrühren.
Nüsse sehr fein mahlen und mit dem Mehl und dem Kakao sorgfältig vermischen. Dieses Gemisch in die Eiermasse unterheben. Am gleichmäßigsten gelingt dies, wenn Sie die Zutaten mit einem Mehlsieb einsieben.

Nuss-Kakao-Biskuitteig auf ein mit Backpapier ausgelegtes Backblech gleichmäßig aufstreichen. Hierfür ist eine lange biegsame Palette ideal. Auf die mittlere Schiene ins Rohr einschieben und etwa 12–15 min. hellbraun backen.
Das Biskuit aus dem Rohr nehmen und vollständig auskühlen lassen.

Für die Fülle
Gekühltes Schlagobers mit dem Mixer steif aufschlagen. Den Vanillezucker und die Prise Zimt hinzufügen.
Das gebackene Teigstück in vier gleiche Teile schneiden. Auf das erste Stück einen Esslöffel Marillenmarmelade streichen und ein Drittel des Schlagobers darauf verteilen.
Das nächste Teigstück darauf setzen. Das Ganze wiederholen bis die Zutaten verbraucht sind.
Obenauf den Würfel ganz dicht mit Kakao bestreuen. Nach Belieben mit einer Schablone und Staubzucker ein Muster zeichnen und anschließend in gleichmäßige Würfel schneiden.

Schaumrollen

35 Stück klein, 15 Stück groß
Zubereitung: mit selbst gemachtem Blätterteig 3 Stunden (siehe S. 16), mit fertigem Blätterteig 1 Stunde

	STRUDELTEIG
300	glattes Mehl
50 g	Butter
1 Prise	Salz
1	Ei
1 TL	Zitronensaft
1 EL	Rum
1/8 l	kaltes Wasser
	BUTTERZIEGEL
250 g	Butter
	Mehl zum Bestauben
	FÜLLE
3	Eiweiß
180 g	Staubzucker
1 Pkg.	Vanillezucker
1 TL	Zitronensaft

einige Schaumrollenformen zum Backen

Für den Strudelteig
Das Mehl mit dem Salz, dem Ei, Rum und dem kalten Wasser vermischen und einen eher weichen Strudelteig abschlagen. Den Strudelteig zudecken und für eine Stunde kühl stellen.

Für den Blätterteig
Die kalte Butter mit Mehl bestauben und zu einem Quadrat von 15 x 15 cm formen. Den Blätterteig zu einem Quadrat von 30 cm ausrollen – in der Mitte sollte der Teig dicker sein –, den Butterziegel darauflegen und wie ein Paket einschlagen. Nun mit einem Nudelholz zu einem Rechteck von 15 x 45 cm von vorn nach hinten gefühlvoll auseinander klopfen, dreifach übereinander legen, die Nähte gut andrücken und den Vorgang wiederholen. Den Teig in Folie einschlagen und eine halbe Stunde kühl stellen. Die vorher beschriebene Tour mit der Kühlzeit dreimal wiederholen.

Für die Schaumrollen
Backrohr auf 200 °C Heißluft vorheizen. Den Blätterteig ca. 2–3 mm stark ausrollen und in 2 cm breite und 25 cm lange Streifen schneiden. Für kleine Schaumrollenformen dementsprechend kleiner (1,5 x 15 cm).
Die Metallformen mit etwas Butter einschmieren. Die Streifen nicht zu streng überlappend auf die Formen aufwickeln. Bei 200 °C ca. 20–25 min. goldgelb, knusprig backen. Vorsichtig durch leichtes Drehen die Rollen von den Formen lösen und auskühlen lassen.

Fülle
3 Eiweiße mit 150 g Staubzucker über Wasserdampf sehr steif lauwarm schlagen. Die Form in Eiswasser stellen und kalt schlagen. Das dauert 15 min. Den Zitronensaft und den Vanillezucker mitrühren. Die Masse in einen Dressiersack füllen und die ausgekühlten, gebackenen Schaumrollen damit füllen.

TIPP
Schaumrollen schmecken auch mit leicht gezuckerter Schlagsahne gefüllt und mit Schokolade glasiert köstlich.

Seezungen

ca. 50 Stück
Zubereitung: 1,5 Stunden

250 g	Mehl glatt
125 g	Butter
125 g	Staubzucker
1	Ei
25 g	Walnüsse fein gemahlen
25 g	Haselnüsse fein gemahlen
	ZUM VERZIEREN
50 Stk.	halbierte Nüsse
	KAFFEECREME
1 Pkg.	Vanillepudding
200 ml	Milch
1 TL	Löskaffee
125 g	Butter
4 EL	Staubzucker
1 Pkg.	Vanillezucker
2 cl	Nuss- oder Kaffeelikör
	KAFFEEGLASUR
350 g	Staubzucker
1 Tasse	starker Bohnenkaffee

Für den Teig
1/3 des Mehls mit der in Stücke geschnittenen Butter abkneten, das restliche Mehl, die Zutaten wie den Staubzucker, das Ei, die Wal- u. Haselnüsse hinzufügen und zu einem glatten Teig verkneten. Kurz zum Rasten kühl stellen.
Rohr auf 170 °C vorheizen.
Danach ca. 1 mm dick ausrollen und mit der originalen Form für Seezungen ausstechen.
Auf ein mit Backpapier ausgelegtes Blech legen und hellbraun bei 170 °C backen.

Für die Creme
Butter aus dem Kühlschrank nehmen und auf Zimmertemperatur aufwärmen.
Puddingpulver in etwas kalter Milch anrühren.
Die Milch mit dem Löskaffee aufkochen und das Puddingpulver einrühren. Nun von der Kochplatte nehmen und kräftig unterrühren. Noch einige Minuten unter ständigem Rühren auf kleiner Flamme weiterkochen lassen. Der Pudding sollte sehr fest sein. Zum Auskühlen öfters umrühren.
Nun die Butter mit dem Staubzucker sehr schaumig rühren und den kalten Kaffeepudding löffelweise beigeben. Zum Schluss mit Kaffee- oder Nusslikör und Vanillezucker aromatisieren.
Ein Plätzchen mit Creme bestreichen und ein zweites daraufsetzen und leicht andrücken.

Für die Glasur
Staubzucker mit einigen Tropfen Kaffee verrühren. Die Glasur sollte schwer reißend vom Löffel fallen. Die Plätzchen damit glasieren, gut abtropfen lassen, mit einer halben Walnuss belegen und auf Butterbrotpapier fest werden lassen.

TIPP
Für die Kaffeecreme sollten die Zutaten etwa die gleiche Temperatur haben, ansonsten gerinnt die Creme.

Spagatkrapfen

Zubereitung: ohne Rastzeit je 1,5 Stunden
ca. 30 Stück

VARIANTE I

300 g	Mehl glatt
150 g	Butter
60 g	Staubzucker
3	Eidotter
2 EL	Rum
1/8 l	Sauerrahm
1Prise	Salz u. Zimt

ca. 25 Stück

VARIANTE II

250 g	glattes Mehl
120 g	Butter
40 g	Staubzucker
1	Eidotter
5 EL	Sahne
2 EL	Weißwein
1 Pkg.	Vanillezucker
1 Prise	Salz

ZUM AUSBACKEN

1 kg	Schweineschmalz od. 1 l Erdnussöl

ZUM WÄLZEN

200 g	Staubzucker
1 Pkg.	Vanillezucker
1 TL	Zimt

Für traditionelle alte Modeln (Formen) je 1,5 m Spagat zum Wickeln (Hanfschnur).

Für den Teig

1/3 des Mehls mit der klein geschnittenen kühlen Butter vermischen.
Die weiteren Zutaten hinzufügen und daraus einen glatten Teig kneten.
Dieser Teig sollte über Nacht im Kühlschrank rasten.

Den Teig mit einem Nudelholz 2 mm dick viereckig ausrollen und daraus 7 cm breite und 10 cm lange Rechtecke mit einem Teigrädchen ausradeln.
Schmalz oder Erdnussöl auf mittlere Temperatur erhitzen. Das Gefäß hierfür sollte etwas höher sein.
Die Teigstreifen auf die nach oben gedrehte Form auflegen und die Spagatschnur leicht schräg im Abstand von etwa 1 cm um den Teig wickeln. Die Schnur darf nur leicht angezogen werden, ansonsten lässt sich nach dem Backen der Spagat schwer entfernen (er wächst hinein) und das Gebäck bricht. Verbleibende Schnur am Griff entlang festhalten. Die Modeln in das heiße Fett tauchen und hellbraun ausbacken. Die Temperatur sollte nicht zu hoch sein, dadurch wird das Gebäck zu schnell braun und die Spagatkrapfen sind nicht durchgebacken.
Bei zu niedriger Temperatur wird das Gebäck fett.
Als Test für die Temperatur legt man ein Stück Teig ein, welches leicht schäumend sofort hochsteigen sollte.

Nach dem Backen die Spagatkrapfen auf Küchenpapier zum Abtropfen und Auskühlen legen.
Anschließend Staubzucker mit Zimt und Vanillezucker vermischen. Darin die Spagatkrapfen eindrehen.

TIPP

Es gibt auch zweiteilige Formen mit einem Klappteil. Dadurch erspart man sich das Wickeln. Von der Formgebung halte ich persönlich die traditionellen Modeln jedoch für schöner.

Steirischer Zwieback

Zubereitung: 45 Minuten

1	Ei
3	Dotter
70 g	Staubzucker
2 Pkg.	Vanillezucker
1	unbehandelte Limette (Schale)
1 TL	Anis
200 g	glattes Mehl
100 g	grob gehackte Steirische Kürbiskerne

ZUM WÄLZEN

Staubzucker u. Vanillezucker

Backrohr auf 180 °C vorwärmen

Das Ei, die Dotter, Limettenschale und den Anis mit dem Staubzucker und dem Vanillezucker vermischen und mit dem elektrischen Mixer sehr schaumig rühren.

Gehackte Kürbiskerne und das Mehl vermengen und unter die schaumige Eimasse ziehen.

Staubzucker auf eine Arbeitsfläche streuen und darauf aus dem Teig zwei Stränge von 5 cm Ø rollen.

Im Backrohr bei 180 °C ca. 25 min. hellbraun backen. Die Rollen lauwarm in dünne Scheibchen (1 mm) schneiden. Danach in Staubzucker-Vanillezuckergemisch wälzen.

Steirischer Zwieback passt hervorragend als Knabberei zu steirischem Wein.

Strauben

15 Stück
Zubereitung: 2 Stunden

600 g	Mehl glatt
3	Dotter
60 g	Zucker
1 Pkg.	Vanillezucker
120 g	Butter
30 g	Presshefe oder 1 Pkg. Trockenhefe
200 ml	Milch
2 EL	Rum
1 EL	Zitronensaft
	Salz
1 l	Frittierfett zum Ausbacken
	Staubzucker zum Anzuckern

Backrohr auf 50 °C vorwärmen

Für den Teig
Presshefe in 4 EL lauwarmer Milch auflösen, 1 TL Zucker und 1 TL Mehl unterrühren und ums Doppelte aufgehen lassen (Vorteig).
Milch anwärmen, die Butter schmelzen, beides vermischen, die Dotter einsprudeln. Diese Flüssigkeit mit der Hälfte des Mehls und dem Vorteig in einer Rührschüssel verrühren. Rum, Zitronensaft, Salz, Zucker und Vanillezucker beigeben. Aus allen Zutaten einen glatten Teig abschlagen und nach und nach das restliche Mehl hinzufügen. Den Germteig aus der Schüssel nehmen und mit dem Handrücken noch ca. 5 min. kräftig durchwalken. Er sollte eine etwas feste, geschmeidige Konsistenz aufweisen.
Den Teig in eine mit Mehl ausgestaubte Schüssel legen und zugedeckt ins 50 °C vorgeheizte Backrohr stellen. Backrohr nun ausschalten. Der Germteig sollte ums Doppelte aufgehen. Danach zur weiteren Verarbeitung den Teig nochmals durchkneten und auf einer bemehlten Arbeitsfläche ca. 1,5 cm dick mit einem Nudelholz rechteckig ausrollen.
Daraus Rechtecke von etwa 12 x 8 cm schneiden und mit dem Teigroller zwei Längsschnitte machen (nicht ganz durchschneiden, sondern 2 cm vom Rand wegbleiben). Die Straubenrohlinge auf ein Backblech mit Backpapier legen und zum weiteren Aufgehen wieder ins warme Rohr stellen. Diesmal nur um ein Drittel aufgehen lassen, ansonsten kleben die Teigstreifen zusammen und die charakteristische Form geht verloren. Frittierfett auf ca. 140 °C vorheizen und die Strauben mit der Unterseite zuerst einlegen und zudecken. Mittelbraun backen, dann die Strauben umdrehen und von der anderen Seite gleiche Farbe annehmen lassen. Mit einer Gabel aus dem Fett heben und zum Abtropfen auf ein Küchenpapier legen. Nach dem Auskühlen mit Staubzucker anzuckern.

TIPP
Wenn Sie die Straubenrohlinge aufs Backblech legen, ziehen Sie die Stücke etwas auseinander, damit die Form nach dem Aufgehen erhalten bleibt.

Topfenplunderhörnchen

10 Stück
Zubereitung: 50 Minuten

500 g	glattes Weizenmehl
250 g	Butter
250 g	magerer Topfen
100 ml	Milch
30 g	Germ
1 EL	Zucker
1 TL	Salz
	Marillenmarmelade zum Füllen
2	Eidotter zum Bestreichen
	brauner Zucker zum Bestreuen

Für den Topfenplunderteig

Die Milch leicht erwärmen und darin die Germ auflösen. Das Mehl in eine Schüssel sieben, die in Stücke geschnittene Butter und die restlichen Zutaten beigeben.

Gemeinsam zu einem geschmeidigen Teig verkneten. Den Teig auf einer mit Mehl bestaubten Arbeitsfläche zu einem Rechteck ausrollen. Zuerst doppelt übereinander schlagen. Wieder ausrollen und dreifach zusammenlegen. Diese Touren wie beim Blätterteig dreimal wiederholen. Topfenplunderteig braucht zwischen den Touren keine Kühlphase.

Backrohr auf 180 °C vorheizen.

Für die Plunderhörnchen den Teig rechteckig ausrollen und dann gegengleich Dreiecke schneiden. Auf die Breitseite einen Löffel Marmelade setzen und einrollen. Auf ein Backblech legen und Hörnchen formen.

Nun mit Eidotter bestreichen und mit braunem Zucker bestreuen. Im Backrohr hellbraun backen.

Topfentascherln

15 Stück
Zubereitung: 50 Minuten

	GERMTEIG
500 g	glattes Mehl
200 ml	Milch
20 g	Frischgerm
2	Eier
1	Eidotter
50 g	Butter
70 g	Zucker
1 Pkg.	Vanillezucker
1 EL	Zitronensaft
1 Prise	Salz
	TOPFENFÜLLE
400 g	magerer Topfen
100 g	Staubzucker
1 Pkg.	Vanillezucker
1	Ei
2	Eiweiß
1 EL	Zitronensaft
1	Dotter zum Bestreichen

Backrohr auf 50 °C vorheizen.

Für den Germteig
Die Butter schmelzen, die Milch erwärmen und darin die Germ auflösen. Alle Zutaten miteinander vermischen und daraus einen geschmeidigen, eher weichen Teig kneten.
Diesen im auf 50 °C vorgewärmten Backrohr zugedeckt doppelt so groß aufgehen lassen.

Für die Fülle
Das Ei trennen und das Eiweiß mit den zwei übrigen vom Germteig in eine Rührschüssel geben.
Den Topfen mit dem Dotter, der halben Menge Staubzucker, dem Vanillezucker und dem Zitronensaft schaumig rühren. Die drei Eiweiße mit dem restlichen Staubzucker steif aufschlagen. Beide Massen mit einer Teigspatel vermischen.
Den aufgegangenen Germteig durchkneten und auf einer bemehlten Arbeitsfläche mit einem Rollholz dünn ausrollen (45 x 40 cm).

Nun in Quadrate von 10 x 10 cm schneiden. Die restlichen 5 cm zum Verschließen der Tascherln verwenden.

Auf jedes Quadrat einen Esslöffel der Topfenfülle setzen. Jeweils die zwei gegenüberliegenden Teigenden hochziehen und alle vier zusammendrücken. Das Tascherl mit verquirltem Eidotter bestreichen und in die Mitte ein kleines Quadrat aus dem 5 cm breiten Teigstreifen als Abschluss auflegen. Wieder mit Eidotter bepinseln. Zum Aufgehen abermals ins lauwarme Rohr stellen. Anschließend bei 180 °C mittelbraun backen.

TIPP
Die Topfenfülle lässt sich gut mit Beeren kombinieren (z. B. Himbeeren, Heidelbeeren). Aber auch Rosinen sind dazu gut geeignet.

Weichseltaschen

15 Stück
Zubereitung: 2 Stunden

	PLUNDERTEIG
500 g	glattes Mehl
25 g	Frischgerm od.
	1 Pkg. Trockenhefe
100 ml	Milch
100 ml	Wasser
1	Ei
1 EL	Zucker
1 EL	Zitronensaft
1 Prise	Salz
	BUTTERZIEGEL
250 g	Butter
2 EL	Mehl
	FÜLLE
200 g	Kompottweichseln
1 EL	brauner Zucker
150 ml	Kompottsaft
40 g	Mais- od. Reismehl
1 Msp.	Zimt
1 Pkg.	Vanillezucker
1	Ei zum Bestreichen

Für den Plunderteig
Die Milch und das Wasser vermischen und darin die Germ auflösen. Aus allen Zutaten einen mittelfesten Germteig kneten und kühl stellen.
Die Butter zwischen Butterpapier mit einem Rollholz auf ein Quadrat von 20 x 20 cm ausrollen.
Den Germteig auch zu einem Quadrat rollen, darauf den Butterziegel legen und vollständig einpacken. Mit dem Nudelholz gefühlvoll auseinander klopfen (50 x 15 cm). Die Nähte müssen gut verschlossen sein, so dass die Butter nicht austritt. Danach dreilagig übereinander legen und wieder ausrollen. Diesen Vorgang drei- bis viermal wiederholen. Kühlzeiten zwischendurch sind nicht unbedingt erforderlich. Nach den Touren den Plunderteig, eingewickelt in Folie, mindestens eine Stunde kühl stellen.

Für die Fülle
In den kalten Kompottsaft die Stärke einrühren. Alle Zutaten in einem Kochtopf erwärmen und einmal aufkochen lassen. Die Herdplatte ausschalten, kurz weiterköcheln und dann vollständig auskühlen lassen.
Den Teig 3 mm stark ausrollen und in 7 x 18 cm große Rechtecke schneiden. In die obere Hälfte mit dem Teigrad dreimal einschneiden. Vom Rand jeweils einige Zentimeter weg bleiben. Einen Löffel von der kalten Fülle in die Mitte setzen. Mit verquirltem Ei die Ränder bestreichen, den eingeschnittenen Teil darüber klappen und an den Rändern festdrücken.
Die Weichseltaschen im Backrohr bei 220 °C knusprig braun backen.

TIPP
Plunderteig lässt sich für pikante Füllungen ebenfalls sehr gut verwenden. Besonders beliebt sind Nusskronen oder Mohntascherln.

Weinrahmstrauben

35 Stück
Zubereitung: je 50 Minuten

VARIANTE I

300 g	Mehl glatt
2	Dotter
1/8 l	Sahne
6 EL	Weißwein
60 g	Staubzucker
1 Pkg.	Vanillezucker
1 Prise	Salz

45 Stück

VARIANTE II

500 g	Universalmehl
2	Eier
1/4 l	Sauerrahm
2 EL	Rum oder Weißwein
2 Pkg.	Vanillezucker
1 Prise	Salz

ZUM AUSBACKEN

1 kg	Frittierfett od. Schweineschmalz

ZUM WÄLZEN

200 g	Staubzucker
1 Pkg.	Vanillezucker

Für den Teig
Die Dotter, den Weißwein und die Sahne miteinander versprudeln. Mehl in eine Schüssel sieben, Zucker, Vanillezucker und Salz beigeben. Gemeinsam mit der Flüssigkeit einen geschmeidigen Teig herstellen. Mit dem Handrücken gut durchkneten, bis der Teig eine feinporige Struktur aufweist.
Auf einer bemehlten Arbeitsplatte den Teig mit einem Nudelholz ca. 2 mm stark ausrollen. Nun mit einem Teigroller in 5 x 8cm große Stücke radeln. Jedes Teigstück dreimal, im gleichen Abstand, bis kurz vor dem Rand durchradeln. Dadurch entstehen vier zusammenhängende Teigstreifen.
Das Frittierfett gut erhitzen, je ein Teigstück hochheben und die Streifen ineinander verweben (gegenseitig durchziehen) und ins heiße Fett gleiten lassen. Dadurch entstehen unregelmäßige Strauben. Diese goldgelb ausbacken. Nun auf Küchenpapier gut abtropfen lassen. Nach dem Auskühlen in einem Gemisch aus Staubzucker und Vanillezucker wälzen.

TIPP
Den Teig von Weinrahmstrauben kann man auch über Nacht in Folie eingeschlagen kühl stellen und am nächsten Tag weiter verarbeiten.
Dieses herrlich einfache Gebäck ist urtypisch für die Steiermark und sehr schnell zubereitet.
Sie sollten es aber frisch servieren, denn so schmecken die Weinrahmstrauben am besten.

Windbäckerei

Zubereitung: einige Stunden

4	Eiweiß
300 g	Staubzucker
1	Vanilleschote (Mark)

ALS DEKOR
Nusskrokant, Schokoladeglasur, Streuselzucker usw.

Damit Windbäckerei auch sicher gelingt, sollten Sie Folgendes beachten. Das Eiweiß sollte nur von ganz frischen und gekühlten Eiern verwendet werden. Die Temperatur beim Backen (vielmehr Trocknen) sollte nur 50 °C betragen.

Für die Windbäckerei
Gekühltes Eiweiß mit dem Staubzucker in einem Schneekessel vermischen und das Mark der Vanilleschote beigeben.
In einem zum Schneekessel als Aufsatz passenden Kochtopf Wasser erhitzen. Den Schneekessel aufsetzen und die Masse sozusagen über Dampf warm aufschlagen.
Es sollte eine sehr steife, glänzende Masse entstehen. Den Schneekessel vom Topf nehmen und unter ständigem Mixen auskühlen lassen.
Diese Masse wird in einen Dressiersack mit beliebiger Tülle gefüllt und auf Backtrennpapier aufdressiert.
Je nach Geschmack bestreut man die Ringe, Herzen usw. mit beliebigem Dekor.

Die Windbäckerei muss bei 50 °C im Rohr trocknen. Das dauert je nach Größe der Gebilde bis zu mehreren Stunden.

TIPP
Erhöht man die Temperatur, karamellisiert der Zucker und das Gebäck bleibt nicht weiß, sondern bekommt eine karamellbraune Farbe, wodurch der Geschmack sehr interessant wird.
Man kann der Eiweißmasse auch Lebensmittelfarbe beigeben und die Windbäckerei als Christbaumschmuck verwenden.

AUS OMAS WORTSCHATZ
In alten Kochbüchern findet man als Ausdruck für diese Eiweißmasse immer wieder die Bezeichnung „Eis".

Zimtblattln

Zubereitung: 40 Minuten

250 g	glattes Mehl
2 EL	Schweineschmalz (Butter)
1	ganzes Ei
1 Prise	Salz
	lauwarmes Wasser nach Bedarf
	ZUM AUSBACKEN
3/4 l	Frittierfett
	ZUM WÄLZEN
	Staubzucker
etwas	Zimt

Für den Teig

Das Schweineschmalz oder die Butter schmelzen. Eine Tasse Wasser erwärmen.

Das Mehl in eine Schüssel sieben, Ei, Schmalz und Salz hinzufügen. Nun alles gut miteinander verrühren.

Mit einer Gabel nach und nach lauwarmes Wasser einrühren, bis ein weicher Teig entsteht.

Anschließend kräftig durchkneten (der Teig sollte nicht mehr an den Händen kleben bleiben).

Eine Kugel formen, obenauf mit Fett bestreichen und mindestens eine halbe Stunde rasten lassen.

Ein Strudeltuch mit Mehl bestauben und den Teig darauf dünn ausrollen oder ausziehen. Mit einem Messerrücken den ausgerollten Teig in Quadrate von ca. 4 x 4cm schneiden.

Frittierfett erhitzen, die Teigquadrate nach und nach einlegen, die Pfanne vorsichtig schwenken oder mit einer Gabel die Stücke einmal untertauchen, damit sie auch oben mit dem heißen Fett in Berührung kommen. Dadurch wirft der Teig schöne Blasen und das Gebäck wird besonders luftig. Auf einer Seite hellbraun backen, umdrehen und kurz fertig backen.

Zum Abtropfen auf Küchenpapier oder auf Servietten legen.

Staubzucker mit dem Zimt vermischen und die Blattln handwarm darin wälzen.

Dieses Gebäck ist schnell und einfach zubereitet, schmeckt herrlich, sollte aber frisch gegessen werden.

TIPP

Geschmacklich erzielen Sie eine andere Nuance, indem Sie einen Teil des Wassers durch Most, Weißwein oder, für die feine Tafel salonfähig, durch Champagner ersetzen.

Zufallskipferln – Gefüllte Riesenkipferln

15 Stück
Zubereitung: 1,5 Stunden

1 kg	Weizenmehl
100 g	Butter oder Maiskeimöl
1/2 l	Milch
60 g	Frischgerm
2	Eier
100 g	Zucker
1 TL	Salz
1	Ei zum Bestreichen
	NUSSFÜLLE
200 ml	Milch
50 g	Butter
200 g	Walnüsse
50 g	Brösel
100 g	Zucker
2 EL	Rum
1 Pkg.	Vanillezucker
	MOHNFÜLLE
200 ml	Sahne
200 g	gemahlener Grau- od. Blaumohn
50 g	Brösel
2 EL	Honig
60 g	Kristallzucker
2 EL	Rum

Backrohr auf 50 °C vorheizen.

Für den Germteig

Die Milch leicht erwärmen und in einigen Esslöffeln die Germ auflösen. Die Hälfte des Mehls in eine Rührschüssel sieben, mit der Milch, der Germmilch, dem Zucker, den Eiern und dem Salz vermischen. Geschmolzene Butter oder Öl beigeben. Kräftig abschlagen und nach und nach das restliche Mehl zugeben. Der Germteig sollte sich von der Schüssel lösen und seidig glänzen. Den abgeschlagenen Teig ins vorgewärmte Rohr zugedeckt zum Aufgehen stellen. Das Volumen sollte sich verdoppeln.

Für die Füllen

Bei beiden Variationen wiederholt sich der Arbeitsvorgang. Die Milch mit dem Zucker (bei der Nussfülle mit Butter und Vanillezucker) aufkochen. Nüsse oder Mohn mit den Bröseln und dem Rum vermengen. In die kochende Flüssigkeit einkochen, die Platte ausschalten, kräftig umrühren und kurz weiterkochen lassen. Die Masse sollte ein dicker Brei werden. Den gegangenen Kipferlteig wieder durchkneten, dritteln und jeden Teil in einen ca. 25 cm breiten und ca. 40 cm langen Streifen auswalken. Hiervon gegengleich Dreiecke schneiden.
Die Breitseite sollte 12 cm sein. Aus jedem Teigstück werden fünf Dreiecke.
In den breiten Rand 1 EL der Fülle setzen und streng zur Spitze einrollen. Auf ein mit Backpapier ausgelegtes Blech legen und Kipferln formen. Es ist darauf zu achten, dass der Teigspitz nach unten eingeschlagen wird. Durchs Backen würde sich die Spitze aufdrehen. Die gefüllten Kipferln abermals gehen lassen, mit zerschlagenem Ei sorgfältig bestreichen und anschließend bei 220 °C ca. 12–15 min. backen.

Der Name Zufallskipferln ergab sich aus dem Umstand, wie ich zu diesem Rezept gelangte.
Ich verfolgte ein Gespräch, als von einer versierten Mehlspeisenköchin das Rezept an einen Hobbykoch weitergegeben wurde. Von diesem Mann schrieb ich mitten im Einkaufsgeschehen die Zutaten ab.
Herzlichen Dank an Unbekannt!

Kuchen und Torten

Man nehme einen festlichen Anlass wie Taufe, Geburtstag, Sponsion, Verlobung oder erfundene Gelegenheiten zum Feiern und mische süße Phantasien und andere Ingredienzien hinein.
Schon ist der Weg bereitet, um verführerische Kuchen und Torten für die Festtafel oder beliebige andere Anlässe zu zaubern.
Obsttorten und Kuchen sind als krönender Abschluss unverzichtbar und ein Muss. Wenn wir uns die köstlich runden oder eckigen Kreationen auf der Zunge zergehen lassen, schwinden die letzten Vorbehalte.
Bei voller Hingabe sollten wir keine Gewissensbisse aufkommen und uns dadurch den Genuss nicht schmälern lassen.
Den Luxus unserer Zeit – nämlich die Zeit – müssen wir für manch aufwändiges Rezept großzügig berechnen und dementsprechend mit einbeziehen, wenn wir ein befriedigendes Ergebnis erzielen wollen.
Das Aha-Erlebnis wird auf Ihrer Seite sein und darf als Belohnung für Ihre Mühe bewertet werden.

Apfelschlankel

Für 1 Backblech
Zubereitung: 1 Stunde

	TEIG
450 g	Mehl universal
120 g	Butter
2	Eier
1/8 l	Milch
25 g	Presshefe od. 1 Pkg. Trockenhefe
1 Pkg.	Vanillezucker
1 TL	Zitronensaft
	FÜLLE
1 kg	Äpfel
60 g	Kristallzucker
1 Pkg.	Vanillezucker
2	Zitronen (Saft)
80 g	Rosinen
1 Prise	Zimt
	ZUM BESTEICHEN
1	Eidotter
1 EL	Milch
3 Bögen	Backtrennpapier

Für die Fülle
Die Äpfel schälen und fein raffeln. Sofort mit dem Zitronensaft vermischen, Zucker und Vanillezucker unterrühren. Rosinen kurz mit warmem Wasser abspülen, abtropfen lassen und gemeinsam mit dem Zimt der Apfelmasse beigeben.

Für den Teig
Die Presshefe in einigen Esslöffeln lauwarmer Milch auflösen, den Vanillezucker beigeben, einen Teelöffel Mehl hinzufügen und kurz zum Aufgehen (Gärprobe) beiseite stellen.
Die Hälfte des Mehls in eine Rührschüssel sieben. Die Butter schmelzen, die Milch leicht erwärmen und alles mit den versprudelten Eiern verrühren. Nun dem Mehl beifügen und die aufgelöste Germ ebenfalls hinzugießen. Aus den Zutaten einen weichen Teig abrühren und danach den Zitronensaft und das Salz untermischen. Nach und nach das restliche Mehl einarbeiten und daraus einen geschmeidigen Teig kneten.
Dieser Germteig braucht nicht aufgehen und kann sofort weiterverarbeitet werden.
Den Germteig in zwei gleich schwere Teile schneiden. Einen Teil auf ein Backtrennpapier legen, einen zweiten Bogen obenauf legen und mit einem Nudelholz auf Backblechgröße ausrollen. Das obere Papier abziehen und den ausgerollten Teig mit dem Papier aufs Backblech legen. Den zweiten Teigteil ebenfall gleich bearbeiten.
Die Apfelmasse gleichmäßig auf dem unteren Teig verteilen, den zweiten darauf legen und das Papier entfernen. Mit einer Gabel in kleinen Abständen die obere Teigplatte durchstechen, damit der Dampf beim Backen entweichen kann. Den Dotter mit der Milch verquirlen und den Teig damit gleichmäßig bestreichen.
Den gedeckten Apfelkuchen ins vorgeheizte Backrohr auf mittlerer Schiene bei 200 °C ca. 25 min. mittelbraun backen.
Den Blechkuchen ausgekühlt in Streifen schneiden, eventuell mit Staubzucker bestreuen und servieren.

Biskuitroulade

Zubereitung: 45 Minuten

6	Eier
100 g	Staubzucker
120 g	Mehl glatt
30 g	Butter
1 Pkg.	Vanillezucker
	Marillenmarmelade zum Füllen
	Staubzucker zum Bestreuen

Backrohr auf 180 °C Ober- und Unterhitze vorheizen.

Für den Biskuitteig
Gekühlte Eier aufschlagen und das Eigelb vom Eiweiß trennen. Dem Eiweiß die Hälfte des Zuckers beifügen und mit der Küchenmaschine steif aufschlagen. Die restliche Hälfte des Zuckers und den Vanillezucker dem Eigelb beigeben und schaumig rühren. Eiweiß und Eigelbmasse miteinander verrühren. Mit einem Sieb das Mehl in den Teig sieben und vorsichtig mit einer Teigspatel einmelieren. Butter schmelzen und ebenfalls vorsichtig in den Teig einrühren.
Ein Backblech mit Backpapier belegen und den Biskuitteig gleichmäßig dick aufstreichen.
Im vorgeheizten Backrohr auf mittlerer Schiene bei 180 °C ca. 12–15 min. backen.
Die Roulade darf nicht zu lange im Rohr sein, also zu braun gebacken werden, ansonsten lässt sie sich nicht mehr gut einrollen ohne zu brechen.
Aus dem Rohr nehmen und auf ein zweites Backpapier stürzen, 2 min. warten und das obere Papier abziehen. Nun noch warm einrollen. Kurz überkühlen lassen, wieder aufrollen und mit Marillenmarmelade bestreichen. Abermals einrollen und nach vollständigem Erkalten dicht mit Staubzucker bestreuen.

Eine herrliche, schnell zubereitete Mehlspeise für kurzfristig angesagte Gäste. In einer Dreiviertelstunde ist die Roulade fertig.
Frisch schmeckt die Biskuitroulade am besten.

Brauner Kirschkuchen

Zubereitung: 1 Stunde

300 g	entsteinte Kirschen
2 EL	Kristallzucker
140 g	Butter
140 g	Staubzucker
5	Eier
40 g	Schokolade
50 g	Brösel
150 g	gemahlene Mandeln

Den Boden einer mittleren Tortenform mit Butterpapier belegen.
Backrohr auf 180 °C vorheizen.

Für den Kirschkuchen

Die Eidotter vom Eiklar trennen. Eidotter mit der Butter und 2/3 des Staubzuckers mit einem Mixer sehr schaumig rühren. Die Schokolade schmelzen und dem Abtrieb beifügen. Brösel und geriebene Mandeln miteinander vermengen. Die Eiklar mit dem restlichen Staubzucker sehr steif schlagen. In die Schüssel mit dem Eischnee den Abtrieb einfüllen, das Mandel-Bröselgemisch darüber streuen und mit einem Teigspatel vorsichtig unterziehen.
Die entsteinten Kirschen mit dem Kristallzucker vermengen.
Die Kuchenmasse in die Tortenform füllen und mit den Kirschen belegen.
Den Kirschkuchen ins Backrohr schieben und ca. 45 min. backen. Wenn der Kuchen Farbe annimmt, die Backtemperatur auf 160 °C zurückschalten.

Fertig gebackenen Kirschkuchen halb auskühlen lassen, vom Tortenrand mit einem Messer lösen, mit Staubzucker ein beliebiges Muster zeichnen und auf einen großen Kuchenteller legen.

TIPP

Anstelle der Kirschen eignen sich auch Weichseln. Stehen keine frischen Früchte zur Verfügung, verwenden Sie gut abgetropfte Kompottfrüchte.

Bröselkoch

Für je eine Kastenform

VAR. I – BESOFFENE LIESL

4	Eier
je 70 g	Kristallzucker u. Brösel
50 g	Schokolade geschmolzen
1 Pkg.	Vanillezucker u. 1 Msp. Zimt

ZUM TRÄNKEN

1/4 l	Rotwein
100 ml	Wasser
2 EL	Zucker
je 1 Msp.	Limettenzesten, Zimt
2 Stk.	Gewürznelken

VAR. II – DURSTIGER STEIRER

4	Eier
je 140 g	Kristallzucker u. Walnüsse od. Kürbiskerne gemahlen
50 g	Brösel
1 EL	Rum
1 Pkg.	Vanillezucker u. 1 Msp. Zimt

ZUM TRÄNKEN

1/4 l	Apfelmost od. Uhudler
50 ml	Wasser
2 EL	Zucker
1 Pkg.	Vanillezucker

Für eine Gugelhupfform

VAR. III – BISKOTTENKOCH

7	Eier
140 g	Zucker
110 g	Biskottenbrösel
1 Msp.	Zitronenzesten (Biozitronen)

ZUM TRÄNKEN

1/2 l	Muskatellerwein
100 ml	Wasser
2 EL	Zucker
1 Pkg.	Vanillezucker

Die Zubereitung erfolgt bei allen drei Rezepten auf die gleiche Art und Weise. Backrohr auf 170 °C vorheizen.

Für den Teig

Backform mit Backpapier oder Butterbrotpapier auslegen.

Die Eier trennen, das Eiklar in eine Rührschüssel geben und laut Rezept die ganze Zuckermenge und den Vanillezucker beigeben. Mit einem elektrischen Mixer die Eiweißmasse sehr steif aufschlagen und die Dotter unterziehen. Anschließend die Brösel durch ein Mehlsieb einrieseln lassen. Die Masse gut vermischen und in eine beliebige Form einfüllen. Bei 170 °C ca. eine halbe Stunde hellbraun backen.

Bei Variante I wird der Masse noch zerlassene Schokolade und etwas Zimt beigefügt.

Bei Variante II kommen geriebene Walnüsse hinzu.

Bei Variante III werden anstelle der üblichen Weißbrotbrösel Biskottenbrösel verwendet.

Für den Überguss

Zutaten laut Rezept in eine Kasserolle geben und aufkochen lassen. Den Kuchen in Scheiben schneiden und mit der Flüssigkeit gut durchtränken.

Oder Sie geben den ganzen Kuchen in eine tiefe Platte, schütten die ganze Flüssigkeit darüber und lassen das Bröselkoch für eine halbe Stunde durch und durch ziehen.

Den Überguss kann man warm oder kalt verwenden.

TIPP

Für unsere Kleinen kann anstelle der alkoholischen Getränke Fruchtsaft verwendet werden (z.B. Orangen- oder Himbeersaft).

Eiweißkuchen (Eiweißverwertung)

Zubereitung: 45 Minuten

7	Eiweiß
170 g	Staubzucker
1 Pkg.	Vanillezucker
150 g	Mehl
50 g	Nüsse od. Mandeln
50 g	Kokosflocken
70 g	geschmolzene Butter

Für den Teig

Das gut gekühlte, frische Eiweiß mit Vanillezucker und Staubzucker vermischen und mit dem Mixer sehr steif aufschlagen.

Nach Belieben Nüsse oder Mandeln grob hacken und der Eiweißmasse beigeben.

Das Mehl mit den Kokosflocken vermischen, der Masse beifügen und mit Gefühl unterheben. Die geschmolzene Butter anschließend nach und nach unterrühren. Die Butter darf nicht zu warm sein.

Diese Masse in eine Kuchenform füllen und bei 180 °C hellbraun backen.

TIPP

Als weitere Geschmacksverfeinerung können Sie grob geschnittene Schokostücke, Kürbiskerne, Pistazien natur, aber auch Rosinen verwenden. Oder Sie machen einen bunten Mix und nehmen von jedem ein wenig.

Für ganz Süße glasieren Sie den Eiweißkuchen mit Schokoglasur.

Ein herrlich einfacher, saftiger Kuchen für die Kaffeejause. Sie werden vom Geschmack überrascht sein.

Heidelbeer-Erdbeertorte mit Jogurtcreme

Zubereitung: 3 Stunden mit Kühlzeit

	BISKUIT
3	Eier
70 g	Kristallzucker
1 Pkg.	Vanillezucker
80 g	Universalmehl
1 EL	Kakao
1 EL	Wasser
	CREME
1/4 l	Schlagsahne
1/8 l	Vanillejogurt
3 EL	Staubzucker
1 EL	Zitronensaft
3 El	Orangensaft
4 Stk.	Blattgelatine
	BELAG
150 g	Heidelbeeren
150 g	Erdbeeren klein
1 Pkg.	Tortengelee klar

Den Boden einer kleinen beschichteten Tortenform (20 cm Ø) mit Butterpapier belegen und mit dem Ring einzwicken. Backrohr auf 200 °C vorheizen.

Für das Biskuit
Das Eiweiß vom Eigelb trennen. Eiweiß mit Zucker und Vanillezucker steif aufschlagen. Die Eidotter verquirlen und unterziehen. Das Mehl in die Masse einsieben und vorsichtig unterheben. Nun die Biskuitmasse halbieren, in einen Teil den Kakao einsieben und mit dem Wasser unterrühren.
Zuerst die helle Masse in einen Spritzsack mit großer Tülle einfüllen. In die Tortenform drei Kreise spritzen und genügend Abstand für die dunkle Masse lassen. Danach mit der dunklen Masse den Platz zwischen den Biskuitmassekreisen vollspritzen. Die Form leicht rütteln, damit sich keine Hohlräume bilden, und im Backrohr bei 200 °C hellbraun backen. Auskühlen lassen und dann mit einem Messer die gebackene Torte vom Rand der Form lösen. Umdrehen, das Papier entfernen und die Torte wieder in die Tortenform legen.

Für die Fülle
Gelatineblätter in kaltem Wasser einlegen. Schlagsahne steif aufschlagen, mit dem Jogurt und dem Staubzucker vermischen. Orangensaft und Zitronensaft mischen, kurz aufwärmen und die ausgedrückten, aufgeweichten Gelatineblätter darin auflösen. Die handwarme Orangen-Zitronengelatine in die Schlagsahne-Jogurtmasse gut einrühren. Die Masse auf den Biskuittortenboden ausgießen. Zum Anstocken für eine halbe Stunde zugedeckt in den Kühlschrank stellen. Dann dicht mit den Beeren belegen. Nun das Tortengelee nach Packungsanweisung zubere ten und kurz vor dem Stocken gleichmäßig über die Beeren gießen. Die Torte für einige Stunden kühl stellen.

TIPP
Wenn Sie eine Blechform zum Backen verwenden, müssen Sie diese – vor dem Befüllen mit der Creme und den Früchten – mit Haushaltsfolie auskleiden, ansonsten nehmen die Creme und die Früchte einen unangenehmen, metallischen Geschmack an.

Kürbiskernroulade

Zubereitung: 45 Minuten

	TEIG
8	Eier
160 g	Kristallzucker
1 Pkg.	Vanillezucker
1 EL	Steirisches Kürbiskernöl
80 g	Steirische Kürbiskerne fein gemahlen
100 g	Mehl universal
	FÜLLE
2 Pkg.	Schlagsahne
50 g	Steirische Kürbiskerne fein gemahlen
80 g	Staubzucker
2 cl	Nusslikör od. Rum
1 Pkg.	Vanillezucker
	DEKOR
30 g	dunkle Schokolade
etwas	Butter

Backblech mit Backpapier belegen. Backrohr auf 180 °C vorheizen.

Für den Teig

Die Eier gemeinsam mit dem Staubzucker in einer Küchenmaschine dickschaumig aufschlagen. Den Vanillezucker und das Kürbiskernöl beigeben. Die Kürbiskerne mit dem Mehl vermischen und unter die Masse heben.

Den Teig auf dem Backblech gleichmäßig verteilen und bei 180 °C 12–15 min. goldbraun backen. Das Biskuit darf nicht zu dunkel gebacken sein, dann lässt es sich nicht mehr einrollen.

Biskuit vom Papier lösen, mit etwas Staubzucker bestreuen, sofort einrollen und zum Auskühlen beiseite stellen.

Für die Fülle

Die Schlagsahne steif aufschlagen und mit dem Staubzucker, den fein gemahlenen Kürbiskernen und dem Nusslikör verrühren.

Roulade vorsichtig ausrollen, mit 2/3 der Kürbiskernsahne füllen und wieder einrollen.

Mit dem restlichen Drittel die Roulade rundherum bestreichen.

Für das Dekor die Schokolade mit etwas Butter schmelzen und glatt verrühren. In einen Spritzbeutel mit kleiner Öffnung füllen und die Kürbiskernroulade mit feinen Linien verzieren.

TIPP

Wenn Sie kein Liebhaber von Kürbiskernen sind, tauschen Sie diese einfach gegen Walnüsse aus.

Kürbiskerntorte

Für eine Tortenform mit 20 cm Ø
Zubereitung: 1 Stunde

120 g	Butter
3	Eier
100 g	Kristallzucker
1 Pkg.	Vanillezucker
6 EL	Rum
200 g	Kürbiskerne fein gehackt
1 EL	Kaffeepulver
50 g	Mehl universal (Type 480)
1/2 Pkg.	Backpulver
200 g	Marmelade (Marille od. Erdbeere) zum Füllen und Bestreichen
	GLASUR
1 B.	Kakao- od. Schokoglasur
	DEKOR
	Schokokürbiskerne od. Kürbiskerne fein gehackt

Backrohr auf 170 °C vorheizen.
Den Boden einer Tortenform mit Butterpapier belegen und mit dem Tortenring fixieren.

Für die Torte

Das Eiweiß vom Eigelb trennen. Die Hälfte des Zuckers mit dem Eiweiß sehr fest aufschlagen. Den restlichen Zucker mit dem Vanillezucker und den Eigelben sehr cremig mixen. Zum Schluss den Rum unterrühren.
Das Mehl, das Kaffeepulver und die fein gehackten Kürbiskerne gut miteinander vermengen.
Nun den Eischnee mit der Eigelbmasse gut verrühren und das Kürbiskerngemisch sorgfältig unterziehen. Den fertigen Teig in die Tortenform füllen und im Rohr bei 170 °C ca. 35–40 min. hellbraun backen. Danach auskühlen lassen.
Die Kürbiskerntorte einmal durchschneiden und großzügig mit Marmelade füllen. Tortenboden auflegen und die ganze Torte rundherum dünn mit Marmelade bestreichen.
Die Glasur laut Vorschrift erwärmen und gleichmäßig auf die Torte auftragen. Beliebig mit Schokokürbiskernen dekorieren, solange die Glasur noch weich ist.

TIPP

Den Rand einer Tortenform sollten Sie nicht mit Fett bepinseln. Dadurch würde sich der Teig beim Backen vom Tortenring lösen und die Torte behält keine schöne Form. Nach dem Backen und dem kurzem Auskühlen lösen Sie die gebackene Torte mit einem spitzen Messer vom Tortenring.

Luftige Heidenmehltorte nach Erika

Für eine große Tortenform (20 cm Ø)
Zubereitung: 1,5 Stunden

	TEIGMASSE
4	Eier
140 g	Zucker
140 g	Butter
140 g	gemahlene Mandeln od. Walnüsse
140 g	Heidenmehl (Buchweizen)
2 Pkg.	Vanillezucker
	FÜLLE UND GLASUR
3 EL	Rum
130 g	Erdbeer- oder Marillenmarmelade
500 ml	Schlagsahne
4 EL	Staubzucker
1 Pkg.	Vanillezucker
1/2 B.	Kakao- od. Schokoladeglasur
150 g	Mandelblättchen
	DEKOR
	Erdbeerblüten u. -blätter

Backrohr auf 180 °C vorheizen. Den Boden der Tortenform mit Butterpapier auslegen oder mit dem Ring einzwicken. Den Tortenformrand nicht einfetten.

Für die Torte

Eier trennen und Eiweiß mit der Hälfte des Zuckers steif aufschlagen. Butter ganz leicht erwärmen (cremige Konsistenz, aber nicht flüssig). Eigelb mit der zweiten Zuckerhälfte schaumig aufmixen. Butter schaumig rühren und die Eidottermasse beigeben. Beides gemeinsam sehr luftig aufschlagen.
Heidenmehl und gemahlene Mandeln oder Nüsse in die Ei-Buttermasse mit einem Mehlsieb einsieben und durchmixen. Zum Eischnee hinzufügen und mit einem Schneebesen unterziehen. Trotz der scheinbar festen Masse geht das sehr gut.
Tortenform mit dem Tortenteig befüllen und glatt streichen.
Im Backrohr bei anfänglich 180 °C 25 min. backen und dann die Temperatur auf 160 °C zurücknehmen. Die gesamte Backdauer beträgt ca. 40 min. Torte in der Form fast auskühlen lassen, dann die Torte mit einem dünnen Messer vom Rand lösen. Den gebackenen Tortenboden dreimal durchschneiden.

Für die Fülle

Mandelblättchen in einer beschichteten Pfanne ohne Fett braun anrösten und auskühlen. Rum mit Marmelade vermischen und die Tortenböden von jeder Seite damit bestreichen. Schlagsahne steif schlagen und Vanille- und Staubzucker unterrühren. Tortenboden für Tortenboden mit Schlagsahne befüllen und übereinander schichten. Den Rand ebenfalls mit Sahne bestreichen und die kalten Mandelblättchen rund herum auftragen. Mit einer biegsamen Palette geht das sehr gut. Die Torte mit geschmolzener, temperierter Schokoladeglasur besteichen und mit einigen Tupfern Sahne verzieren. Als Dekor mit Blüten belegen.

TIPP

Lassen Sie die gefüllte Torte einen Tag durchziehen, dann ist sie noch runder im Geschmack.

Marillenkuchen mit Guss

Zubereitung: 50 Minuten

TEIG

200 g	Butter
150 g	Zucker
4	Eier
200 g	Mehl
1 Pkg.	Vanillezucker
1 TL	Zitronensaft

GUSS

1/4 l	Milch
1/4 l	Sauerrahm
1 EL	Reis- od. Maisstärke
1 Pkg.	Puddingpulver (Vanillegeschmack)
3 EL	Zucker
1 TL	Zitronensaft
1 Pkg.	Vanillezucker
1 Msp.	Zimt

BELAG

1 kg	Marillen

Für den Teig
Die Eier und die Butter sollten die gleiche Temperatur haben.
Butter schaumig rühren, den Zucker hinzufügen und die Eier nach und nach unterrühren. Zitronensaft und Vanillezucker beigeben. Zum Schluss das Mehl einsieben und gut unterrühren.
Den Teig auf ein Backblech oder in eine große Auflaufform gleichmäßig aufstreichen. Nun die Marillen halbieren und mit der Schnittfläche nach unten auf den Teig legen.

Für den Guss
Alle Zutaten in einer Rührschüssel gut miteinander verrühren. Diese Masse gleichmäßig zwischen den Marillenhälften verteilen. Die Marillen sollten noch sichtbar sein.
Das Blech auf die mittlere Schiene einschieben und bei 170 °C eine gute Stunde backen.
Der Guss sollte hellbraun und gestockt sein.

Dies ist ein herrlich fruchtiger Kuchen.

TIPP
Als Variation können Sie auch Himbeeren, Heidelbeeren, Birnen oder Äpfel verwenden.

Marmorkuchen

Für eine Gugelhupfform
Zubereitung: 1,5 Stunden

6	Eier
200 g	Butter
300 g	Staubzucker
400 g	Mehl glatt
250 ml	Milch
20 g	Kakao
1 Pkg.	Vanillezucker
1/2 Pkg.	Backpulver

Für eine längliche Form oder einen kleinen Gugelhupf

4	Eier
100 g	Butter
200 g	Staubzucker
250 g	Mehl glatt
125 ml	Milch
50 g	dunkle Schokolade
1 Pkg.	Vanillezucker
1/2 Pkg.	Backpulver

Backrohr auf 160 °C vorheizen.
Die gewünschte Form mit flüssiger Butter ausstreichen und mit etwas Mehl stauben.

Für den Teig
Zuerst das Eigelb vom Eiweiß trennen. Das Eiweiß mit der Hälfte des Staubzuckers und dem Vanillezucker vermischen und anschließend mit dem Mixer sehr steif aufschlagen.
Eigelb mit der Butter und dem restlichen Staubzucker schaumig rühren. Die Zutaten sollten gleich temperiert sein, ansonsten gerinnt die Masse. Das Mehl mit dem Backpulver vermengen, zur Dottermasse geben und gemeinsam mit der Milch nochmals kräftig durchmixen. Von der Dottermasse ca. die Hälfte in eine Schüssel füllen, den Kakao darübersieben und die Hälfte der Eiweißmasse beimengen. Mit einer Teigspatel alles gut miteinander verrühren. Den zweiten Teil der Eiweißmasse unter die restliche Dottermasse ziehen.
Zuerst einen Teil des hellen Teiges mit einem Löffel in die Form füllen, dann die ganze dunkle Masse einfüllen und als Abschluss den restlichen hellen Teig.
Um das charakteristische marmorierte Muster zu erzielen, zieht man eine Gabel tief durch die in die Form gefüllte Teigmasse.
Im vorgeheizten Rohr den Marmorkuchen bei 160 °C gut 1 Stunde backen. Sie können mit einem Holz- oder Metallstäbchen in den Teig stechen, um zu prüfen, ob der Kuchen durch und durch gebacken ist.
Wenn kein Teig mehr daran haften bleibt, ist der Kuchen fertig.
Bei der zweiten Variante bleibt der Vorgang der gleiche. Nur anstelle des Kakaos fügt man geschmolzene, aber nicht zu warme Schokolade hinzu.

TIPP
Es gibt heute schon praktische Kuchenformen aus hitzebeständigem Kunststoff. Bei diesen erübrigt sich das Einfetten und der Kuchen lässt sich ohne anzukleben mühelos stürzen.

Mohnbecherkuchen

Zubereitung: 1 Stunde

4	Eier
1 1/2 B.	Staubzucker
3/4 B.	Sonnenblumenöl
2 B.	gemahlener Mohn
2 B.	glattes Mehl
2 B.	Sauerrahm
1 Pkg.	Vanillezucker
1/2 Pkg.	Backpulver
	LÄUTERZUCKER
50 g	Kristallzucker
50 ml	Wasser
	GLASUR
3 EL	Marmelade fein passiert zum Bestreichen
150 g	weiße Kuvertüre od. Schokolade
30 g	Butter
2 EL	Rum

Backrohr auf 170 °C vorheizen.

Als Maß nimmt man am besten einen Sauerrahmbecher.

Für den Kuchen
Eier, Sonnenblumenöl und Staubzucker gut miteinander verrühren.
Gemahlenen Mohn, Mehl und Backpulver mit einem Mehlsieb dazusieben.
Mit einer Teigspatel alle Zutaten sorgfältig durchmischen.
Eine längliche Backform mit zerlassener Butter auspinseln und mit etwas Mehl ausstauben.
Die Mohnteigmasse einfüllen und bei 170 °C im Backrohr ca. 45 min. backen.

Für den Läuterzucker
Wasser mit dem Zucker vermischen, aufkochen, bis große Bläschen entstehen, und beiseite stellen.

Für die Glasur
Kuvertüre über Wasserbad schmelzen und die Butter in kleinen Stücken beigeben. Glatt verrühren. Nun den handwarmen Läuterzucker unterrühren. Die Masse mit dem Rum vermengen und mit einem Schneebesen kräftig abrühren, bis eine geschmeidig glänzende Glasur entsteht.
Den gebackenen, noch lauwarmen Mohnkuchen dünn mit Marmelade bestreichen. Die weiße Schokoladeglasur gleichmäßig auftragen.
Backformen kann man schnell und unkompliziert mit Butterbrotpapier auslegen. Dadurch erspart man sich das lästige Auspinseln mit Fett.

Dieses Rezept fand ich in einer Broschüre der Waldviertler Mohnbauern. Ich habe das Rezept mit kleinen Abänderungen versehen und den Kuchen zur Verfeinerung mit Schokoladeglasur überzogen.
Herzlichen Dank für die Idee!

Mürbe Apfeltorte

Zubereitung: 2 Stunden

	MÜRBTEIG
250 g	glattes Mehl
1 TL	Backpulver
100 g	Staubzucker
1 Pkg.	Vanillezucker
125 g	Butter
1	Ei
	FÜLLE
750 ml	Apfel- od. Orangensaft
2 Pkg.	Vanillepuddingpulver
1 EL	Mais- od. Reisstärke
1 Pkg.	Vanillezucker
1 kg	säuerliche Äpfel
2 EL	Kristallzucker
etwas	Zimt
	BELAG
1/4 l	Schlagsahne
2 EL	Staubzucker
	Kakao zum Bestäuben

Den Boden einer Tortenform mit Butterpapier belegen.
Backrohr auf 180 °C vorheizen.

Für den Mürbteig
Das Mehl mit dem Backpulver vermischen und in eine Schüssel sieben. Restliche Zutaten beigeben und daraus einen weichen Mürbteig kneten.
Auf einer mit Mehl bestaubten Arbeitsplatte den Teig ca. 3 mm stark ausrollen. Die Größe der Tortenform abdrücken und mit einem Messer ausschneiden. Den Boden damit belegen. Den restlichen Teig wieder zusammenkneten. Einen langen Streifen für den Tortenrand ausrollen. Nun den Mürbteigstreifen gut an den unbefetteten Rand drücken und mit dem Teigboden gut verbinden.

Für die Fülle
200 ml des kalten Saftes mit dem Puddingpulver und der Stärke verrühren, den restlichen Saft aufkochen und alles dick einkochen lassen.
Die Äpfel schälen und so dünn wie möglich auf dem Gemüsehobel blättrig schneiden. Mit dem Zucker und dem Zimt gut vermischen. Anschließend unter den Pudding rühren.
Die überkühlte Masse in die ausgelegte Tortenform füllen, glatt streichen und leicht andrücken.
Im Backrohr auf die unterste Schiene einschieben und bei Unter- und Oberhitze 80 min. lang braun backen. Die letzte halbe Stunde die Temperatur auf 150 °C zurücknehmen.
Die gebackene, mürbe Apfeltorte lauwarm zudecken und über Nacht stocken lassen.
Am nächsten Tag die Schlagsahne mit dem Staubzucker steif aufschlagen und die Torte damit bestreichen. Mit einer Gabel ein welliges Muster ziehen und mit Kakao bestäuben.

Dieses herrliche Apfelkuchenrezept hat meine Freundin Christa Rath ursprünglich von einer Bekannten aus Deutschland bekommen. Einfach phantastisch!

Pfirsichkuchen

Zubereitung: 1 Stunde

BELAG

500 g	gelbe Pfirsiche
1 EL	Zitronensaft
2 EL	brauner Zucker

TEIG

120 g	Butter
4	Eier
120 g	Zucker
120 g	Mandeln
120 g	Schokolade
120 g	Brösel
1 Pkg.	Vanillezucker

Den Boden einer Tortenform oder kleine Backformen mit Butterpapier auslegen. Backrohr auf 170 °C vorheizen.

Für den Kuchen

Die Eidotter vom Eiklar trennen. Die zimmerwarme Butter in einer Rührschüssel mit 2/3 des Zuckers und dem Vanillezucker sehr schaumig verrühren. Die Schokolade schmelzen und ebenfalls unterrühren.

Gemahlene Mandeln und Brösel miteinander vermischen, das Eiklar mit dem restlichen Zucker steif aufschlagen. Zum Eischnee den Abtrieb und das Mandel-Bröselgemisch hinzufügen und vorsichtig unterziehen.

Die Pfirsiche gut waschen, in Spalten schneiden, sofort mit Zitronensaft beträufeln und mit 2 EL braunem Zucker bestreuen.

Den Kuchenteig in die Form füllen und mit den Pfirsichspalten fächerförmig belegen.

Im Backrohr ca. 40 min. braun backen. Nach dem Auskühlen mit Staubzucker bestreuen.

TIPP

Als Ersatz für die Pfirsiche können Sie Nektarinen oder geschälte Birnen verwenden.

Rhabarberkuchen

Zubereitung: 1 Stunde

	BELAG
800 g	Rhabarberstangen
150 ml	Wasser
80 g	Zucker
2 EL	Zitronensaft
1 Prise	Zimt
	KUCHEN
4	Eier
100 g	Butter
150 g	Zucker
1 Pkg.	Vanillezucker
300 g	Mehl universal
1/2 Pkg.	Backpulver
150 ml	Milch
1 EL	brauner Zucker zum Bestreuen

Für den Belag
Mit einem Gemüsemesser die Häute von den Rhabarberstangen abziehen, waschen und in ca. 7 cm lange Stücke schneiden.
In einem Kochtopf das Wasser mit dem Zucker, dem Zitronensaft und einer Prise Zimt erhitzen. Die Rhabarberstücke einlegen, einmal aufkochen, zudecken und noch 10 min. im Sud belassen. Danach herausnehmen und die Rhabarberstücke gut abtropfen lassen.

Den Boden einer Tortenform mit Butterpapier belegen.
Backrohr auf 170 °C vorheizen.

Für den Teig
Das Eigelb vom Eiweiß trennen. Dem Eiweiß die halbe Zuckermenge und den Vanillezucker beigeben. Mit einem Mixer sehr steif aufschlagen. Das Eigelb mit der anderen Hälfte Zucker und der Butter schaumig rühren.
Das Mehl mit dem Backpulver vermischen, der Eigelbmasse beigeben und die Milch gut untermixen. Nun das steif geschlagene Eiweiß mit Hilfe eines Schneebesens sorgfältig unterziehen.
Den fertigen Rührteig in die Tortenform füllen, obenauf mit den ausgekühlten Rhabarberstücken gleichmäßig belegen und mit braunem Zucker bestreuen.
Im Backrohr auf mittlerer Schiene 10 min. lang bei 170 °C backen und für die restliche Backdauer auf 150 °C zurückschalten.
Der Rhabarberkuchen sollte eine gleichmäßig hellbraune Kruste haben.

TIPP
Zum Backen von Obstkuchen verwenden Sie am besten Kunststoffformen oder Formen aus emailliertem Material. Bei Weißblechformen kann es durch die Fruchtsäure zu farblichen und geschmacklichen Veränderungen des Gebäcks kommen.

Ribiselschnitten mit Schneehaube

Für ein Backblech
Zubereitung: 45 Minuten

BACKPULVERTEIG

5	Dotter
100 g	Butter
150 g	Staubzucker
300 g	Mehl universal
1/2 Pkg.	Backpulver
200 ml	Milch

BELAG

700 g	rote Ribiseln
2 EL	Kristallzucker

EIERSCHNEE

5	Eiweiß
170 g	Staubzucker

Backrohr auf 180 °C vorheizen.

Für den Teig
Die Dotter mit dem Staubzucker und der Butter sehr schaumig rühren. Das Mehl mit dem Backpulver in die Masse sieben und die Milch hinzufügen. Alles nochmals schaumig aufschlagen. Den Teig auf ein tiefes Backblech gleichmäßig aufstreichen. Im Backrohr bei 180 °C 10 min. vorbacken.
Die Ribiseln waschen, auf einem Küchenpapier gut abtropfen lassen und mit 2 EL Kristallzucker vermischen. Das Eiweiß mit dem Staubzucker vermengen und mit dem Mixer sehr steif aufschlagen.
Den vorgebackenen Kuchen aus dem Rohr nehmen, die Ribiseln darauf verteilen und den Eischnee gleichmäßig aufstreichen. Wieder ins Rohr schieben und 6–8 min. hellbraun fertig backen.

Topfenfleck

Für 1 Backblech
Zubereitung: 50 Minuten

GERMTEIG

500 g	glattes Mehl
110 g	Butter
250 ml	Milch
3	Eidotter
25 g	Frischgerm od. 1 Pkg. Trockenhefe
60 g	Kristallzucker
1 Pkg.	Vanillezucker

BELAG

3	Eiweiß
2	Eier
250 g	streichfähiger Topfen mager
250 g	grober Topfen
250 g	Mascarpone (50 %)
100 g	Staubzucker
1	Zitrone (Saft)

Backrohr auf 200 °C vorheizen.
Ein tiefes Backblech mit Backpapier belegen.

Für den Teig

Die Butter schmelzen, die Milch leicht anwärmen und darin die Germ auflösen. Aus allen Zutaten einen weichen flaumigen Germteig kneten.

Für den Belag

Das Eiweiß mit der halben Zuckermenge steif aufschlagen. In einen Mixbecher alle übrigen Zutaten einfüllen und sehr flaumig rühren. Mit der Eiweiß-Zuckermasse vorsichtig vermischen.
Den Germteig backblechgroß ausrollen und aufs Backpapier legen. Die Topfenmasse gleichmäßig mit einer Teigspatel darauf verteilen.
Im Backrohr mit Heißluft bei 200 °C 35–40 min. backen. Der Topfenbelag sollte nicht zu dunkel gebacken sein.

In der Südsteiermark haben Topfenflecken eine große Tradition. In vielen Buschenschänken bekommt man diese vorzügliche Germmehlspeise serviert. Ich habe dem herkömmlichen Rezept mageres Mascarpone beigegeben. Dadurch wird der Topfenfleck noch saftiger.

Wintertorte

Zubereitung: 1,5 Stunden

ÖLKUCHEN

6	Eier
250 g	Staubzucker
1 Pkg.	Vanillezucker
1/8 l	Maiskeimöl
1/8 l	Wasser
260 g	glattes Mehl
20 g	Kakaopulver
20 g	Kokosflocken

CREME

500 ml	Schlagsahne
250 ml	Kokosmilch
6 cl	Kokoslikör (3 Stamperln)
2 cl	Rum (1 Stamperl)
5 Bl.	Gelatine
2 Pkg.	Vanillezucker
80 g	Staubzucker

ZUM BESTREUEN

6 EL	Kokosflocken

Backrohr auf 180 °C vorheizen.
Den Boden einer mittleren Tortenform mit Butterpapier auslegen.

Für den Ölkuchen

Eidotter und Eiweiß trennen, das Eiweiß mit der halben Menge Staubzucker steif aufschlagen. Die Dotter mit dem restlichen Zucker und dem Vanillezucker ebenfalls sehr schaumig rühren und nach und nach das Öl und das Wasser zugeben. Das Mehl und den Kakao vermischen und in die Eiermasse einsieben. Zum Schluss die Kokosflocken beigeben und alles mit einem Schneebesen unterziehen. Die Ölkuchenmasse in die Tortenform einfüllen und bei 180 °C 40–45 min. hellbraun backen. Aus dem Rohr nehmen, in der Form halb auskühlen lassen, den Rand mit einem Messer loslösen und zum vollständigen Auskühlen aus der Form nehmen.

Für die Creme

Kokosflocken in einer beschichteten Pfanne ohne Fett hellbraun rösten. Hier ist wichtig, dass Sie neben dem Herd bleiben und immer wieder umrühren. Zum Abkühlen beiseite stellen.
Gelatineblätter einige Minuten in kaltes Wasser einlegen. Den Kokoslikör leicht erwärmen, die weichen Gelatineblätter ausdrücken und darin sorgfältig auflösen. Die Schlagsahne steif aufschlagen, Staubzucker und Vanillezucker beigeben, danach die Kokosmilch und den Rum unterrühren. Nun die im Kokoslikör aufgelöste Gelatine einrühren. Diese Creme im Kühlschrank zugedeckt anziehen lassen, bis sie leicht zu gelieren beginnt. Den Tortenboden zweimal durchschneiden und mit 2/3 der Creme füllen. Mit dem restlichen Drittel die Torte obenauf und rundherum bestreichen. Die ganze Torte dicht mit gerösteten Kokosflocken bestreuen und kalt stellen.

TIPP

Diesen Ölkuchen können Sie genauso gut mit Marmelade füllen und mit Schokoglasur überziehen.
Möchten Sie eine helle Ölkuchenmasse, ersetzen Sie Kakao und Kokosflocken durch die gleiche Menge Mehl.

Zwetschken-Mohntorte

Zubereitung: 2 Stunden

	TORTE
5	Eier
150 g	Staubzucker
3 EL	Wasser
100 g	glattes Mehl
20 g	Maisstärke
100 g	gemahlener Graumohn
5 EL	Rum
	FÜLLE
500 g	Zwetschken
1/8 l	Weißwein
20 g	Zucker
etwas	Zimt
2 EL	Maisstärke
2 EL	Wasser
3/4 l	Schlagobers
3 EL	Staubzucker

Backrohr auf 170 °C vorheizen.
Den Boden einer Tortenform mit einem Stück Butterbrotpapier belegen und mit dem Rand der Form einzwicken, also fixieren.

Für die Torte

Eier trennen und jeweils den Dottern und dem Eiklar die Hälfte des Zuckers beigeben. Eiklar mit dem Zucker sehr steif aufschlagen. Zu den Dottern auch noch den Vanillezucker, das Wasser und den Rum hinzufügen. Ebenfalls sehr schaumig rühren.
Das Mehl mit dem gemahlenen Mohn und der Maisstärke vermischen und unter die Dottermasse ziehen. Zum Schluss den Eischnee sorgfältig unterrühren.
Die Mohnmasse in die Tortenform einfüllen und bei 170 °C ca. 45 min. hellbraun backen.
In der Form leicht auskühlen lassen, den Rand mit einem Messer lösen und dann auf einem Kuchengitter völlig auskühlen lassen.

Für die Fülle

Die Zwetschken entsteinen und vierteln. Die Zwetschkenstücke mit dem Zucker, dem Weißwein und dem Zimt vermengen und in einem Topf aufkochen. Dicklich einkochen lassen und zum Schluss die Stärke in kaltes Wasser einrühren und ebenfalls einkochen. Auf kleinster Flamme einige Minuten köcheln lassen.
Die kalte Torte zweimal durchschneiden. Den untersten Boden mit der Zwetschkenmasse bestreichen. Die Schlagsahne steif schlagen, zuckern und die Torte mit einem Teil davon füllen. Den Rest auf die Torte gleichmäßig aufstreichen, eventuell dekorativ bespritzen und mit ein wenig Mohn bestreuen.

Das originelle wunderbare Rezept hat mir Familie Greßl aus dem Waldviertel zur Verfügung gestellt.
Vielen herzlichen Dank!

Zwetschkenfleck

Für 1 Backblech

	TEIG	
350 g	glattes Mehl	
2	ganze Eier	
200 ml	Milch	
60 g	Butter	
70 g	Kristallzucker	
1 Pkg.	Trockenhefe od. 25 g Frischgerm	
1 Pkg.	Vanillezucker	
1 EL	Zitronensaft	
	BELAG	
2 kg	mittelfrühe od. späte Zwetschken	
50 g	Kristallzucker	
1 TL	Zimt	

Backrohr auf 200 °C vorheizen.

Für den halbfesten Germteig
Das Mehl in eine Schüssel sieben, die Eier mit der lauwarmen Milch und der Germ verquirlen, die Butter schmelzen und alles gemeinsam mit den restlichen Zutaten zu einem glatten, halbfesten Teig abrühren. Diesen mit einer Palette auf ein Backblech gleichmäßig dick aufstreichen.

Für den Belag
Die reifen Zwetschken mit einem Gemüsemesser halb aufschneiden (nicht ganz auseinander schneiden) und den Kern entfernen. Nun Zwetschke für Zwetschke schräg hintereinander und leicht überlappend auf den Teig schichten. Nachher mit dem Kristallzucker gleichmäßig bestreuen und mit dem Zimt bestäuben.
Im Backrohr bei 200 °C 30–35 min. hellbraun backen.

TIPP

Ideal für Zwetschkenfleck sind späte Zwetschken, diese haben weniger Flüssigkeit und mehr Süße in sich.

Allerlei Brot

Brot spielt seit jeher in allen Kulturen eine wichtige Rolle in der Ernährung der Menschen.

Unverzichtbar und in vielerlei Variationen verzehren wir Brot schon zu Beginn des Tages beim Frühstück und es begleitet uns den ganzen Tag. Das Angebot in den Backstuben und Märkten ist ausnehmend groß im Vergleich zu anderen Ländern. Nirgends hat die Brotkultur ein solches Ausmaß angenommen wie bei uns in Österreich. Körndel- und Vollkornbrote, Roggenbrote doppelt gebacken oder Steinofenbrot sind nur einige Beispiele hierfür.

Aber auch auf den zahlreichen Bauernmärkten fällt einem die Entscheidung bei der lecker duftenden Auswahl nicht immer leicht.

Wer besonders ehrgeizig ist und selbst einmal sein Hausbrot backen möchte, sollte die nächsten Rezeptseiten aufmerksam studieren.

Sie werden Bierbrot, Salzstangerln oder deftiges, abgebrühtes Bauernroggenbrot finden. Zudem Traditionelles wie Osterpinzen oder Allerheiligenstriezel.

Allerheiligenstriezel

Zubereitung: 1,5 Stunden

700 g	Mehl glatt
250 ml	Milch
1 Pkg.	Trockenhefe od. 30 g Frischgerm
2	Eier
1	Dotter
80 g	Butter
60 g	Zucker
1 TL	Salz
1 EL	Zitronensaft
	ZUM BESTREICHEN
1	Eiklar
	VERFEINERUNG
100 g	Rosinen
	ZUM BESTREUEN
	Hagelzucker

Backrohr auf 50 °C vorheizen.

Für den Teig
Die Hälfte des Mehls in eine Schüssel sieben, Zucker, Vanillezucker, Salz und die Trockenhefe hinzufügen, durchmischen. Die Butter schmelzen, die Milch leicht erwärmen, beides miteinander versprudeln, den Dotter und die ganzen Eier einquirlen. Alles ins Mehl einrühren, am besten mit einem gelochten Kochlöffel kräftig abschlagen, bis eine feinporige, glänzende Masse entsteht. Danach das restliche Mehl und den Zitronensaft unterarbeiten und mit dem Handrücken gut durchwalken. Der Germteig darf nicht zu weich sein, denn dadurch würde der Striezel beim Backen nicht schön in Form bleiben.
Den Teig in eine bemehlte Schüssel legen, zudecken und im Backrohr bei 50 °C um das Doppelte aufgehen lassen. Danach zusammenkneten und in drei gleich schwere Stücke schneiden. Nun zu gleich langen Strängen ausrollen, welche in der Mitte dicker sein sollten als an den Enden. Aus diesen einen gleichmäßigen Zopf flechten, die Enden gut zusammendrücken und unter dem Striezel einschlagen. Das verhindert das Aufgehen der Stränge beim anschließenden Aufgehen und Backen. Den geflochtenen Striezel wieder im Rohr bei 50 °C um ein Drittel aufgehen lassen. Schließlich mit dem Eiklar gleichmäßig bestreichen und großzügig mit Hagelzucker bestreuen.
Backrohr auf 180 °C einstellen und den Sonntagsstriezel auf mittlerer Schiene ca. 40 min. braun backen.

TIPP

Zur Verfeinerung können Sie Rosinen in den Teig einkneten.
Zu Allerheiligen ist es bei uns Sitte, dass man feinen Striezel isst. In vielen Familien ist es zu Allerheiligen üblich, dass die Kinder von ihren Taufpaten/-patinnen den Allerheiligenstriezel geschenkt bekommen.

Baguette

4 Stück
Zubereitung: 2 Stunden

700 g	Mehl universal
100 g	heller Sauerteig (siehe S. 28)
1 Pkg.	Trockenhefe
40 g	Zucker
400 ml	Milch
50 g	Butter
2 TL	Salz
	ZUM BESTREICHEN
1	Eiweiß
	ZUM BESTREUEN
	heller u. dunkler Sesam, Leinsamen

Für den Teig

Die Hälfte des Mehls mit dem Sauerteig, der Trockenhefe, dem Salz und dem Zucker vermengen. Butter zerlassen und die Milch leicht erwärmen. Beides dem Mehlgemisch beigeben und kräftig miteinander abschlagen. Nach und nach das restliche Mehl unterrühren und einen glatten Teig daraus kneten. Den Baguetteteig zum Aufgehen ins Rohr bei 50 °C stellen. Er sollte sich verdoppeln.

Den Teig wieder zusammenkneten und daraus Stränge von ca. 5 cm Durchmesser in Backblechlänge rollen. Diese wieder um 1/3 aufgehen lassen und anschließend mit zerschlagenem Eiweiß bestreichen.

Mit beliebigen Körndln bestreuen oder auch natur belassen.

Das Backrohr auf 200 °C schalten und das Baguette darin braun backen. Das Baguette benötigt ungefähr 25 min., bis es fertig gebacken ist.

TIPP

Anstelle von Milch können Sie die halbe Menge Wasser und die halbe Menge Milch verwenden.

Dem Teig könnte man auch Kräuter beigeben.

Dieses Weißbrot schmeckt ausgezeichnet in Kombination mit Butter und Schinken, ist aber auch hervorragend für Brötchen aller Art geeignet.

Baguette lässt sich zudem gut einfrieren. Es sollte jedoch nach spätestens einem Monat verbraucht werden.

Bauernbrot abgebrüht

Zubereitung: 3–4 Stunden mit Aufgehzeit

1 kg	Roggenmehl
1/2 l	kochendes Wasser
1/2 l	kaltes Wasser
100 g	dunkler Sauerteig
42 g	frische Hefe
30 g	Salz
1 TL	Fenchel, Kümmel, Anis

TIPP

Das Brot schmeckt auch ausgezeichnet mit 500 g Dinkel- und 500 g Roggenmehl.

Für den Brotteig

400 g Roggenmehl mit 1/2 l kochendem Wasser abbrühen und zu einem Teig vermischen. Dann auf Handwärme abkühlen lassen. Frischhefe in einigen Esslöffeln lauwarmem Wasser auflösen. Nun weitere 400 g Roggenmehl mit Gewürzen, Salz, Sauerteig und der aufgelösten Hefe vermischen. Anschließend 1/2 l kaltes Wasser beigeben und zu einem Teig verarbeiten. Beide Teige miteinander verrühren und die restlichen 200 g Roggenmehl hinzufügen. Nun sehr kräftig durchkneten bis ein feinporiger, aber recht fester Brotteig entsteht. Wenn notwendig noch etwas Mehl beigeben. Den fertig gekneteten Teig in eine große, mit Mehl ausgestaubte Schüssel legen und mit befeuchteten Händen glatt streichen. Zugedeckt ins auf 50 °C vorgeheizte Rohr zum Aufgehen stellen. Der Teig sollte das doppelte Volumen annehmen.

Den aufgegangenen Brotteig auf einer bemehlten Arbeitsfläche nochmals durchkneten und daraus einen Laib oder auch kleine Brötchen formen. Einen Brotlaib kann man zum Aufgehen in ein gut ausgestaubtes Körbchen geben. Dadurch bleibt er besser in Form. Kleine Laibchen werden direkt auf ein Backblech gelegt. Wiederum zum weiteren Aufgehen warm stellen. Diesmal sollte das Gebäck um ein Drittel aufgehen.

Nun im vorgeheizten Backofen bei 250 °C backen. Die Hitze sollte sehr heiß eingestellt sein, dadurch bekommt das Brot eine schöne, dunkle Krumme. Gebäck aus Roggenmehl braucht sehr lange um durchgebacken zu sein. Am besten sticht man zur Kontrolle mit einem Spieß hinein. Ist der Spieß frei von Teigresten, ist das Brot fertig gebacken.

Brotteigkneten ist ein hartes Stück Arbeit, doch der Duft und der Geschmack des fertigen Brotes ist mit nichts vergleichbar und entschädigt uns für die Mühe. Wenn man bedenkt, dass früher 15–20 kg Mehl auf einmal verknetet wurden, kann man sich in etwa vorstellen, dass dies Schwerstarbeit war. Hierfür mussten ca. 1 1/2 Tage aufgewendet werden.

Bierbrot

Zubereitung: 2 Stunden

500 g	Roggenmehl
500 g	Weizenmehl
20 g	Frischgerm
100 g	Sauerteig
500 ml	Malzbier
2 EL	lauwarmes Wasser
1 EL	Zucker
1 EL	gemahlener Kümmel
1 TL	gemahlene Korianderkörner
1 TL	Fenchelsamen
2 TL	Salz

Für den Teig

Das Roggenmehl mit dem Weizenmehl vermengen. Das Wasser leicht erwärmen, darin die Germ auflösen und das Bier hinzufügen.

Die Hälfte des Mehls in eine Rührschüssel füllen, mit dem Bier, den Gewürzen, Salz und dem Zucker abschlagen. Nach und nach das restliche Mehl beifügen.

Der Bierteig sollte mittelfest und glänzend sein und nicht kleben.

Zugedeckt warm stellen und mindestens ums Doppelte aufgehen lassen. Wieder durchkneten und den Vorgang nochmals wiederholen.

Aus dem Teig kann man Wecken, Laibe oder beliebiges Gebäck formen, wie Stangen oder Schnecken, oder man bäckt es in einer Kastenform.

Die Brote bei 50 °C im Backrohr wieder aufgehen lassen und anschließend bei 200 °C mit Heißluft dunkelbraun backen.

Diese ausgefallene Variante von Brot schmeckt besonders in geselliger Runde mit deftiger Jause.

TIPP

Bestreichen Sie das Gebäck mit Wasser und bestreuen Sie es dann mit Kümmel, Sesam, Kürbiskernen oder auch Leinsamen.

Deftiges Gewürzbrot für Pizza und Gebäck

Zubereitung: 2 Stunden mit Aufgehzeit

500 g	Roggenmehl
200 g	Kürbiskuchenmehl (Presskuchen gemahlen)
200 g	Vollkornweizenmehl
150 g	Sauerteig
20 g	Frischgerm
30 g	Schweineschmalz od. Butter
2 TL	Salz
4 TL	Zucker
1 EL	Sesam u. Leinsamen gemahlen
1 EL	Kümmel
1 TL	Fenchel
1 TL	Anis
1 TL	Koriander gemahlen
1/2 l	lauwarmes Wasser

Für den Brotteig

Die Germ im lauwarmen Wasser auflösen. Alle Mehle miteinander vermischen und aus den ganzen Zutaten einen mittelfesten Brotteig kneten.

Danach an einem warmen Platz oder im Backrohr bei 50 °C um das doppelte Volumen aufgehen lassen.

Für Minipizzen einen Teigkloß rund und sehr dünn ausrollen. Diesen Fladen mit Tomatenmark oder Tomatenwürfeln bestreichen und mit Speck oder Schinken, Käse, Paprika, Thunfisch und Gewürzen nach Belieben belegen. Mit etwas Olivenöl beträufeln. Bei 200 °C im Heißluftherd resch backen.

Für ein Kastenbrot eine rechteckige Form mit Backpapier auslegen, ein Stück Brotteig zu einem Strang formen und in die Form drücken. Die Hälfte der Form sollte ausgefüllt sein. Dann wieder aufgehen lassen, bis die Form voll ist. Bei 200 °C ca. 40 min. braun backen.

Natürlich können Sie auch Laibe und Wecken formen.

Dieses Brot passt gut zu Käse, Schinken, Geselchtem, für Aufstriche und zur deftigen Speckjause.

TIPP

Presskuchenmehl ist leider nicht überall erhältlich. Bei vielen steirischen Ölmühlen allerdings werden Sie fündig werden. Ansonsten ersetzen Sie es durch Soja- oder Dinkelvollmehl.

Laugengebäck

Zubereitung: 1 Stunde ohne Rastzeit

500 g	glattes Mehl
1 Pkg.	Trockenhefe
350 ml	Milch
2 TL	Salz
100 g	Speisesoda od. Laugenstein fürs Kochwasser

Für den Germteig
Aus den Zutaten wird ein fester Germteig geknetet und zugedeckt über Nacht, zum Rasten kühl gestellt.

Backrohr auf 220–250 °C vorheizen.

Den Teig vor der weiteren Verarbeitung wieder durchkneten, ca. 60 g schwere Stücke abschneiden und daraus dünne Brezeln oder Stangen formen. Die Gebäckstücke nochmals kurz gehen lassen.
1 l Wasser in einem großen Kochtopf zum Kochen bringen, Speisesoda oder Laugenstein und etwas Salz beigeben. Das Gebäck einlegen, 3 min. auf einer Seite garen, umdrehen und weitere 3 min. im leicht köchelnden Wasser belassen. Das Laugengebäck sollte innen nicht mehr teigig sein. Dann zum Abtropfen auf ein Stück Küchenpapier legen.
Gekochtes Laugengebäck auf ein mit Backpapier belegtes Backblech legen, mit zerlassener Butter bestreichen und mit grobem Meersalz bestreuen.
Nun bei guter Hitze 15–20 min. mittelbraun backen.

TIPP
Es schmeckt auch sehr fein, wenn Sie das Laugengebäck vor dem Backen zusätzlich mit Kümmel bestreuen.
Um ein weicheres Laugengebäck zu erhalten, lässt man den Germteig nur 2 Stunden und nicht über Nacht rasten.

Lebkuchenbrot

Zubereitung: 1 Stunde

250 g	Roggenmehl
250 g	Staubzucker
1 Pkg.	Vanillezucker
1 EL	Lebkuchengewürz
1 EL	Natron
2 EL	Rum
2 EL	Honig
1 EL	Limetten- od. Zitronensaft
1	Ei
1 EL	gestiftelte Mandeln u. Walnüsse
	getrocknete Feigen, Birnen (Kletzen) u. Zwetschken
1/8 l	Milch

Backrohr auf 200 °C vorheizen.

Für den Lebkuchenteig

Das Roggenmehl mit dem Staubzucker, Vanillezucker, dem Natron und dem Lebkuchengewürz vermischen.

Die getrockneten Früchte und die Walnüsse in gefällige Stücke schneiden und der Mischung beigeben.

Den Honig leicht erwärmen, damit er flüssig wird, mit dem Rum, dem Limettensaft und dem ganzen Ei in die Masse einrühren.

Als letzten Schritt so viel Milch unterrühren, dass ein dickflüssiger Teig entsteht – ähnlich einem Nockerlteig.

Diesen in eine Rehrückenform füllen und zuerst bei 200 °C hellbraun backen. Anschließend die Backtemperatur auf 160 °C zurückschalten und das Lebkuchenbrot dunkelbraun fertig backen.

Die Backdauer beträgt ca. 1 Stunde.

Dieses handgeschriebene Rezept fand ich in einem Kochbüchlein aus der Haushaltungsschule von Johanna Seidl, der Tante meines Mannes, unter der Bezeichnung „Guter Lebkuchen". Es wurde nicht zu viel versprochen.

Das Rezept ist eine gute Alternative zum traditionellen Kletzenbrot. Hier erspart man sich den Brotteig, also auch den Sauerteig.

LEBKUCHENGEWÜRZ

Diese Gewürzmischung besteht meistens aus: Zimt, Koriander, Gewürznelken, Piment, Fenchel, Ingwer, Anis, Pfeffer, Sternanis und Kardamomsaat.

Lebkuchengewürz sollten Sie nicht übermäßig dosiert verwenden, weniger ist hier mehr. Bei Überdosierung wird das Gebäck gerne bitter.

Mohnstriezerln

20 Stück
Zubereitung: 1 Stunde

300 g	Dinkelvollkornmehl
300 g	griffiges Mehl
50 g	Butter
50 g	weißer Mohn
1	Ei
1	Eidotter
100 g	Sauerteig
1 EL	Honig
1 EL	brauner Zucker
	Milch
2 Msp.	Salz
1	Eiklar zum Bestreichen
	Blau-, Grau- u. Weißmohn zum Bestreuen

Für den Teig
Beide Mehle miteinander vermischen, die Butter schmelzen und den Mohn fein mahlen. Aus allen Zutaten einen glatten geschmeidigen Teig kneten.
Zugedeckt eine Stunde rasten und aufgehen lassen.
Den Teig wieder durchkneten, kleine Stücke entnehmen und daraus Stränge von ca. 10 cm rollen. Aus drei Strängen einen Zopf flechten und mit Eiklar bestreichen. Dann sofort dicht mit Mohn bestreuen und im Backrohr bei 180 °C hellbraun backen.

Mohnstriezeln sind ein wunderbares Gebäck fürs Frühstück, zum Beispiel mit Butter und Marmelade bestrichen.

Nussbrot

2 kleine Laibe
Zubereitung: 2 Stunden mit Aufgehzeit

300 g	Dinkelmehl
700 g	Roggenmehl
30 g	Salz
1 TL	Anis
80 g	Sauerteig
25 g	Germ
3/4 l	lauwarmes Wasser
100 g	Walnuss-, Kürbis- od. Sonnenblumenkerne

Backrohr auf 50 °C vorheizen.

Für den Brotteig
Die Germ in etwas lauwarmem Wasser auflösen. Beide Mehle miteinander vermengen und die Hälfte davon in eine Rührschüssel geben. Das Salz, Anis, den Sauerteig, die Germ und das lauwarme Wasser hinzufügen und alles kräftig abrühren. Entweder mit einem Kochlöffel oder auch mit der elektrischen Knetmaschine.

Schritt für Schritt das restliche Mehl beigeben, bis ein geschmeidiger Brotteig entsteht. Zum Schluss die Walnusskerne unterkneten. Den Teig zudecken und zum Aufgehen ins vorgewärmte, ausgeschaltete Backrohr stellen.

Nochmals zusammenkneten und daraus zwei kleine Laibe formen. Obenauf einige Kerne in den Teig drücken. Wieder aufgehen lassen und anschließend bei 220 °C sehr braun backen.

Nach dem Herausnehmen im heißen Zustand mit Butter einfetten und mit einem Geschirrtuch bedeckt auskühlen lassen.

Dieses Nussbrot passt ausgezeichnet zu Weißwein. Aber auch mit Butter bestrichen ist es ein Geschmackserlebnis.

TIPP

Nussbrot kann auch in Kastenformen gebacken werden.

Osterbrot – Weihbrot

Zubereitung: 2 Stunden mit Aufgehzeit

700 g	Weizenmehl glatt
100 ml	Schlagsahne
300 ml	Milch
25 g	Frischgerm
60 g	Butter
80 g	Zucker
100 g	Rosinen
2 TL	Salz
1 EL	Zitronensaft
1 Msp.	Anis
2 EL	Milch zum Bepinseln

Backrohr auf 50 °C vorheizen.

Für den Germteig

Die Frischgerm in 3 EL lauwarmer Milch auflösen, mit etwas Zucker und 1 EL Mehl abrühren und für die Gärprobe beiseite stellen.

In eine Rührschüssel die Hälfte des Mehls sieben. Butter schmelzen, Milch und Sahne vermischen, leicht anwärmen und dem Mehl beigeben. Restliche Zutaten, die Gärprobe und die Gewürze ebenfalls einrühren. Diese Masse sehr gut abschlagen und Schritt für Schritt das restliche Mehl unterschlagen.

Den Teig gut durchkneten bis er nicht mehr klebt, geschmeidig und glänzend ist. Den Germteig ins Rohr zum Aufgehen stellen. Er sollte das doppelte Volumen annehmen.

Den Teig auf einer Arbeitsplatte durchkneten und daraus einen Laib formen. Ein Backblech mit Backpapier belegen, den geformten Laib darauflegen und wiederum zum Aufgehen ins Rohr stellen. Er sollte um ein Drittel größer sein. Danach mit Milch bepinseln und im Rohr bei 180 °C goldbraun backen.

TIPP

Natürlich lässt sich dieses Weißbrot auch ohne Rosinen herstellen. Oder versuchen Sie daraus Semmeln, kleine Zöpfe oder auch Rosinenstangerln zu formen.

TRADITIONELLES

Der Brauch, am Ostersamstag Vormittag das Osterbrot zu weihen, wird bei uns noch von jeder Familie wahrgenommen. Hierfür versammeln sich die Menschen bei der Kapelle oder Kirche des jeweiligen Ortes. Dann segnet der Kaplan oder Pfarrer aus der Pfarre die Osterspeisen.

In den Osterkorb werden meistens folgende Speisen für die Segnung gepackt: Geselchtes, Weißbrot, gefärbte Eier, Salz, Kren.

Osterpinzen

15 kleine Stücke
Zubereitung: 2 Stunden mit Aufgehzeit

100 ml	süßer Wein
1 TL	Anis
3 EL	brauner Zucker
700 g	Weizenmehl glatt
3/8 l	Milch (470 ml)
30 g	Frischhefe
3	Dotter
1	Ei
100 g	Butter
1 TL	Salz
1	Dotter zum Bestreichen
1 EL	Milch

Backrohr auf 50 °C vorheizen.

Für den Pinzenteig
Den Weißwein mit dem Anis und dem braunen Zucker in einem Topf erhitzen und um die Hälfte einreduzieren lassen. Den Anis abseihen und den Gewürzwein beiseite stellen.

Die Hälfte des Mehls in eine Schüssel sieben. Die Milch erwärmen und in einigen Esslöffeln die Hefe auflösen. Butter handwarm schmelzen und dem Mehl beigeben. Restliche Zutaten, auch den Gewürzwein, hinzufügen und diese Masse gut abrühren. Das übrige Mehl nach und nach unterrühren, bis der Germteig glänzt und nicht mehr an den Händen kleben bleibt.
Den Teig in eine mit Mehl ausgestaubte Schüssel legen und im vorgewärmten Rohr zum Aufgehen stellen. Der Pinzenteig sollte ums Doppelte aufgehen.
Den aufgegangenen Teig wieder zusammenkneten und in 15 gleich große Stücke teilen. Daraus Kugeln formen, danach mit einer Schere oben dritteln, das heißt ca. 2–3 cm tief dreimal einschneiden, und wieder zum Aufgehen ins Rohr stellen. Das Einschneiden ergibt die traditionelle Pinzenform.
Eidotter mit 1 EL Milch verquirlen und die aufgegangenen Osterpinzen damit sorgfältig bestreichen, dabei die Schnittflächen auslassen.
Backrohr auf 200 °C aufheizen und die Pinzen darin mittelbraun backen. Nach ca. 15 min. die Hitze auf 150 °C reduzieren und fertig backen.

TIPP
Teilen sie den Ausgangsteig und formen sie daraus zwei große Pinzen.

Salzstangerln nach Franziska

40 Stück
Zubereitung: 1 Stunde

300 g	Mehl griffig
100 g	Mehl glatt
100 g	Schweineschmalz od. Maiskeimöl
300 ml	Milch
25 g	Frischhefe
2 TL	Salz
1	Ei zum Bestreichen
	grobes Meersalz u. Kümmel zum Bestreuen
4 EL	Schweineschmalz zum Bestreichen

Backrohr auf 50 °C vorheizen.

Für die Salzstangerln

Die Milch auf Handtemperatur erwärmen, davon 3 EL mit der Frischhefe glatt verrühren. Schweineschmalz zerlassen und in eine Rührschüssel schütten. 200 g Mehl dazusieben, die Milch und die aufgelöste Hefe beigeben. Mit 2 TL Salz würzen, danach die Masse mit einem gelochten Kochlöffel oder einer Knetmaschine kräftig abrühren. Nach und nach das restliche Mehl beimengen, bis der Teig feinporig ist und glänzt. Der Teig sollte nicht zu fest sein. Dies erschwert später das Ausrollen der Teigstücke.

Den Germteig zum Aufgehen ins ausgeschaltete Backrohr bei 50 °C stellen. Das Volumen des Teiges sollte sich verdoppeln. Den Teig wieder kräftig durchkneten und in fünf gleich große Stücke teilen und Kugeln formen. Diese mit einem Nudelholz sehr dünn (1 mm stark) und fast kreisrund ausrollen. Die Teigplatte mit zerlassenem Schweineschmalz oder Öl bepinseln. Daraus acht gleich große Dreiecke mit einem Teigroller radeln. Das heißt, zuerst halbieren, dann vierteln, danach achteln. Also viermal durchschneiden.

Nun mit etwas feinem Salz bestreuen und jedes Stück von der breiten Seite zur Spitze hin fest einrollen. Die Salzstangenrohlinge auf ein mit Backpapier belegtes Blech legen. Es muss darauf geachtet werden, dass das Teigende unter dem Stangerl zum Liegen kommt. Ansonsten dreht sich der Spitz durchs Aufgehen und anschließende Backen auf.

Die Salzstangerln wiederum zum Gehen ins warme Rohr stellen. Nach dem Gehen mit dem zersprudelten Ei bepinseln und mit grobem Meersalz und Kümmel bestreuen. Das Backrohr auf 175 °C einstellen und die Salzstangerln darin hellbraun backen.

TIPP VON FRANZISKA GARGER

Auf Vorrat backen, noch lauwarm einfrieren und bei kurzfristig angesagtem Besuch auftauen. Franziska Garger stammt aus dem Burgenland und brachte dieses feine Rezept in die Steiermark.

Salzstangerln

16 Stück
Zubereitung: 2 Stunden mit Aufgehzeit

700 g	Mehl glatt od. Dinkelmehl
100 g	Maiskeimöl
250 ml	Milch
30 g	Frischhefe
2	Eier
2 TL	Salz
	Milch zum Bestreichen
	grobes Meersalz zum Bestreuen

Backrohr auf 50 °C vorheizen.

Für den Teig
Die Hälfte des Mehls in eine Schüssel sieben und das Salz beigeben. Die Milch leicht erwärmen, darin die Hefe auflösen und dem Mehl hinzufügen. Eier versprudeln, ebenfalls beimengen, das Maiskeimöl untermengen und aus den Zutaten einen weichen Teig abrühren. Nach und nach die zweite Hälfte des Mehls unterkneten. Der Teig sollte glänzend, aber etwas fester sein.
Den Germteig zum Aufgehen ins ausgeschaltete, auf 50 °C vorgewärmte Backrohr zum Aufgehen stellen. Er sollte sich verdoppeln.
Danach den Teig nochmals durchkneten und in vier gleich schwere Teile teilen. Aus diesen Kugeln formen und Kreise ausrollen. Der ausgerollte Teig sollte in etwa 3 mm dick sein. Die Kreise vierteln, sodass vier Dreiecke entstehen. Nun jedes Dreieck von der Breitseite her zum Spitz hin gleichmäßig einrollen. Die Salzstangen nun auf ein mit Backpapier belegtes Blech legen und wiederum im warmen Rohr aufgehen lassen. Diesmal um ein Drittel.
Die ungebackenen Salzstangen nach dem Aufgehen mit Milch bestreichen und mit grobem Meersalz bestreuen. Das Backrohr auf 190 °C einstellen und die Salzstangen darin hellbraun backen.

Diese Salzstangen schmecken vorzüglich mit Schinken oder Käse belegt. Aber auch die süße Variante mit Butter und Honig oder Marmelade ist nicht zu verachten.

TIPP
Die Salzstangen so aufs Blech legen, dass die Enden unterhalb zum Liegen kommen. So bleibt die eingerollte Form auch beim Aufgehen und Backen erhalten.

Sonntagsstriezel

Zubereitung: 1,5 Stunden

1 kg	glattes Mehl
2 Pkg.	Trockenhefe
1 Pkg.	Vanillezucker
80 g	Zucker
80 g	Butter
1 TL	Salz
2	Eier
450 ml	Milch
100 ml	Sahne
	ZUM BESTREICHEN
1	Eigelb
1 EL	Milch
etwas	Hagelzucker zum Bestreuen

Für den Germteig
Das Backrohr auf 50 °C erwärmen.

Das Mehl in eine große Schüssel sieben, Trockenhefe, Salz, Zucker und Vanillezucker unterrühren.
Die Butter schmelzen, Milch mit der Sahne gemeinsam leicht erwärmen, die Eier aufschlagen und alles ins Mehl einrühren.
Den Teig kräftig abschlagen (entweder mit den Händen durchkneten, bis er nicht mehr klebt und zu glänzen beginnt, oder mit dem Knethacken in der Küchenmaschine).
Aus dem Teig eine Kugel formen und in eine Schüssel geben, zudecken und ins vorgewärmte Backrohr stellen. Der Germteig sollte mind. um das doppelte Volumen aufgehen.
Aus dem Rohr nehmen, nochmals durchkneten und in drei gleich schwere Stücke teilen. Nun Stränge daraus formen, die in der Mitte dicker sein sollten als an den Enden. Daraus einen Zopf flechten, dabei die geflochtenen Enden etwas nach innen drücken, damit der Zopf nicht aufgeht. Den Germstriezel wieder um das Doppelte aufgehen lassen, anschließend mit Eiermilch bepinseln und zum Schluss dicht mit Hagelzucker bestreuen.
Den Striezel bei 180 °C im Rohr goldbraun backen. Dies dauert ca. 45 min.

Varianten
Durch Beigabe von Rosinen wird der Striezel zum Rosinenstriezel.
Sie können den Striezel auch mit Mohn, Sesam oder gehobelten Mandeln bestreuen.

TIPP
Lauwarm mit Butter und Marmelade ist dieser herzhafte Germstriezel ein Genuss. Aber auch Schinken und Käse schmecken dazu hervorragend.

Eingemachte Küchenschätze

Heute ist die Notwendigkeit nicht mehr gegeben, das „Speiskastl", den Speisschrank oder ein Kellerabteil für die Wintermonate mit allerlei Vorräten aufzufüllen. Durch die Modernisierung kommen wir in den Genuss, mit effizienten Kühlgeräten Lebensmittel fachgerecht und über einen längeren Zeitraum hin aufzubewahren. Darüber hinaus kann man das ganze Jahr über alles frisch im Handel beziehen.

Obst, Gemüse und Fleisch müssen nicht mehr durch Einkochen und Sterilisieren haltbar gemacht werden. Trotzdem verdienen einige eingemachte Delikatessen den unumgänglichen Arbeits- und Zeitaufwand, um diese besonderen Leckereien herzustellen. Und viele dieser Spezialitäten, wie Waldmeistersirup oder roter Kräutersekt, aber auch den selbst eingerexten Schweinsbraten kann man in keinem Delikatessenladen kaufen.

Ausgefallene kulinarische Gaumenfreuden, hausgemachte Marmeladen, Sirupe, aber auch selbst hergestellte Liköre sind bei Einladungen immer willkommene und gern angenommene Mitbringsel.

Akaziensirup – Rosenblütensirup

Zubereitung: 2 Tage

AKAZIENSIRUP

100 g	Akazienblüten ohne Stiele
400 ml	Wasser
500 g	Zucker
1	Zitrone (Saft)
1 TL	Askorbinsäure

ROSENBLÜTENSIRUP

100 g	Duftrosenblütenblätter
1/4 l	Sekt
1/4 l	Wasser
500 g	Zucker
1 TL	Askorbinsäure

Für den Akaziensirup
Das Wasser gemeinsam mit dem Zucker und dem Zitronensaft aufkochen lassen. Die Akazienblüten in eine Porzellanschüssel geben und mit dem leicht überkühlten Zuckerwasser übergießen. Zudecken und 24 Stunden stehen lassen.
Am nächsten Tag durch ein Sieb seihen und die Askorbinsäure zugeben. In einem Topf die Flüssigkeit einkochen, bis sie dickflüssig ist. Ungefähr die Hälfte der Flüssigkeit sollte verdampfen. Anschließend in kleine Fläschchen füllen und gut verschließen.

Für den Rosenblütensirup
Den Sekt mit dem Wasser vermischen und die Askorbinsäure zugeben. Alles aufkochen und danach etwas auskühlen lassen. Die Flüssigkeit über die Rosenblätter gießen und zugedeckt ca. 24 Stunden zum Durchziehen beiseite stellen.
Danach durch ein feines Sieb gießen, in einen Kochtopf füllen und dickflüssig einkochen.
In saubere Fläschchen abfüllen und luftdicht verschließen.

Jetzt werden wieder vermehrt Duftrosen gepflanzt. Es gibt einige Raritätengärtnereien, die sich darauf spezialisiert haben und unzählige vergessene, alte Rosensorten anbieten. Diese sind vorzüglich geeignet für extravagante Sirupe, die zum Verfeinern ausgefallener, exquisiter Süßspeisen verwendet werden.

Eierlikör – Bananenlikör

Zubereitung: 1 Stunde

	EIERLIKÖR
5	Eidotter
250 g	Staubzucker
2 Pkg.	Vanillezucker
1/4 l	Schlagsahne
1/8 l	Milch
1/8 l	Weingeist 95 %
	BANANENLIKÖR
2 kl.	Bananen (nicht überreif)
1 EL	Zitronensaft
2	Eidotter
150 g	Staubzucker
1 Stk.	Vanilleschote
1/16 l	Sahne
1/16 l	Milch
1/8 l	Cognac

Für den Eierlikör

Die Eidotter mit der Hälfte des Staubzuckers sehr schaumig rühren. Über Wasserdampf warm aufschlagen und dann im kalten Wasser weiterrühren, bis die Masse abgekühlt ist.

Die Schlagsahne steif schlagen und den restlichen Zucker beigeben.

Nun alle Zutaten in einer Rührschüssel miteinander vermischen.

Den Eierlikör in Flaschen abfüllen und gut verschließen.

Schmeckt herrlich zu Eis mit Bananen oder zu anderem Süßen.

Diesen selbst hergestellten Eierlikör müssen Sie vor dem Servieren immer aufschütteln, da sich die Zutaten bei längerem Stehenlassen absetzen.

Für den Bananenlikör

Die Eidotter mit 150 g Staubzucker cremig mixen und das Mark der Vanilleschote beigeben.

Schlagsahne halbsteif schlagen, dann unter die Eiercreme ziehen. Nun die Milch und den Cognac einrühren.

Die Bananen schälen, in Stücke schneiden und mit dem Zitronensaft im Aufsatzmixer fein pürieren, durch ein Sieb streichen und der Masse beigeben.

Dieser Fruchtlikör muss frisch zubereitet und schnell verbraucht werden. Er ist nur einige Tage haltbar.

Der Fruchtgeschmack dieses Likörs passt wunderbar zu Schokodesserts oder zu Eis.

Erdbeermarmelade mit Chili – Dreifruchtmarmelade

Für 15 kleine Gläser
Zubereitung: 1,5 Stunden

ERDBEERMARMELADE MIT CHILI

3 kg	vollreife Erdbeeren od. Pröpstlinge
1,5 kg	Kristallzucker
4	Zitronen (Saft)
	Gelierhilfe 1:2
1	mittelscharfe Chilischote

DREIFRUCHTMARMELADE

1,5 kg	späte reife Zwetschken
1 kg	reife Williamsbirnen
1 kg	säuerliche Äpfel
1,5 kg	Kristallzucker
4	Zitronen (Saft)
	Gelierhilfe 1:2
	Beliebige Schraubverschlussgläser, Marmeladetrichter

Für die Erdbeermarmelade

Die Gläser sehr gut reinigen und auf ein nasses Geschirrtuch stellen. Die frischen vollreifen Erdbeeren kurz mit kaltem Wasser abspülen, gut abtropfen lassen und die Blütenblättchen ausknipsen. Die Erdbeeren in Stücke zerteilen, sofort mit dem Zitronensaft und dem Zucker vermischen. Möchten Sie Erdbeergelee, werden die ganzen Erdbeeren gemeinsam mit dem Zucker und dem Zitronensaft in einem Aufsatzmixer fein püriert.

Die Fruchtmasse in einen großen weiten Kochtopf füllen, laut Packungsangabe das Geliermittel unterrühren, die Chilischote einlegen und unter ständigem Umrühren die Fruchtmasse aufkochen lassen. Sollte Schaum entstehen, diesen mit einem Schöpfer immer wieder abschäumen. Die Kochdauer sollte kurz berechnet sein (5–7 min.). Langes Kochen nimmt der Marmelade das fruchtig-erfrischende Aroma. Chilischote entfernen und mit einem Marmeladetrichter die sehr heiße Marmelade einfüllen. Volles Befüllen der Gläser ist für die Haltbarkeit äußerst wichtig. Die Gläser sofort verschließen.

Für die Dreifruchtmarmelade

Die Zwetschken entkernen, in Stücke schneiden, Äpfel und Birnen schälen, das Kernhaus entfernen und in große Stücke zerteilen. Apfel- und Birnenstücke in einem Topf mit wenig Wasser einige Minuten weich dämpfen. Danach mit den Zwetschken vermischen, den Zucker und den Zitronensaft unterrühren. In einen Aufsatzmixer füllen und die Früchte gemeinsam fein pürieren. Die Gelierhilfe sorgfältig unterrühren, in einem großen Topf das Fruchtgemisch erhitzen, Schaum abschöpfen und unter ständigem Rühren etwa 5–10 min. durchkochen. Anschließend in Marmeladegläser randvoll abfüllen und gut zuschrauben.

TIPP

Die Schraubverschlüsse der Gläser müssen eingezogen sein, das heißt der Deckel macht eine Wölbung nach unten. Die Chilischote können Sie selbstverständlich auch weglassen. Die Schärfe bestimmen Sie am besten nach eigenem Geschmack. Die Masse immer wieder zwischendurch verkosten.

Fruchtcocktail

Für ca. 10 Gläser zu 120 ml
Zubereitung: 1 Stunde

300 ml	Wasser
200 g	Kristallzucker
1,3 kg	vollreife, gemischte Früchte
4	Zitronen (Saft)
1 TL	Geliermittel
10–12 kl.	Gläser mit Schraubverschluss (120 ml)

Für den Fruchtcocktail

Die Früchte waschen und in kleine Stücke schneiden. Leicht verkochende Beeren wie Himbeeren oder Heidelbeeren belässt man ganz.

In einem Kochtopf die Früchte mit dem Zucker, dem Zitronensaft, dem Wasser und dem Geliermittel vermengen und gut miteinander vermischen. Die Fruchtmasse zum Kochen bringen und ständig umrühren, so dass sich nichts am Boden absetzen kann.

Einige Minuten kochen lassen.

Die Gläser mit heißem Wasser ausspülen und auf ein nasses Geschirrtuch stellen.

Die sehr heiße Fruchtmasse mit einem Marmeladetrichter in die Gläser füllen und sofort verschließen. Diese müssen randvoll gefüllt sein.

Die Gläser lassen sich gut 6 Monate aufbewahren. Der Fruchtcocktail passt ausgezeichnet zu Jogurt, Topfencremen, Süßspeisen und Desserts oder solo als Vitaminspender.

TIPP

Fruchtcocktails lassen sich aus den unterschiedlichsten Früchten und Beeren herstellen. Besonders in der Erntezeit bei Obst- und Beerenüberschuss sind solche Fruchtmischungen eine gute Möglichkeit den Vorratskeller aufzufüllen.

Himbeeren, Brombeeren, Heidelbeeren, Erdbeeren, Kirschen, Weichseln, Marillen und Birnen lassen sich besonders gut verarbeiten.

Meine Lieblingsmischung besteht aus Himbeeren, Marillen und Weichseln.

Hollersirup – Hollersekt

Zubereitung: 2 Tage mit Ansatzzeit
Für ca. 4 Liter

HOLLERSIRUP

10	Blütendolden vom Holunder
3 l	Wasser
2 kg	Kristallzucker
2	Naturzitronen in Scheiben
5	Zitronen (Saft)
1 EL	Weinsteinsäure
	Flaschen mit Schraubverschluss od. Kronenkorken

Für ca. 7 Liter

HOLLERSEKT

6 l	Wasser
1 kg	Kristallzucker
10	Holunderblüten
2	Naturlimetten in Scheiben
2	Naturorangen in Scheiben
1/8 l	Weingeist
2 EL	Kristallzucker
	Schraubverschlussflaschen zum Abfüllen

Für den Hollersirup

Die aufgeblühten Hollerblüten am besten vormittags bei Sonnenschein pflücken. Käferchen durch Abklopfen entfernen.

Das Wasser gemeinsam mit dem Zucker einmal aufkochen lassen. Die Hollerblüten mit dem lauwarmen Läuterzucker übergießen, Naturzitronen in Scheiben geschnitten beigeben und zugedeckt ca. 24 Stunden stehen lassen. Danach in einen großen Topf abseihen, den Zitronensaft und die Weinsteinsäure hinzufügen und einmal aufkochen lassen.

Mit einem Trichter in säuberlich gereinigte Flaschen randvoll abfüllen und luftdicht verschließen.

Für den Hollersekt

Die Hollerblüten bei Sonnenschein ernten. Hier entwickeln sie ihren charakteristischen, vollen Duft.

Den Zucker mit dem Wasser vermischen und 5 min. kochen. Nun in einer großen Schüssel auskühlen lassen und die Holunderblüten dazugeben. Die in Scheiben geschnittenen Limetten und Orangen ebenfalls dazumischen. Das Ganze zudecken und 24 Stunden zum Durchziehen beiseite stellen.

Gut gereinigte Flaschen vorbereiten und auf ein feuchtes Tuch stellen.

2 EL Zucker in einem Kochtopf bräunen und mit dem Weinessig ablöschen. Den kalten Holleransatz durch ein Sieb seihen und den gefärbten Weinessig ausgekühlt dazugießen. Alles in die vorbereiteten Flaschen abfüllen und mit Schraubverschlüssen verschließen.

Dieser Sekt muss ca. 4 Wochen lagern, bis er die volle Reife hat und schön spritzig ist.

TIPP ZUM SEKT

Füllen Sie die Flaschen nicht ganz voll, es sollten einige Zentimeter frei bleiben. Durch den Gärprozess und den damit entstehenden Druck könnten die Flaschen explodieren.

Schwarze Nüsse – Kandierte Nüsse in Portwein

Für je 2 Gläser
Zubereitung: 3 Wochen

SCHWARZE NÜSSE

2 kg	grüne Walnüsse
750 g	Zucker
500 ml	Wasser
2	Limetten (Saft u. Schale)
2	Gewürznelken
1 KL	Zimt u. gemahlener Ingwer

KANDIERTE NÜSSE IN PORTWEIN

2 kg	grüne Nüsse
1/2 l	Portwein
300 g	Kristallzucker
1	Zimtstange
3	Gewürznelken

Für die schwarzen Nüsse

Jede grüne Walnuss wird mit einem Holzspieß 5–6 Mal bis zum weichen Kern eingestochen. Nüsse völlig mit Wasser bedecken – dieses soll zweimal pro Tag gewechselt werden. Die unangenehmen Bitterstoffe lösen sich so aus den Nüssen. Dieser Vorgang zieht sich über 14 Tage. Danach die Nüsse in leicht gesalzenem Wasser knackig weich kochen.

Grüne Außenschale mit einem kleinen gebogenen Gemüsemesser entfernen. Zucker mit 500 ml Wasser, Limettensaft, Zimt, Gewürznelken und Ingwer aufkochen. Den heißen Sirup über die Nüsse gießen und zugedeckt einen Tag stehen lassen. Den Sirup am nächsten Tag wieder abgießen und abermals aufkochen. Wieder heiß über die Nüsse schütten. Eine Woche lang wiederholen bis die Nüsse schwarz sind. Das letzte Mal den Sirup dicklich einkochen und die Nüsse darin 5 min. mitkochen lassen. In Gläser schichten, mit dem heißen Sirup begießen und verschließen. Schwarze Nüsse müssen bis Weihnachten durchziehen. Dann sind sie bestens geeignet zum Verfeinern von Eis und anderen Desserts, aber auch für Wildgerichte.

Für die kandierten Nüsse in Portwein

Die Vorbereitung der grünen Nüsse wiederholt sich wie im ersten Rezept. Nach dem Weichkochen schichtet man die Walnüsse in ein großes Glas. Der Portwein wird gemeinsam mit dem Zucker und den Gewürzen aufgekocht und heiß über die Nüsse gegossen. Am darauf folgenden Tag gießt man den Sirup wieder ab, erhitzt ihn abermals und wiederholt den Vorgang eine Woche lang. Am letzten Tag kocht man den Portweinsirup dicklich ein und lässt die Nüsse 5 min. mitkochen. Die Nüsse in Gläser schichten, vollständig mit heißem Sirup bedecken und verschließen.

TIPP

Beim Verarbeiten von grünen Nüssen immer Handschuhe anziehen (Gerbsäure macht schwer entfernbare braune Flecken). Das Schälen der Nüsse, wie in obigen Rezept, ist nicht unbedingt notwendig. Erntetermin für grüne Nüsse ist um Peter und Paul (29. Juni). Zum Test schneiden Sie eine grüne Walnuss mit einem scharfen Messer durch. Die Innenschale muss noch weich sein, der Kern sollte aber schon Struktur zeigen.

Kirschenkompott

Zubereitung: 1,5 Stunden
Für 6 Gläser (1 Liter)

3 kg	einwandfreie Kirschen
2 l	Wasser
200 g	grober Kristallzucker
3	Zitronen (Saft)
	saubere Rexgläser mit den dazugehörigen Gummiringen u. Klammern od. Schraubverschlussgläser

Backrohr auf 130 °C vorheizen.
Die Kirschen dürfen nicht aufgeplatzt sein, aber auch keine braunen Druckstellen aufweisen. Idealerweise verarbeitet man die Kirschen sofort nach dem Ernten noch am selben Tag.

Für die eingelegten Kirschen

Kirschen werden immer mit den Stielen gepflückt und anschließend kurz gewaschen. Danach strupft man sie und füllt damit die Gläser zu 2/3 auf. Zitronensaft gleichmäßig auf alle Gläser verteilen.
Das Wasser in einem Topf gemeinsam mit dem Kristallzucker zum Kochen bringen und die Herdplatte abschalten. Das heiße Zuckerwasser in die mit Kirschen gefüllten Gläser schütten. Die Kirschen sollten damit einige Zentimeter bedeckt sein. Sofort verschließen und auf ein Backblech mit Wasser stellen und im heißen Rohr sterilisieren. 130 °C im Rohr ergeben ca. 90 °C im Glas. Wenn in den Gläsern kleine Bläschen hochsteigen, ist die richtige Innentemperatur des Kompottes erreicht. Dann schalten Sie das Rohr aus und lassen die Gläser langsam abkühlen.

Als Sicherheit und Kontrolle nach dem Auskühlen inspiziert man die Deckel durch Hochziehen, ob sich auch das Vakuum gebildet hat, und schaut nach, ob die Lasche des Gummirings nach unten weist. Schraubverschlussdeckel müssen eine leichte Wölbung nach innen zeigen.

TIPP

Beim Konservieren von Obst, Beeren und Früchten, ebenso bei Gemüse sind einwandfreie Produkte das oberste Gebot. Faule, verletzte Stellen setzen einen Gärprozess in Gang. Der Vorrat würde in den Gläsern nicht halten und vorzeitig verderben. Weitere sehr gut geeignete Früchte für Kompott: Preiselbeeren, Heidelbeeren, Weichseln, Äpfel, Birnen, geschälte Pfirsiche und Marillen, Mährische Eberesche (ohne Bitterstoffe). Je nach Vegetationsjahr haben die Früchte verschiedene Zuckergrade. Säure gleichen Sie durch mehr Zuckerbeigabe und Süße durch mehr Zitronensaft aus.

Löwenzahnhonig – Waldmeistersirup

Zubereitung: 2 Tage

LÖWENZAHNHONIG

200 g	Löwenzahnblüten
100 g	Löwenzahnblätter
250 g	Kristallzucker
250 ml	Wasser
1 TL	Zitronensäure

WALDMEISTERSIRUP

100 g	Waldmeisterkraut
300 g	Kristallzucker
300 ml	Wasser
3 EL	Limettensaft

Für den Löwenzahnhonig

Sorgfältig gesammelte Löwenzahnblätter und die Blütenköpfe gut verlesen, vermischen und in ein Glas oder eine Porzellanschüssel geben.

Das Wasser gemeinsam mit dem Kristallzucker aufkochen. Diesen Läuterzucker noch heiß über die Löwenzahnblätter und die Blüten gießen.

Zugedeckt an einem dunklen Ort über Nacht durchziehen lassen.

Am nächsten Tag durch ein feines Sieb seihen, ausdrücken und in einen breiten Kochtopf schütten.

Nun die Zitronensäure beigeben, aufkochen und so lange weiterkochen lassen, bis nur mehr die Hälfte der Flüssigkeit übrig ist. Der Löwenzahnhonig sollte eine sirupartige Konsistenz aufweisen.

Diesen wertvollen Auszug in kleine Fläschchen abfüllen, gut verschließen und zum Verfeinern für Puddings, Süßspeisen, Frühstücksmüslis oder auch Jogurt verwenden.

Für den Waldmeistersirup

Das Wasser gemeinsam mit dem Zucker aufkochen und leicht auskühlen lassen.

Waldmeisterkraut in eine Porzellanschüssel geben und mit dem Zuckerwasser übergießen.

Den Limettensaft hinzufügen und den Ansatz zugedeckt zwei Tage durchziehen lassen.

Nun abseihen und in einem breiten Kochtopf einreduzieren lassen. Es sollen ca. 300 ml übrig sein.

Den Waldmeistersirup in kleine Flaschen abfüllen und gut verschließen.

Sein außergewöhnliches Aroma macht diesen Sirup zu einer besonderen Spezialität.

Waldmeistersirup ist so wertvoll wie Medizin und deshalb auch so zu verwenden.

Marillenmarmelade – Beerenmix-Marmelade mit Chili

Für je 10 kleine Gläser
Zubereitung: je 1,5 Stunden

	MARILLENMARMELADE
2,5 kg	vollreife, rotwangige Marillen
2	Zitronen (Saft)
700 g	Kristallzucker
	Geliermittel 3:1
	BEERENMIX-MARMELADE MIT CHILI
2 kg	Himbeeren
1 kg	Brombeeren
1 kg	Kristallzucker
2	Zitronen (Saft)
1	Limette (Saft)
1	scharfe Chilischote
	Gelierhilfe 3:1
	Marmeladegläser mit Schraubverschluss

Für die Marillenmarmelade
Vollreife Marillen entsteinen und in gefällige Stücke zerteilen. Zitronensaft, Gelierhilfe und Kristallzucker untermengen und in einem weiten Topf zum Kochen bringen. Immer wieder umrühren, damit sich das Früchtemus am Topfboden nicht anlegt. Den Schaum abschöpfen und die Marmelade 5–8 min. kochen lassen.
Sehr heiß und bis zum Rand in Gläser füllen und verschrauben.

Für die Beerenmix-Marmelade
Gut gereinigte Himbeeren und Brombeeren und die Gelierhilfe miteinander vermischen. Zucker und Limetten- und Zitronensaft unterrühren. Gemeinsam in einem Topf erhitzen, die Chilischote im ganzen Stück einlegen und mitkochen lassen. Die Masse immer wieder umrühren und den Schaum zwischendurch abschöpfen.
Nach 5–10 min. Kochzeit die Chilischote entfernen und die Marmelade in saubere Gläser abfüllen und gut verschließen.

TIPP
Sie können anstelle der Chilischote auch Flockenpaprika oder Cayennepfeffer verwenden.

Powidl

Für 10 kleine Gläser
Zubereitung: mehrere Stunden

4 kg	späte Zwetschken (Hauszwetschken)
400 g	Kristallzucker

Der unvergleichliche Geschmack von selbst eingekochtem Powidl lässt Sie die vorangegangene Mühe schnell vergessen. Denn um guten festen Powidl herzustellen, müssen Sie sich 3–4 Stunden Zeit nehmen.
Die Auswahl der Zwetschken ist entscheidend für das Gelingen. Sie müssen gut ausgereift und zuckerreich sein. Frühzwetschken sind ungeeignet.
Dem Pflückzeitpunkt sollten keine Regentage vorangegangen sein. Dies würde den Wassergehalt erhöhen und die Kochdauer verlängern.

Backrohr auf 180 °C vorheizen.

Für den Powidl
Zwetschken halbieren und den Kern auslösen. In einem Aufsatzmixer fein zerkleinern.
Dem Fruchtmus den Zucker beigeben und in einen großen, weiten Kochtopf füllen. Dadurch kann die Feuchtigkeit beim Rösten besser entweichen. Auf der Herdplatte unter ständigem Umrühren aufkochen und anschließend ins Backrohr stellen. Hier müssen Sie von Zeit zu Zeit umrühren, denn die obere Fruchtschicht nimmt schneller Röstcharakter an. Um ein gleichmäßiges Ergebnis zu erhalten, muss immer wieder kräftig umgerührt werden.
Der fertige Powidl sollte dunkel in der Farbe und cremig sein.
Den Powidl noch heiß in vorbereitete saubere Gläser randvoll füllen und mit Cellophanpapier oder Schraubdeckeln verschließen.

Gut eingekochter Powidl hält ausgezeichnet und eignet sich vorzüglich zum Füllen von Germ- und Strudelteigspeisen und als Brotaufstrich.

Preiselbeermarmelade mit Ingwer und Quitte – Wein-Zitrus-Holunder-Gelee

Zubereitung: je 1,5 Stunden
Für 15 Gläser

PREISELBEER-INGWER-QUITTE

1 kg	Preiselbeeren
1	vollreife Quitte
1	Zitrone (Saft)
500 g	Kristallzucker
1 TL	gemahlener Ingwer
1 TL	frischer, geschälter Ingwer fein gehackt
3 Msp.	Zimt
	Gelierhilfe

Für 6 Gläser

WEIN-ZITRUS-HOLUNDER-GELEE

250 ml	Limetten- u. Zitronensaft
1/2 l	Süßwein
10 g	Holunderblüten ohne Stiel
1/2	Schale einer Limette u. Zitrone
500 g	Kristallzucker
2 Pkg.	Geliermittel 2:1
	kleine saubere Schraubverschlussgläser

Für die Preiselbeermarmelade

Die Quitte schälen, in kleine Würfel (3 x 3 mm) schneiden und mit dem Zitronensaft beträufeln. Die Preiselbeeren gut verlesen, das heißt alle dunklen Beeren und eventuell Waldreste und Blättchen entfernen. Kurz abspülen, gut abtropfen lassen und in einem Kochtopf mit dem Zucker vermengen. Die Quittenstücke, den frischen und gemahlenen Ingwer und den Zimt unterrühren. Das Geliermittel vorschriftsmäßig beigeben.

Die Masse erhitzen, immer wieder umrühren und etwa 10 min. köcheln lassen.

Die Preiselbeer-Ingwer-Quittenmarmelade sehr heiß in die vorbereiteten Gläser randvoll füllen und verschließen. Diese Marmelade passt hervorragend zu Wildgerichten, Pasteten und anderen kalten Häppchen wie Braten und Schinken.

Für das Wein-Zitrus-Holunder-Gelee

Der Saft der Limetten und Zitronen sollte 250 ml ergeben. Diesen mit den Limetten- und Zitronenzesten und dem Wein vermengen. Dann den Zucker unterrühren. Die Holunderblüten in einem Teeei oder Leinensäckchen beigeben. Das Geliermittel laut Packungstext hinzufügen.

Die Flüssigkeit aufkochen und ca. 10 min. einkochen lassen. Die Holunderblüten beiseite geben. Das Gelee sehr heiß in die vorbereiteten Gläser randvoll abfüllen und gut verschließen.

Dieses außergewöhnliche Gelee harmoniert bestens zu Käse und zu süßen Dessertvariationen.

TIPP

Um eine andere Geschmacksnote zu erhalten, lassen Sie die Holunderblüten weg und geben vor dem Kochen 200 g filetierte Orangen-, Mandarinen- oder Grapefruitstücke in die Flüssigkeit.

Quittenkäse

Zubereitung: 2 Stunden

2 kg	vollreife Quitten (ca. 1 kg fertiges Fruchtmus)
400 g	Kristallzucker
2 Stk.	Zitronen od. Limetten (Saft)
	ZUM WÄLZEN
	grober Kristallzucker

Für den Quittenkäse

Von den Quitten den weißgrauen Filz sorgfältig abwaschen, mit einem großen Messer halbieren, schälen und in 8 Teile zerteilen. Das Kerngehäuse großzügig entfernen, da Quitten gerne steinig sind. Nun in kleinere Stücke schneiden, den Zitronensaft beigeben und mit Zugabe von etwas Wasser weich kochen. Das Kochwasser abseihen und die weichen Fruchtstücke in einem Aufsatzmixer feinst pürieren. Den Zucker beigeben und mitpürieren. In einer weiten, großen Kasserolle das gezuckerte Quittenmus aufkochen, dabei immer wieder umrühren, damit es nicht anbrennt. Auf kleine Flamme zurückschalten und unter oftmaligem Umrühren dick einkochen lassen. Dieser Vorgang ist zeitaufwändig und kann 2 Stunden dauern, ähnlich wie bei Powidl (vgl. S. 363). Dies hängt vom Vegetationsjahr, also der Konsistenz der Früchte, ab. Das Quittenmus verfärbt durchs Kochen rotbraun und bekommt eine glänzende Oberfläche.

Zur Kontrolle, ob das Mus schon fertig ist, geben Sie etwas von der Masse auf einen Teller. Geliert die Masse und wird fest, ist sie bereits ausreichend gekocht. Ein Backblech mit Backtrennpapier belegen, das fertige Mus mit einer Palette ca. 1 cm dick aufstreichen und trocknen lassen. Dies dauert einige Stunden. Nach dem Trocknen in gefällige Stücke schneiden und in grobem Kristallzucker wälzen und in Schachteln trocken aufbewahren.

Quittenkäse hält sich über Wochen und ist eine köstliche Nascherei für die Wintermonate.

TIPP

Die fertig gekochte Quittenmasse können Sie auch in kalt ausgespülte Förmchen abfüllen. Nach dem Stocken stürzen und in Stücke schneiden. Gemeinsam mit Käse serviert schmeckt Quittenkäse phantastisch.

Sollte Ihnen das Kochen auf der Herdplatte zu aufwändig sein, stellen Sie den feuerfesten Kochtopf bei 150 °C in den Backofen. Die Gefahr des Anbrennens ist geringer und Sie müssen nicht so oft umrühren.

Roter Kräutersekt

Für 6 Flaschen
Zubereitung: 45 Minuten ohne Stehzeit und Ansatzzeit

150 g	frisches Kraut (Orangenminze, Goldmelisse, Zitronenverbena)
1 EL	Blüten der schwarzen Malve
2	Naturzitronen (Saft u. Schalen)
800 g	Zucker
5 l	Wasser
	einige saubere Flaschen u. dazu passende Mostkappen od. Schraubverschlüsse

Für den Kräutersekt
Den Zucker in 1 l heißem Wasser auflösen und vollständig auskühlen lassen. Die frischen Kräuter gut verlesen und mit dem Zuckerwasser und den schwarzen Malveblüten in ein Kunststoffgefäß oder einen Kübel füllen. Die Naturzitronen auspressen, den Saft und die Schalen beigeben. Das Ganze mit 4 l Wasser auffüllen.

Den Ansatz 3 Tage zugedeckt durchziehen lassen, dann abseihen, in Flaschen füllen und mit Mostkappen oder den Schraubverschlüssen verschließen. Die Flaschen müssen täglich geschüttelt werden. Das beschleunigt den Gärungsprozess.

Nach 10 Tagen ist der Sekt genussreif und trinkbar.

Dieses edle Getränk schmeckt erfrischend köstlich, aber es sollte nicht zu lange gelagert werden.

Das Rezept stellte mir der Familienbetrieb „Kräuterraritäten Wagner" aus Kapfenstein zur Verfügung. Vielen lieben Dank!

Veilchenzucker – Minzesirup

Zubereitung: 2 Tage

VEILCHENZUCKER

2	Handvoll Duftveilchenblüten
400 g	Kristallzucker
300 ml	Wasser
2 EL	Limettensaft

MINZESIRUP

100 g	Minzeblätter
500 g	Kristallzucker
300 ml	Wasser
1 TL	Zitronensäure

Für den Veilchenzucker

In einem emaillierten Kochtöpfchen das Wasser gemeinsam mit dem Kristallzucker erhitzen. Den Limettensaft beigeben und kurz einkochen lassen.

Die sorgsam gepflückten Veilchenblüten in ein Glas mit einen Twist-Off-Verschluss schichten und mit dem leicht abgekühlten Zuckersirup begießen. Das Glas mit einem Stück Baumwolltuch bedecken und den Deckel darauf schrauben.

Um das volle Aroma der Blüten zu erhalten, für eine Woche ans Fensterbrett stellen.

Danach durch ein Sieb gießen und den Sirup noch einmal kurz aufkochen lassen. In kleine Fläschchen randvoll abfüllen und gut verschließen.

Veilchenzucker ist herrlich zum Verfeinern von Puddings, Aufläufen, Eis, frischen Früchten und allerlei Süßem.

Für den Minzesirup

Hierfür eignen sich alle Minzen mit intensivem Aroma. Meine Lieblingsminzen sind Marokkominze und die Weiße Minze (Kammminze). Die Wahl der Minze bleibt natürlich Ihrem Geschmack überlassen.

Minzeblätter ernten Sie am besten vormittags bei Sonnenschein, wenn möglich nicht waschen.

In einem emaillierten Topf das Wasser mit dem Kristallzucker gemeinsam kochen, bis die Flüssigkeit große Blasen wirft. Die Minzeblätter beigeben, einmal aufkochen und zum Abkühlen beiseite stellen. Zugedeckt 24 Stunden durchziehen lassen, dann abseihen, die Zitronensäure beigeben und auf die Hälfte einkochen lassen. In kleine Gläser randvoll abfüllen und gut verschließen. Schraubverschlüsse sind hierfür ideal.

Minzesirup schmeckt herrlich über Erdbeeren geträufelt, aber auch zu Schokoladedesserts u. v. m.

Walnusslikör

Zubereitung: 1 Stunde
Ansatzzeit: 8 Wochen

500 g	saubere grüne Walnüsse
1,5 l	guter Cognac od. Bacardi
1	Zimtstange
6	Gewürznelken
1	Naturzitrone u. -orange (Schale)
1	Muskatblüte (Macis)
300 g	Kristallzucker
3/4 l	Wasser

Der richtige Zeitpunkt für die Ernte der Walnüsse für diesen herrlichen Likör ist ungefähr zu Peter und Paul (29. Juni). Die Nussschale muss noch weich sein, damit man sie zerkleinern kann, trotzdem sollte der Kern schon Struktur haben.

Für den Likör
Die Nüsse zerkleinern und im Cognac ansetzen. Hierfür verwenden Sie am besten ein Einkochglas mit Deckel. Für 6 Wochen am hellen Fensterbrett stehen lassen und danach die schwarz gewordenen Nüsse entfernen. Den Ansatz nun durch ein feines Sieb seihen.
Nun kocht man das Wasser mit dem Kristallzucker, bis er sich aufgelöst hat. Das ergibt den Läuterzucker.
Gewaschene Orange und Zitrone schälen, die Schalen mit den übrigen Gewürzen zum Läuterzucker geben. Noch heiß die Flüssigkeit mit dem Nussansatz vermischen. Abermals wird der Likör zum Reifen für ca. zwei Wochen ans Fenster gestellt.
Danach wird der Nusslikör gefiltert. Hierfür gibt es besonders feine Likörfilter im Fachhandel. Ersatzweise können Sie einen Teefilter oder ein Leinen- oder Baumwolltuch verwenden. Den gefilterten Likör in Flaschen füllen und mit einem Korken gut verschließen.
Bevor der Nusslikör zu verkosten ist, sollte er noch einige Monate ruhen. Erst dann entfaltet er sein würzig-mildes Aroma.
Nusslikör in kleinen Mengen genossen, wirkt entspannend bei Völlegefühl und hilft bei leichten Magenproblemen.

TIPP
Unreife Nüsse und auch das Nusslaub enthalten Gerbstoffe, die unansehnliche braune Finger verursachen, die sich auch nach dem Reinigen mit Zitronensäure hartnäckig einige Tage halten. Also beim Zerkleinern immer Handschuhe anziehen.

Weichsel- und Pfirsichnektar

Für 4 Flaschen
Zubereitung: 1 Stunde

WEICHSELNEKTAR

1 kg	Weichseln
200 g	Kristallzucker
1 l	Wasser
50 ml	Zitronensaft

PFIRSICHNEKTAR

1 kg	Pfirsiche
200 g	Kristallzucker
1 l	Wasser
100 ml	Zitronensaft
	Flaschen mit Kronenkorken od. Schraubverschluss

Nektar können Sie mit vielen Früchten herstellen. Birnen, Pfirsiche, Erdbeeren, Zwetschken, Marillen, Weichseln, Kirschen und Mirabellen sind köstlich für dieses gesunde, wohlschmeckende Getränk.

Für den Nektar

Die möglichst vollreifen Früchte waschen und die Kerne entfernen. Die Fruchtstücke sofort mit dem Zitronensaft und dem Zucker vermischen. In einem elektrischen Aufsatzmixer feinst pürieren und mit dem kalten Wasser in einen großen Kochtopf füllen.

Den Fruchtnektar unter ständigem Umrühren einmal aufkochen lassen und noch heiß mit einem Trichter in die Flaschen randvoll abfüllen. Entweder mit Kronenkorken oder Schraubverschlüssen fest verschließen.

TIPP

Befüllen Sie kleine Flaschen, denn angebrauchte Nektare sollten schnell verbraucht werden.

Mit der Zuckermenge kann natürlich individuell variiert werden. Jedes Jahr sind die Früchte unterschiedlich im natürlichen Zuckergehalt. Am besten verkosten Sie den kalten Fruchtnektar und zuckern nach eigenem Geschmack. Wenn Sie den Nektar mit Mineral oder Wasser aufspritzen, sollten Sie das berücksichtigen.

Zwetschkenchutney

Für 8 Gläser
Zubereitung: 2 Stunden

500 g	Muskatkürbis gewürfelt
500 g	säuerliche Äpfel gewürfelt
1 kg	entsteinte Zwetschkenstücke
150 g	brauner Zucker
200 ml	Balsamessig von Äpfeln
150 g	grob geschnittene rote Zwiebel
1 TL	gemahlener Ingwer
1 TL	Senfkörner
1 TL	Korianderkörner
1	Kardamomkapsel zerstoßen
	Schraubverschlussgläser

Für das Chutney

Kürbiswürfel, Äpfel und Zwetschken miteinander vermengen und in einen großen weiten Topf füllen.
Alle anderen Zutaten und Gewürze beigeben und aufkochen lassen. Immer wieder umrühren, damit sich am Topfboden nichts anlegt.
Die Temperatur zurückschalten und auf kleiner Flamme ca. 1 Stunde köcheln lassen. Es sollte eine homogene Masse entstehen.
Backrohr auf 150 °C vorheizen.
Kleine Schraubverschlussgläser mit heißem Wasser ausspülen, das sehr heiße Chutney einfüllen und sofort verschließen. Auf ein tiefes Backblech stellen, ins vorgeheizte Rohr (150 °C) schieben und Wasser auf das Blech gießen.
Die Gläser für 40 min. im Rohr belassen. Darin auskühlen lassen, dann kühl und dunkel aufbewahren.
Chutneys können Sie gut ein halbes Jahr aufbewahren.

TIPP

Chutneys sind herrlich zu Käse, kaltem Braten, Rohschinken u. v. m.
Bei den Früchten und auch Gewürzen können Sie selbstverständlich nach eigenem Gusto variieren.

Interessant ist, dass es im deutschsprachigen Raum drei Schreibweisen für Zwetschken gibt.
Österreich: Zwetschke
Deutschland: Zwetsche
Schweiz: Zwetschge

Eingelegte grüne Tomaten und süß-saure Gurken

Zubereitung: 2 Stunden
Für 4 Gläser mit 300 g Füllmenge

	EINGELEGTE GRÜNE TOMATEN
1,5 kg	grüne Tomaten
4	rote Cocktailtomaten
500 ml	Wasser
700 ml	Apfelessig
1	Zitrone (Saft)
80 g	Zucker
1 1/2 TL	Salz
2	Lorbeerblätter
1 TL	getr. Oregano u. Basilikum
1 EL	grüne Pfefferkörner
1 gr.	rote Zwiebel
einige	Dill-, Bohnenkrautzweige, Zitronenmelissenblätter

Für 6 Gläser mit 500 ml Volumen

	SÜSS-SAURE GURKEN
3 kg	junge Salatgurken (ca. 15 cm)
1 l	Wasser
1,2 l	Apfelessig
200 g	Kristallzucker
2 TL	Salz
4	Lorbeerblätter
1 EL	Senf- u. grüne Pfefferkörner
1 TL	Kümmel
1	roter Paprika
3	Schalotten u. milde Pfefferoni
	Dillblüten u. -samen, Bohnenkraut, frz. Estragon

Backrohr auf 140 °C vorheizen.
Die Tomaten sollten zum Einlegen in etwa die gleiche Größe haben. Von der Reife her nehmen Sie welche, die schon leicht hellgrün einfärben.

Für die eingelegten Tomaten
Die Tomaten in kochendem Wasser eine Minute blanchieren und kalt abschrecken. Das Wasser mit Essig, Zucker, Salz, Zitronensaft und Gewürzen aufkochen. In der Zwischenzeit die Zwiebel zerteilen, in die Gläser mit je einer roten Minitomate verteilen und die Gewürzsträußchen ebenfalls in die Gläser geben. Die blanchierten Tomaten fest in die Gläser schichten, mit dem heißen Gewürzessig bis zum Rand auffüllen und fest verschrauben. Im vorgeheizten Backrohr auf ein mit Wasser befülltes tiefes Backblech stellen und 40 min. sterilisieren.

TIPP
Diese Delikatesse passt sehr gut zu kaltem Braten, zu Fisch und Geflügel, ebenso zu Terrinen und Sülzchen jeder Art.

Für die Gurken
Backrohr auf 140 °C vorheizen.
Die Gurken waschen, der Länge nach vierteln und auf ca. 6 cm abschneiden. Bei größeren Exemplaren müssen die Kerne mit einem Esslöffel entfernt werden.
In jedes Glas eine halbierte Schalotte, Pfefferoni- und Paprikastücke und kleine Gewürzsträußchen einlegen. Darauf die ca. 6 cm langen Gurkenstücke stehend und fest einschichten.
Wasser, Essig, Zucker, Salz und die Gewürze aufkochen lassen. Den heißen Essigsud in die befüllten Gläser einfüllen und mit den Schraubverschlüssen fest zuschrauben.
Im vorgeheizten Rohr auf ein mit Wasser befülltes Blech stellen und 45 min. erhitzen. In den Gläsern sollten kleine Bläschen aufsteigen. Im Rohr auskühlen lassen.

Eingerexter Schweinsbraten

Zubereitung: 3 Stunden
Für 6 große Rexgläser

3 kg	Schopfbraten, Schulter od. Karree vom Schwein
100 g	Knoblauch
3 gr.	Zwiebeln
2 Bd.	Suppengemüse
3 EL	Kümmel
	Salz, schwarzer Pfeffer
1–2 kg	Schweineschmalz
	Rexgläser, Gummiringe, Klemmen

Backrohr auf 180 °C vorheizen.

Für den gerexten Schweinsbraten
Die Schweinsbratenstücke rundherum mit Salz und Pfeffer einreiben und kräftig pfeffern. Den Knoblauch schälen und fein hacken. In einer großen Bratpfanne einige Esslöffel Schweineschmalz erhitzen und darin die Bratenstücke rundherum braun anbraten. Auf ein tiefes Backblech die angebratenen Fleischstücke auflegen.
Im Pfannenrückstand das Wurzelgemüse, die halbierten Zwiebeln und den gehackten Knoblauch kurz anrösten. Mit 1/4 l Wasser aufgießen und den Saft zum Fleisch geben. Nun im Backrohr bei 180 °C fast weich braten. Immer wieder mit dem eigenen Bratensaft begießen. Dies dauert je nach Größe der Stücke 1–1,5 Stunden.
In die vorbereiteten Gläser ein Stück des fertigen Bratens legen. Zum Schluss den verbliebenen Bratensaft ohne Gemüse auf die Gläser aufteilen. Schweineschmalz in einem Topf zerlassen und das Fleisch in den Gläsern damit bedecken.
Die Gläser dürfen nur zu 2/3 befüllt sein. Die Gummiringe auflegen, mit dem Deckel verschließen und den Klammern fixieren. Das Backrohr auf 140 °C einstellen und die fertig befüllten Gläser auf ein Backblech stellen, Wasser aufs Blech gießen und ca. 45 min. im Rohr belassen. Das Backrohr ausschalten und die Gläser darin auskühlen lassen.

TIPP

Seien Sie besonders vorsichtig mit den heißen Gläsern! Nie sofort aus dem Rohr nehmen. Lassen Sie diese bis zum vollständigen Auskühlen am nächsten Tag auf dem Blech stehen.

Diese Art des Bratens ist eine Delikatesse, die früher sehr häufig für die Vorratshaltung eingemacht wurde. Teilweise legte man den Braten auch in einen Schmalztiegel und goss heißes Schweinefett zum luftdichten Verschluss darüber. Fett war durch die meistens fett gefütterten Schweine (200–300 kg) reichlich vorhanden.

Grünes Tomatenpüree – Rotes Paprikapüree

Zubereitung: je 1 Stunde
Für 5 Gläser (125 ml)

TOMATENPÜREE

1 kg	grüne Tomaten (Fleisch- od. Pilatitomaten)
200 ml	Wasser
1	Limette (Saft)
2 EL	Zucker
1 TL	Salz

Für 8 Gläser (125 ml)

PAPRIKAPÜREE

1,5 kg	sehr reife, rote, dickfleischige Paprika
2 EL	Zucker
100 g	Salz

Für das Tomatenpüree
In einem Kochtopf 1 l Wasser zum Kochen bringen und die Tomaten darin 5 min. blanchieren. Dann in kaltes Wasser einlegen und anschließend die Haut von den Tomaten abziehen. 200 ml Wasser mit dem Zucker, dem Salz und Limettensaft aufkochen und darin die in Stücke geschnittenen grünen Tomaten weich dünsten.
Weiche Tomaten mit einem Stab- oder Aufsatzmixer pürieren. Nochmals gut erhitzen und sehr heiß randvoll in die Gläser füllen und sofort verschließen.

TIPP
Die gleiche Rezeptur gilt für reife rote Tomaten. Allerdings gibt es von rotem Tomatenpüree ausgezeichnete Qualitäten zu vernünftigen Preisen zu kaufen.
Etwas Besonderes ist aber grünes Tomatenmark, welches auch im Feinkosthandel bei uns nicht erhältlich ist.
Verwenden Sie es zum Saucenbinden, für Suppen, aber auch zu Käse und kalten Platten als Tunksauce, vielleicht mit gehackten Nüssen verfeinert.

Für das Paprikapüree
Gewaschenen Paprika in kochendem Wasser 5 min. blanchieren und mit sehr kaltem Wasser abschrecken. Dann von den Häuten befreien und vierteln. Die Paprikascheidewände großzügig entfernen und die Paprika in grobe Stücke schneiden.
Den Boden einer Kasserolle mit Wasser bedecken und darin die Paprikastücke zugedeckt weich dämpfen. Das Salz und den Zucker ebenfalls zugeben.
Den weichen roten Paprika im Aufsatzmixer pürieren. Es sollten noch kleine Stücke erkennbar sein.
Das Paprikapüree wieder erhitzen, heiß in Schraubverschlussgläser abfüllen und schnell zuschrauben.

In Ungarn sind diese eingekochten Paprika unter „Erös Bistö" bekannt, in Kroatien nennt man sie „Aiwa".
Paprikapüree lässt sich wunderbar zu deftigen Eintopfgerichten, Suppen und Gulasch verwenden.
Wenn Sie es scharf lieben, verarbeiten Sie zusätzlich einige scharfe Paprikaschoten.

Leberpastete

20 kleine Gläser (220 g)
Zubereitung: 3,5 Stunden

1 kg	Schweinsleber
2,5 kg	Schweinebauch nicht zu mager
200 g	Schweineschmalz
400 g	gelbe Zwiebel
100 g	Knoblauch
40 g	Salz
4 EL	Kräuter (Majoran, Thymian)
	reichlich schwarzer Pfeffer
	Twist-Off-Gläser od. kleine Rexgläser

Für die Leberpastete
In einer großen Bratpfanne etwas Schmalz erhitzen. Das Bauchfleisch, ohne es zu würzen, rundherum braun anbraten. Danach im Backrohr bei guter Hitze halbweich braten. Es sollte aber gut Farbe angenommen haben. Das macht zusätzlich einen herrlichen Geschmack in der Pastete.
Die Leber waschen, gut mit einem Küchenkrepp abtrocknen und in kleine Stücke schneiden. Diese durch eine Fleischmaschine mit feinem Einsatz durchlassen.
Das gebratene Bauchfleisch ebenfalls in Stücke schneiden, fein faschieren und mit der Leber vermischen.
Zwiebel und Knoblauch schälen, fein hacken und in 200 g gut erhitztem Schweineschmalz braun anrösten. Immer wieder umrühren um eine gleichmäßige Bräunung zu erreichen. Nun zur faschierten Masse geben. Mit Salz, Kräutern und Pfeffer kräftig abschmecken.
Backrohr auf 150 °C vorheizen.

Die Pastetenmasse sorgfältig durchmischen und in die gut gereinigten Gläser einfüllen. In den Gläsern muss 1/3 frei bleiben. Durch das Garen geht die Masse auf.
Ein tiefes Backblech mit Wasser auffüllen und die Gläser daraufstellen. Das Backrohr auf 130 °C zurückstellen und ca. 1,5 Stunde einkochen lassen. Wenn notwendig zwischendurch Wasser nachfüllen. Die Pastetengläser im Rohr auskühlen lassen und anschließend kühl und dunkel aufbewahren.

TIPP
Leberpastete hält sich vier bis fünf Monate.

Vegetarische Suppenwürze

Für 15 Gläser
Zubereitung: 1,5 Stunden

1/2 kg	Petersilienwurzel mit Blättern
1/4 kg	Karotten
1/4 kg	gelbe Möhren
1/4 kg	Porree
1/4 kg	Pastinakenwurzeln
1/4 kg	Sellerieknolle
1/2 kg	Zwiebel
1 Bd.	Maggikraut
600 g	Salz
	kleine Schraubverschlussgläser

Für die Suppenwürze

Sämtliches Wurzelgemüse mit einer Gemüsebürste unter fließendem Wasser reinigen und mit einem Sparschäler dünn schälen. Das Maggikraut und die Petersilienblätter waschen und gut abtropfen lassen.

Von den Zwiebeln die Schale entfernen und die Porreestangen zuputzen.

Alle Zutaten in grobe Stücke zerteilen und in einem elektrischen Zerkleinerer fein hacken.

Die Zutaten in einer großen Schüssel gut durchmischen und das Salz sorgfältig unterrühren.

Die Suppenwürze mit einem Löffel in saubere Schraubverschlussgläser füllen und verschließen. Es sollten möglichst wenig Luftblasen eingeschlossen sein. Drücken Sie also die Masse fest an.

Vegetarische Würze lässt sich ausgezeichnet für Suppen, Saucen, Braten und vieles mehr als Geschmacksverstärker verwenden. Mit Salz sollte man sparsam umgehen, da das Gemüse an und für sich schon sehr salzig ist.

TIPP

Die Schraubverschlüsse müssen einwandfrei beschichtet sein und dürfen keine Beschädigungen aufweisen. Durch das Salz würde das Metall sofort oxidieren und den Geschmack beeinträchtigen.

Diese Methode Wurzelgemüse haltbar zu machen war bei unseren Großmüttern sehr beliebt. Gefriermöglichkeiten gab es so gut wie gar nicht, da war Einsalzen eine einfache, effiziente Möglichkeit der Vorratshaltung.

Begriffe, Kniffe, Tipps

Traditionelle Begriffe

Beuschel	Innereien wie Herz und Lunge von Wild, Kalb und Schwein
Brein	volkstümlich für Hirse
Buchteln	in einer Rein geschichtetes Germgebäck gefüllt mit Marmelade oder Powidl
Dalken (roggene)	volkstümlich für Palatschinken aus Roggenmehl
Eierschwammerln	Pfifferlinge
Eierstich	gestockte Eiermasse für Suppeneinlage
Einbrenn	Mehl braun in Fett geröstet und aufgegossen, zum Binden
Einmach	Mehl hell in Fett geröstet, ebenfalls zum Binden
Erdäpfel	Kartoffeln
Erdäpfelwurst	Schweinedarm gefüllt mit geriebenen Kartoffeln
Fleck	dünner Kuchen (Obst) am Blech gebacken
Grammeln (Grieben)	Rückstand aus ausgelassenem Schweineschmalz
Heiden	volkstümlich für Buchweizen
Heidenknödel	Suppeneinlage aus Buchweizenmehl und Semmeln
Holler	volkstümlich für Holunder
Käferbohne	riesige Feuerbohnen, schwarz-violett gesprenkelte werden bevorzugt, es gibt auch schwarz-rot, beige-braun gesprengelte und schwarze; steirische Spezialität
Klachelsuppe	Suppe aus Schweinshaxen (meistens mit Heidensterz serviert)
Kren	Meerrettich
Laugengebäck	doppelt gegartes Germgebäck, zuerst in Wasser mit Natron (Speisesoda) versetzt gekocht, dann im Rohr gebacken
Maroni	Esskastanien
Paradeiser	Tomaten
Pinzen	feines traditionelles Germgebäck fürs Osternfest
Polenta	Brei aus Maismehl (Hartmais)
Powidl	passierte Spätzwetschken, stundenlang im Rohr geröstet (bis zur dicken Konsistenz)
Puffer	Bezeichnung für in Fett gebratene Laibchen, vegetarisch und mit Fleisch
Quittenkäse	dick eingekochtes Mus von reifen Quitten, getrocknet und in Würfel geschnitten ist es sehr gut haltbar
Reibgerstel	sehr fester Teig aus Ei und Mehl, gerieben als Suppeneinlage
Reis- oder Breinwürste	Frischwürste in Schweinedarm mit Reisfleischfülle oder Hirse
Ritscher	deftiger, regionaler Eintopf aus Bohnen, Rollgerste und Geselchtem
Rohnen	volkstümlich für rote Rüben
Rollgerste	volkstümlich für geschälte und geschliffene Gerstenkörner (Graupen)
Sauerkraut	geschnittenes Weißkraut, eingesalzen, gestampft und beschwert, dann wird es warm gestellt zum natürlichen Vergären

Saure Suppe	leicht eingedickte Suppe mit Apfelessig und Grammeln verfeinert
Schlankel	volkstümlich für gedeckten Fruchtkuchen (Schnitten)
Schöberl	gebackene Biskuiteinlage für Suppen
Semmelkoch	Sauce aus Semmeln und Milch zu gekochtem Rindfleisch
Spagatkrapfen	traditionelles Gebäck auf Metallmodeln, umwickelt mit Spagat
Sterz	volkstümlich für einfache Mehlgerichte
Strauben	rechteckiges Germteiggebäck in Fett gebacken
Striezel, Zopf	geflochtenes Germgebäck aus drei oder fünf Strängen
Strudel	längliche im Teigmantel gebackene Füllen
Sulz	gestockte, kalte, gelierende Masse, mariniert in Essig und Öl; Schweineschwarten und -haxen werden mit Gewürzen und Kräutern über Stunden gekocht
Tommerln	Bezeichnung für gebackene einfache Speisen aus verschiedenen Mehlen
Zwetschkenröster	halbierte, dicklich eingekochte Zwetschken mit Zucker und Zimt

Allgemeine Begriffe

Backteige	flüssige Teige zum Tauchen von Obst, Gemüse, Fisch und Fleisch, zum anschließenden Frittieren
Baguette	franz. Weißbrot mit Sauerteig
Béchamel	eingedickte Sauce aus Butter, Milch und Mehl
Becherkuchen	Kuchen, wo die Zutaten mit Jogurtbecher (z. B.) gemessen werden
Beize	Flüssigkeit mit Gewürzen, Salz, Wasser, Wein oder Essig zum Einlegen von Fleisch und Wild (Haltbarkeit und Geschmack)
Brimsen	leicht gesalzener Frischkäse aus Schafmilch
Cannelloni	große Nudelteigrollen zum Füllen
Chadeau	warm geschlagene Eiercreme, meistens mit Wein
Cocktail- od. Cherrytomaten	an einer Traube unregelmäßig hängende kirschgroße Tomaten
Gelierhilfe	Pulver zum Gelieren und Haltbarmachen von Marmeladen und Eingekochtem
Julienne	gleichmäßig fein geschnittene Gemüsestreifen
Jus	kräftiger Saucenauszug aus gerösteten Knochen, Gemüse und Gewürzen, mit Wasser oder Wein aufgegossen (stundenlanges Schmoren)
Kokoscreme	wird aus dem Fruchtfleisch der Kokosnuss gewonnen, fetthaltig und dickcremig
Kokosmilch	wird aus dem Kokosnussfleisch gewonnen, nachdem die Kokosmilch entfernt wurde, leichter und flüssiger als Kokoscreme
Liptauer	Aufstrich, original mit Brimsen und Paprikapulver od. ersatzweise mit Topfen
Macis	rötlicher Blütenmantel der Muskatnuss
Mascarpone	milde, dickcremige doppelte Sahne für Tiramisu, Cremen und anderes

Melanzani	Auberginen oder Eierfrucht
Minizucchini	ein Tag alte weibliche Zucchini mit Blüte
Mozzarella	Frischkäse, echter Mozzarella wird aus Büffelmilch hergestellt, „mozzare" ital. für abschlagen oder abziehen; steht für das Formen der Kugeln aus der zähen Käsemasse
Natron, Speisesoda	Triebmittel
Ochsenschlepp	zerteilter Ochsenschwanz für Suppe oder geschmort
Omelett	verfeinerte Eierspeise
Parfaits	süße geeiste Massen mit Sahne, werden halbangetaut serviert
Parmesan	italienischer, würziger Hartkäse
QimiQ	haltbare Creme mit Gelatine versetzt, zum Strecken von Sahne oder als Ersatz, für Cremen, Saucen etc.
Ricotta	cremiger Käse aus Kuhmilchmolke, italienische Spezialität, „ricotta" ital. für doppelt gekocht
Risotto	cremiges Reisgericht mit speziellen Reissorten
Rispentomaten	an einer Rispe regelmäßig angeordnete wachteleigroße Tomaten
Sommerkürbis	Bezeichnung für unreif geerntete Frühkürbisse und Zucchini (z. B. Zyphir)
Sorbet	süße und würzige geeiste Massen, meistens ohne Sahne mit Eiweiß
Sprossen	gekeimte Samen von Linsen, Bohnen, Getreide und anderem
Suppengemüse	Bund mit geschnittenen Karotten, Petersilie, Sellerie, Pastinake und gelber Möhre

Kniffe

abbrühen	Garen des Mehls durch heißes Wasser
anschwitzen	z. B. Zwiebel im Fett anlaufen lassen ohne Farbe, ohne dass sie braun wird
aufgehen	Verdoppeln des Germteiges vor dem Backen (Lockern durch Lufteinschlüsse, Gärung)
auslassen oder ausbrennen	grünen Schweinespeck fein oder grob faschiert stark erhitzen und das Fett auslassen, abseihen und von den Grammeln trennen
auswalken	Ausrollen verschiedener Teige mit einem Rollholz
blanchieren	Gemüse für einige Minuten in heißes Wasser tauchen und dann kalt abschrecken oder in Eiswasser legen; Gemüse behält die Farbe
cuttern	in einem elektrischen Zerkleinerer feinst hacken
dressieren	Teige, Sahne oder Cremen durch einen Spritzsack spritzen
Eier trennen	Eidotter vom Eiweiß trennen
einrexen	Haltbarmachen von Obst und Gemüse in Gläsern unter Hitze, mit Gummiringen und Deckel verschließen und mit einer Klemme fixieren

frittieren	in Fett schwimmend ausbacken
glasieren	Glasuren auf Gebäck oder anderem aufstreichen
gratinieren	braunes Überbacken von Speisen, süß oder deftig im Backrohr
karamellisieren	Kristallzucker unter Hitze braun schmelzen
köcheln	Flüssigkeiten auf niedriger Temperatur halten (leichte Bewegung)
marinieren	Einlegen von Produkten in süße oder saure Flüssigkeiten zum Verfeinern des Geschmacks
pürieren	Gemüse oder Obst zu Brei verarbeiten (Pürierstab)
rasten lassen	fertige Teige kühl oder warm stellen um die gewünschte Konsistenz zu erreichen
schmoren	Fleisch in Fett und Gemüse langsam braten
stauben	Speisen mit Mehl bestauben, umrühren und mit Flüssigkeiten aufgießen um sie zu binden
temperieren	Flüssigkeiten auf die richtige Temperatur erwärmen
unterziehen	vorsichtiges Unterheben von Eiweiß z. B. in eine Dottermasse
verlesen	Trennen und Aussortieren von Verunreinigungen, bei Wildkräutern z. B. oder Getreide und Bohnen
verquirlen	Versprudeln von Eiern oder Flüssigkeiten mit einem Quirl oder einer Gabel
zerlassen oder schmelzen	Fett durch Wärme verflüssigen ohne es stark zu erhitzen

Abkürzungen

1 EL	ein gehäufter Esslöffel
1 TL	ein gehäufter Teelöffel
1 KL	ein gehäufter Kaffeelöffel
1 Prise	eine Prise (Maß zwischen drei Fingern)
1 Bd.	ein Bund
Bl.	Blatt
l	Liter
Stk.	Stück
Stg.	Stange
Pkg.	Packung
kl. D.	kleine Dose
Minid.	Minidose
Sch.	Scheibe
Msp.	Messerspitze
mittl.	mittlere
gr.	große
mittelgr.	mittelgroße

Maßtabellen

Volumen

1 l	1 l	1000 ml	1000 ccm	100 cl	10,0 dl
3/4 l	0,75 l	750 ml	750 ccm	75 cl	7,5 dl
1/2 l	0,5 l	500 ml	500 ccm	50 cl	5,0 dl
3/8 l	0,375 l	375 ml	375 ccm	37,5 cl	3,75 dl
1/3 l	0,333 l	333 ml	333 ccm	33,3 cl	3,33 dl
1/4 l	0,250 l	250 ml	250 ccm	25 cl	2,5 dl
1/8 l	0,125 l	125 ml	125 ccm	12,5 cl	1,25 dl
1/10 l	0,1 l	100 ml	100 ccm	10 cl	1,0 dl

Gewichte

1 kg	=	1000 g
100 dag	=	1000 g
95 dag	=	950 g
90 dag	=	900 g
85 dag	=	850 g
80 dag	=	800 g
75 dag	=	750 g
70 dag	=	700 g
65 dag	=	650 g
60 dag	=	600 g

55 dag	=	550 g
50 dag	=	500 g
45 dag	=	450 g
40 dag	=	400 g
35 dag	=	350 g
30 dag	=	300 g
25 dag	=	250 g
20 dag	=	200 g
15 dag	=	150 g
10 dag	=	100 g

Braune Grundsauce oder Jus

ZUTATEN
FÜR ETWA 1 LITER

50 g	Sonnenblumenöl
1 kg	Kalbs- od. Rinderknochen klein gehackt
500 g	Zuputzfleisch u. Sehnen
3	rote Zwiebeln
4	Knoblauchzehen
300 g	verschiedenes Wurzelgemüse gewürfelt
3	getrocknete Tomaten
1 EL	Tomatenmark
1/2 l	Rindsuppe
1/2 l	Rotwein
1 TL	schwarze Pfefferkörner
1 Bd.	Suppengrün (Petersilie, Maggikraut, Sellerieblätter) eventuell getrocknete Totentrompeten od. Steinpilze
4 l	Wasser zum Aufgießen

Für die braune Grundsauce

Backrohr auf 220–250 °C vorheizen.

In einer großen breiten Kasserolle das Öl erhitzen und darin die klein gehackten Knochen braun anbraten. Zuputzfleisch dazugeben und ebenfalls mitbraten.

Nun den Topf ins heiße Rohr stellen und die restlichen Zutaten einlegen. Das Ganze immer wieder durchrühren. Es muss alles intensiv gebräunt sein, dadurch entsteht der charakteristische Geschmack. Hierfür müssen mindestens 1,5 Stunden aufgewendet werden.

Zwischendurch kann man immer wieder mit ein wenig Rindsuppe und Rotwein ablöschen.

Die gerösteten Zutaten mit 4 l Wasser aufgießen. Den Fond mindestens weitere 4 Stunden leicht weiterkochen lassen. Eiweiß und Fett, das an die Oberfläche steigt, muss zwischendurch immer wieder abgeschöpft werden.

Zum Schluss wird der Fond durch ein feines Tuch oder Sieb gedrückt und entfettet.

Am Ende der Kochzeit sollte ungefähr 1 Liter fertiger Auszug übrig sein. Gesalzen wird erst bei der weiteren Verwendung.

Dieser Fond lässt sich ausgezeichnet für dunkle Saucen und zum Verfeinern vieler Gerichte verwenden. Zu natur gebratenem Fleisch, wo kein Saft entsteht, hat man schnell eine köstliche Sauce.

TIPP

Der Röstvorgang lässt sich auch sehr gut auf einem tiefen Backblech durchführen.

Da die Zubereitung wirklich äußerst zeitaufwändig ist, bereiten Sie gleich eine größere Menge vor. Mit eingefrorenen Portionen der dunklen Sauce in Eiswürfelsäcken hat man im Handumdrehen eine herrliche Sauce gezaubert.

Mit Wildknochen und Abklaubfleisch entsteht ein Wildfond, mit Lammknochen und Fleisch ein Lammfond. Dementsprechend verwendet man bei Wild andere Gewürze, wie Wacholderbeeren, Thymian, Lorbeerlaub. Bei Lamm wäre ein Rosmarinzweig eine gute Ergänzung.

Einige Adressen für Saatgut, Pflanzen und Produkte (alphabetisch)

Arche Noah
Samen und Pflanzen
Von Erhalterinnen & Erhaltern
Obere Straße 40, A-3553 Schiltern bei Langenlois, NÖ
www.arche-noah.at

Artner
Waldviertler Baumschule
Reichenau am Freiwald 9, A-3972 Großpertholz, NÖ
www.artner.biobaumschule.at

Austrosaat
Saatgutzentrum Graz
Puchstraße 172, A-8055 Graz, STMK

Baumschule Pauger
Alte Obstsorten und Raritäten
Obergroßau 54, A-8261 Sinabelkirchen, STMK

Dipl.-Ing. Karin Böhmer
Wildkräuter-Samen
A-3623 Voitsau 8, NÖ
www.wildblumensaatgut.at

Dreschflegel
Saaten & Taten, Samen für Gemüse, alte Kulturpflanzen und Kräuter
Postfach 1213, D-37202 Witzenhausen
www.dreschflegel-saatgut.de

Erzeugerring Steirisches Kürbiskernöl g.g.A.
Julius-Strauß-Weg 1a, A-8430 Leibnitz, STMK
Kontakte und Adressen für Kürbiskernprodukte
www.steirisches-kuerbiskernoel-gga.at

Fink's echte Delikatessen
Bettina & Hans Peter Fink
A-8333 Riegersburg, STMK
www.finks.cc

Gartenbau H. & H. Wagner
Kräuter und mehr
Gutendorf 36, A-8353 Kapfenstein, STMK
www.gartenbauwagner.at

Heidrun Mazal
Jungpflanzen, Sonderwünsche auch auf Bestellung
Kellnerring 4, A-4081 Hartkirchen, OÖ
juliamazal@utanet.at

Schnapsbrennerei & Essigmanufaktur Gölles
Stang 52, A-8333 Riegersburg, STMK
Spezialessige und Schnäpse
www.goelles.at

Erika Seidl
Kürbis-, Zucchini- und Maissaatgut
Ludersdorf 33, A-8200 Gleisdorf, STMK
www.kuerbisiade.at

Terre de Semences Association Kokopelli
Ripple Farm
Crundale, Centerbury Kent CT4 7EB
Ist besonders auf Gemüsesamen spezialisiert, hat unzählige Tomaten, Chili und Paprikasorten im Progamm.
www.terredesemences.com

Waldviertler Mohnhof
Familie Greßl, Mohn und Mohnöle
Haiden 11, A-3631 Ottenschlag, NÖ
www.mohnhof.at

Bibliografie

BOWN, Deni: DuMont's große Kräuterenzyklopädie. Über 1000 Kräuter / the royal horticultural society. Dt. Sonderausgabe. DuMont Buchverlag (Monte von DuMont), Köln, 2. Auflage 2001.

BRICKELL, Christopher [Hrsg.]: DuMont's große Gartenenzyklopädie / the royal horticultural society. Dt. Ausgabe. DuMont Buchverlag, Köln, 4. Auflage 1996.

DÄHNCKE, Rose Marie: 1200 Pilze in Farbfotos. Genehmigte Lizenzausgabe für Verlagsgruppe Weltbild GmbH, Steinerne Furt, 2002.

MARBLER, Anna: Praktisches Kochbuch. Mehr als 1200 erprobte Kochrezepte einfacher und feiner Speisen, mit Anweisungen zur Füllung der Vorratskammer sowie vielen Abbildungen und farbigen Bildern. Leykam Verlag, Graz, fünfte, vermehrte und verbesserte Auflage o.J.

MATER, Johanna/RINDLER, M. Johanna: Mein großes Kochbuch. Ein Kochlehrbuch für die moderne Hausfrau mit 6 Farbtafeln und 69 Scharzweiß-Bildern. Verlag Styria, Graz, 1. Auflage 1954.

MEINDL-DIETRICH, Karoline: Kochbuch für ländliche Haushalte. Mit Rezepten für Käse- und Wurstbereitung und für Krankenkost. Scholle-Verlag Buchhandlungs-Gesellschaft m.b.H., Wien, 40. unveränderte Auflage 1950 (156. Scholle-Band).

PELZMANN, Helmut: Gemüsebau Praxis im Freiland und unter Folien. Eine Neuausgabe der „Gemüsefibel" von Prof. Dipl.-Ing. Dr. Ladislaus Kopetz (†). Österreichischer Agrarverlag, Klosterneuburg, 5. überarbeitete Auflage 1997.

REWE-ZENTRAL AG, KÖLN [Hrsg.]: Gut eingekauft. Ein Wegweiser durch die Welt der Lebensmittel. Rewe-Verlag GmbH, Köln, 5. überarbeitete Auflage 1999.

RÖSCH, Rudolf: So kocht man in Wien! Ein Koch- und Haushaltsbuch der gut bürgerlichen Küche. Verlag Ernst Reinhardt in München, 1939.

Rezept- und Sachindex

Persönliche Notizen

Persönliche Notizen